U0470869

全球要事报告

Analysis of Important Global Affairs 2017/2018

2017-2018

主　编◇王宪磊
副主编◇张焕波／吕　欣

时事出版社
北京

序：全书考虑及回顾

一、中国特色社会主义走入了新时代

2017—2018年度《全球要事报告》的研究出版工作全面进入了新时代。全书以习近平新时代中国特色社会主义思想指导下，对2017—2018年全球大事要事研究，使用了十八大以来中国国际经济交流中心（CCIEE）博士后探索研究小组创建的"太程序思维"和"活要素计算的数学原理"这一前沿原创性成果，系统遴选出全球十件大事。即：一是中国特色社会主义进入了新时代；二是习近平主席和特朗普总统的多次会晤，开启了中美关系历史性新阶段；三是特朗普"美国第一"与一系列"退出"事件，给世界变化增添了新要素；四是习近平主席和普京总统连续会晤，树立了睦邻友好合作关系的新典范；五是英国启动正式退欧程序，欧盟出现新情况；六是德国默克尔连任总理、法国马克龙就职；七是科技进步取得新突破；八是"一带一路"建设取得新成就；九是美联储加息缩表有效应，鲍威尔新任美联储主席；十是人民币正式进入国际流通货币与构建人类命运共同体理念载入联合国安理会决议。总论提升了全球大事要事评价的科学性、客观性和内在本质属性。

全书坚持以人民为研究中心，瞄准世界科技前沿，强化基础研究，致力实现前瞻性基础研究、引领性原创成果重大突破。坚持创新、求实、睿智、兼容，历练把握和掌控全球大事要事的研判预判能力，脚踏实地地依法谱写出以人民为中心的中华民族伟大复兴的大智慧、大谋划、大创造。五年来，《全球要事报告》从第一部书的研究出版向美国国家情报委员会编写的《全球趋势 2030：变换的世界》跟踪学习，到第二、三部研究试行"全球要事基线（IGAB）Ⅰ"评价全球五大要事和"全球要事基线（IGAB）Ⅱ"评价全球十大要事，再到第四、第五部引领博士后们敢于研究提出"'自变量'决定事物的进步方向"和"'经济量子纠缠'可能颠覆传统国际竞争观迎来共赢"，直到 2017—2018 年度第六部《全球要事报告》引领博士后科学创建前沿性原创性成果"太程序思维"和"活要素计算的数学原理"来研究分析全球大事要事，始终坚持不忘初心，牢记使命，出创新性成果培育创新型人才。

人类太程序思维之所以能够产生与发展，源于这个世界是一个可以对太程序进行活要素编码的世界。宇宙为何如此运转，这本身就是一个有趣的活要素故事。物理学的标准模型会有数十亿个常量需要被精准限定，否则无法产生原子，也就不会有所谓的恒星、行星、大脑，更不会有关于大脑的书籍和脸书。让人不可思议的是，量子物理学定律及常数能够精确到如此程度，以至于允许物质、能量和信息三者独立、替代和相互转化成为常态，还发现这种常态具有记忆性，尤其是信息的记忆性非常明显。根据人择原理，如果不是这般精确，就没有我们在这里谈古论今。在东方人眼中是老天爷创造了这个世界，而在西方人眼中是上帝创造了这个世界。这个世界不过是无穷多可能的平行宇宙中具有丰富信息的一员——那些没有信息的无聊宇宙可能已经在演化过程中消亡了。事实上，无论我们的宇宙是如何演化到如今这样的，人类依然可以从宇宙是由要素组成、生物就是太程序驱动下的活要素这样来认识世界和改造世界。"太程序思维"是在东方老天爷经典思维和西方上帝经典思维、牛顿经典思维和量子思维基础上形成的基于对智能学习、智能生活、智慧社会、智慧城市和智能生产等思维规律的新认识新思维。反之，"太程序思维"又包涵东方老天爷经典思维和西方上帝经典思维、牛顿经典思维和量子思维，就如同太程序包涵牛顿程序和量子程序一样，人们住在智慧城市里开始智能学习、智能生活和智能工作时，在使用智能手机同时又使用共享单车一样，一个都不能少。

五年来，中国国际经济交流中心博士后研究探索小组，在《全球要事报告》这个具有全球视野、鼓励出原创性成果的博士后科研高地上，辛勤耕耘、迈出了坚实的四步：从跟踪式学习起步的研究出版，到研究试用"全球要事基线（IGAB）"理论、第一次评出十件全球大事要事的学习吸收再创新，再到敢于提出"'自变量'决定事物进步方向"和"'经济量子纠缠'可能颠覆传统国际竞争观迎来共赢"的自主创新，到引领博士后敢于创建前沿性、原创性成果"太程序思维"和"活要素计算的数学原理"用于全球大事要事的研判预判之中。旨在坚持"四个自信"，激励和鞭策年轻的博士、博士后们积极担当、敢于挑战、勇于创新，坚信中国道路、采用中国视角、"一带一路"，发出"中国声音"、提出"中国倡议"、提供"中国方案"，彰显"中国特色"，为实现中华民族伟大复兴的中国梦，为构建人类命运共同体而不懈奋斗！

二、"太程序思维"理论和"活要素计算的数学原理"方法的科学内涵

墨子言"天下从事者，不可以无法议。"2017—2018年度全球大事要事研究，采用基于智能科学技术再发展再进步的"太程序思维"和"活要素计算的数学原理"的原创性新方法：确认全球基本面只有一个、世界经济在同一进程的太程序驱动运行的充要条件，时空等于2017—2018年的全球范围，活要素就是新发生的大事要事，活的质的规定性等于独立存在、可以替代、可以转化的热点、难点、焦点、重点事件，活的量的可计算性可采用计划目标+实际目标+预期目标，评选出2017—2018年度全球十件大事。"太程序思维"和"活要素计算的数学原理"这个新理论新方法的使用，增加了全球大事要事评价的科学性、客观性、影响力和内在本质属性，提升了全球十件大事评选结果导向性正确、逻辑性合理和事件本身属性突出。

太程序是一切所有程序的最高级，是唯一指令或控制其他任何程序的顶级程序。这里"一切所有程序"是指自然界人类社会的生存法则、行为法则、生命法则、法律程序、选举程序、竞争法则、国际法则、宇宙法则和各种各样的语言程序、演化规律及智能程序等。太程序下分为五级：顶级是第一级称为太程序、第二级是智能化程序、第三级是自动化程序、第四级是机械化程序、第五级是自然演化程序，这五级程序之间关系是独立、连续、叠加、嵌套和循环的五位一体的关系逻辑——即"太程序思维"。"太程序思维"认为宇宙是由要素构成，生命就是活要素；活要素是指宇宙中一切运动要素总和，它具有叠加性、纠缠性、极值性，

更具有独立属性、替代属性和转换属性；活要素的属性具有可积可导性，可用数学逻辑和数学公式定性定量描述与表达，其 HJB 方程式非常美丽，简直达到数学美的最高境界。"太程序思维"认为当今和未来的人类社会，再也不是货币控制者或是石油控制者主宰的世界，而是当今和未来世界的真正主宰者。这就是说，在智能智慧世界里谁控制了太程序谁就是当今和未来世界的主宰者，"太程序思维"包涵的就是"太程序思维"的世界开始——即自然人、智能机器人、克隆人等共存共享的太程序世界。

（一）"太程序思维"是以"自变量"决定事物进步方向为条件

中国国际经济交流中心博士后"经济量子纠缠"研究小组提出"自变量"决定事物进步方向，宇宙是由物质（M）、能量（E）和信息（I）等要素构成。物质（M）、能量（E）和信息（I），在一定黑色粒子条件下 IEM 可以相互转换，在一定白色粒子条件下 IEM 不可以相互转换，……，在有色无穷小粒子条件下 IEM 可能独立存在，在无色无穷小粒子条件下 IEM 可能归一，无穷小粒子有色本质的 IEM 存在与无穷小粒子无色本质的 IEM 归一之间，宇宙存在着 IEM 量子态界即物质、能量、信息的量子大统一大门或 IEM 珊镧，IEM 大门外称为次无穷小量子态或称宇量子态，进入 IEM 大门即为无穷小量子态或称宙量子态。

（二）"活要素计算的数学原理"是以"'经济量子纠缠'可能颠覆传统国际竞争观迎来共赢"为前提

目前，全球经济量子纠缠的特征有三点：一是全球经济复苏的科技动力不足造成的经济全球化分化的离散性现象——即经济量子纠缠的自由人特征。二是资本的网速流动着急地等待着实体经济的超额收益，已经不再满足于传统产业的收益贡献出现资本空转现象——即出现经济量子纠缠的自身贵族特征。三是经济量子纠缠属性差异现象，即资本市场网速流动是量子属性、与实体经济市场表现是牛顿属性的错位差异特征。"经济量子纠缠"回答了全球经济合作竞争不是牛顿科学技术体系支撑下的零和博弈、不是胜者通吃，是债权债务、失败获胜、正和负等经济量子纠缠。这种经济量子纠缠在经济危机和经济下滑时尤其表现的明显。其实质是支撑债权债务、失败获胜、正和负等的产业链或业态的动力出了问题，也就是支撑产业的科学技术体系出现了大问题，才导致全球金融危机致使全球经济至今复苏而不稳定。现在是到了把各类业态向量子科学技术体系领域迁移了，世界首颗量子卫星"墨子号"发射成功就是一面旗帜。2017年9月29日世界首条量子保密通信干线——"京沪干线"正式开通；结合"京沪干线"与量子科学实验卫星"墨子号"的天地链路，我国科学家成功实现了洲际量子保密通信。这标志着我国已构建出天地一体化广域量子通信网络雏形，为未来实现覆盖全球的量子保密通信网络迈出了坚实的一步。

（三）"太程序思维"和"活要素计算的数学原理"这个新理论新方法的要点

这项前沿性原创成果是王宪磊教授引领的博士后小组，在习近平新时代中国特色社会主义思想指导下，创新、求实、睿智、兼容，汲取中国经典思维、传统文化、经典理论和经典实践的养分，借鉴牛顿经典思维和经典理论、爱因斯坦相对论和量子理论等人类最新成果的活力精华，立足于中国富起来强起来的理论创新和实践创新，就是这样经过"接力棒"式的刻苦攻关，沿着系统思维方向进行集大成原创性探索，创建了"太程序思维"理论。主要包括引入"太程序""活要素""要数"和"太"的基本概念，创建了"太程序三定律：活要素独立原理、活要素替代原理、活要素转换原理"与"活要素计算的数学原理"。提出了进入人类智能社会条件下认识世界和改造世界、化解问题和引领创新的新理论新方法。

第一太程序定律：活要素独立原理。在太程序驱动运行下，活要素是独立存在、产生、发展和变化的，这种独立性直到新的太程序的指令或控制到达为止。活要素独立性计算的数学逻辑：独立性＝性质×属性，数学公式略。

第二太程序定律：活要素替代原理。在太程序驱动下，太程序运行可以实现从一个活要素到另一活要素的相互替代，从而保持程序运行进程。活要素替代性计算的数学逻辑：可替代性＝X_i智能使用价值/Y_j智能使用价值≥1，数学公式略。

第三太程序定律：活要素转化原理。在太程序驱动下，太程序运行可以实现从一个活要素到另一活要素的相互转化，从而保持太程序预期目标实现。活要素转化性计算的数学逻辑：可转化性＝X_m智能价值/Y_n智能价值≤1，数学公式略。

"太程序思维"和"活要素计算的数学原理"提出了进入人类智能社会条件下认识世界和改造世界、化解问题和引领创新的新理论新方法。英国媒体报道2017年十大科技趋势，可以证明"太程序思维"和"活要素计算的数学原理"的魅力。

三、前五次《全球要事报告》回顾

老子言"执大象，天下往。"

第一部《全球要事报告》围绕2012—2013年度当时"全球

新变化"这条主线,从总论与战略变化、经济热点、金融焦点、贸易投资、科技政策、政府采购、安全军事、人才政策、能源形势等九个方面,让国内外学养深厚的读者们,听到了"中国声音"、看到了"中国倡议"、了解到"中国方案",凸显十八大后的"时代特色。"

第二部《全球要事报告》是以2013—2014年度"全球新格局"为主线,深入探讨全球的新格局与战略变化、经济热点、金融焦点、贸易投资、政府采购、科技政策、网络安全、军事调整、人才政策、能源形势等九个领域,针对十八届三中全会后的新形势新任务新要求,研判2013年全球整体形势,预判2014年世界新格局走向,来提升年轻创业者们的全球大事要事的研判预判能力,显示了十八届三中全会后的"理论自信"。

第三部《全球要事报告》是2014—2015年"全球新调整"的研判和预判。采用了"全球要事基线(IGAB)Ⅰ"第一次试评出全球五件大事,研究领域拓展到全球的新调整及战略、经济、社会、信息、科技、安全、军事、能源、资源、文化、跨国公司和生态等十二个专题,十八届四中全会的法制理念贯穿其中,弘扬了依法治国的"新常态"。

第四部《全球要事报告》是2015—2016年"大秩序"的研判预判,采用了"全球要事基线(IGAB)Ⅱ"第一次评出全球十大要事,展示了大时代需要大格局,大格局需要大智慧的时代要求。针对"十二五"规划如期收官,"十三五"规划画卷舒展,以及联合国新千年目标,在总论基础上选取战略安全、发展改革、升级转型、经济热点、生态文明、人才社会、能源资源、信息网络、国防军事、开放合作、货币金融等十一个专题进行了深入研究。全书贯穿"创新、协调、绿色、开放、共享"五大发展理念,为全面建成小康社会并为全面建设社会主义现代化强国贡献智慧。

第五部《全球要事报告》是以"自变量决定事物进步方向"来激励大家增强自力更生能力，树立"打铁需要自身硬"的理念来对2016—2017年"大平衡"进行研判预判。依据IMF和联合国近十年数据采用"全球要事基线（IGAB）Ⅱ"分析工具，对全球大平衡遇到世界科学技术"量子纠缠"在世界经济复苏进程中的映射"经济量子纠缠"进入"量子动平衡"。在此基础上评选出全球十大要事。在总论下安排了八个专题。

第六部《全球要事报告》是2017—2018年度"新时代"为主题，全书以习近平新时代中国特色社会主义思想为指导，应用前沿性原创性成果"太程序思维"理论和"活要素计算的数学原理"方法，提升了全球大事要事评价的科学性、客观性和内在本质属性。在总论下设置了九个专题。总论"新时代"是在各个专题报告和历次"大事要事研讨会"的基础上完成，与各领域各专题相得益彰。引导年轻的博士、博士后们，坚持"四个自信"、树立"四个意识"，用太程序思维去洞察和掌控全球大变化大格局大调整的方向和路线图，为实现中华民族伟大复兴的中国梦，为构建人类命运共同体敢于创新、敢于斗争、敢于胜利！

由于团队的水平和能力有限，恳请亲爱的读者批评指正。

主编：王宪磊

2017年11月于北京

目录

总论

新时代 ………………………………… 王宪磊（3）

全球经济篇

多重因素共震　世界经济提速 ……………… 谷源洋（97）
中日韩经贸合作前景与政策选择 ……………… 逯新红（114）

国际形势篇

朝鲜半岛当前局势及其应对 ………………… 陶满成（159）
欧盟大事要事分析 …………………………… 宫同瑶（170）

全球治理篇

中欧增强在全球治理改革中的合作 ………… 张焕波（187）
完善全球公共产品供给体系及中国的路径选择 … 张茉楠（201）

贸易与投资篇

国际大宗商品价格 2018 年还会先抑后扬吗？ …… 刘向东（217）
2017—2018 年中国对外直接投资分析与展望 …… 吕云荷（238）

财政金融篇

北京市银行业不良贷款风险情况研究 ………… 马　跃（253）
国际药品医疗器械产品收费政策研究 ………… 柯法业（264）
新时代中国金融发展的新趋势与新思路 ……… 王　军（289）
美元指数最高封顶 110 点左右是大概率事件 …… 徐长春（305）
美国振兴实体经济的财税政策评述及启示 …… 梁云凤（321）

人才与创新篇

新时代高水平科技人才队伍建设研究 ………… 张　瑾（337）
军民全要素融合中资本要素创新研究 … 胡　颖　孟昭群（350）
免疫细胞治疗开启精准医疗时代大门 ………… 郗永义（368）
印度着力提升国防创新能力 …………………… 魏博宇（378）

乡村振兴篇

中国农村电子商务发展形势分析与展望 ……… 康春鹏（391）
基于"三农"视角的县域城镇化研究 ………… 张维忠（404）
实施乡村振兴战略促进中国现代化转型 ……… 蒋　震（424）

目 录

网络与大数据篇

网络空间数据安全治理面临的挑战和对策 ……… 吕　欣（437）
加快大数据融合发展推动数字中国、智慧社会
　　建设 ……………………………………………… 武　锋（453）
全球大数据发展现状及先进经验分析 …………… 张大璐（491）
"数字中国"：新时代的国家信息化发展战略
　　思考 ……………………………………………… 刘绿茵（506）
加强数据安全促进智慧城市平台可持续运营 …… 胡　华（518）
全球大数据安全态势及我国战略选择 …………… 梁　鹏（529）

可持续发展篇

水安全问题、成因及应对措施 …………………… 綦鲁明（555）
中国走向生态文明建设新时代 …………………… 李　娣（567）
我国工业绿色发展的现实困境及破解思路 ……… 毛　涛（583）

后记：感谢感恩 ………………………………………………（601）

总论

新时代

（中国国际经济交流中心博士后站主任、教授）王宪磊

[摘　要] 中国特色社会主义走入了新时代，2017—2018年度全球大事要事研究采用了新思想新理论新方法，系统遴选出全球十件大事：一是中国特色社会主义进入了新时代；二是习近平和特朗普多次会晤，开启了中美关系新阶段；三是特朗普"美国第一"与一系列"退出"事件，给世界变化增添了新要素；四是习近平和普京5次会晤，树立了睦邻友好合作关系的新典范；五是英国启动正式退欧程序，欧盟出现新情况；六是德国默克尔连任总理、法国马克龙就职；七是科技进步取得新突破；八是"一带一路"建设取得新成就；九是美联储加息缩表有效应、鲍威尔新任美联储主席；十是人民币正式进入国际流通货币，构建人类命运共同体理念载入联合国安理会决议。

全书以习近平新时代中国特色社会主义思想为指导，应用"太程序思维"和"活要素计算的数学原理"，提升了全球大事要事评价的科学性、客观性和内在本质属性。

[关键词] 习近平新时代中国特色社会主义思想　人类命运共同体　太程序思维

中国特色社会主义走入了新时代。习近平新时代中国特色社会主义思想，对当今世界的大发展大变革大调整，进一步明确和平与发展仍然是当今时代主题。世界多极化、经济全球化、社会信息化、文化多样化深入发展，全球治理体系和国际秩序变革加速推进，各国相互联系和依存日益加深，国际力量对比更趋平衡，和平发展大势不可逆转。同时，世界面临的不稳定性不确定性突出，世界经济增长动能不足，贫富分化日益严重，地区热点问题此起彼伏，恐怖主义、网络安全、重大传染性疾病、气候变化等非传统安全威胁持续蔓延，人类面临许多共同挑战。呼吁各国人民，推动建设相互尊重、公平正义、合作共赢的新型国际关系，同心协力、构建人类命运共同体。

研究使用了新方法。党的十九大报告明确指出"要瞄准世界科技前沿，强化基础研究，实现前瞻性基础研究、引领性原创成果重大突破"。中国国际经济交流中心（CCIEE）博士后"前沿原创成果"探索小组，研究提出了基于智能科学技术的"太程序三定律"和"活要素计算的数学原理"。2017—2018年度《全球要事报告》研究工作，强化了新时代"加强应用基础研究，拓展实施国家重大科技项目，突出关键共性技术、前沿引领技术、现代工程技术、颠覆性技术创新，为建设科技强国、质量强国、航天强国、网络强国、交通强国、数字中国、智慧社会提供有力支撑。加强国家创新体系建设，强化战略科技力量"的新要求，采用基于智能科学技术的"太程序三定律"和"活要素计算的数学原理"的原创性新方法：确认全球基本面只有一个、世界经济在同一进程的太程序驱动运行的充要条件，时空等于2017—2018年的全球范围，活要素就是新发生的大事要事，活的质的规定性等于独立存在、可以替代、可以转化的热点、难点、焦点、重点事件，活的量的可计算性可采用计划目标＋实际目标＋预期目标，评选出 2017—2018 年度全球十件大事——即：第一，中国特色社会主义进入了新时代；第二，习近平和特朗普的多次会晤，开启了中美关系的新阶段；第三，特朗普"美国第一"与一系列"退出"事件，给世界变化增添了新要素；第四，习近平和普京5次会晤，树立了睦邻友好合作关系的新典范；第五，英国启动正式退欧程序，欧盟出现新情况；第六，德国默克尔连任总理，法国马克龙就职；第七，科技进步取得新突破；第八，"一带一路"建设取得新成就；第九，美联储加息缩表有效应，鲍威尔新任美联储主席；第十，人民币正式进入国际流通货币，构建人类命运共同体理念载入联合国安理会决议。"太程序三定律"和"活要素计算的数学原理"这个新理论新方法的使用，增加了全球大事要事评价的科学性、客观性、影响力和内在本质属性，提升了全球十件大事评选结果导向性正确、逻辑性合理和事件本身属性突出。全球十件大事要事的主要内涵如下：

一、中国特色社会主义进入了新时代

中国共产党形成了习近平新时代中国特色社会主义思想，中华民族开启了全面建设社会主义现代化国家的新征程。习近平连任总书记，获得国际社会普遍赞扬，俄新社称"如果说以前的大会决定了中国的未来，那么这次大会决定的就是世界的未来"。

（一）新思想

党的十九大提出，以习近平同志为主要代表的中国共产党人，自党的十八大以来顺应时代发展，从理论和实践结合上系统回答了新时代坚持和发展什么样的中国特色社会主义、怎样坚持和发展中国特色社会主义这个重大时代课题，创立了习近平新时代中国特色社会主义思想，是马克思列宁主义中国化的最新原创性成果。

习近平新时代中国特色社会主义思想是对马克思列宁主义、毛泽东思想、邓小平理论、"三个代表"重要思想、科学发展观的继承和发展，是马克思主义中国化最新成果，是党和人民实践经验和集体智慧的结晶，是中国特色社会主义理论体系的重要组成部分，是全党全国人民为实现中华民族伟大复兴而奋斗的行动指南，必须长期坚持并不断发展。在习近平新时代中国特色社会主义思想指导下，中国共产党领导全国各族人民，统揽伟大斗争、伟大工程、伟大事业、伟大梦想，推动中国特色社会主义进入了新时代。大会一致同意，在党章中把习近平新时代中国特色社会主义思想同马克思列宁主义、毛泽东思想、邓小平理论、"三个代表"重要思想、科学发展观一道确立为党的行动指南。大会要求全党以习近平新时代中国特色社会主义思想统一思想和行动，增强学习贯彻的自觉性和坚定性，把习近平新时代中国特色社会主义思想贯彻到社会主义现代化建设全过程、体现到党的建设各方面。

（二）新论断

党的十九大作出的我国社会主要矛盾已经转化为人民日益增长的美好生活需要和不平衡不充分的发展之间的矛盾的重大政治论断，反映了我国社会发展的客观实际，是制定党和国家大政方针、长远战略的重要依据。党章据此作出相应修改，为我们把握我国发展新的历史方位和阶段性特征、更好推进党和国家事业提供了重要指引。

党的十九大作出的坚持以人民为中心的发展思想，坚持创新、协调、绿色、开放、共享的发展理念，协调推进全面建成小康社会、全面深化改革、全面依法治国、全面从严治党，全面建成社会主义现代化强国，反映了我们党坚持和发展中国特色社会主义的根本目的、发展理念、战略布局、战略目标。把促进国民经济更高质量、更有效率、更加公平、更可持续发展，完善和发展中国特色社会主义制度，推进国家治理体系和治理能力现代化，更加注重改革的系统性、整体性、协同性等内容写入党章，有利于推动全党把思想和行动统一到党中央科学判断和战略部署上来，树立和践行新发展理念，不断开创改革发展新局面。

党的十九大提出，以习近平同志为核心的党中央，自党的十八大以来，在经济建设、政治建设、文化建设、社会建设、生态文明建设方面提出一系列新理念新思想新战略。大会同意把发挥市场在资源配置中的决定性作用，更好发挥政府作用，推进供给侧结构性改革，建设中国特色社会主义法治体系，推进协商民主广泛、多层、制度化发展，培育和践行社会主义核心价值观，推动中华优秀传统文化创造性转化、创新性发展，继承革命文化，发展社会主义先进文化，提高国家文化软实力，牢牢掌握意识形态工作领导权，不断增强人民群众获得感，加强和创新社会治理，坚持总体国家安全观，增强绿水青山就是金山银山的意识等内容写入党章。作出这些充实，对全党更加自觉、更加坚定地贯彻党的基本理论、基本路线、基本方略，统筹推进"五位一体"总体布局具有十分重要的作用。

党的十九大提出，以习近平同志为核心的党中央，自党的十八大以来，成就是全方位的、开创性的，五年来的变革是深层次的、根本性的。五年来，我们党以巨大的政治勇气和强烈的责任担当，提出一系列新理念新思想新战略，出台一系列重大方针政策，推出一系列重大举措，推进一系列重大工作，解决了许多长期想解决而没有解决的难题，办成了许多过去想办而没有办成的大事，推动党和国家事业发生历史性变革。这些历史性变革，对党和国家事业发展具有重大而深远的影响。

同时，必须清醒看到存在许多不足，也面临不少困难和挑战。主要是：发展不平衡不充分的一些突出问题尚未解决，发展质量和效益还不高，创新能力不够强，实体经济水平有待提高，生态环境保护任重道远；民生领域还有不少短板，脱贫攻坚任务艰巨，城乡区域发展和收入分配差距依然较大，群众在就业、教育、医疗、居住、养老等方面面临不少难题；社会文明水平尚需提高；社会矛盾和问题交织叠加，全面依法治国任务依然繁重，国家治理体系和治理能力有待加强；意识形态领域斗争依然复杂，国家安全面临新情况；一些改革部署和重大政策措施需要进一步落实；党的建设方面还存在不少薄弱环节。这些问题，必须着力加以解决。

（三）新时代

改革开放之初，我们党发出了走自己的路、建设中国特色社会主义的伟大号召。从那时以来，我们党团结带领全国各族人民不懈奋斗，推动我国经济实力、科技实力、国防实力、综合国力进入世界前列，推动我国国际地位实现前所未有的提升，党的面貌、国家的面貌、人民的面貌、军队的面貌、中华民族的面貌发生了前所未有的变化，中华民族正以崭新姿态屹立于世界的东方。

经过长期努力，中国特色社会主义进入了新时代，意味着近代以来久经磨难的中华民族迎来了从站起来、富起来到强起来的伟大飞跃，迎来了实现中华民族伟大复兴的光明前景；意味着科学社会主义在21世纪的中国焕发出强大生机活力，在世界上高高举起了中国特色社会主义伟大旗帜；意味着中国特色社会主义道路、理论、制度、文化不断发展，拓展了发展中国家走向现代化的途径，给世界上那些既希望加快发展又希望保持自身独立性的国家和民族提供了全新选择，为解决人类问题贡献了中国智慧和中国方案。

（四）新目标

改革开放以来，我们党对我国社会主义现代化建设作出战略安排，提出"三步走"战略目标。解决人民温饱问题、人民生活总体上达到小康水平这两个目标已提前实现。在这个基础上，我们党提出，到建党一百年时建成经济更加发展、民主更加健全、科教更加进步、文化更加繁荣、社会更加和谐、人民生活更加殷实的小康社会，然后再奋斗三十年，到新中国成立一百年时，基本实现现代化，把我国建成社会主义现代化国家。

从现在到2020年，是全面建成小康社会决胜期。要按照十六大、十七大、十八大提出的全面建成小康社会各项要求，紧扣我国社会主要矛盾变化，统筹推进经济建设、政治建设、文化建设、社会建设、生态文明建设，坚定实施科教兴国战略、人才强国战略、创新驱动发展战略、乡村振兴战略、区域协调发展战略、可持续发展战略、军民融合发展战略，突出抓重点、补短板、强弱项，特别是要坚决打好防范化解重大风险、精准脱贫、污染防治的攻坚战，使全面建成小康社会得到人民认可、经得起历史检验。

从十九大到二十大，是"两个一百年"奋斗目标的历史交汇期。我们既要全面建成小康社会、实现第一个百年奋斗目标，又要乘势而上开启全面建设社会主义现代化国家新征程，向第二个百年奋斗目标进军。

（五）新安排

综合分析国际国内形势和我国发展条件，从2020年到本世纪中叶可以分两个阶段来安排。

第一个阶段：从2020年到2035年，在全面建成小康社会的基础上，再奋斗15年，基本实现社会主义现代化。到那时，我国经济实力、科技实力将大幅跃升，跻身创新型国家前列；人民平等参与、平等发展权利得到充分保障，法治国家、法治政府、法治社会基本建成，各方面制度更加完善，国家治理体系和治理能力现代化基本实现；社会文明程度达到新的高度，国家文化软实力显著增强，中华文化影响更加广泛深入；人民生活更为宽裕，中等收入群体比例明显提高，城乡区域发展差距和居民生活水平差距显著缩小，基本公共服务均等化基本实现，全体人民共同富裕迈出坚实步伐；现代社会治理格局基本形成，社会充满活力又和谐有序；生态环境根本好转，美丽中国目标基本实现。

第二个阶段：从2035年到本世纪中叶，在基本实现现代化的基础上，再奋斗15年，把我国建成富强民主文明和谐美丽的社会主义现代化强国。到那时，我国物质文明、政治文明、精神文明、社会文明、生态文明将全面提升，实现国家治理体系和治理能力现代化，成为综合国力和国际影响力领先的国家，全体人民共同富裕基本实现，我国人民将享有更加幸福安康的生活，中华民族将以更加昂扬的姿态屹立于世界民族之林。

（六）新征程

这个新时代，是承前启后、继往开来、在新的历史条件下继续夺取中国特色社会主义伟大胜利的时代，是决胜全面建成小康社会、进而全面建设社会主义现代化强国的时代，是全国各族人民团结奋斗、不断创造美好生活、逐步实现全体人民共同富裕的时代，是全体中华儿女勠力同心、奋力实现中华民族伟大复兴中国梦的时代，是我国日益走近世界舞台中央、不断为人类作出更大贡献的时代。

（七）新党章

党章修正案把"习近平新时代中国特色社会主义思想"写入党的指导思想是党心民心所向。党的十八大以来，以习近平同志为核心的党中央站在历史和时代新高度，进一步深化我们党对共产党执政规律、社会主义建设规律、人类社会发展规律的认识，以非凡的勇气在治国理政新实践中推进理论创新，创立了习近平新时代中国特色社会主义思想。这一思想，植根于五千年中华优秀传统文化，发展于中国特色社会主义伟大实践，体现在党的十八大以来习近平总书记系列重要讲话精神和治国理政新理念新思想新战略当中，是马克思主义中国化的历史性新飞跃，是这次党章修改最为重要的理论成果。党章修正案把"坚定维护以习近平同志为核心的党中央权威和集中统一领导"写入党章是我们党在新时代履行新使命的必然要求。党的十八届六中全会正式确立习近平总书记作为党中央和全党的核心地位，这是历史的选择、人民的选择、实践的选择。十八大以来，党、国家、军队各项事业取得历史性成就、发生历史性变革，根本在于有党中央的坚强领导，有习近平总书记这样一位领导我们党开启新时代、进行新长征、夺取新胜利的卓越领袖掌舵领航。党章修正案充实的重大理论观点和重大战略思想，是十八大以来党的理论和实践创新成果，是全党的集体智慧，体现了全党的共同意志。我们要牢固树立党章意识，把学习贯彻新党章与学习贯彻党的十九大精神特别是习近平新时代中国特色社会主义思想紧密结合起来，统一思想、统一意志、统一行动，共同维护党章的权威性和严肃性，更好把中国特色社会主义伟大事业和党的建设新的伟大工程推向前进。

以习近平同志为主要代表的中国共产党人，顺应时代发展，从理论和实践结合上系统回答了新时代坚持和发展什么样的中国特色社会主义、怎样坚持和发展中国特色社会主义这个重大时代课题，创立了习近平新时代中国特色社会主义思想。习近平新时代中国特色社会主义思想是对马克思列宁主义、毛泽东思想、邓小平理论、"三个代表"重要思想、科学发展观的继承和发展，是马克思主义中国化最新成果，是党和人民实践经验和集体智慧的结晶，是中国特色社会主义理论体系的重要组成部分，是全党全国人民为实现中华民族伟大复兴而奋斗的行动指南，必须长期坚持并不断发展。在习近平新时代中国特色社会主义思想指导下，中国共产党领导全国各族人民，统揽伟大斗争、伟大工程、伟大事业、伟大梦想，推动中国特色社会主义进入了新时代。

以习近平同志为核心的党中央，坚持辩证唯物主义和历史唯物主义，紧密结合新的时代条件和实践要求，以全新的视野深化了对共产党执政规律、社会主义建设规律、人类社会发展规律的认识，系统回答了新时代坚持和发展什么样的中国特色社会主义、怎样坚持和发展中国特色社会主义等重大时代课题，取得了重大理论创新成果，形成了习近平新时代中国特色社会主义思想。党章修正案把习近平新时代中国特色社会主义思想作为党的指导思想写入党章，是党章修改的突出亮点和历史贡献，是指引我们实现"两个一百年"奋斗目标和中华民族伟大复兴的根本遵循和行动指南，是指引我们党不断从胜利走向胜利的精神支柱和力量源泉，对于我们进行伟大斗争、建设伟大工程、推进伟大事业、实现伟大梦想，具有重大的现实意义和深远的历史意义。

（八）新要求

在以习近平同志为核心的党中央坚强领导下，中央纪律检查委员会和各级纪律检查委员会牢固树立政治意识、大局意识、核心意识、看齐意识，坚定中国特色社会主义道路自信、理论自信、制度自信、文化自信，自觉同党中央保持高度一致，尊崇党章，忠实履职，推动全面从严治党不断向纵深发展，反腐败斗争形成压倒性态势并巩固发展，坚定维护了党中央权威和集中统一领导，厚植党执政的政治基础，建设一支忠诚、干净、担当的纪检监察队伍，向党和人民交上了优异答卷。

要求高举中国特色社会主义伟大旗帜，以马克思列宁主义、毛泽东思想、邓小平理论、"三个代表"重要思想、科学发展观、习近平新时代中国特色社会主义思想为指导，全面落实党的十九大作出的战略部署，统筹推进"五位一体"总体布局和协调推进"四个全面"战略布局，增强"四个意识"，坚定"四个自信"，不忘初心、牢记使命，紧紧围绕党的领导、党的建设、全面从严治党、党风廉政建设和反腐败斗争，推动党内政治生态实现根本好转，履行党章赋予的监督执纪问责职责，为决胜全面建成小康社会、夺取新时代中国特色社会主义伟大胜利提供坚强保证，为实现中华民族伟大复兴的中国梦不懈奋斗。

（九）国际社会反应良好

俄新社10月24日刊登该社政治观察家德米特里·科瑟列夫的文章称，中共十九大是其历史上第一次全球性会议。如果说以前的大会决定了中国的未来，那么这次大会决定的就是世界的未来。

国际媒体普遍认为，中国将在全球治理中发挥关键作用，包括在气候变化、世界卫生、维护和平、全球经济、能源安全、多边机制转型等领域。中国或将让世界上的战争、紧张、危机和恐怖主义变得更少。十九大报告近90%的内容是关于中国内部事务的，关于中国世界地位的表态是严谨措辞的典范："（这个新时代）是我国日益走近世界舞台中央、不断为人类作出更大贡献的时代。""中国将继续发挥负责任大国作用，积极参与全球治理体系改革和建设，不断贡献中国智慧和力量。""给世界上那些既希望加快发展又希望保持自身独立性的国家和民族提供了全新选择，为解决人类问题贡献了中国智慧和中国方案。""到本世纪中叶把人民军队全面建成世界一流军队。"

国际媒体称，这一切只能算是世界前十大强国的雄心。然而，一些国家如今谈论的是中国何时将成为世界第一，而且在某些方面它已经做到了，但北京在设定目标时表现出惊人的谦卑。这让人想起两场重要危机——1997年亚洲金融危机和2008年全球金融危机。在第一场危机中，中国不仅没有受到大损失，还出资救助了东南亚国家，但当时它只被认为是亚洲领袖。到了第二场危机，中国不仅再次全身而退，还顺便搭救了全世界，全世界正是依靠中国才避免了大动荡。《华盛顿邮报》刊文指出，中国希望在2030年成为全球人工智能大国，这将对整个国际政治产生直接影响。所有人在评价中国谋求成为"世界大国之一"的谦虚目标时，引用的都是这样的事实——看，它至少已经是世界第二，而且还在继续加速。

总之，党的十九大中华民族开启了全面建设社会主义现代化国家的新时代新征程。

二、习近平和特朗普多次会晤，开启了中美关系新阶段

海湖庄园会晤新建四个高级别对话合作机制：外交安全对话、全面经济对话、执法及网络安全对话、社会和人文对话，第一轮四个对话收获颇丰。汉堡会晤继续推动更广泛合作。

从奥巴马政府到特朗普政府，中美关系保持总体稳定并实现平稳过渡。习近平主席提出不冲突、不对抗、相互尊重、合作共赢的原则，为中美关系健康稳定发展指明方向。从奥巴马政府的"庄园会晤"到"瀛台夜话""白宫秋叙""西湖长谈"，再到2017年与特朗普政府的"海湖庄园会晤"和"汉堡会晤"，中美元首坦诚交流，增信释疑，开创高层互动新模式，对稳定两国关系起到关键性作用。

（一）建立中美合作交流新机制

2017年4月6日至7日，中国国家主席习近平在美国佛罗里达州海湖庄园同美国总统特朗普举行中美元首会晤，这是美国新政府就职以来中美元首首次面对面沟通，两国元首进行了超过7个小时的深入交流，达到了多项重要共识。中美双方宣布建立外交安全对话、全面经济对话、执法及网络安全对话、社会和人文对话四个高级别对话机制，会晤期间双方启动了外交安全、全面经济两个对话机制。双方就经贸问题进行了深入讨论。中方强调，中美经贸关系本质是互利共赢的，双方已互为第一大贸易伙伴国，两国人民都从中受益良多。对中美经贸关系中存在的一些问题，双方应本着平等互利原则，扩大在能源、基础设施建设等

领域务实合作，相互开放市场，推动两国经贸关系更加平衡发展。双方同意将在贸易投资领域深化务实合作，同时妥善处理经贸摩擦，以取得互利互惠的成果。举世瞩目的中美两国元首的海湖庄园会面获得了超出预期的成果。作为中美关系的新起点，中国与美国新政府全方位的沟通合作机制正在建立，而接下来一系列的经贸磋商将带来切实的利好以及挑战。中国国家主席习近平同美国总统特朗普举行美国新政府就职以来中美元首首次会晤。根据新华社报道，双方认为，这次两国元首会晤是积极和富有成果的。双方同意共同努力，扩大互利合作领域，并在相互尊重的基础上管控分歧。尽管未有中美共同的新闻公报，但从双方的表态来看，经贸是本次会晤涉及面最广、成果颇丰的领域之一。根据双方的共同表态，两国新建立了全面经济、外交安全、执法及网络安全、社会和人文这四个高级别对话合作机制；而更重要的是，特朗普接受了邀请，2017年年内将会访华，这将进一步加深互相理解。

（二）众说纷纭的特朗普对中预期，令中美关系扑朔迷离

自从特朗普当选总统以来，对中国的态度、以及其"美国第一"的外交政策对两国关系的影响上，传递了矛盾的信号。在他宣誓就职之前，特朗普与台湾当局领导人通了一次电话，这种做法很不正统，他后来还暗示，美国可能不再遵循几十年来的"一个中国"政策，按照该政策，美国承认只有一个中国政府。在朝鲜问题上，特朗普已经公开批评中国在遏制朝鲜上做得不够。他上个月在Twitter上写道，朝鲜"多年来一直'玩弄'美国"，还说，"中国几乎没有帮忙"。就在这次首脑会晤前的周二，朝鲜又测试了一枚弹道导弹。但在2017年2月，特朗普在与习近平通电话时改变了说法。之后，两位领导人还表示认同"中美加强合

作的必要性和紧迫性"。

美国一直反对中国在南海的领土主张，奥巴马政府认为中国的主张过分了。美国上届政府用派军舰在中国建造的人工岛屿附近海域巡逻的方式，表达了对中国主张的反对。在担任国务卿之前的提名确认听证会上，雷克斯·W. 蒂勒森（Rex W. Tillerson）曾表示，美国应该"向中国发出一个明确的信号，首先，停止修建岛屿。第二，你们也将不被允许靠近这些岛屿"。

气候变化是以前两国之间有共识的问题，现在，这个问题也可能是给特朗普与习近平会晤制造紧张气氛的原因。在与奥巴马总统进行了紧张谈判之后，习近平同意与美国一起加入到应对气候变化的全球努力中来。但特朗普已经迅速逆转了自己前任的气候议程，这对中美在气候问题上继续合作的前景带来了疑问。华盛顿在气候变化上的退却，欲让中国在这个问题上发挥全球领导的作用，承担更多责任。

然而，从特朗普凡事"美国优先"的发言不难看出，他的世界观其实与习近平并无太大不同。就在不久前，美国还要求中国能在美国所设计及领导的国家体系下，扮演一个负责任的角色。但特朗普与习近平都是"国家主义者"，对"美国主义"的重视超过"全球主义"。

布伦特·斯科克罗夫特国际安全中心的高级研究员罗伯特·A·曼宁（Robert A. Manning）说，特朗普的顾问们之间爆发了"激烈的内部争论"，一些人要在贸易问题上更声势浩大地挑战中国，另一些人则建议用更温和的方式。"特朗普的更温和的顾问看来已经说服了他，（通过现有的贸易组织）来解决他在贸易问题上的不满会更有效，风险也更小"，曼宁在本周写道。

(三) 海湖庄园会晤给中美关系明确了方向

当地时间 2017 年 4 月 6 日下午，国家主席习近平乘专机抵达美国佛罗里达州西棕榈滩国际机场。习近平和夫人彭丽媛受到美国国务卿蒂勒森夫妇等热情迎接。随后，习近平等前往海湖庄园同美国总统特朗普共同出席晚宴，并举行首次会谈。

会晤就双方共同关心的问题深入、坦诚地交换了意见，在"不对抗、不冲突、相互尊重、合作共赢"原则的基础上，为今后中美关系的发展，为解决全球面临的重大挑战，取得了广泛的共识，给出了明确的路线图，开启了两国关系在全球化变数增大的新时期积极发展的新篇章。这次会晤被外界称为"世纪会晤"并非没有道理，因为中美实际上已经结成全球最重要的利益共同体，两国的命运是紧紧联系在一起的。中美历来就有通过领导人会晤和互访推动两国关系发展的传统，这次两国元首在海湖庄园风云论道、漫步畅谈，首次面对面地深入交流，为两国关系定下基调，为处理重大挑战对表，无疑是目前国际关系中的大事。

海湖会晤明确了中美关系的大思路和大框架：

第一，对中美双方和全球而言，中美关系都是大局、都是全局。中美作为新兴大国与国际体系主导国重新达成"和平相处、和平竞争、合作共赢"的战略共识，为中美关系今后 4 年乃至更长时间的健康、平稳发展定下基调、奠定良好基础。所谓纲举目张，两国有了战略谅解和合作的大思路和大框架，其余问题就会迎刃而解。正如习近平主席多次讲过，太平洋足够大，容得下中美两个大国的发展。无论是正确处理双边关系问题，还是合作参与和引领全球治理，并对新世纪上半期国际秩序的形成施加积极影响，中美的相互定位和战略再确认毋庸置疑是十分关键的。两国经济发展和对外政策是相向而行还是相悖而行，必将决定世界政治经济的发展方向以及国际秩序的稳定。正如《联合国宪章》所言，中美作为安理会常任理事国和第一、第二大经济体，对维护世界和平和促进全球增长负有特殊责任。习近平主席明确表示，中美要新建立四个高级别对话合作机制：外交安全对话、全面经济对话、执法及网络安全对话、社会和人文对话，落实元首会晤共识，得到特朗普的积极呼应。

特朗普总统上台后，大家对中美关系的不确定性是有过担忧的，而海湖会晤的成功为中美关系注入了"确定性"，使之回归良性互动的正确轨道。双方新建了外交安全对话、全面经济对话、执法及网络安全对话、社会和人文对话四个高级别对话合作机制，沟通渠道畅通是保持两国关系稳定、增进合作的重要一步。

第二，中美是全球互为第一、二大经济体，一荣俱荣、一损俱损。在世界经济连年遭遇困难、增长乏力的背景下，中美两大经济体在符合各自发展战略的基础上就新的贸易和投资合作形成一些共识，并进行长远战略规划，不仅可以减少贸易摩擦，避免任何形式的贸易战，还可充分利用两国比较优势，使双边贸易更加丰富平衡。这对于中美经济关系的可持续发展至关重要，而且也是世界各国所期待的。

2016年，中美双边货物贸易达5196亿美元，服务贸易超1100亿美元，双向投资累计超1700亿美元。其中，美国出口的波音飞机的26%、大豆的56%、汽车的16%、集成电路的15%都到了中国。中美经济已形成"你中有我、我中有你"的利益交融格局。中美人员往来也逐年增加，每天平均1.4万人往来中美之间，每17分钟起降一个航班；仅中国在美留学生就超过30万，占美国的外国留学生的1/3强。特朗普总统经常挂在口上的"America First"（美国第一）其实与中美经贸合作并不矛盾，美国第一并不意味着就是"中国最后"。客观地讲，美国第一的有效路径很可能是通过"北京"来实现。同样，中华民族伟大复兴的中国梦之实现也离不开一个友好、有利的外部国际环境，而美国恰恰是国际体系和环境的重要主导国家。特朗普政府常常提到中美贸易逆差问题，似乎这是两国经济关系"零和"的产物。事实与此完全相反，中美经济互补性强，要解决逆差也好，重振美国制造业也罢，还是美国基础设施改造升级，唯有双方加强全面合作才是实现"美国第一"和中国经济转型、可持续发展的正道。就基础设施建设而言，中国的资金、技术和建设能力在中国、在美国都大有用武之地，开展适当的互利合作乃是双赢之举。如果美国能向中国开放，输出其富裕的页岩油气，并逐步放松对华双用途产品出口限制，两国贸易增长空间巨大，还可以大大减少中美贸易逆/顺差问题。核心是美方要坚定与中国合作共赢的决心，不要受极端地缘政治考虑的影响。不管因为何种原因增加贸易摩擦，甚至不惜打贸易战，只会两败俱伤，没有赢家。

第三，会晤就地区安全问题充分交换了看法，这包括朝鲜半岛核危机、南海、未来地区安全安排等重大、紧迫问题。地区安全涉及中美双方和地区国家的根本利益，不能不予以重视。东亚地区火药味颇浓，潜在冲突不少，而美国的亚太和东亚安全战略是关键因素。中国将坚定不移地走和平发展的道路，希望各方采取合作安全、综合安全、照顾各方安全利益的新安全观。当然，要做到和平发展，不是一个国家就能办到的，需要其他国家也走和平的道路，以和平的方式解决争端和冲突，不以武力或武力威胁作为解决问题的办法。如果个别国家思维还停留在冷战时期，看到中国综合实力的发展就忧心忡忡，试图制造各种障碍，捆住中国发展的手脚，那不仅是徒劳的，而且还会制造出本不需要的"敌人"，真正是得不偿失。在亚太特别是东亚地区安全问题上，中美的共识和合作至关重要。这显然符合中美两国的共同利益。要是美国继续推进新保守主义派鼓吹的所谓"离岸平衡"战略，一方面对中国加大军事威慑，另一方面利用美国在亚太的盟友，加深中国与部分邻国在主权争议方面的分歧与矛盾，那将损害中国的安全利益，最终也将损害美国自身的利益。

当前，中美两国尤其需要在朝鲜半岛核问题的处理上进行密切的协商与合作，坚持以和平方式解决危机。中方提出"双暂停"等脚踏实地的建议应该引起相关方重视，只有使危机逐步降温，同时创造一些有利于对话和谈判的条件，才有可能避免一触即发的冲突。中国坚决反对朝鲜半岛有核化，坚决反对朝鲜半岛再起战火。相信这也是美国的利益所在。大国合作静水流深，大国冲突浪大风急，何去何从需要细细思量。

至于"离岸平衡"战略，那是美国新保守主义用来对付中国的，表现在"转向亚洲"也好，"亚太再平衡"也罢，过去十年没有成功，现在和将来也不会成功。因为我们生活的时代变了、世界变了，全球化迅猛发展已经把亚太特别是东亚国家的经济和安全紧密联系在一起，形成"一荣俱荣、一损俱损"的利益共同体格局。美国作为在东亚有重大利益的域外国家，在评估其亚太战略和对华政策时，对此应该有符合时代潮流的新认识。

习近平主席指明了中美关系长期健康发展的关键，他精辟指出，"合作是中美两国唯一正确的选择，我们两国完全能够成为很好的合作伙伴"；"我们有一千条理由把中美关系搞好，没有一条理由把中美关系搞坏"。蓝图已经绘就，路线已经确定。中美合作有重要机遇和巨大潜力。两国元首海湖会晤意义重大，我们需要以"撸起袖子加油干"的精神，尽快具体落实两国领导人的共识，把中美关系推上一个新的发展阶段。

事实证明，中美领导人2017年4月初在美国弗罗里达州海湖庄园会晤后，两国关系有了显著改善，特朗普自称和习近平"建立了友谊"，并多次赞扬中国和习近平。中美就贸易问题开展的经济合作百日计划也取得了早期收获。不过，朝鲜在这段时间仍继续试射导弹，有消息指出，平壤正准备进行第六次核试验，让华盛顿开始对北京约束平壤的能力与诚意产生怀疑。

（四）汉堡会晤推动两国各领域交流合作取得新进展

2017年7月8日，国家主席习近平在二十国集团领导人汉堡峰会闭幕后会见美国总统特朗普，就中美关系及共同关心的重大国际和地区问题深入交换意见。习主席指出自海湖庄园会晤以来，双方工作团队按照两国元首达成的共识，推动两国各领域交流合作取得新进展。下阶段，双方要共同努力，牢牢把握中美关系大方向，相互尊重、互利互惠，拓展各领域务实合作，加强在国际和地区问题上的协调，推动中美关系健康稳定向前发展。

两国元首同意保持高层密切交往，增进双方战略互信。双方商定首轮全面经济对话于7月19日举行，并将于近期举行首轮执法及网络安全对话、社会和人文对话。双方将充分发挥4个高级别对话机制作用，增进相互了解，推进务实合作。

中美经济合作百日计划已取得重要进展，双方正实施一年合作计划。双方共同推动两国经济关系健康稳定发展。积极推进执法、网络安全、人文、地方等领域交流与合作。促进两军关系发展。两军联合参谋部11月举行首次对话、中国海军参加2018年"环太平洋"军演等工作。要求双方要尊重彼此核心利益和重大关切，妥善处理分歧和敏感问题。

特朗普明确表示同习近平主席建立起良好的工作关系。当前，美中关系发展很好。中国是美国重要贸易伙伴，也是在国际事务中有重要影响的国家。美方愿同中方拓展各相关领域的对话和互利合作，在重大国际和地区问题上保持沟通协调。双方就朝鲜半岛核问题深入交换了意见。

习近平强调，中方始终坚持实现朝鲜半岛无核化、坚持维护朝鲜半岛和平稳定、坚持通过对话协商解决问题。中方已多次表明自己的原则立场，即国际社会在对朝鲜违反联合国安理会相关决议的活动作出必要反应的同时，要加大促谈和管控局势的努力。中方重申反对美国在韩国部署"萨德"反导系统。两国元首同意继续就朝鲜半岛核问题保持密切沟通与协调。双方还讨论了其他共同关心的问题，并就加强中美在二十国集团框架下的协调与合作交换了意见。

（五）首轮中美外交安全对话率先开启

2017年6月21日，国务委员杨洁篪同美国国务卿蒂勒森、国防部长马蒂斯在华盛顿共同主持首轮中美外交安全对话。中方指出，习近平主席同特朗普总统在海湖庄园的成功会晤为新时期中美关系指明方向，作出规划。在两国元首共识引领下，近来两国关系取得新的积极进展。双方要牢牢把握中美关系发展大方向，推动中美关系取得更多积极进展。双方均表示，将继续按照两国元首重要共识，共同努力扩大互利合作领域，在相互尊重的基础上管控分歧，推动中美关系长期健康稳定发展。双方认为保持高层密切交往十分重要，相信经过共同努力，两国元首在7月二十国集团领导人汉堡峰会期间的会晤将取得积极成果，特朗普总统年内应习近平主席邀请对中国进行的国事访问将取得成功。双方期待年内举行好全面经济、执法及网络安全，社会和人文等其他三个高级别对话机制的首轮对话。

中方指出，双方应该正确看待彼此战略意图。中国战略意图很明确，就是维护好自身的主权，安全和发展利益，努力实现

"两个一百年"奋斗目标和中华民族伟大复兴的中国梦。中国坚持走和平发展道路，努力推动构建以合作共赢为核心的新型国际关系、打造人类命运共同体。中国致力于维护以联合国宪章宗旨和原则为核心的现行国际体系和秩序，推动国际体系和秩序朝着更加公正合理的方向发展。双方要尊重彼此的政治制度和发展道路，尊重彼此的主权和领土完整以及彼此的发展利益，确保中美关系健康稳定向前发展。

美方表示认识到中国正持续快速发展，没有任何意图遏制或削弱中国，愿与中国加强合作，发展长期建设性关系。双方应通过加强对话与合作，努力促进亚太地区和平、稳定、繁荣。

中方指出，近来中美两军关系总体稳定发展，双方应按照两国元首共识，在新的起点上推动两军关系拓展升级，积极寻求发展建设性的、务实有效的合作关系。双方同意认真落实年度交流合作项目，尽早实现两国防长互访、美军参联会主席访华；将深化在人道主义救援减灾、反海盗、军事医学等共同领域的合作，致力于落实建立信任措施的谅解备忘录。

中方在对话中强调了在台湾、涉藏问题上的原则立场以及美方恪守有关承诺、妥善处理上述问题的重要性。美方表示，美国政府坚持奉行一个中国政策。美方承认西藏是中国一部分，不支持分裂中国的活动。

关于朝鲜半岛核问题，中方重申坚持半岛无核化、坚持维护半岛和平稳定、坚持通过协商谈判解决问题的立场。各方应全面、严格执行安理会有关决议，同时应推动早日重启对话谈判。中方提出的"双轨并行"思路和"双暂停"倡议得到国际社会广泛理解和支持，有关各方应积极考虑采纳，共同推动朝核问题回到对话谈判的轨道。中方重申反对美国在韩国部署"萨德"系统，要求停止和撤销有关部署。

关于南海问题，中方强调，中国对南沙群岛及其附近海域拥有无可争辩的主权，中方有权采取措施维护自身领土主权和海洋权益。同时，中方始终致力于同直接有关的当事国通过谈判磋商和平解决争议。美方应恪守在有关主权争议问题上不持立场的承诺，尊重中国的主权和安全利益，尊重地区国家通过和平谈判解决有关争议的努力，为维护地区和平稳定发挥建设性作用。

双方就国际反恐形势交换了意见。中方强调反对一切形式的恐怖主义，希望双方本着相互尊重、平等互利的原则加强反恐交流与合作。双方还就中东、阿富汗等共同关心的国家和地区问题交换了意见。双方认为首轮中美外交安全对话是建设性和富有成果的，同意继续用好这一平台，不断增进互信、扩大共识、促进合作、管控分歧，使其为推动中美关系取得更大发展发挥积极作用。

（六）首轮中美全面经济对话取得良好开局

2017年7月19日，首轮中美全面经济对话在美国首都华盛顿举行，中国国务院副总理汪洋和美国财长姆努钦、商务部长罗斯共同主持对话。作为2017年4月中美元首海湖庄园峰会的一项重要成果，中美全面经济对话的召开适逢中美经济合作百日计划圆满完成之际，旨在持续推进特朗普政府就任以来中美关系的良好开局，进一步深化中美两国的沟通与合作，推进两国关系行稳致远。首轮中美全面经济对话展现了中美两国在强化合作、化解分歧中的机制化创新。中美元首海湖庄园会晤确定了就两国共同关切的四个关键议题重新建立专项对话机制，其中作为重要组成部分的全面经济对话机制旨在就长期以来始终在两国关系中充当"压舱石"与"稳定器"的经济贸易事务加以深入沟通。一方面，全面经济对话机制是以过去八年八轮中美战略与经济对话中的经济轨对话的安排与经验作为重要基础的，并创新地作出了更具针对性、更为专业化、更强调深入沟通的合理机制化安排；另一方面，专门设置的全面经济对话与时俱进地适应了中美经贸关系在持续深化改革的中国经济进入"新常态"、金融危机后经济持续缓慢徘徊的美国显现出"逆全球化"倾向等重大现实时的新需求、新挑战与新方向。

  彰显了中美双方在促进合作、解决分歧中的务实态度。必须看到，中美两国经贸关系已完全形成了"你中有我，我中有你"这一更具对等性的相互依赖状态，中美两国互为最为重要的贸易伙伴以及进出口市场。而作为世界前两大经济体，中美之间稳定健康的贸易合作势必惠及两国企业与普通民众，更具有全球性的积极意义。也正是对这一重要定位形成了高度共识，中美两国在本次对话中都反复强调了合作作为唯一正确选择的必要性，携手努力实现双方互利最大化的关键意义。在这个务实共识与互利原则的大前提下，双方就中美贸易投资、经济合作百日计划和一年计划、全球经济和治理、宏观经济政策和金融业、农业等双方政府和业界关心的一系列议题实现了广泛而深度的沟通。在肯定成就、总结经验的基础上，中美双方也极为坦率、务实地提出了解决当前彼此关切甚至是某些不同利益考量的关键路径：以全局性、长期性、战略性的合作稳步推进中美经贸关系是两国必然选择。

  突出了持续稳步推进两国经贸合作的建设性。中美经贸关系深入而反复，其中共同利益交汇，某些分歧也自然时常显现。新世纪以来，中国持续完善市场机制、推进制造业创新、国际竞争力提升，美国却出现了制造业空心化、蓝领中下层民怨情绪积累、贸易保护主义有所抬头等问题，中美经贸关系在新形势下面临着新的压力、新的分歧，当然也具有新的机遇。面对新老问题交织、合作机遇与分歧风险并存的现实情况,本次中美全面经济对话突出强调确定了中美经济合作的正确方向,即坚持把合作共赢作为发展双边经贸关系的基本原则,把对话磋商作为解决分歧的基本方法,把保持重大经济政策沟通作为对话合作的基本方式,这为未来合作奠定了坚实的基础。也正是在强调合作、对话、沟通这一重要方向的指导下,双方才进一步就经济合作一年计划、缩小贸易逆差、扩展服务业合作、扩大双方相互投资、提升产业合作水平、加强政策沟通、深化金融领域合作以及在二十国集团等全球经济治理框架下强化合作等一系列重要议题达成了建设性共识。

同时,就在中美举行首轮全面经济对话的前一天,中美两国企业界也在华盛顿举行了中美企业家峰会。作为中美经贸合作的切身受益者,两国企业界代表共同表达了努力推动中美经贸关系行稳致远的信心与决心。特别值得注意的是,双方还在美国关切的基础设施投资建设与中方倡导的"一带一路"等议题上达成了合作共识。从两国领导层的务实沟通到两国企业界的密切合作,中美两国经贸关系在"利己利人、互利互赢"这一正确航道上的稳健前行,才是造福两国人民乃至世界人民的唯一正确选择。

(七)首轮中美执法及网络安全对话取得务实成果

2017年10月4日,中国国务委员、公安部部长郭声琨和美国司法部部长杰夫·塞申斯、国土安全部代理部长伊莲·杜克在华盛顿共同主持了首轮中美执法及网络安全对话(以下简称"对话")。作为习近平主席和特朗普总统2017年4月在海湖庄园举行首次会晤时达成共识的四个对话机制之一和两国政府推动双方在执法和网络安全领域合作的重要平台,本次对话就非法移民遣返、禁毒、网络犯罪和网络安全、追逃等四个领域的议题进行了讨论，并取得务实成果。

第一，非法移民遣返领域。中美双方承诺建立一个可重复的程序，确保及时核实非法移民的身份，并在身份核实后30天内颁发旅行证件。这个程序将在首轮对话后3个月内建立。

第二，禁毒领域。双方愿继续加强在毒品管控和执法领域的合作，包括就打击贩运新精神活性物质和其他合成毒品、阿片类物质和可卡因交换情报和行动信息，打击非法生产和贩运芬太尼及有关物质和化学前体，关注可适用的法律、列管行动、快递包裹和代理服务等。

第三，网络犯罪和网络安全领域。双方将继续落实2015年中美两国元首达成的中美网络安全合作共识，并重申，2015年以来三次中美打击网络犯罪及相关事项高级别联合对话达成的共识和合作文件依然有效。

同时，中美双方愿改进与对方在打击网络犯罪方面的合作，包括及时分享网络犯罪相关线索和信息，及时对刑事司法协助请求做出回应，包括网络诈骗（含电子邮件诈骗）、黑客犯罪、利用网络实施暴力恐怖活动、网络传播儿童淫秽信息等。

双方还将在网络保护方面继续合作，包括保持和加强网络安全信息分享，并考虑今后在关键基础设施网络安全保护方面开展合作。此外，双方同意保留并用好已建立的热线机制，根据实际需要，就所涉及的紧急网络犯罪和与重大网络安全事件有关的网络保护事项，及时在领导层或工作层进行沟通。

在追逃领域，双方将加强合作，避免各自国家成为逃犯的避罪天堂，并将确定可行的逃犯案件开展合作。双方计划继续开展定期会晤和建立工作组，确定重点案件。双方承诺在相互尊重彼此主权和法律的基础上，开展追逃行动。双方将依法处理违反上述原则的行动。尽管存在分歧，双方将努力在上述事项上取得切实进展，并争取在2018年举行对话予以评估。

（八）首轮中美社会和人文对话成果丰富

中国国家主席习近平和美国总统特朗普于2017年4月在海湖庄园会晤期间共同确定建立中美社会和人文对话。中国国务院副总理刘延东和美国国务卿雷克斯·蒂勒森于2017年9月28日在华盛顿共同主持了首轮中美社会和人文对话。本轮对话包含教育、科技、环保、文化、卫生、社会发展、地方人文合作七大合作领域，旨在促进双方在两国全面对话机制框架内进一步推动社会和人文交流。

中美社会和人文对话为两国开展积极坦诚的对话交流提供了重要平台，双方将探讨事关两国人民利益的政策和措施，包括环境保护、卫生安全和科学技术等。几十年来，中美两国在社会和人文领域的交流有效地增进了双方理解，消除隔阂，拉近了两国人民的距离。两国人民的交往加深了彼此的了解和互信，巩固了两国伙伴关系。中美社会和人文对话展示了中美未来50年共生共享的理念。我们将共同加深两国学者、科学家、学生、艺术家、社会组织等的交流合作，为中美两国和世界的繁荣做出贡献。中美关系是世界上最重要的双边关系之一。中美两国的成功彼此息息相关。双方在社会和人文领域的合作将提高两国人民的福祉。中美合作将提高两国教育质量，促进文化交流，防止疾病扩散，保护自然环境。

第一，教育领域。中美双方一致认为，鼓励两国学生到对方国家留学，推动两国教育机构和学者间的交流合作，可增进双方的相互理解，推动中美人文交流。为中美学生、学者和教育机构创造更多合作机会将为两国发展更紧密的双边关系夯实基础。双方将共同努力促进中美双向留学。中方将设立"优秀美国学生短期留学中国计划",未来4年提供1万个学分生奖学金名额,鼓励优秀美国学生来华短期学习,并欢迎美国驻华使馆在华实施"美国教育"项目。富布赖特项目是美国历史最悠久的国际教育交流项目。双方将继续共同实施中美富布赖特项目,增进两国人民相互理解。双方愿共同组织两国留学人员,包括中美富布赖特项目参与者,开展活动和举办会议。双方将鼓励两国青少年在创新创业方面开展交流合作,每年在两国举办"中美青年创客大赛",并在两国新设若干"中美青年创客交流中心"。中美两国教育部将在职业教育领域开展合作。双方还将签署《中美关键语言教师项目合作备忘录》。

第二,社会发展领域。中美双方将充分发挥社会各界的作用,包括妇女、体育人士和青年,通过合作和研讨增进双方相互理解。中美人文交流的成功,很大程度归功于双方非政府组织的参与和贡献,包括大学、博物馆、基金会、社会活动团体、文化机构、体育组织和商业机构。双方将继续促进两国体育交流,加强在促进性别平等和妇女赋权方面的交流与合作,发挥青年在推动中美人文交流中的作用,并欢迎两国社会组织积极参与人文交流。双方将继续执行未来领袖交流项目,包括中方实施的知行中国项目和美方实施的国际访问者项目。双方讨论了《中国境外非政府组织管理法》,同意该法的实施不会影响美国非政府组织在华依法开展活动。美方期待于年底前与中方就该法举行磋商。

第三,科技领域。中美科技合作使两国研究人员和政府机构受益,双方在该框架下相互分享有关数据、资源、设备和专长。《中美科技合作协定》是两国最早的合作协议之一,由邓小平和吉米·卡特于1979年首次签署。在该协议下,已签署了近50个部门间协议,支持了双方跨部委、跨机构的数千个合作项目。双方将共同努力推动《中美科技合作协定》续签工作,并将完全执行该协议的各项条款。

第四，卫生领域。过去 40 年，中美卫生合作成果丰硕，应对了双方共同关切的重要卫生问题，促进了两国的健康和繁荣。卫生领域的重要议程包括传染病监测和防控、生物医学研究、医学教育和食品安全等。中美在卫生领域的合作在中美双边关系中至关重要。双方将进一步深化合作，促进双方和全球卫生安全，建设两国人民健康命运共同体。双方将共同维护全球卫生安全，共同促进全球卫生发展，共同推进卫生创新。双方将继续落实国际卫生条例，并根据"健康一体化"方针，继续落实遏制抗生素耐药多领域国家行动计划。双方将快速持续分享有可能引发大规模传染的流感病毒，并制定清晰的流程和时间表。在卫生创新、传染病防控、在非洲开展全球公共卫生合作、慢性非传染疾病如心脑血管疾病和癌症治疗等方面，中美将继续共同策划并执行相关重要交流、培训和能力建设项目。

第五，地方人文合作。地方交流合作是中美关系中最积极、活跃的方面之一，显示了两国的共同点远大于分歧。在全球两个最大的经济体之间推动地方人文合作将造福两国人民。中美将共同推动两国地方行政管理部门交流合作，并在教育、科技、环保、文化和卫生等领域积极开展地方人文交流。双方将共同实施"环保伙伴"项目，促进两国在能源、学术界、产业界开展创新合作。

第六，文化领域。中美两国政府在推动两国人民之间的文化交流方面做了大量工作，包括开展面向年轻、多元观众的表演艺术和视觉艺术活动，支持文化遗产的维护和保护，以及促成文化机构、代表和学者间的合作。中美两国将致力于支持双方文化机构建立长效沟通及合作，包括举办文化交流活动；支持公共文化领域的交流合作，以及文化产业合作；鼓励两国不同文化特色、代表性强的高水平艺术团组互访。

第七，环保领域。中美两国在保护全球环境方面发挥重要作用。两国已建立了国家层面和地方层面的紧密合作，在以下领域采取共同行动，包括海洋保护，可持续渔业，打击野生动物、海洋和濒危物种走私，在知识产权保护下推动环保和能源技术发展，应对气候变化，推动环保法律的执行，保护周边环境（空气、水、土壤生态环境）等，以造福子孙后代。双方均认识到公开环保信息的重要性。

（九）特朗普访华中美达成新的共识

美国白宫当地时间10月16日确认，总统特朗普于11月8日至10日访问中国，这是他亚洲之行的一部分。特朗普于11月8日抵达北京，与习近平主席举行会晤，并参加一系列双边、商业和文化活动。

三、特朗普政府就职与一系列"退出"政策

2017年1月20日中午，唐纳德·特朗普在国会山宣誓就任美国第45任总统。特朗普在就职仪式上表明，要把权力交还给人民。所有的政策将建立在"美国优先"的基础上，并承诺在他的领导下，美国的就业机会将会增加。这次的政权转移具有特别意义，不只是从一个政党转移到另一个政党，而是把权力从华盛顿特区还回给人民。为期最少4年的"特朗普时代"，在争议声中正式掀开序幕。特朗普称美国将再次开始成为赢家，将取得前所未有的胜利。我们将拿回我们的工作，重新控制我们的边境，拿回我们的财富，重新拥有我们的梦想。特朗普强调不会让美国

人民失望，并承诺就业和教育机会将在其任期内增加。他指出："我们在让其他国家富裕的同时，我们自己的财富、实力和信心却逐渐消失。我们的工厂一个接一个迁移到海外去，我们的中产阶级的财富被夺走了，被分配到世界其他角落去。从今天起，一切将是美国优先，美国第一！"特朗普表明："我会尽每一分力为美国人争取，美国将开始再次赢得胜利，而且是前所未有的赢得胜利……我们会协助美国人民脱离福利网并找到工作。我们会遵循两个简单的准则：买美国货，雇用美国人。"特朗普还誓言打击恐怖主义。他说："我们将团结文明世界，反对极端恐怖主义，我们要将其从地球表面上彻底根除。"特朗普在结语呼吁美国人民拥有更大的梦想。白宫网站发布了特朗普政府的各项施政纲领，均以美国优先为开始。

停止裁军：新政府施政纲领文件称，"我们将恢复美军规模。我国舰队从1991年的500多艘舰艇缩小到2016年的275艘舰艇。我国空军规模差不多是1991年的1/3。特朗普有意扭转这种趋势，因为他知道我国的军事上的绝对优势地位不应有疑问。"

打击非法移民：文件称，特朗普总统有意为制止非法移民涌入，在犯罪、暴力和毒品之路上设立屏障而修建边境围墙。文件强调称，特朗普欲"加强有关边境的美国法律，取消'庇护城市'的做法，并对抗与非法移民有关的违法现象"。

外交政策：在外交政策方面，特朗普政府承诺聚焦于美国利益与美国的国家安全，"以实力带来和平"（peace through strength）是政策中心，这项原则将会让世界更稳定与和平变成可能，减少冲突，创造更多交集。

经贸协定：在经贸协定上，特朗普政府退出《跨太平洋伙伴关系协定》（TPP），并准备好在必要情况下，退出与墨西哥和加拿大签署的北美自由贸易协定（NAFTA）。此外，在执行经贸协定过程中，美国新政府也将打击违反规定与伤害美国劳工的国家，特朗普届时将指示商务部部长确认所有违规行事，并运用所有联邦政府可支配的手段，终止滥用协定的行为。

能源问题：特朗普政府承诺任内在能源问题上，摆脱对石油输出国组织和任何与美国有利益冲突国家的依赖，实行能源独立，减少对能源领域的监管，并在包括大陆架开采在内的油气开采中，进行能源革命，以便在美国创造数百万个工作岗位。

（一）退出《跨太平洋伙伴关系协定》即 TPP

2017 年 1 月 23 日，美国总统特朗普签署行政命令，要求美国退出 TPP。这对于一直以来将 TPP 作为经济增长战略核心、促使特朗普回心转意的安倍政府而言是重大打击。共同社称，特朗普还批评日本汽车市场封闭，明确了把矛头指向对美贸易呈现顺差的日本的姿态。

签署退出 TPP 总统令的特朗普表示"这对美国的劳动者来说太棒了"。若 TPP 生效，最终美国必须撤销 2.5% 的汽车关税。退出 TPP 也有避免来自日本的进口增加的意图。

虽然特朗普为增加美国汽车对日出口表达了与安倍政府磋商的意向，但日本的汽车关税已经为零。日本政府内部有意见困惑地认为，特朗普批评日本"落后于时代"。

特朗普宣称将替代 TPP 签署双边贸易协定。他可能希望构建起对日出口汽车增加的体系。安倍似乎有必要在考虑对日本车商影响的基础上谨慎判断是否同意谈判。

自上台以来，除了通过总统行政令方式退出《跨太平洋伙伴关系协定》即 TPP 之外，特朗普政府在对外政策上尚未作出重大的实质性调整，但其一系列举动已引发世界关切：打击"伊斯兰国"的新一轮行动正在酝酿，美以关系得到高调修复，前后两个版本的"禁穆令"凸显了对伊朗等中东国家的敌意，包含增加540亿国防支出的预算案刚刚提交到国会，美俄关系的缓和遭遇巨大内外压力，调整中美经贸关系、重谈《北美自由贸易协定》即NAFTA等逐渐提上日程，而与北约、日韩等盟友的关系也在总体上保持了延续性。

（二）退出《巴黎协定》

2017年6月1日，美国总统特朗普在白宫玫瑰园宣布退出《巴黎协定》，并表示将开始新的谈判，建立对美国相对公平的标准后再重新进入《巴黎协定》。这份声明即刻生效，美国将会停止行使一切巴黎协议有关的内容，包括结束美国自主的排放标准，停止向绿色气候基金支付款项等。这一幕与16年前新上任的小布什总统以"减少温室气体排放会影响美国经济发展"和"发展中国家也应该承担减排义务"为由，宣布单方面退出《京都议定书》如出一辙，都是为了美国本身的经济发展而置全球形成的共识于不顾。

（三）特朗普政府颁布了"美国优先能源战略"作为其能源政策的核心，未来一系列刺激能源发展的政策都会围绕这一核心展开

2017年3月28日，特朗普总统签署"促进能源独立和经济增长"的行政命令，指出美国要清洁和安全地开发能源资源储备，废除一些不必要的限制能源生产、阻碍经济发展和减少就业机会的规制。"美国优先能源战略"的关键是废除不必要的规制，最大限度开发美国本土化石能源。通过页岩油和页岩气革命及发展清洁煤为数百万美国人带来就业和繁荣，并将能源开采收益用于道路、桥梁、学校等基础设施建设，减少对国外石油依赖，实

现能源独立。同时要关注空气、水等环境保护的基本使命，保护自然栖息地和自然保护区。特朗普政府认为此举将开启新的能源革命——在美国的土地上生产能源。主要内容有两点：

一是重新评估清洁电力计划相关法律。要求环境保护署即刻开始评估清洁电力计划相关法律，内务部重新审核联邦土地煤矿租赁、联邦或印第安土地上石油天然气水力压裂的规制、非联邦油气权管理、废弃物保护生产权限和资源保护等与国土油气开发相关的法律和规制，最终确定是否将这些法律悬置、修改或取消，并在180天之内拿出最终方案。

二是取消奥巴马政府的多项政策。取消奥巴马政府关于"美国为气候变化的影响而准备"的行政法令，2013年的"电力领域的碳污染标准"和"气候变化和国家安全"的总统备忘录。废除"总统气候行动计划"和"减少甲烷排放的总统气候行动计划战略"两本报告。解散温室气体排放的社会成本联合工作组，其有关碳排放的社会成本规制影响分析等系列技术支持文件被取消，不再被作为政府政策的代表。

此前，特朗普还命令重新评估清洁水法是否妨碍经济发展和就业；签署水域保护条例，减轻煤炭产业发展的负担；签署总统备忘录，重新开启基石XL和达科他准入两条输油管道建设，这两条管道因为空气和水源问题而被奥巴马政府搁置。

这项行政命令清晰表明美国有意逐步退出清洁电力计划，而清洁电力计划是奥巴马政府完成《巴黎协定》承诺的核心，这也意味着退出《巴黎协定》的行动从那时已经开始。特朗普政府经过两个多月的权衡，认为可以在经济发展及创造就业机会的同时兼顾环境的保护，特别是空气和水资源保护，最终决定正式退出《巴黎协定》。这一决定可以说是意料之外，情理之中。意料之外，主要是指根据美国智库战略与国际研究中心（CSIS）的观点，实际上《巴黎协定》对美国是有益的。巴黎协议在美国牵头下，把中国、印度等发展中国家的排放标准和美国等发达国家一视同仁，尽管抛弃京都议定书起初使欧盟、中国和印度等国家极为不满，但最后还是有195个国家签订了协约，并于2016年11月4日生效，其实正中美国下怀。与京都议定书"关起门来的讨论"给各个国家直接定下减排任务不同，巴黎协议采取的是"各国自主决定"机制，各国的减排目标自己决定，大大增加了各国的灵活性。经过数十年的技术发展、商业模式创新和政策进步，美国经济的发展已经和能源消费及碳排放脱钩，处于历史上消费能源最低的时代。从2007年到2016年，美国的GDP增长了12%，同期能源消费却减少了3.6%。2016年美国的温室气体排放达到25年的新低，比2005年水平减少了11.6%。这使得美国在巴黎协议中承诺的到2025年减排比2005年水平减少26%—28%的承诺几乎达到了一半。这其实为特朗普政府处理温室气体排放问题奠定了很好的基础。因此大都判断美国不会轻易退出《巴黎协定》。情理之中，则表现为一是《巴黎协定》的承诺在美国一直有着争议，始终没有经过国会的批准，特朗普政府认为美国为这一协定作出了过多牺牲，将会使美国经济减少近3万亿的产出，失去超过600万个产业就业机会和300万个制造业机会，损害美国的竞争力；二是《巴黎协定》从本质上说是一个协调的行动机制，最后通过汇总各国的承诺来处理全球气候变化问题。对于没有完成国家承诺或贡献，也缺乏惩罚机制，不具有较强的约束性。

但《巴黎协定》规定禁止在3年内退出，并有1年的通知期，因此，在完成相关的法律程序后，美国正式退出的时间是2020年11月4日，特朗普的首届任期将满。从这个角度看，其实这次宣告，更多的是一种政治表态，没有多少法律意义。但作为世界上排放第二大的国家退出《巴黎协定》,其国际影响是极其恶劣的。法国、意大利、德国马上发表联合声明,表达欧盟三大国家对这一决定的反对,表示《巴黎协定》对全球社会和经济发展至关重要,是不能违背、没有协商空间的。美国部分州也表示将会继续执行《巴黎协定》的承诺。退出《巴黎协定》将严重损害美国在其他国际事务谈判中的影响力。尤其是那些需要得到多方支持的国际事务。此举也可能意味着美国的清洁能源发展有可能离开主流,丧失其在该领域的领先优势,但并不会影响能源转型的全球化趋势。

三是煤炭产业持续萎缩。虽然特朗普政府承诺未来煤炭将要使用最清洁的环境友好技术,同时废除对煤炭的相关管制措施,以重振美国煤炭行业活力。但现实是无情的。美国的煤炭消费已经从 2005 年的 10.2 亿吨下降到 2016 年的 7.39 亿吨,是近 40 年来的最低。同期煤电占电力的比重从 50% 降到 25%,表明美国的发电来源已发生了根本性的转变。煤炭面临的窘境是消费群越来越小、融资困难、大多数企业面临破产。加之能源结构的清洁化是全球性趋势,国外需求不振导致美国煤炭出口疲软。

四是煤炭就业机会增加无望。从历史上看,美国煤炭从业人员数量 1924 年为最高峰达 86.25 万人,此后一直处于下降过程,到 2016 年 9 月只有 7.6 万人。工作机会由于先进的机械、生产效率提高和自动化而逐步失去。2016 年布鲁金斯研究会的一项研究发现,自动化可能替代一个新矿井 40%—80% 的工人,而那些老矿井对自动化更加敏感。

五是清洁煤不具竞争力。2017 年初,美国南方公司宣布位于坎帕县耗资 71 亿美元历时 7 年建起来的清洁煤电厂将会全部运行。但有关经济分析显示,这个美国最贵的化石能源电厂却面临着低价的天然气和高于预期的运营成本的挑战,严重影响了电厂的经济可行性。只有在天然气价格足够高的时候，清洁煤的经济性才能显示出来。如果建一座同等规模的天然气发电厂，成本只有7亿美元，是清洁煤电厂的1/10。密西西比电力公司的"整体煤气化联合发电"项目也依然前景不明，连续九次延期，穆迪下调等级。成本从24亿美元增加到70亿美元，管理成本也居高不下。成本劣势使得所谓的清洁煤应用饱受争议。

六是替代能源发展迅猛。美国联邦数据显示，从2013年5月开始，美国已经关闭了246个燃煤电厂。同期，由于天然气价格较低，有305个燃气电厂开始运营。近几年，太阳能光伏发电和风电的安装价格大幅下降，风电每百万千瓦的安装价格2009年为60美元，目前不到30美元。由于没有燃料成本，电网优先发展大规模的风电和太阳能光伏发电，技术的改进使太阳能光伏发电和风电也可以发挥调峰的作用。美国从事煤炭行业的人士也开始认为天然气和可再生能源发电是大势所趋和全球性的，对煤电行业的压力是长期性的。

特朗普政府确实想重振煤炭产业，短期看，由于规制的放宽，煤炭可能会迎来一个恢复发展期。未来如果没有清洁煤技术的突破和推广，使成本大幅下降，煤炭需求逐步下降的趋势不会改变，产业衰退不可避免。即使采取税收减免及补贴这种极端政策，也可能收效甚微，煤炭产业的前景并不乐观。

七是石油和天然气从中获益。特朗普此前颁布的行政命令意在废除对水力压裂的限制，放宽排放标准，这无疑会增加油气等化石能源的产量。规制的解禁，会进一步刺激美国页岩油和页岩气等非常规油气产量的增加，不断降低能源对外依存度，实现真正意义上的能源独立。能源独立对美国具有重大意义，不仅减少对外部石油的依赖，还可以使特朗普政府在处理相关地缘政治问题上更具灵活性。随着石油出口禁令解除和液化天然气出口设施建设加强，美国能源信息署预测到2026年美国将成为能源净出口国，天然气和石油的出口会不断增加，煤炭的出口则会逐步减少。行业数据显示，到2020年，美国原油日产量将比不解禁前多130万桶至290万桶，年均带动美国新增就业岗位20万个。液化天然净出口量2020年达到近700亿立方米，2030年达到1400亿立方米。

页岩气革命的成果仍在发酵，美国的天然气产量自2005年以来一直保持稳步增长。这一增长势头在2016年戛然而止，由于低价和管制的加强，使得天然气产量自2005年以来首次下跌。但特朗普的新政策有可能使石油天然气行业重现光明。许多分析认为管道建设、页岩气开发和和非常规油气将受益最多。尤其是作为相对清洁能源的页岩气开发会带来大量的机会，其下游的化工产业也会相对受益；天然气在发电领域的比重会继续增加；液化天然气出口可以凭借较低的价格满足亚洲市场巨大的需求，在欧洲市场也可以和俄罗斯天然气竞争。

尽管政府的规制放宽会利好油气产业，但石油天然气的复兴，价格是关键。只有价格上涨，才能激励油气公司提高产量，创造就业机会，而不是放松政府的规制。不利的是，美国国内石油和天然气产量的上升，会给全球油价带来下行压力。同时由于自动化的发展，创造的就业机会可能低于预期。因为几乎各项技术都在自动化，原来需要20个人的油井，现在只需要5个人就够了，有些石油钻井工作再也回不来了。

八是可再生能源平稳发展。尽管退出《巴黎协定》，但美国表示将会继续保持其在可再生等清洁能源领域的领先地位。特朗普政府对待可再生能源的政策是在市场中去充分竞争，但因为两党都有人支持可再生能源的发展，不会因为支持化石能源复苏就撤销对风能及太阳能的税费减免制度。这项制度在2016年由国会发起，将分别延续到2020年至2021年。奥巴马政府对可再生能源发展的重视，创造了大量的就业机会。到2016年11月，美国太阳能光伏领域创造了26万个就业岗位（另有11万左右的兼职人员），同比增长25%，连续4年以超过20%的比例增长，而同期美国劳动力市场只增长了1.45%。2016年美国每50个新的工作中就有1个是在太阳能销售或安装领域。目前美国的太阳能产业雇佣的工人数量已经超过天然气产业，比煤炭行业雇佣工人的2倍还多，已经和石油产业雇佣的人数差不多。风电涡轮技术人员同样也是美国劳动力市场发展最快的部分。风电和太阳能光伏已经成为美国经济发展和创造就业机会的成熟和重要的市场力量。美国劳工部的预测显示，从2014年到2024年，风电涡轮技术人员就业岗位将增加108%，太阳能光伏安装就业岗位将增加24%，远高于7%的平均工作岗位增加比例。特朗普政府不太可能阻碍太阳能和风电这些相对成熟的产业的发展。但如果特朗普要把公司税减到15%的话，太阳能税收减免政策可能会受到冲击。

美国可再生能源的发展得到了苹果、谷歌、亚马逊、道氏化学和3M等大型跨国公司的支持，纷纷购买风电和太阳能光伏发电，这已经成为当下一个时髦的新现象。2009年企业购买风电数量只有100兆瓦，2015年超过2000兆瓦，2016年达到3440兆瓦。谷歌在全球购买了2548兆瓦的风电合同和141兆瓦的太阳能光伏合同，并有望在明年实现其100%可再生能源的目标。如果能够克服筹资、合同安排和理解电力行业管理规则等方面的障碍，那么会有更多企业的购买可再生电力。

九是商业模式不断创新。微软已经做到利用现有的风电和太阳能光伏系统比让电力公司增加其电网电量的投资要便宜。预计大商场等商业连锁公司太阳能光伏的装机容量到2020年将会增加近3倍，达到38亿美元的规模。此外，社区太阳能也是发展迅猛的新模式。谷歌、苹果、Patagonia等公司通过申请获得联邦售电许可，他们与太阳能公司合作，出资在居民屋顶铺设太阳能板或建造小型太阳能光伏电场为周边的社区服务。居民可以购买这些项目的股份或者签订长期的协议购买太阳能电力，多余的电量通过当地电网销售。这种做法可以为居民每月节省150美元的电费，居民只为电力交钱，不拥有这些太阳能光伏板，也不必为维修等操心。未来社区太阳能会增加数倍，原因在于越来越多的州颁布法律，允许这种做法。许多著名公司也都在进行谈判，共同开发这一领域。

目前，各州对发展可再生能源兴趣大增。尽管共和党有支持化石能源发展的传统，但资料显示，在美国可再生能源装机容量大增的州，多数都是属于共和党执政。风电和太阳能光伏能够创造就业机会是无法辩驳的事实，这尤其适应于那些特朗普特别关注的衰退地区，有些煤炭采掘业的失业人员在太阳能光伏的制造、零售和安装领域重新找到了工作，那些对生产和安装优惠幅度大和刺激程度大的州就业机会更多。太阳能安装工资中位数为21美元/小时，工厂生产为18美元/小时，均高于美国平均工资中位数17.04美元/小时。

美国对于可再生能源的兴趣更多的是基于对经济发展的诉求，甚至超过了对气候变化的要求。因此，包括伊利诺伊州、密歇根州、俄亥俄州、佛蒙特州的共和党政府正在考虑刺激可再生能源发展而创造更多的就业机会。目前美国共有29个州及哥伦比亚特区拥有可再生能源组合目标，还有8个州有自愿计划。由于各州把再能源组合标准置于优先地位，这也使得各州支持可再生能源发展政策与联邦政府的政策割裂开来，而不必管是谁在白宫执政。尽管存在共和党在各州有权对可再能源组合标准进行否决的风险，但仍有许多共和党立法者支持可再生能源分布，这是大势所趋。

特朗普政府秉承"美国第一"的原则，颁布"美国优先能源战略"，签署"促进能源独立和经济增长"的行政命令，退出《巴黎协定》，意在推动美国化石能源产业的复兴，实现能源独立目标，并从中创造工作机会。但受制于美国能源行业发展状况和地方政府意愿，退出《巴黎协定》后的能源政策实施效果如何，尚有待观察。特朗普能源新政的一系列举措，收益最大的是石油天然气行业，尤其是废除过严的规制以后，页岩气革命会持续，页岩气和页岩油的产量会大幅增长，出口份额增加。但煤炭产业的复苏尚待时日。尽管特朗普政府对可再生能源政策并不感兴趣，但由于其在经济发展和创造就业中的重要作用，预计未来的发展会稳步推进。

对中国来讲，应密切关注其能源政策对中国能源供应和结构调整的影响，积极采取应对措施，趋利避害，保障能源安全。首先要稳步推进能源清洁化进程。发展清洁能源是世界潮流，不会以美国总统的意志为转移。中国能源政策还是以自我需求为主，立足调整能源结构，减少环境污染。我国清洁能源发展迅猛，风电、太阳能光伏、水电的装机容量列世界前茅，积累了大量的技术和管理经验，在全球清洁能源发展中起着举足轻重的作用。美国退出《巴黎协定》，欧盟已经表加强和中国的合作共同致力于清洁能源的发展。这无疑会增加中国在清洁能源领域的话语权。其次要通过政策引导，保持油气行业的健康稳定发展。提高油气勘探、生产及加工的技术创新能力，对我国能源安全及能源结构调整仍然具有重要的意义。第三，引导我国石油企业在做好项目评估和风险防范的前提下，加强与美国石油公司在页岩气和液化天然气领域的投资与贸易合作，积极拓宽油气的进口渠道。

四、2017年习近平主席和普京总统连续会晤，树立了睦邻友好合作关系的新典范

多年来，中俄秉承睦邻友好合作精神，树立了大国、邻国关系的新典范。2017年中俄元首会晤5次，这表明中俄世代友好、合作共赢不仅是两国人民的历史选择，也是建设持久和平、共同繁荣、开放包容世界的现实需要。

（一）习近平主席抵达莫斯科，开始对俄罗斯进行国事访问

2017年7月3日，习近平主席抵达莫斯科，这是习近平担任中国国家主席后第六次来俄罗斯，同普京总统就深化双边关系、推动中俄各领域合作以及共同关心的重大国际和地区问题深入交换意见。

习近平与普京会谈时指出，中俄友好、和平与发展委员会成立20年来，作为中俄民间交往的主渠道，为中俄全面战略协作伙伴关系健康稳定顺利发展作出了重要贡献。俄中友好协会成立60年来，秉承对华友好精神，为巩固中俄友好的社会和民意基础发挥了不可替代的作用。2017年是中俄媒体交流年的收官之年。两国媒体对话交流日益深入、合作领域日益广泛，增进了两国人民相互了解和友谊。在中俄企业家们共同努力下，中俄务实合作不断深化，互惠互利、共享共赢成为两国合作主旋律。

习近平强调，今天在座的各位既有传播中俄传统友谊的中坚力量，也有双方务实合作的生力军。多年来，你们积极致力于中俄世代友好事业，深入推进中俄务实合作，是中俄全面战略协作伙伴关系发展的坚定支持者和参与者。希望你们继续做中俄关系

发展的推动者，为中俄关系发展贡献更多智慧和力量；做中俄人民友谊的播撒者，推动两国社会各界相识相知，不断开拓两国民间外交新局面；做中俄务实合作的开拓者，发挥各自优势，深化中俄务实合作。

习近平强调，中国同俄罗斯是山水相连的友好邻邦。我们要携起手来，发扬时代精神，为中俄关系向前发展添薪加柴，为巩固和发展两国友好关系贡献力量，共圆两国人民追求幸福生活的美好梦想。

普京表示，民间友好交往为加强俄中关系、促进两国合作发挥了重要作用。感谢中俄友好、和平与发展委员会，俄中友好协会等友好团体，两国企业界，两国媒体作出的积极贡献。习主席此次访俄期间，俄中双方达成多项合作规划。落实这些规划，既要靠两国政府部门努力，也取决于两国社会各界继续支持。

（二）国家主席习近平会见来华出席"一带一路"国际合作高峰论坛的俄罗斯总统普京

2017年5月14日，国家主席习近平在钓鱼台国宾馆会见来华出席"一带一路"国际合作高峰论坛的俄罗斯总统普京。习近平指出，中俄两国是好邻居、好朋友、好伙伴。今年以来，中俄全面战略协作伙伴关系保持高水平发展，各领域合作取得一批新成果。今年是中俄友好、和平与发展委员会成立20周年和俄中友协成立60周年，双方制定丰富多彩的活动计划并积极落实，增进了两国人民相互了解和友谊，巩固了中俄全面战略协作伙伴关系的社会和民意基础。面对复杂多变的国际形势，中俄两国发挥了大国担当，致力于推动有关热点问题政治解决进程，对维护地区及世界和平稳定发挥了重要的压舱石作用。

习近平强调，发展和深化中俄关系是两国的战略选择。无论国际风云如何变化，我们都要全力把两国关系发展好、维护好。双方要深化经贸、能源等传统领域合作，落实好重点项目；同时，开拓科技、创新等领域合作，推动两国务实合作提高水平，取得更多成果。我们要加强战略协作，共同促进世界经济持续稳定增长，推动国际和地区热点问题和平解决，完善全球治理体系，为世界和平稳定注入更多正能量。

习近平指出，2015年5月，中俄达成了"一带一路"建设同欧亚经济联盟对接的战略共识，得到联盟其他成员国积极响应和支持。两年来，对接合作稳步开展，进展显著。下阶段，中方愿同俄方共同推动对接合作不断收获实际成果，愿同欧亚经济联盟深化务实合作，推动对接项目落地。中俄要携手为上海合作组织自身发展以及助力"一带一路"建设同欧亚经济联盟对接创造良好条件。

普京首先祝贺"一带一路"国际合作高峰论坛成功开幕，称赞在当前国际形势下中方提出"一带一路"倡议并举办此次论坛非常及时，有助于促进各国经济交流合作。普京表示，俄中关系正高水平发展，两国高层交往频繁，政府部门及立法机构交流密切，双边贸易增长迅速、结构有所改善。俄方愿同中方一道，做好欧亚经济联盟同丝绸之路经济带发展战略对接，推进有关合作大项目落实。双方要深化贸易、能源、制造业、教育、地方、旅游、体育等合作。俄中在重大国际问题上积极沟通协调，相互支持，是国际社会的重要稳定因素。两国元首还就朝鲜半岛形势等共同关心的国际和地区问题交换看法。

（三）国家主席习近平在阿斯塔纳会见俄罗斯总统普京

2017年6月8日，国家主席习近平在阿斯塔纳会见俄罗斯总统普京。习近平指出，不久前，我同普京总统在"一带一路"国际合作高峰论坛期间举行会晤，达成保持中俄全面战略协作伙伴关系高水平运行、加强两国全方位合作的重要共识。在当前复杂多变的国际形势下，中俄关系发展得好，对中俄各自发展振兴、对世界和平稳定都至关重要。双方要加大在涉及彼此核心利益问题上的相互支持，推动"一带一路"建设同欧亚经济联盟对接取得更多实际成果，深化人文交流和民心相通，密切在国际和地区事务中的协调和配合。

习近平强调，上海合作组织正面临新的发展机遇和挑战。中俄两国应该加强沟通和协调，坚定遵循"上海精神"，巩固成员国团结协作，维护地区安全稳定，加大务实合作力度，不断提升上海合作组织在国际和地区事务中的影响力，更多发挥上海合作组织在阿富汗国内和平与和解进程中的作用。中方将在阿斯塔纳峰会后接任上海合作组织轮值主席国，愿同包括俄方在内的各方保持密切沟通和协调，全面深化上海合作组织各领域合作，共同推动上海合作组织实现新一轮发展。

普京表示，俄中保持密切高层交往十分重要。面对当前复杂的国际形势，俄中要加强沟通协调，维护世界和地区和平、稳定、安全。俄中要同有关各方共同努力，增进上海合作组织成员团结协作，推动本组织在国际事务中发挥更大影响。普京再次祝贺中国成功举办"一带一路"国际合作高峰论坛，表示"一带一路"倡议具有重要的现实意义，也赢得了国际社会广泛支持。两国元首还就阿富汗、朝鲜半岛形势等共同关心的国际和地区问题交换看法。

（四）国家主席习近平在塔什干会见俄罗斯总统普京

2017年6月23日，国家主席习近平在塔什干会见俄罗斯总统普京。习近平指出，在《中俄睦邻友好合作条约》签署15周年和中俄战略协作伙伴关系建立20周年之际，普京总统即将对中国进行的国事访问具有特别重要的意义。中方愿同俄方一道，弘扬条约确立的世代友好理念，增进两国政治和战略互信，加大相互支持，推动两国发展战略对接和"一带一路"建设同欧亚经济联盟建设对接合作，密切在重大国际和地区事务中协调配合。

习近平强调，中方愿同俄方共同努力，为上海合作组织稳定健康发展发挥积极影响。上海合作组织成员要扩大相互支持，通过互利合作强化相互利益融合，通过对话协商逐步化解矛盾分歧。要推进务实合作，通过促进区域贸易和投资便利化，激活上合组织务实合作。要强化安全合作，尽快制订《反极端主义公约》，完善禁毒机制建设。要稳步推进组织建设，确保组织走稳走实，做大做强。

普京首先对中国江苏盐城遭遇龙卷风袭击造成重大人员伤亡和财产损失向中方表示深切慰问，指出俄中两国一贯相互理解、相互支持十分重要。普京表示，我期待着即将对中国进行国事访问，愿届时就推进双边关系、加强双边合作同习近平主席深入交换意见。

普京表示，上海合作组织在维护地区和平稳定、促进区域经济融合方面影响巨大。俄方赞成在上海合作组织框架内开展欧亚经济联盟和"一带一路"倡议对接合作。希望新成员的加入将有助于上海合作组织在国际事务中发挥更大作用。

（五）习近平欢迎普京来华出席金砖国家领导人第九次会晤和新兴市场国家与发展中国家对话会

习近平强调，我今年7月访问俄罗斯期间，同总统先生就深化中俄全面战略协作伙伴关系达成重要共识。习近平强调，7月份我访问俄罗斯取得了圆满成功，那次我们进行了长时间的深入

新时代

交谈。我们就双边关系和我们共同关心的国际重大问题广泛地交换了意见。现在两国的各部门正在全面地落实我们达成的共识，推动两国各领域的合作不断地取得新的成果。

习近平指出，双方要巩固业已建立的高度政治互信，坚定加大相互支持，加强战略协作。要发挥双边合作机制作用，落实能源、航空航天、核电等重点领域合作项目，积极推进"一带一路"建设同欧亚经济联盟对接合作，加紧开展互联互通等方面项目对接，促进两国毗邻地区共同发展。要密切人文和地方交流，增进两国人民相互了解和友谊。要加强两军交流合作，密切在国际多边场合协调和配合。我们希望双方携手努力，除了能够助力于各自国家的发展外，我们也一定会为世界的和平与发展作出两个国家的贡献。

习近平指出，我们要巩固团结合作，对外传递积极信号；着眼合作全局，规划金砖合作方向和重点；加强协调配合，提升在国际事务中的影响力；完善机制建设，推动金砖合作行稳致远。中方愿同包括俄方在内金砖国家一道，推动厦门会晤取得丰硕成果，做好会晤成果后续落实，全力推动金砖合作走深走实，开启金砖合作第二个"金色十年"。

普京表示，俄中关系继续呈现积极发展势头。俄中保持密切高层交往，加强俄中全面战略协作伙伴关系和深化两国在重大国际和地区问题上沟通协调十分重要。俄罗斯支持中国成功举办金砖国家领导人厦门会晤和新兴市场国家与发展中国家对话会。习近平和普京还就共同关心的国际和地区问题深入交换意见，一致同意坚持朝鲜半岛无核化目标，并密切沟通协调，妥善应对朝鲜再次进行核试验这一最新形势。会见后，两国元首共同参观闽南非物质文化遗产展。

习近平指出，总之，我希望厦门之行给普京总统留下一个美好的印象，相信我们会在这里开启金砖国家下一个"黄金十年"。

五、英国正式启动"脱欧"程序

欧洲局势风起云涌，在当地时间2017年3月28日下午，英国首相特雷莎·梅已经签署申请"脱欧"的信件。北京时间2017年3月29日英国正式启动"脱欧"程序。未来数月内英国将与欧盟开启"脱欧"谈判。两年后英国将正式脱离欧盟。英国自从2016年6月24日进行"脱欧"公投成功之后，"脱欧"进程就一直在缓慢中前行，现在英国终于启动"脱欧"程序，也意味着英国与欧盟彻底分手即将进入正式倒计时。第一黄金网汇总了之后的英国"脱欧"进程时间表，整理了之后进程中的所有关键事件。

2017年6月22日举行的布鲁塞尔欧盟峰会，这是特雷莎·梅在提前大选失利后的首次欧盟峰会。在此次峰会上，特雷莎·梅概述英国"脱欧"后对欧盟公民的态度。这可能标志着英国"脱欧"谈判的第一场"大战"即将展开。

在2017年6月22日举行的布鲁塞尔晚宴上，特雷莎·梅向欧盟各国领导人介绍她对移民政策的想法，随后公布详细的计划。英国和欧盟双方都认为，本周开启的"脱欧"谈判具有建设性，但外交官们表示，特雷莎·梅的海外移民计划可能暴露了双方之间存在的分歧。伦敦大学国王学院经济学和公共政策教授波特斯（Jonathan Portes）表示："这是一个早期测试。如果我们在这个问题上无法达成可行的协议，那么就会陷入麻烦。"布鲁塞尔官员指出，预计有450万名欧洲人和英国人生活在对方的国家。英国对这部分人群权利的立场预期达不到欧盟的期望。如果双方未能迅速找到共同点，欧盟各国政府在讨论特雷莎·梅希望的贸易协定时，这将危及英国2019年3月离开欧盟时尽快达成"脱欧"协议的能力。

移民问题依然是个巨大难题。尽管英国和欧盟官员都表示，他们希望结束数百万人移民在权利方面存在的不确定性，但他们依然面临不小的障碍。这些问题包括公民享有何种权利，哪些民众能进行移民，以及欧盟的高等法院是否有能力对移民采取强制措施，迫使他们重返家乡。2017年5月，英国政府公布了一项为期两年的政府计划，其中包括帮助英国摆脱44年欧盟成员国身份的八项新法律。在提前大选中，特雷莎·梅失利意味着没有得到民众对"硬脱欧"政策的支持。

在为期两天的欧盟峰会上，特雷莎·梅出席有关反恐、防务合作和移民等议题的讨论。但是，在6月22日的晚宴结尾时，在欧盟成员国领导人就英国"脱欧"问题进行讨论后，她被要求立即离开。她不会收到任何反馈，还将收到这样一种警告：任何就英国"脱欧"问题提出的建议将会受到冷遇，可能还会破坏欧盟官员们本周建立起来的善意。

尽管官员们对"脱欧"谈判的平静开局表示欢迎，但欧盟外交官们对英国在离开欧盟之前就达成协议表示悲观。一位了解"脱欧"谈判的高级官员预计，"脱欧"谈判在某个时候会破裂，原因是英国某些方面能力欠缺的情况是真实存在的。图斯克透露，英国首相特蕾莎·梅当晚会向其他欧盟首脑介绍唐宁街的想法，但各位首脑不会就此展开过多地讨论。除英国之外的其他27个欧盟成员国将在此次峰会上确定欧洲银行业管理局、欧洲药品管理局未来总部所在地的候选城市，目前已有20个成员国期望从英国伦敦接手这两家欧盟机构。

欧洲理事会的声明透露，欧盟将尽可能地创造机会与英方达成协议。未来，欧盟仍期望英国成为其紧密的伙伴。根据《里斯本条约》，"脱欧"谈判应当在2019年3月29日之前完成。6月22—23日，2017欧盟峰会于比利时布鲁塞尔举行。在此次欧盟峰会上英国首相特雷莎·梅向欧盟各国领导人通报英国在保护公民权利问题上的方案。英国"脱欧"事务大臣戴维斯此前透露，在此次欧盟峰会上英国首相特雷莎·梅向欧盟各国领导人通报英国在保护公民权利问题上的方案。此次欧盟峰会主要讨论反恐、英国"脱欧"、难民危机及经济和贸易等议题。经过首轮谈判的过渡之后，英国"脱欧"谈判进入了"攻坚期"。英欧双方在"脱欧费用"数额、公民权利保障等问题上的较大分歧未见弥合。此间媒体评论指出，英国"脱欧"谈判任何一个问题都是难啃的骨头，双方需要通过博弈、妥协才能达成一致。

2017年7月20日英国"脱欧"谈判进入"僵持"阶段。为期四天的第二轮谈判未在关键议题上取得进展，"脱欧"费用清单、公民权益保障依旧是英欧双方对峙的焦点。欧盟委员会"脱欧"谈判首席代表米歇尔·巴尼耶与英国"脱欧"大臣戴维斯20日在布鲁塞尔欧盟委员会总部向外界介绍了英国"脱欧"第二轮谈判的情况，双方都承认彼此在关键议题上存在分歧。

英欧双方在"脱欧"费用清单、北爱尔兰边界安排议题上未能寻找到"共同点"。巴尼耶指出，英方需要在以上两个议题上尽快明确立场；戴维斯回应，双方需要展现出"灵活性"才能最终达成一致。

特雷莎·梅强调，"脱欧"意味着英国必须重新拿回对边境的控制权。舆论认为，特雷莎·梅的演讲彻底排除了此前部分英国政客支持的"软脱欧"（即以放弃部分边界主权、有条件允许欧盟移民入境为代价留在共同市场）方案。这表明，在特雷莎·梅的"脱欧"目标中，限制移民比共同市场准入权更重要。针对欧盟可能对英国"硬脱欧"采取的报复行动，特雷莎·梅警告，如果欧盟成员国在英国"脱欧"后寻求对英国设置惩罚性关税，这将是"灾难性的自损行为"。特雷莎·梅承认，英国会寻求与欧盟签订自由贸易协议，以"最大程度进入共同市场"，但这一贸易协议谈判将十分艰难，因为欧盟需要维系欧洲一体化进程，"震慑"其他已经显示出"离心力"的成员国，对英国不会示弱。在英国是否会留在欧盟关税同盟问题上，特雷莎·梅并未表态，只是说希望英国能与欧盟国家达成关税协定，但并未给出更多细节。欧盟关税同盟是欧盟的重要经济支柱。作为关税同盟的一员，英国不可与非欧盟国家达成自己的自由贸易协定。英国是否会退出欧盟关税同盟的问题将会成为"脱欧"下一阶段的重要看点。

特雷莎·梅认为，英国可以利用"脱欧"这一机会，重新作为真正的"独立国家"和世界各国扩大贸易往来，并将致力于打造一个"真正全球性的英国"，向外界传递出英国"虽然脱离欧盟，但要拥抱世界"的强烈信号。英国不仅与欧盟这个"邻居与最好的朋友"打交道，也与欧洲以外的国家加强联系。"'脱欧'不会让英国成为一个内向型的国家。"英国已开始与澳大利亚、新西兰和印度等国进行初步的贸易谈判。就在美国当选总统特朗普在接受英国媒体专访时承诺，将在自己上任后几周内与英国签订一份"快速、公平的贸易协定"，使英国"脱欧"成为"伟大的事件"。

分析人士指出，尽管特雷莎·梅表态要拥抱世界，但欧盟对英国依然至关重要。欧盟是英国最大的贸易伙伴，英欧贸易额大约占英国对外贸易总额的一半，因此英欧之间最终能否达成零关税的自由贸易协定对英国来说意义重大。

欧洲理事会主席图斯克表示，比起此前英国既想留在共同市场、又不允许欧盟移民自由流动的立场，此次特雷莎·梅的表态"至少更为现实"。欧盟负责"脱欧"谈判的官员则表示，英国要想在不允许移民自由流动的前提下和欧盟达成自由贸易协议，这一想法只能是"幻影"。英国利物浦大学欧洲与世界研究中心主任艾瑞卡·哈里斯认为，如果英国顺利"脱欧"并从中获益，这将鼓励德国和法国反对欧盟的右翼势力，并让它们能在大选中获得优势，预计欧盟在与英国的谈判中将不会退缩。此间舆论也普遍猜测，欧盟在对英国的"脱欧"谈判中会尽力表现出强势，以避免欧洲一体化进程遭遇更大冲击。

欧盟希望在2017年底前就"退出条约"达成一项基本协议。关键议题包括英国为未完成承诺支付退出费；英国和欧盟在外人员的待遇；处理未完结的欧盟法律案件；新的边界规则。双方自由贸易协议谈判时间尚未决定。欧盟打算等到分手协议达成之后再开始谈判贸易协议，但伦敦和一些欧盟国家可能会推动贸易谈判并行进行。特雷莎梅希望在2018年内谈成一个全面的自由贸易协议。但很少有人认为两年的时间足够谈成这样的协议。而巴尼尔的目标是在2018年10月前敲定"退出条约"，留出时间，使得欧洲议会和大多数欧洲理事会成员可以在2019年3月前批准该条约。

预计2018年特雷莎·梅想要谈成一个全面的自由贸易协议。很少有人认为两年的时间足够谈成这样的协议，而且欧盟打算等到分手协议达成之后再开始谈判贸易协议。但伦敦和一些欧盟国家可能会推动贸易谈判并行进行。2018年10月巴尼尔的目标是敲定"退出条约"，留出时间，使得欧洲议会和大多数欧洲理事会（European Council）成员可以在2019年3月前批准该条约。2018年秋至2019年春：让事态更复杂的是，一旦英国退欧明朗化，苏格兰政府打算举行独立公投。但特雷莎·梅目前为止拒绝了苏格兰到英国退欧之后举行新公投的要求。

预计2019年3月29日英国退出欧盟。这距离特雷莎·梅发函欧盟启动里斯本条约第50条正好两年。即使英国和欧盟未能达成协议，英国也会在这一天脱离欧盟。具体日期也有可能微调。在达成协议的情况下英国可以提前退出欧盟。如果各方都同意，两年的期限也可以延长。但布鲁塞尔方面希望英国在2019年5月欧盟选举之前退出欧盟。

2019年至2024年是过渡期。特雷莎梅和欧盟领导人表示，很可能需要做一些过渡安排，以便有更多的时间就未来贸易协议达成共识，同时让个人和企业有时间为"退欧"做调适。很多人认为，"退欧"后还需要两年至五年时间才会尘埃落定。此外，如果苏格兰投票选择独立，那么苏格兰需要更多时间进行脱离英国的谈判，有可能重新加入欧盟。

六、德国默克尔连任、法国马克龙就职

习近平主席2017年4月对欧盟总部进行历史性访问时，倡导打造和平、增长、改革、文明四大伙伴关系，使中欧关系发展层次更加丰富，交流合作更加全面、均衡、深入。

（一）赋予中欧全面战略伙伴关系新内涵

中德全方位战略合作不断走深走实，中法紧密持久的全面战略伙伴关系快速稳定发展。

第一，2017年7月5日国家主席习近平在柏林同德国总理默克尔举行会谈。两国领导人高度评价中德传统友好，为中德全方位战略伙伴关系下阶段发展描绘新蓝图、明确新目标、规划新路

径，一致同意深化政治互信、加强务实合作、深化人文交流、密切多边配合，推动中德关系百尺竿头更进一步。2017年7月4日晚，刚刚抵达柏林的国家主席习近平在利伯曼故居同德国总理默克尔举行会见。习近平和夫人彭丽媛抵达位于柏林市中心勃兰登堡门附近的利伯曼故居时，受到默克尔和丈夫绍尔热情迎接。

国家主席习近平5日在柏林同德国总理默克尔举行会谈。两国领导人高度评价中德传统友好，为中德全方位战略伙伴关系下阶段发展描绘新蓝图、明确新目标、规划新路径，一致同意深化政治互信、加强务实合作、深化人文交流、密切多边配合，推动中德关系百尺竿头更进一步。

习近平指出，中德建交45年来双边关系的发展是一个"成功故事"，给两国和两国人民带来了实实在在的好处。2014年我首次对德国进行国事访问时，中德确立了全方位战略伙伴关系新定位。3年来，中德双边机制覆盖两国交往的几乎所有领域，经贸、技术、双向投资合作实现新跨越，人文交流内涵更趋丰富，中德关系步入高水平发展阶段。2017年是中德建交45周年，两国关系又站在了一个新起点上。中方愿同德方巩固互信，凝聚共识，挖掘潜力，拓宽两国合作和互联互通轨道，推动中德全方位战略伙伴关系不断迈上新台阶。

习近平强调，当前，世界格局正处在一个大调整大变革时期，不稳定不确定性增多。面对变局，最根本的是把握世界多极化、经济全球化发展的必然趋势，抓住各国人民对和平与发展的共同诉求，走合作共赢道路。中德是世界第二和第四大经济体，也是欧亚大陆两支具有重要影响力的稳定性力量。加强中德全方位战略合作符合两国根本利益，有助于引领中欧关系发展，为世界注入更多稳定性和可预期的积极因素。习近平就中德关系发展提出4点建议。

一是双方要密切高层交往，发挥双边对话机制作用，提升政治互信。充分照顾彼此核心利益和重大关切，在相互尊重、平等相待基础上加强对话交流，求同存异，妥善处理分歧。加强在反恐、打击跨国犯罪、国际追逃追赃等方面合作。

二是双方要走开放、创新、共赢之路，开展战略性合作，携手做大共同利益蛋糕。支持两国企业开展"中国制造2025"同德国"工业4.0"对接合作，释放两国制造业优势同互联网结合的巨大创新潜力。鼓励两国企业在"一带一路"框架内开展更多务实合作，加强在老工业基地转型改造方面经验交流，深化在科技、外空、海洋、极地、网络、航空航天、金融等领域合作。

三是双方要充分用好今2017年5月正式启动的中德高级别人文交流对话机制，深化教育、科技、文化、青少年、政党、智库、媒体等领域合作，促进两国人员往来和旅游合作。抓住庆祝建交45周年这一契机，举办丰富多彩的文化交流活动。

四是双方要加强中欧层面以及在联合国、二十国集团等国际组织和多边框架内的协调和配合，及时就关乎国际和地区安全的热点问题保持沟通，为维护地区稳定和世界和平、促进世界经济健康发展、构建人类命运共同体作出应有贡献。

习近平指出，二十国集团不仅属于各成员，更属于全世界。我们必须将经济增长同全球发展结合起来，实现增长和发展良性互动。中方赞赏德方延续杭州峰会共识，继续将2030年可持续发展议程和对非合作作为汉堡峰会重点。中方将支持德方办好本届峰会，共同推动汉堡峰会取得积极成果。

默克尔表示，我认真阅读了习近平主席访德前夕在《世界报》上发表的文章，赞同习主席对德中关系的评价，赞同德中两国在政治、经济、人文等广泛领域的合作符合双方利益，并且拥有更大潜力。德中关系发展势头良好。德国政府百分之百坚持一个中国政策，愿同中方在"一带一路"框架下加强经贸、互联互通合作，密切双边教育、文化、足球、青年、友城等交流。在当前复杂多变的国际形势下，德中两国要携手推动世界经济增长，密切在联合国、二十国集团等多边框架内合作，就重大国际和地区热点问题、国际发展合作沟通协调，共同维护世界和平、稳定、繁荣。德方支持推进欧中投资协定谈判，愿继续为深化欧中合作关系作出努力。会谈后，两国领导人共同见证了航天、智能制造、工业互联网、数字化、第三方市场、大熊猫合作研究等领域多项双边合作文件的签署。

习近平指出，自2016年我们在杭州会晤以来，中德关系又取得不少令人高兴的积极进展。我期待通过这次访问，继续推进中德全方位战略伙伴关系。中方欢迎德国企业积极参与"一带一路"建设。"一带一路"倡议以共赢为目标，核心理念是共商、共建、共享。这个倡议源自中国，惠及并属于沿线各国和世界。

中国和欧洲是世界上两支重要力量，是全面战略伙伴。国际形势越复杂，中欧关系稳定发展越具有重要意义。中方支持欧盟团结、稳定、繁荣、开放，中欧要积极打造和平、增长、改革、文明四大伙伴关系。希望德方能够发挥中德关系在中欧关系中的"领头羊"和"稳定器"作用，推动中欧关系保持高水平发展。

默克尔热烈欢迎习近平对德国进行国事访问。默克尔表示，我对去年和习近平主席在杭州的会晤记忆犹新。我们在良好氛围中进行交谈，达成很多共识。中国经济发展取得巨大成就。当前，德中关系发展得很好，各领域务实合作富有成果。德方愿同中方一道，推动欧中关系发展。德方重视中国在国际事务中发挥的举足轻重的作用，赞赏中方支持多边主义，感谢中方支持德方办好二十国集团领导人汉堡峰会。

当前，经济全球化进程正站在一个历史的十字路口上。中德都是贸易大国，也是经济全球化的受益者、支持者、维护者，我们要推进经济全球化进程更具活力、更加包容、更可持续，更好惠及每个国家。

第二，习近平主席2017年7月8日在汉堡会见法国总统马克龙。习近平指出，中法两国都是联合国安理会常任理事国，都坚持独立自主的外交政策，都维护以联合国宪章宗旨和原则为核心的国际秩序，都主张不同文明交流互鉴。当前形势下，中法关系的战略性进一步增强。政治互信是中法关系稳定发展的基础和保障，开拓创新是中法关系永葆活力的源泉，卓有成效的国际合作是中法关系的重要特色。中方愿同法方一道，继续从战略高度和长远角度看待两国关系，推动中法关系更好发展。

习近平强调，维护好、发展好中法全面战略伙伴关系，是我们应当共同承担的历史责任。我们要密切高层交往，本着互尊互信、互谅互让的精神，切实尊重和照顾彼此核心利益和重大关切，共同努力维护两国关系稳定发展。要加强发展战略对接，深化核能、航空等传统领域合作，开拓农业食品、金融、可持续发展等新兴领域合作，把共同利益的蛋糕不断做大做好。要加强在国际和地区事务中的沟通和协调，共同推动和平解决全球和地区热点问题。

马克龙表示，我赞同习近平主席对法中关系的评价。法中友好历史悠久，两国关系已经达到历史最好水平。法方高度重视法中全面战略伙伴关系，视中方为重要合作伙伴和国际事务中重要力量。我们愿密切同中方在经贸、投资、核能、汽车制造、食品等广泛领域合作。我们两国在重大国际问题上立场相近，应当密切在联合国等多边框架下沟通协作，共同促进世界和平与繁荣。

习近平指出，中方愿同欧盟发展长期稳定的合作关系，希望法国继续在中欧关系中发挥积极带头作用，为扩大中欧贸易、促进双向投资、实现高水平互利共赢多作贡献。《巴黎协定》倡导的绿色、低碳、可持续发展道路同中国的生态文明建设和最新发展理念相契合。中国将立足自身可持续发展的内在需求,认真履行《巴黎协定》框架内应该承担的义务。

(二)默克尔获得第四次连任

2017年9月24日默克尔连任德国总理,这是自2005年成为联邦德国"领头羊"至今已在位12年,德国总理默克尔见证了四任法国总统更迭。期间美国换了三个总统,英国经历了三位首相,意大利换了五个总理,欧债危机的主要国家希腊换了四个总理。她的政治风格和德国的政治经济环境让她成为21世纪在位最久的主要西方国家领导人。在这次选举赢得组阁权后,她将继续带领德国,主导欧盟四年。

"我们(原本)预期结果应更好一些。"默克尔在出口民调公布约一小时后在基民盟总部表示。她承认接下来组阁将面临挑战,但承诺圣诞节前完成组阁,她也誓言赢回那些投给AfD的选民,"我们将了解他们担心的问题,然后制定好的政策"。有基民盟党内人士在选前对《财经》记者指出,党内预期选后联合政府格局或延续现状,或形成包括基民盟、自由民主党(FDP)和绿党的"牙买加"格局。"除了左党和AfD,我们保持与各党合作的开放态度。"

对默克尔来说最容易的选项——以53.5%得票率维持现状政府,在选后一小时就因社民党拒绝共同组阁而胎死腹中,但默克尔在9月25日表示,她仍然会尝试说服社民党。

在社民党回心转意前,以52.6%的得票率组成"牙买加"格局是当前最现实选项。但这样的组合牵涉到四个政党,其中基社盟、绿党和自由民主党在欧盟、环保、能源和商业政策上各有分歧，绿党和自由民主党党主席选前纷纷表示对此合作"缺乏想象"。再加上10月15日下萨克森州将进行地方选举，各党在选战完全结束前无法决定谈判价码。

各种变量让新政府的组成迷雾重重。选后第一天，默克尔的总理办公室就已经为如何组成联合政府发愁。

默克尔还有组成"少数"政府的第三选项，但是德国从未有此经验，默克尔也指出，"我认为一个稳定的德国政府本身就是一种价值……我无法预期（少数政府），我有达成稳定政府的意图。"

卡塞尔大学政治学教授丹东尼奥（Oliver D'Antonio）认为，"牙买加"格局是当前最现实选项，但是如何整合绿党和自民党困难重重，"政府间翻脸的风险很高"。不过，德累斯顿工业大学政治学教授帕策尔特（Werner J. Patzelt）教授指出，默克尔是个最佳谈判者和协调者，如果有哪个政治人物有能力和这两个政党共同执政，非默克尔莫属。

一位不愿具名的30岁男性社民党支持者对《财经》记者说，基民盟表现比预期差一些，但最后社民党还是拿下超过20%，让人有些讶异；社会选择党和自由民主党的得票，反映的都是"抗议"的情绪，接下来要担心的是德国政治生态的分裂。

不同于一些国家在选举中选民投票以对候选人的偏好为标准，德国选民投票时的首要考虑是希望哪个政党执政或组成联合政府。选民为让支持的政党拿下组阁权，可能直接将区域候选人和政党比例两张选票都投给支持的政党；若支持两党合作，投票时则会将两张选票投给不同政党。

"这次选举最大的输家显然是联合政府的基民盟/基社盟和社民党，他们无法说服选民，在执政表现方面交出正面成绩。"卡塞尔大学政治学教授丹东尼奥说。

基民盟和基社盟已经进入选后检讨阶段。在德国南部执政的基社盟指责默克尔为赢得选举把政党带往左翼，造成选民流失。9月25日，该党甚至就是否与基民盟分手，结束数十年的同盟关系进行了讨论。社民党也把责任推给默克尔，称她应该为德国选择党（AfD）的兴起负责。默克尔在选举结束后的新闻发布会上承认，自己应该为德国政治的极化现象负责，"我非常清楚这和我个人有关"。

波茨坦大学教授季伯瓦斯基（Wolfgang Gibowaski）认为，部分默克尔支持者在认为她一定会连任后，将票转投给自民党或其他政党，造成基民盟和基社盟总得票率下降；不过，他将联合政府败选的最大原因归因于社民党推出缺乏行政经验的候选人舒尔茨，让选民缺乏替代选择。

一位法兰克福的选民对《财经》记者说，舒尔茨是一位非常不适任的候选人，这让他怀疑自己对社民党的支持，但是从政见角度而言，社民党的政见仍是所有政党最负责任且进步的政党。

社民党创立于1863年，原本为德国工人信任的偏左政党，2003年推动强力改革社会福利和工人权利政策，被不少工人团体认为背叛了工人，支持度一路下滑。即使这场改革后来为德国经济作出重要贡献，社民党至今未恢复元气，对于改革仍保持踌躇。

2013年，社民党跨越左右和默克尔政党组成联合政府，但不少政策被默克尔抢先主导，过去五年被认为遭"吞并"。该党表示，选后将针对支持者进行调查，找出选民对本党失望的原因。

舒尔茨的参政之路有别于德国主流政治人物，他在高中时成为专业足球运动员而未继续学业，但后来因脚受伤而无法实现梦想，受到挫折的他变成酗酒者，1980年7月还试图自杀。舒尔茨在戒酒后走上出版之路，1982年创立自己的书店，1994年参加并赢得欧洲议会选举，2012年成为欧洲议会主席。在本次选举中，舒尔茨宣布回到德国政界，挑战默克尔的总理职位。

舒尔茨的性格加上默克尔对选情的冷处理，使这次选举被称为德国最冷选举，但是选民的投票意愿最后被证明高过2013年。在柏林第521投票所，一位52岁自由业者对《财经》记者指出，每次选举他都会投票，但他所选择的政党从未得到好结果，他也不预期这次选举会看到自己想看到的选举结果。"这当然让人沮丧，我想人们对未来考虑不够多……但是像AfD这样的政党在政坛来来去去无关紧要，十年后我们可能都想不起它曾经存在过。"

在本次选举中，最受关注的是AfD得票率。对全球社会而言，AfD的崛起程度意味着极右势力在德国也开始蔓延。对德国国内政治而言，AfD的得票率挤下其他小党、左党、绿党和自由民主党，成功进入国会，对恐惧纳粹幽灵重新复活的德国是一大挑战。AfD未来在国会如何问政，将左右德国行政和立法生态。

默克尔办公室主任阿尔特迈尔（Peter Altmaier）在选前一周甚至脱口指出，德国选民不投票比投给AfD好。选举结束后，反极右思想人士前往AfD党部抗议，发生数起小规模冲突。季伯瓦斯基教授指出，外界或许太专注于AfD的12.6%得票率，忽略了87%没有投给AfD的选民；再者，选民在投票时是否真的考虑左翼或右翼的问题也是应该思考和分析的重点。根据其党内人士指出，AfD选民最关心的两大议题是难民和贫富差距扩大。

最受关注的难民问题自选战开始以来始终被默克尔和舒尔茨冷处理，让不少低收入选民感到差别待遇。选举结果被认为是选民在难民议题上的抗议反映，"这是对移民政策的处罚，也是对左右联合政府的处罚"。帕策尔特教授强调。

由于纳粹历史，德国主流社会对右翼思想带着政治正确的强烈排斥。一位56岁的伊朗裔选民，在投票前一天早上顺路经过

AfD 该区候选人的拉票摊位，他忍不住出言批评其支持者。"你们根本不该在这，应该离开，你们不能把一切问题推给移民者。"他不顾现场支持者和志愿者人数，直接挑战候选人说，"我受够这些人，他们根本没有政策。他们的态度就是他们那种皮肤的人都对，这些人非常危险。"

AfD 被贴上仇外的标签，但他们认为他们并不是一个仇外政党，只是呼吁德国不能也不愿支付难民的费用。他们的主要诉求是唤回德国人的自信，德国"不需要混着颜色的公民"。但是，德国需要在野党，而非最后都能妥协的"建制派"。AfD 成立于 2013 年，一开始为反欧盟运动，后来转为反外来移民，特别是在默克尔于 2015 年提出了难民政策后更加旗帜鲜明。德国至今接收了至少 150 万难民。AfD 吸引不少对当前政治结构不满，未从经济发展受惠的选民。

成功的选战行销被认为是 AfD 拿下国会第三大党的原因之一。其党内人士指出，从市场行销角度看，AfD 像是一个创新产品，为了博取主流媒体关注，只好采用负面选举，创造"浪潮"。AfD 的宣传经费只有其他政党的 1/10，因此选择多管道行销，通过使用挑衅性海报讯息，让媒体帮他们传播。尽管主流媒体只报道 AfD 丑闻，但对曝光度仍有帮助，而且反而激起被差别待遇的支持者更加坚定的支持。

"小党需要大声唤起关注，小乐团需要用强一点的语言，没有其他选择。"该人士指出。

由于 AfD 成员在一般民众心中留下"愤怒"的形象，其雇用的市场策略专家一度建议，AfD 需要软化信息，"从心理学而言，愤怒让人不喜欢，人们会直接拒绝接受你的信息"，毕竟 AfD 的主要目的是要抛出能引起讨论和思考的议题。不过，AfD 终究是一个内部竞争型政党，对外信息沟通无法统一。该党市场专家指出，最大挑战就是说服党内配合行销策略。由于 AfD 内部"民主"，对外宣传允许各唱各的调，最后手法和形象、甚至信息都出现矛盾。选后，立场较温和的共同党主席皮特里（Frauke Petry）就宣布脱离 AfD。

为了吸引年轻选民，AfD 大量投资于社交媒体 Facebook 和 Twitter，在选战初期还向协助共和党的美国广告公司 Harris Media 取经。

根据牛津大学"电脑化政治宣传研究计划"的分析统计，AfD 发表信息的转发率为所有政党中最高，9 月 1—10 日搜集的 100 万条推特信息显示，AfD 的转发率达 30.1%，相较下基民盟只有 18.2%，社民党只有 8.9%。但此研究只专注转发率，未就支持或反对进行区分。

31 岁的政府公务员罗拉一早就到街头帮社民党候选人拉票，她对《财经》记者指出，她支持帮助难民，她的客厅就住着来自叙利亚的难民，"我相信爱的力量，AfD 不配作为一个政党，因为他们传播的是恨，他们对民主是危险的"。帕策尔特教授认为，在接下来的四年，除非默克尔想选到最后以输掉选举为结局退出政坛，否则她将需要开始培养接班人。丹东尼奥则提出，选择成为在野党的社民党，应该重新在国会推动改善贫富差距和劳动条件议题，不过外界认为社民党将需要不少时间重新找回自己定位。

德国和欧盟未来的整合关系将在新政府的形成过程中成为争辩焦点，因可能组阁的四党对此意见不一致，默克尔将需要与各党在不同议题上折中和妥协，同时适度将各党坚持想掌管的政府部门分配划分出去。

季伯瓦斯基从长远强调，在全球社会不断改变的时刻，德国政党应该更积极地准备未来，特别是如何应对数字时代和发展"工业4.0"等；同时，推动协助难民融入德国社会的政策也将十分关键。

（三）马克龙当选新一任法国总统

2017年5月10日法国宪法委员会主席洛朗·法比尤斯10日宣布，法国前经济部长、"前进"运动候选人埃马纽埃尔·马克龙在总统选举第二轮投票中获得绝对多数选票，当选新一任法国总统。法比尤斯当天在新闻发布会上公布了经宪法委员会确认的法国总统选举第二轮投票结果。结果显示，马克龙在第二轮投票中获得约2074.31万张有效选票，占有效选票总数的66.10%；其竞争对手、极右翼政党"国民阵线"候选人玛丽娜·勒庞得到约1063.85万张有效选票，占有效选票总数的33.90%。

宪法委员会确认，此次法国总统选举有约4756.87万名登记选民，其中约3546.73万人参加了第二轮投票，有效选票总数约为3138.16万张。法国现任总统奥朗德的任期将于5月14日结束。奥朗德8日宣布，他与马克龙的权力交接仪式将于14日举行。8日，"前进"运动秘书长理查德·费朗在新闻发布会上说，马克龙辞去"前进"运动主席一职，"前进"运动更名为"共和国前进"运动。

2017年法国总统选举第二轮投票7日在法国本土举行。这是法国第五共和国建立59年来，首次由两位不是传统左右翼政党的候选人占据总统选举"决赛"舞台。

法国总统任期5年，选举采用多数两轮投票制。第一轮投票中，如果没有候选人获得逾半数选票，则得票居前的两名候选人参加第二轮投票角逐。

现年39岁的马克龙毕业于法国顶级高中巴黎亨利四世中学，随后在法国国家行政学院和巴黎政治学院学习并获得相应学位。马克龙27岁到法国经济部任职，30岁辞职，在罗斯柴尔德和席埃银行任投资银行家，促成了雀巢和辉瑞之间的著名交易。马克龙 24 岁加入法国社会党，29 岁结识奥朗德，2012 年随奥朗德胜选进入爱丽舍宫并被任命为副秘书长，2014 年被曼努埃尔·瓦尔斯总理任命为经济部长。

著名投资机构的投资银行家在西方是极具社会地位的，顶级投行和政府高官之间有个"旋转门"，这个门出去、那个门就进来了。这个"旋转门"游戏，高盛在美国一直玩得不错，作为同样顶级投行的罗斯柴尔德银行，在欧洲一样把这一套玩得很溜，如德国总理施罗德（1998—2005）、法国财长蒂埃里·布雷登（2005—2007）都是前罗斯柴尔德银行的员工。

事实说明，马克龙的确受到了罗斯柴尔德银行的刻意培养。著名的英国《金融时报》曾报道说"他其实从第一天开始便已经被罗斯柴尔德的合伙人精心打造，最后落在了一条前所未见的快速通道上。"很显然，马克龙在罗斯柴尔德银行负责的雀巢和辉瑞的交易，高达 90 亿欧元，这个体量巨大的"生意"妥妥地为他贴上了一个"顶级投行家"的标签。

七、科技进步取得新突破

当今全球科学技术进步取得新突破。互联网、大数据、人工智能（AI）、智慧社会等继续成为热门词汇，它孕育着新的突破，当今全球科学技术正向量子科学技术整体迁移。

（一）科学家预测，信息科学将从经典时代跨越到量子时代

中国国际经济交流中心博士后"经济量子纠缠"研究小组提出"自变量"决定事物进步方向，宇宙是由物质（M）、能量

（E）和信息（I）等要素构成。物质（M）、能量（E）和信息（I），在一定黑色粒子条件下 IEM 可以相互转换，在一定白色粒子条件下 IEM 不可以相互转换，在有色无穷小粒子条件下 IEM 可能独立存在，在无色无穷小粒子条件下 IEM 可能归一，无穷小粒子有色本质的 IEM 存在与无穷小粒子无色本质的 IEM 归一之间，可能存在着 IEM 量子态界即物质、能量、信息的量子大统一大门或 IEM 珊镧，IEM 大门外称为次无穷小量子态或称宇量子态，进入 IEM 大门即为无穷小量子态或称宙量子态。在宙量子态信息（I）、能量（E）、物质（M）三者归一，即 IEM 量子统一理论或称 IEM 量子理论。也就是说，在不可连续再分的最小粒子即量子条件下可能统一为最小离散粒子的宙量子态。这个最小离散粒子的宙量子态也是源态或宿态，可能是黑洞、白洞及链接黑洞与白洞的虫洞的源头或始点即宇宙的起源或称宇宙的归宿。量子信息的起源可能是认识或意识，信息（I）走进第一量子宿态是能量（E），能量（E）走进第二量子宿态是物质（M），物质（M）走进第三量子宿态是另一信息（I'）；反之，物质（M）走出第三量子源态是能量（E），能量（E）走出第二量子源态是信息（I），信息（I）走出第一量子源态是另一物质（M'）。无穷循环往复，如昼夜循环，同四季更替。经济量子纠缠无不如此。

在量子物理学中，量子纠缠往往一个由多个粒子组成的系统的状态，无法被分离为其组成的单个粒子的状态，在这种情况下，单个粒子的状态被称为是纠缠的。纠缠的粒子有惊人的特性，这些特性违背一般的直觉。比如说，对一个粒子的测量，可以导致整个系统的波包立刻塌缩，因此也影响到另一个、遥远的、与被测量的粒子纠缠的粒子。这个现象并不违背狭义相对论，因为在量子力学的层面上，在测量粒子前，你不能定义它们，实际上它们仍是一个整体。不过在测量它们之后，它们就会脱离量子纠缠这状态。量子脱散作为一个基本理论，量子力学原则上，应该适用于任何大小的物理系统，也就是说不仅限于微观系统，那么，它应该提供一个过渡到宏观"经典"物理的方法。量子现象的存在提出了一个问题，即怎样从量子力学的观点，解释宏观系统的经典现象。尤其无法直接看出的是，量子力学中的叠加状态，如何应用到宏观世界上来。1954年，爱因斯坦在给马克斯·波恩的信中，就提出了怎样从量子力学的角度，来解释宏观物体的定位的问题，他指出仅仅量子力学现象太"小"无法解释这个问题。在量子科学技术体系中量子纠缠指的是两个或多个量子系统之间的非定域非经典的关联。宇宙在冥冥之中存在深层次的内在联系，任何两种物质之间，不管距离多远，都有可能相互影响，这种神奇的超距作用，就存在于量子纠缠之间。量子纠缠是指两个或多个粒子之间互相纠缠，即使相距遥远，一个粒子的行为也将会影响另一个或多个的现象。当其中一个粒子被操作而状态发生变化时，另一个或多个也会瞬间发生相应的状态变化。这种超距作用属性变换为"经济量子纠缠"实现提供了基础。

　　事实上，当前全球经济量子纠缠的特征有三点：一是全球经济复苏的科技动力不足造成的经济全球化分化的离散性现象——即经济量子纠缠的自由人特征。二是资本的网速流动着急地等待着实体经济的超额收益，已经不再满足于传统产业的收益贡献出现资本空转现象——即出现经济量子纠缠的自身贵族特征。三是经济量子纠缠属性差异现象，即资本市场网速流动是量子属性与实体经济市场表现是牛顿属性的错位差异特征。"经济量子纠缠"回答了全球经济合作竞争不是牛顿科学技术体系支撑下的零和博弈、不是胜者通吃，是债权债务、失败获胜、正和负等经济量子纠缠。这种经济量子纠缠在经济危机和经济下滑时尤其表现得明显。其实质，是支撑债权债务、失败获胜、正和负等的产业链或业态的动力出了问题，也就是支撑产业的科学技术体系出现了大问题，才导致全球金融危机致使全球经济8年复而不苏。现在是到了把各类业态向量子科学技术体系领域迁移了，世界首颗量子卫星"墨子"号发射成功就是一面旗帜。

量子公共产品提供新成果。2017年9月29日，世界首条量子保密通信干线——"京沪干线"正式开通；结合"京沪干线"与量子科学实验卫星"墨子号"的天地链路，我国科学家成功实现了洲际量子保密通信。这标志着我国已构建出天地一体化广域量子通信网络雏形，为未来实现覆盖全球的量子保密通信网络迈出了坚实的一步。量子科学技术是量子物理与信息技术相结合的战略性前沿科技，因其建构于颠覆性的堪比相对论的基础理论（量子物理）之上，从而极富神秘气质。自人类社会从原始文明、农业文明、工业文明、现代文明到当代文明，人类思维可以说从原始程序思维、古代程序思维，到近代蒸汽机、机械化、自动化为标志的牛顿经典程序思维，再到互联网、大数据、量子计算等为代表的量子程序思维时代，开始步入物联网、人工智能、智慧城市为代表的太程序思维时代。而且，不同时期的程序思维时代出现了叠加、迭代、嵌套、循环、进化和返古等现象。

（二）"太程序思维"已打开人类未来思维的奥秘

思维的独创性强调思维个体差异的智力品质与科技进步同行。针对传统思维认识新问题无力时，就需要独立思考创造出有社会（或个人）价值的具有新颖性成分的智力品质。主体对基于物质和能量的信息高度概括后进行集中而系统的迁移，进行新颖的组合分析，找出新异的层次和交结点。概括性越高，知识系统性越强，减缩性越大，迁移性越灵活，注意力越集中，越能满足社会进步和人类创新，则独创性就越突出，"太程序思维"就是这样在认识人工智能、智能社会发展中形成了"活要素计算的数学原理"。

"太程序思维"可以超越自然的局限，并依照人们的意志改变世界，这恐怕是人类社会最了不起的奇迹了。人类"太程序思维"可以帮助人类克服生物遗传的局限、修复病变和伤害带来的身心损伤、调养和更新生命的肌体使之常葆青春和活力，并在这一太程序驱动运行中改变自我，而且在所有物种中，唯有"人类太程序思维"能够引导实现这一点。

人类"太程序思维"之所以能够产生与发展，源于这个世界是一个可以对太程序进行活要素编码的世界。宇宙为何如此运转，这本身就是一个有趣的活要素故事。物理学的标准模型会有数数十亿个常量需要被精准限定，否则无法产生原子，也就不会有所谓的恒星、行星、大脑，更不会有关于大脑的书籍和脸书。让人不可思议的是，量子物理学定律及常数能够精确到如此程度，以至于允许物质、能量和信息三者独立、替代和相互转化成为常态，还发现这种常态具有记忆性，尤其是信息的记忆性非常明显。根据人择原理，如果不是这般精确，就没有我们在这里谈古论今。在东方人眼中是老天爷创造了这个世界，而在西方人眼中是上帝创造了这个世界。这个世界不过是无穷多可能的平行宇宙中具有丰富信息的一员——那些没有信息的无聊宇宙可能已经在演化过程中消亡了。事实上，无论我们的宇宙是如何演化到如今这样的，人类依然可以从宇宙是由要素组成、生物就是太程序驱动下的活要素这样来认识世界和改造世界。"太程序思维"是在东方老天爷经典思维和西方上帝经典思维、牛顿经典思维和量子思维基础上形成的基于对智能学习、智能生活、智慧社会、智慧城市和智能生产等思维规律的新认识新思维。反之，"太程序思维"又包涵东方老天爷经典思维和西方上帝经典思维、牛顿经典思维和量子思维，就如同太程序包涵牛顿程序和量子程序一样，人们住在智慧城市里开始智能学习、智能生活和智能工作时，在使用智能手机同时又使用共享单车一样，一个都不能少。

太程序是一切所有程序的最高级，是唯一指令或控制其他任何程序的顶级程序。这里"一切所有程序"是指自然界人类社会的生存法则、行为法则、生命法则、法律程序、选举程序、竞争法则、国际法则、宇宙法则和各种各样的语言程序、演化规律及智能程序等。太程序下分为五级：顶级是第一级称为太程序、第二级是智能化程序、第三级是自动化程序、第四级是机械化程序、第五级是自然演化程序，这五级程序之间的关系是独立、连续、叠加、嵌套和循环的五位一体的关系逻辑——即"太程序思维"。"太程序思维"认为宇宙是由要素构成，生命就是活要素；活要素是指宇宙中一切运动要素总和，它具有叠加性、纠缠性、极值性，更具有独立属性、替代属性和转换属性；活要素的属性具有可积可导性，可用数学逻辑和数学公式定性定量描述与表达，其 HJB 方程式非常美丽，简直达到数学美的最高境界。"太程序思维"认为当今和未来的人类社会，再也不是货币控制者或是石油控制者主宰的世界，而它才是当今和未来世界的真正主宰者。这就是说，在智能智慧世界里谁控制了太程序，谁就是当今和未来世界的主宰者，"太程序思维"包涵的就是太程序思维的世界开始——即自然人、智能机器人、克隆人等共存共享的太程序世界。

这项前沿性原创成果是王宪磊教授引领的博士后小组，在习近平新时代中国特色社会主义思想指导下，创新、求实、睿智、兼容，汲取东西方经典思维、传统文化、经典理论和经典实践的养分，借鉴牛顿经典思维和经典理论、爱因斯坦相对论和量子理论等人类最新成果的活力精华，立足于"中国富起来强起来"的理论创新和实践创新，就是这样经过"接力棒"式的刻苦攻关，沿着系统思维方向进行集大成原创性探索，创建了"太程序思维"理论。主要包括引入"太程序""活要素""要数"和"太"的基本概念，创建了"太程序三定律：活要素独立原理、活要素替代原理、活要素转换原理"与"活要素计算的数学原理"。提出了人类进入智能社会条件下认识世界和改造世界、化解问题和引领创新的新理论新方法。也就是说，在智能世界里，存在的"太程序三定律"和"活要素计算的数学原理"。简述如下：

第一太程序定律：活要素独立原理。在太程序驱动运行下，活要素是独立存在、产生、发展和变化的，这种独立性直到新的太程序指令或控制到达为止。活要素可以无穷小，也可以无穷大，或既可以无穷小又可以无穷大即同时存在。活要素具有循环性、叠加性、分合性，活要素时空是平行的、多重的、一致的，活要素之间可以透过要素空间相互作用的。

独立性计算的数学逻辑：独立性＝性质×属性，数学公式略。

第二太程序定律：活要素替代原理。太程序运行可以实现从一个活要素到另一活要素的相互替代，从而保持程序运行进程。这种活要素之间的相互替代作用，包含正智能作用和负智能作用。

替代性计算的数学逻辑：可替代性＝X_i智能使用价值/Y_j智能使用价值≥1，数学公式略。

第三太程序定律：活要素转化原理。太程序运行可以实现从一个活要素到另一活要素的相互转化，从而保持太程序预期目标实现。

转化性计算的数学逻辑：可转化性 = Xm 智能价值/Yn 智能价值≤1，数学公式略。

"太程序三定律"和"活要素计算的数学原理"提出了进步人类智能社会条件下认识世界和改造世界、化解问题和引领创新的新理论新方法。

（三）英国媒体报道十大科技趋势，凸显"太程序思维"的魅力

据英国媒体报道，2017年全球先进的科学技术将获得更多的突破。提出了值得期待的十大科技趋势，无不凸显出"太程序思维"的魅力。

第一，更多智能装置。我们将会看到更多配备传感器和WiFi功能的产品。亚马逊公司售价130英镑（约合1100元人民币）的声控"回声"音箱可以让整天窝在沙发里的人不用动手指就能打开空调或者调暗灯光。

第二，更加聪明的人工智能。人工智能（AI）是2016年的热门词汇，但它仍然处于初级阶段。AI将通过学会对口语下达的语音命令做出回应并分析这些装置输出的数据来推动智能装置的发展。

第三，网络犯罪浪潮。2016年有更多的网络攻击行动被曝光，例如雅虎公司10亿个账户遭黑客侵入。2017年还会有新的黑客行为见诸报端。多年前犯下的安全错误将令更多的公司和机构十分尴尬，同时智能装置也将受到黑客袭击，从而令人担心在家里使用这些设备的安全性。

第四，虚拟现实设备成为主流。高规格的虚拟现实（VR）设备2016年走进大众市场，奥克卢斯公司的Oculus Rift和宏达

电的 HTC Vive 相继问世。内容改善的同时，价格也将回落。未来将出现为游戏玩家准备的具备社交性能的 VR 服务，以及为非游戏玩家准备的旅行体验、沉浸式音乐视频和体育赛事等 VR 服务。

第五，增强现实技术紧随其后。"口袋妖怪 GO"游戏让许多人首次尝试了增强现实（AR）技术。这种技术将电脑生成的效果叠加到现实场景中。我们将会看到更多的 AR 应用程序和游戏。

第六，机器人的崛起。无人驾驶汽车和无人机送货 2017 年还不会成为主流，但是人们会看到这个领域的更多进展。亚马逊在西雅图开设了一个实验性的杂货店，在这里人们可以在选好商品后离开，购买过程通过传感器和摄像头来监控，商店直接从采购者的亚马逊账户上扣款。该公司 2016 年可能在英国开设一个类似的分店。

第七，健康领域的突破。所有这些重要的新技术（AI、VR 和机器人）在医疗保健领域的应用将更加具体。国际商用机器公司（IBM）的 AI 装置"沃森"超级电脑在海外已经被用来评估病人的病例并诊断癌症，它会参考数以百万页的医学研究报告。

第八，更多技术将造福人类。在卢旺达，无人机被用于向偏远地区的诊所运送血液，2017 年这里将继续建造由福斯特建筑事务所设计的无人机机场，充当紧急救助和医疗供应中心。此外还将有更多帮助难民的倡议：开发更多类似安曼那种可以通过虹膜扫描确认难民身份并发放联合国救助金的提款机的项目。

第九，更善于聊天的技术。随着人与人之间的交流减少，技术将变得更健谈。未来将出现更多的聊天机器人，其中包括基于文本的聊天机器人。公司认为客户会发现这种机器人将不再那么冷淡。

第十，信任问题仍将备受关注。在有人声称社交媒体上的虚假新闻左右了美国大选后，脸书网站公布了解决这一问题的措施，未来它将受到严格监督。各公司也面临使它们的数据收集更加诚实的压力，而被泄露的欧盟计划显示，保护客户隐私将成为网络服务公司的职责。

从英媒报道的2017年全球十大科学进步的新期待，可看出太程序驱动下智能制造和应用进展大大超出预期，深刻地改变着人类生活、学习和工作方式，正在孕育着人类认识世界和改造世界的新思维模式、新数学方法，必将带来真正颠覆性科学意义上的重大突破。

（四）人工智能离普及还有多远？这取决于人类的新思维方式

不管是用百度或360搜索引擎搜索问题也好，还是在北斗或谷歌地图上找一家电影院的位置也罢，在你看不见的地方，正有一个巨大的大脑在为你提供相关搜索结果，使你不至于在开车时迷了路。

人类的学习有大量内容来自无监督式的学习，也就是说，你只是在观察周围的世界，理解事物的道理。这是机器学习研究的一个非常活跃的领域，但目前研究的进展与监督式学习还是不能比拟的。如果计算机能自行进行观察和感知，是否能解决更复杂的问题？人类的洞察力主要是通过无监督式学习训练出来的。人类从小就会观察世界，但偶尔你也会得到一些监督式学习的信号，比如有人会告诉你："那是一只长颈鹿"或"那是一辆小汽车"。你获取了这些少量的监督式信息后，你的心智模式就会自然地对其产生回应。我们需要将监督式和非监督式学习更紧密地结合起来。不过以我们大部分机器学习系统的工作模式来看，我们现在还没有完全进展到太程序思维哪个境界或哪个领域。

"强化学习"背后的理念是，你并不一定理解你可能要采取的行动，所以你会先尝试你应该采取的一系列行动，比如你觉得某个想法很好，就可以先尝试一下，然后观察外界的反应。这就好比玩桌游，你可以针对对手的举动做出回应。最终在一系列的类似行为之后，你就会获得某种奖励信号。强化学习的理念就是在你获得奖励信号的同时，可以将功劳或过错分配给你在尝试过程中采取的所有程序。这项技术在今天的某些领域的确非常有效。在真实世界中，人类在任何给定的时候都可以采取一系列极为宽泛的行为。而在你玩桌游的时候，你能采取的只有有限的一系列行为，因为游戏的规则限制了你，而且奖励信号也要明确得多——不是赢就是输。如果我的目标是泡一杯咖啡之类的，那我可能采取的潜在行为就相当宽泛了，而奖励信号也没有那么明显了。

（五）虚拟现实将成为汽车新增点

"中国在虚拟现实（VR）产业上已具备一定基础，特别是在军工、航天、航空、医疗等领域已经有较多的应用，但在汽车产业领域上的应用，基本处于空白状态，急需要抓核心，补短板。"日前，西安交通大学高端制造装备协同创新中心王永国教授在江苏南通召开的"2016中国齿轮产业发展高峰会议"上如是说。参加此次会议的代表围绕着其中的一个主题虚拟现实在汽车行业的应用展开了讨论。从制造业大数据的功能看，在诊断装备运行状态时，它可以保障安全与质量；在工艺过程控制过程中，它可以提升质量，例如：3D打印在成形件尖锐处的过热控制，切削加工中的统计分析控制等；在优化工艺时，它可以集成多家用户的累积数据，得出工艺规律及用户工艺；它还可以评估制造装备的优劣、适用场合、装备薄弱环节，给出改进建议；并且对制造资源进行组织和优化。

从制造业的大数据特征看，与社会大数据即传统大数据的主要特性——统计分析并找出相关性，以及具有巨量但片面并且可用性低的特点相比，制造或工业大数据具有机理规律性与逻辑性强的特征，可以通过人为设计来压缩数据、提升数据可用性及信息的全覆盖。但也仍然有信息不完整等问题，同时还存在收集难度以及产权归属的问题。

在太程序指令或控制下的活要素的集成才产生价值。通过"互联网+"也是活要素聚集的才能产生大数据。制造大数据在切削工艺上可以帮助进行工艺选择、机床状态判别、机床效率优化等工艺决策。例如在工艺选择问题上，到底是用车削，还是用铣削，还是用磨削，以及加工顺序的决定，都可以利用到大数据的特征；对于机床状态的判别和工艺参数的优化，也可以通过实时监测而进行程序解读、状态诊断和智能决策。

（六）智能机器人能替代多少自然人的工作岗位？

2016年，谷歌人工智能"阿尔法狗"引发的人工智能热潮，冲击了人们的想象力：机器人来抢人类的饭碗怎么办？这一热潮，毋宁说是一种恐慌。许多媒体更是大呼小叫地引用牛津大学的一项预测——未来20年内，美国约47%的工作岗位有被机器人取代的风险。而"世界工厂"中国的情况更糟，面临自动化"高度风险"的工作岗位比例为77%。事实上，工人不想干了，机器人才会有机会。世界车间的模板——富士康近两年引入6万机器人替代工人，而且表示要加大对机器人的投资。但这不是机器人挤走了人，而是因为招不来工。即使将来有大批工作被机器人替代，那也是因为人找到了更有意思的活儿干。

机器人二战以后就发明了，但现在机器人普及率只有10%。因为在绝大多数工厂里，如果人全撤掉，让机器人挑大梁，工作效率并不高。工厂引入机器人和人工智能，只是为了优化工艺流程，补人之疏忽。和全球工业机器人市场类似，中国工业机器人的三大种类为焊接、搬运、喷涂。汽车工业是用机器人的大头。别的行业用得不多。美、德、日、韩四个汽车制造国，是工业机器人大国的榜首，而它们的就业情况在发达国家中是最好的。2015年，全球制造业机器人平均密度为69，韩国高达531；日本与德国则仅次于韩国分别为305和301。中国的工业机器人密度只有日本的1/7左右。由此来看，提高就业率和提高机器人普及率是并行不悖的。中国的经验也证明这一点：2005年至2014年间，中国工业机器人的销售量年增速保持在25%，同期中国对工人的需求一直很紧迫。几乎所有的工业机器人专家都认为，中国的机器人缺口还很大，对机器人的旺盛需求会保持10年以上。

(七) 机器人是在解放人类天赋

2016年因为阿尔法狗和其他人工智能项目的出色表现，很多人开始认真考虑机器人全面替代白领工作的可能性。比如说简单编辑，案卷检索之类的事儿没必要找秘书干了。自动化会消灭工作吗？200多年前，蒸汽机和纺织机刚发明的英国就有很多人这么认为。大批工人抱怨机器挤占了生路，于是加入卢德运动去捣毁机器。后来这样的想法叫"卢德谬误"："在生产中应用节省人力的技术会导致失业"之所以叫做谬误，是因为如果此观念为真，那么现在的世界应该遍地失业，而不是百业繁荣。与"卢德谬误"正相反，福特汽车公司一方面用流水线生产出更多汽车，一方面付给工人高工资以购买汽车（高工资换取的是高标准的劳动)。这也是典型的现代经济：自动化技术应用导致价格下降，需求上涨和就业增加。当然，200年来的经验未必能套用21世纪的人工智能运动。但我们仍然可以期望机器人在提高工作效率和产品质量、改善劳动安全时，也可以创造出更多高智力和高标准的工作岗位。传统岗位的确被大量替代，但新岗位之多，补充上来绰绰有余。何况不是每个岗位都需要机器人来提高效率。互联网著名评论人凯文·凯利说：未来那些对效率敏感的工作岗位将会被机器人替代；对效率要求不高和有创造力挑战的工作依然由人来做。

　　至少能够肯定一点：机器人包揽简单工作的同时，也同时减弱了社会对简单工业品和低级服务的需求。机器人实际上是不断解放着人类，让我们把天赋智力在更自由的层面更加富于效率地发挥。当流水线上的家具很容易就买得起时，付给木匠的钱比以前却多多了。如果你能提供些并非千篇一律的高级玩意儿，未来你仍然可以愉快地上班。

（八）基因疗法2.0，有望彻底治愈由单个基因突变导致的很多疾病

　　描绘人体中各种细胞类型的全目录"细胞图谱"，为加速新药研发与试验提供超精确的人类生理学模型。

　　"人类细胞"图谱这项国际合作旨在破译人体各种细胞类型的详细功能。这项于2016年10月启动的项目由Chan Zuckerberg Initiative（脸书CEO扎克伯格夫妇成立的慈善组织）支持，旨在确定每个组织中的细胞类型；准确了解每种细胞类型中基因、蛋白质和其他分子的活动以及控制该活动的过程、定位细胞、了解细胞如何相互作用；一个细胞的遗传信息发生变化时人类身体功能会发生什么变化。该项目的最终产品对于个性化保健来说意义

重大。清华大学药学院教授鲁白表示，在计算与记忆两个领域，电脑（AI）可战胜人脑。不过在情绪、想象与创造、意识、社交、适应与变化，这五个领域电脑（AI）则不会胜过人脑。

加州大学伯克利分校计算机系教授 Dawn Song 则指出了当前 AI 发展缺陷，Dawn Song 表示，人工智能现阶段缺乏自动学习能力，在发展的过程中也会面临被黑客攻击的安全隐患。要更多地让人工智能学会在新场景、新问题中自动适应并解决问题，即使在被黑客攻击时也要有正确的判断。谷歌云人工智能和机器学习首席科学家李飞飞表示，AI 是只有 60 年的科学领域，而且还是特别博大精深的话题，如果拿物理学来作为对比，人工智能还没有达到牛顿力学时代。国际人工智能促进协会（AAAI）院士周志华同样认为，从学术角度来看，人工智能并不是一下爆发，而是一点一点地在往前走，这是过去 20 年发展成果集中被关注的时期。而且，当前对于人工智能、深度学习的理论探讨也比其应用滞后"好几个量级"。

"太程序思维"推算量子计算这项技术的发展将为解决新生问题提供有力支持。量子计算机几乎有着无限的潜力，能与之匹敌的唯有建造量子计算机的困难和昂贵成本。这也解释了为什么如今小型的量子计算机已经制造出来，却还不能成功突破超级计算机的能力。

（九）"2017 年全球十大突破性技术中国大陆地区首发会议"，更像是一个《麻省理工科技评论》的中国本土化活动，更直接的说法是：这是为中国大陆参与企业的特供活动

首先，这个中国大陆地区首发会议上发布的"2017 年全球十大突破性技术"，确实跟在世界其他地方宣布的是一致的。包括：(1) 强化学习；(2) 自动驾驶货车；(3) 细胞图谱；(4)

刷脸支付；（5）360度自拍；（6）太阳能热光伏电池；（7）实用型量子计算机；（8）治愈瘫痪；（9）僵尸物联网；（10）基因疗法2.0。

不过，除了公布"十大突破性技术"，《麻省理工科技评论》也会对这些技术做简单说明，并且公布成熟可用期限，而且最为关键的是，会一同公布上榜技术的主要研究者、参与者。

其次，人工智能仿佛一夜之间就变得众人皆知，这一来自于科幻世界中的技术，现在已演化成为具有实用性的帮手（如果客观评价的话）。比如，苹果的Siri和亚马逊的Alexa就是我们非常熟悉的手机个人助手。在人工智能技术伴随我们的一段时间中，云计算、高速通讯、制程节点，特别是在机器学习等领域的技术创新，最终为人工智能进入大规模商业化应用铺平了道路。

第三，虚拟现实的情况与此相同，现在也已获得人们的空前关注。虚拟现实技术将有望重塑我们对当前三维世界的认识和感知。虽然VR技术在前些年并未取得大的进展，但它现在已爆炸式的回归，并且已引起了人们广泛的关注。这种改变要归功于穿戴式设备的价格趋于合理，更多新玩法可供人选择，以及来自包括谷歌和脸书等主要参与方的大量技术投入等。

事实上，上面所讲的"太程序思维"与我们预测的其他活要素一样，随着时间的推移，这些科技领域分别达到了各自技术发展的转折点。云和物联网，是另外两项在科技领域具有突出地位的技术应用，但这两项技术如果没有通讯技术的惊人发展也不可能出现；而反过来得益于生产制造水平的提升，更多物美价廉的模组和元件被制造出来，进而为云和物联网这两的活要素的实现创造了可能。智能化制造，低功耗无线技术，太阳能再生能源技术等其它领域，也是多方面技术力量不断相互影响，相互作用，有益协调配合才最终取得的可喜成果。

因此,"太程序思维"预测接下来将要发生的事情会变得非常有趣。如果出现太程序变化调整和经济量子纠缠,是否有可能导致一些新的活要素或重大"黑天鹅"出现呢?而"太程序思维"三定律和活要素计算的数学原理的交互,或者虚拟现实和真实现实之间的交互,在量子计算下又会给我们带来怎样的惊喜呢?研究发现自变量决定事物进步方向,在自变量和因变量这两个活要素发生第一太程序定律或第二太程序定律情景时,又会出现怎样的人类社会情景,真令人高兴得手舞足蹈。

八、"一带一路"建设取得新的成就

古丝绸之路绵亘万里,延续千年,积淀了以和平合作、开放包容、互学互鉴、互利共赢为核心的丝路精神,这是人类文明的宝贵遗产。

孟夏时节,一场盛会全球瞩目。2017年5月14日至15日,"一带一路"国际合作高峰论坛在中国北京举行,论坛主要活动包括开幕式、领导人圆桌峰会和高级别会议三部分。来自29个国家的国家元首、政府首脑以及来自五大洲的代表齐聚北京,出席"一带一路"国际合作高峰论坛,共商"一带一路"建设合作大计。中国国家主席习近平出席高峰论坛开幕式,发表了题为《携手推进"一带一路"建设》的主旨演讲,并主持了领导人圆桌峰会。峰会论坛有29个国家的元首和政府首脑,联合国秘书长、红十字国际委员会主席等3位重要国际组织负责人以及143个国家的约1500名各界贵宾出席。来自全球的4000余名记者已注册报道此次论坛。高峰论坛是"一带一路"提出三年多来最高规格的论坛活动,是2017年中国重要的主场外交活动,对推动国际和地区合作具有重要意义。2017年5月15日，国家主席习近平宣布，中国将于2019年举办第二届"一带一路"国际合作高峰论坛。高峰论坛取得丰硕成果，与会领导人一致通过圆桌峰会联合公报，这是首份国际性、权威性、系统性的政治文件，进一步明确了"一带一路"未来的合作方向。高峰论坛规划了"一带一路"建设的具体路线图。中国同与会国家和国际组织进行了全面政策对接，签署一批合作文件，明确重点合作领域和路径。各方确定了一批即将实施的"一带一路"重点项目。中方发布包括270多项成果的清单，有效增强了各方深化合作的信心。

习近平主席2013年秋天开创性提出"丝绸之路经济带"和"21世纪海上丝绸之路"倡议。秉持共商、共建、共享的原则，"一带一路"倡议从规划走向实践，从愿景变为现实，成为迄今中国为世界提供的最重要公共产品。如今全球已有143多个国家和国际组织积极响应和参与，工业园区、港口等一大批旗舰项目拔地而起，丝路基金投资规模超出预期，各类丝绸之路文化年、旅游年等人文合作项目百花纷呈。几年来，政策沟通不断深化，设施联通不断加强，贸易畅通不断提升，资金融通不断扩大，民心相通不断促进。

中国走进了新时代。我们将深入贯彻落实习近平新时代中国特色社会主义思想，坚持创新、协调、绿色、开放、共享的发展理念，不断适应、把握、引领经济发展新常态，积极推进供给侧结构性改革，实现持续发展，为"一带一路"注入强大动力，为世界发展带来新的机遇。

第一，中国愿在和平共处五项原则基础上，发展同所有"一带一路"建设参与国的友好合作。中国愿同世界各国分享发展经验，但不会干涉他国内政，不会输出社会制度和发展模式，更不会强加于人。我们推进"一带一路"建设不会重复地缘博弈的老套路，而将开创合作共赢的新模式；不会形成破坏稳定的小集团，而将建设和谐共存的大家庭。

第二，中国已经同很多国家达成了"一带一路"务实合作协议，其中既包括交通运输、基础设施、能源等硬件联通项目，也包括通信、海关、检验检疫等软件联通项目，还包括经贸、产业、电子商务、海洋和绿色经济等多领域的合作规划和具体项目。中国同有关国家的铁路部门将签署《深化中欧班列合作协议》。我们将推动这些合作项目早日启动、早见成效。

第三，中国将加大对"一带一路"建设资金支持，向丝路基金新增资金 1000 亿元人民币，鼓励金融机构开展人民币海外基金业务，规模预计约 3000 亿元人民币。中国国家开发银行、进出口银行将分别提供 2500 亿元和 1300 亿元等值人民币专项贷款，用于支持"一带一路"基础设施建设、产能、金融合作。我们还将同亚洲基础设施投资银行、金砖国家新开发银行、世界银行及其他多边开发机构合作支持"一带一路"项目，同有关各方共同制定"一带一路"融资指导原则。

第四，中国将积极同"一带一路"建设参与国发展互利共赢的经贸伙伴关系，促进同各相关国家贸易和投资便利化，建设"一带一路"自由贸易网络，助力地区和世界经济增长。本届论坛期间，中国将同 30 多个国家签署经贸合作协议，同有关国家协商自由贸易协定。中国将从 2018 年起举办中国国际进口博览会。

第五，中国愿同各国加强创新合作，启动"一带一路"科技创新行动计划，开展科技人文交流、共建联合实验室、科技园区合作、技术转移 4 项行动。我们将在未来 5 年内安排 2500 人次青年科学家来华从事短期科研工作，培训 5000 人次科学技术和管理人员，投入运行 50 家联合实验室。我们将设立生态环保大数据服务平台，倡议建立"一带一路"绿色发展国际联盟，并为相关国家应对气候变化提供援助。

第六，中国将在未来3年向参与"一带一路"建设的发展中国家和国际组织提供600亿元人民币援助，建设更多民生项目。我们将向"一带一路"沿线发展中国家提供20亿元人民币紧急粮食援助，向南南合作援助基金增资10亿美元，在沿线国家实施100个"幸福家园"、100个"爱心助困"、100个"康复助医"等项目。我们将向有关国际组织提供10亿美元落实一批惠及沿线国家的合作项目。

第八，中国将设立"一带一路"国际合作高峰论坛后续联络机制，成立"一带一路"财经发展研究中心、"一带一路"建设促进中心，同多边开发银行共同设立多边开发融资合作中心，同国际货币基金组织合作建立能力建设中心。我们将建设丝绸之路沿线民间组织合作网络，打造新闻合作联盟、音乐教育联盟以及其他人文合作新平台。

第七，"一带一路"建设植根于丝绸之路的历史土壤，重点面向亚欧非大陆，同时向所有朋友开放。不论来自亚洲、欧洲，还是非洲、美洲，都是"一带一路"建设国际合作的伙伴。"一带一路"建设将由大家共同商量，"一带一路"建设成果将由大家共同分享。

中国国家主席习近平3日出席金砖国家工商论坛开幕式并发表主旨演讲。强调共建"一带一路"倡议不是地缘政治工具，而是务实合作平台。中方成功主办"一带一路"国际合作高峰论坛，标志着共建"一带一路"倡议已经进入从理念到行动、从规划到实施的新阶段。各国代表在会上共商合作大计，共谋发展良策，达成广泛共识。需要指出的是，共建"一带一路"倡议不是地缘政治工具，而是务实合作平台；不是对外援助计划，而是共商共建共享的联动发展倡议。我相信,共建"一带一路"倡议将为各国实现合作共赢搭建起新的平台,为落实2030年可持续发展议程创造新的机遇。

九、美联储加息缩表,鲍威尔出任美联储主席

美联储的最新经济评估,9月会议以来的资讯表明,劳动力市场走强,经济活动较上半年的微弱增长有所加速;虽然近几个月来失业率几乎没有变化,但就业人数的增长保持稳定;家庭开支保持温和增长,但企业固定投资持续疲软;通胀自2017年初以来略有增长,但仍低于联储2%的较长期目标,这部分与稍早时能源价格的下跌及非能源类进口价格的下降有关;近几个月整体来看,基于市场的薪酬通胀指标依然低下,多数基于调查的较长期通胀预期几乎没有变化。在2017年11月3日美联储FOMC议息会议上,FOMC决定不加息,维持1%-1.25%的联邦基金目标利率区间。内容符合预期,资产走势整体稳定,市场更为关注总统特朗普对下任美联储人选的提名情况,这将决定2018年货币政策的整体走向。美元总体稳定在94上方,美债收益率小幅增长后保持在2.37%左右,黄金在1275附近宽幅波动,美元兑日元震荡下行后反弹。特朗普宣布人选,现任理事鲍威尔得到提名的呼声大幅领先。美联储表现出对美国经济复苏的肯定以及对前景的乐观。美联储称经济活动"坚实增长",此前为"温和增长",这是在关于经济的表述上最大的不同。最新公布的美国三季度实际GDP年化季环比增长3.0%,超出预期。其中私人设备投资、存货和净出口对实际GDP的增长贡献很大。GDP的高

速增长体现了美国经济增长是有动力、有支撑的，失业率已进一步降低至4.2%，时薪出现超预期增长，环比上涨0.5%，同比上涨2.9%。

对于最近高度受到关注的通胀前景，美联储认为仍会持续上行至2%。飓风导致油价上升，整体通胀水平上升，CPI升过2%。美联储认为飓风的影响是短期的，预期通胀在短期内维持在2%以下，但在中期稳定在2%左右。美联储维持目前的利率，从而支持进一步加强劳动力市场条件和持续恢复到2%的通货膨胀。12月还会加息一次的判断已经基本确定，我们对2017年的观点始终维持开启缩表及3次加息的判断，明年的利率前景要待联储人选落地之后再做讨论。我们认为目前鲍威尔是最可能的联储主席人选，具有投行背景且做过律师，在公开场合的表态一贯呈整体中性。鲍威尔大概率会在短期内延续耶伦时期的货币政策，包括加息节奏的前瞻指引和缩表节奏，变量更多出现在金融监管的操作上。

根据BEA第一次估算，三季度美国实际GDP环比年化增长率为3.0%，超出预期，此前二季度实际GDP环比年化增长率第三次估算值也上修为3.1%（第二次为3.0%）。三季度个人消费支出环比年化增长率为2.4%，低于二季度的3.3%；但私人投资增长率从二季度的3.9%上升到6.0%，其中存货增加的贡献增大。受到飓风影响，9月非农就业下降3.3万人，这主要是因为餐饮服务就业下降了10.47万人。与此同时，平均时薪增长强劲，环比上涨0.5%，好于预期的0.3%；同比上涨2.9%，好于预期的2.5%。FOMC表示飓风导致了油价上升，带动整体通胀的上升。9月美国整体CPI同比达到2.2%，整体PCE同比回升至1.63%，前值分别为1.9%和1.44%。但核心通胀几无变化，核心CPI连续5个月维持在1.7%，核心PCE仍只有1.33%。

FOMC表示，飓风会在短期影响经济增长、就业和通胀，但根据历史数据，飓风在中期并不会改变经济的走势。FOMC预期通胀在短期内维持在2%以下，但在中期稳定在2%左右。基于劳动力市场环境已有的表现和市场预期，维持目前的0.1%-1.25%基准利率、货币政策依然宽松的立场，从而支持进一步加强劳动力市场条件和持续恢复到2%的通货膨胀。

2017年年缩表开启，2018年加息待定。上次议息会议美联储宣布开始缩表，目前缩表已经开始，正在推进中。由于美联储在9月的偏鹰表态，市场普遍预期12月的议息会议会再次加息。而新公布的三季度GDP数据（年化季环比增长3.0%）则进一步增强了市场对美国经济的信心。2018年美联储的加息路径可能会受到新任主席人选的影响，目前可能性最大的鲍威尔立场偏中性，如果他当选，则可能会延续目前耶伦的经济政策。至于未来联邦基金利率目标区间进一步调整的时间和规模取决于相对于就业最大化和2%的通胀目标，实际与预期的经济条件如何。在评估过程中，委员会将考虑各种信息，包括劳动力市场环境的指标、通胀压力和通胀预期指标、金融和国际形势发展的数据等。委员会将密切关注，朝着对通胀目标方向取得的实际进步和预期的通胀发展。委员会预计，经济状况将保证利率以渐进式提高的方式发展，在一段时间内，联邦基金利率可能保持在低于预期长期利率的水平。然而，联邦基金利率的实际路径将取决于未来数据显示的经济前景。

2017年底内尚余1次加息。9月美联储点阵图显示12月会有一次加息，此前在3月、6月加息两次。9月会议上，11名官员认为今年还将加息1次到1.25%-1.5%，4名官员认为将维持6月的1%-1.25%，剩下1名官员认为将再加息2次至1.5%-1.75%。预计到2018年底，6名官员预计时联邦基金利率达到2%－2.25%，5名官员认为利率将会达到2.25%以上，另外5名预计在2%以下。9月议息会议上，长端中性利率由原来的3%下调至2.75%，我们认为主要原因是美联储想给未来货币灵活调整留出一些空间。

总体来说，目前基本肯定2017年12月还会加息一次，加息概率由会前96.7%上升至98.2%，基本已被市场消化。目前鲍威尔已成为联储主席，相比Warsh和Taylor，中性的加息态度更受特朗普欢迎，而在放松监管上相比耶伦更开放，且具有投行背景，做过律师。鲍威尔大概率会在短期内延续耶伦时期的货币政策，包括加息节奏的前瞻指引和缩表节奏，变量更多出现在金融监管的操作上。

十、人民币正式进入国际流通货币，构建人类命运共同体理念载入联合国安理会决议

全球人们看到：身穿中国传统服饰的国际货币基金组织（IMF）总裁拉加德宣布：2017年10月1日开始，人民币正式成为国际通用货币！

2017年3月17日，构建人类命运共同体理念首次载入联合国安理会决议！

这两件大事，无疑将成为最近几年最大的历史事件！

事实证明，中国走进了新时代。习近平主席在党的十九大上，呼吁各国人民同心协力、构建人类命运共同体，建设持久和平、普遍安全、共同繁荣、开放包容、清洁美丽的世界。要

相互尊重、平等协商，坚决摒弃冷战思维和强权政治，走对话而不对抗、结伴而不结盟的国与国交往新路。要坚持以对话解决争端、以协商化解分歧，统筹应对传统和非传统安全威胁，反对一切形式的恐怖主义。要同舟共济，促进贸易和投资自由化便利化，推动经济全球化朝着更加开放、包容、普惠、平衡、共赢的方向发展。要尊重世界文明多样性，以文明交流超越文明隔阂、文明互鉴超越文明冲突、文明共存超越文明优越。要坚持环境友好，合作应对气候变化，保护好人类赖以生存的地球家园。

中国坚定奉行独立自主的和平外交政策，尊重各国人民自主选择发展道路的权利，维护国际公平正义，反对把自己的意志强加于人，反对干涉别国内政，反对以强凌弱。中国决不会以牺牲别国利益为代价来发展自己，也决不放弃自己的正当权益，任何人不要幻想让中国吞下损害自身利益的苦果。中国奉行防御性的国防政策。中国发展不对任何国家构成威胁。中国无论发展到什么程度，永远不称霸，永远不搞扩张。

中国积极发展全球伙伴关系，扩大同各国的利益交汇点，推进大国协调和合作，构建总体稳定、均衡发展的大国关系框架，按照亲诚惠容理念和与邻为善、以邻为伴周边外交方针深化同周边国家关系，秉持正确义利观和真实亲诚理念加强同发展中国家团结合作。加强同各国政党和政治组织的交流合作，推进人大、政协、军队、地方、人民团体等的对外交往。

中国坚持对外开放的基本国策，坚持打开国门搞建设，积极促进"一带一路"国际合作，努力实现政策沟通、设施联通、贸易畅通、资金融通、民心相通，打造国际合作新平台，增添共同发展新动力。加大对发展中国家特别是最不发达国家援助力度，促进缩小南北发展差距。中国支持多边贸易体制，促进自由贸易区建设，推动建设开放型世界经济。

中国秉持共商共建共享的全球治理观，倡导国际关系民主化，坚持国家不分大小、强弱、贫富一律平等，支持联合国发挥积极作用，支持扩大发展中国家在国际事务中的代表性和发言权。中国将继续发挥负责任大国作用，积极参与全球治理体系改革和建设，不断贡献中国智慧和力量。世界命运握在各国人民手中，人类前途系于各国人民的抉择。中国人民愿同各国人民一道，推动人类命运共同体建设，共同创造人类的美好未来！开启了全球新时代！

New Era

Abstract：Socialism with Chinese characteristics enters a new era, 2017—2018 important global affairs research adopted new methods of new ideas and new theory, the system chooses the global top ten important affairs. Firstly is Socialism with Chinese characteristics steps into a new era; Secondly is Xi Jinping and Trump met on several occasions, opened a new stage of Sino – US relations; Thirdly is Trump's "America first" and withdraw from a series of treaty, adding new elements to the world changes; Fourthly is Xi Jinping and Vladimir Putin met 5 times, and establish a new model of good neighborly and friendly cooperation relations; Fifthly is British officially exit from Europe, the EU appears new circumstances; Sixthly is the German Angela Dorothea Merkel re-election successfully, French President Emmanuel Macron inaugurated; Seventhly is science and technology progress has made new breakthroughs; Eighthly is "The Belt and Road Initiative" construction have new achievements; Ninthly is Federal Reserve raise interest rates and reduce its balance sheet which are both effective, Jeremy Powell take his new office of being the Federal Reserve Chairman; Tenthly is the RMB formally enters the international currency, the idea of constructs community of common destiny for all mankind, which is written into the UN Security Council resolutions.

Xi Jinping New era of Socialism with Chinese characteristics is the guidance of this book. The application of "Tai program thinking" and "Living elements of the mathematical calculation principle", enhances the scientifity, objectivity and intrinsic nature of global important affairs evaluation.

Keywords: Xi Jinping New Era of Socialism with Chinese characteristics Community of Common Destiny for all Mankind Tai Program Thinking

全球经济篇

多重因素共震　世界经济提速

（中国社会科学院荣誉学部委员、中国国际问题研究基金会世界经济研究中心主任）谷源洋

[摘　要]世界经济处于"周期性增长上升阶段"，呈现一系列新变化、新特点，IMF和世界银行等纷纷上调世界经济增长预期。世界经济"大萎靡""新平庸""长期停滞"不符合世界经济发展的实际情况。在全球经济提速形势下，需要看到抑制和左右全球经济复苏和增长的因素依然存在。世界经济复苏和扩张总有结束的一天，要为下次危机的到来提前做好准备。

[关键词]增长提速　多重因素共震　全球化与反全球化　周期性增长

2017年世界经济趋于活跃、改善、稳定、提速，愈益增多的国家经济表现强于预期，对全球经济持有乐观观点的央行数量增加，各国际经济金融机构对全年世界经济增长的预测值虽然不尽相同，但共同点是世界经济增速高于上年。摩根士丹利预测2017年世界经济增长率将从2016年的3.1%反弹至3.6%，并再次回到全球长期平均增长线3.5%以上。高盛集团前首席经济学家吉姆·奥尼尔一直用世界六大指标研究世界经济，亦即美国失

业保险的周申请数字；美国供应管理学会（ISM）的制造业指数；美国供应管理学会的制造商新订单及库存；中国零售支出与工业产值之比；韩国每月发布的贸易数据；德国慕尼黑经济研究所公布的商业气候指数，给出的结论观点是"世界经济展现出惊人的抵抗力"，2017年全球经济增长率将超出4%[1]。国际货币基金组织则将2017年世界经济增长率从先前预期的3.4%上调到3.5%，又从3.5%上调至3.6%。这是近几年来，IMF首次上调世界经济增长预期，尽管调升幅度只有0.2个百分点，但其意义重大，提振了全球市场信心。世界经济提速不单纯是全球货币政策的驱动，而是多重因素共震的结果，包括国际贸易恢复性增长[2]；反映干货运输行情的BDI指数强势攀升，海运业持续回暖；国际投资反弹[3]；全球工业生产增加、制造业和服务业采购经理人指数强劲；经济复苏范围不断扩大等多种因素，但不稳定、不确定及地缘政治因素依然不同程度的威胁着世界经济增长。然而，世界经济利好因素大于利空因素，稳定因素多于不稳定因素，全球发生了不可忽视的重要变化，涌现出值得关注的经济现象。

---

[1] 吉姆·奥尼尔：《世界经济的惊人抵抗力》，西班牙《经济学家报》，2017年3月5日。

[2] 世界银行指出世界贸易增长在2016年降至金融危机后的2.5%低点后，有望在2017年逐渐回升至4%。

[3] 预计全球投资增加5%，参见习近平在二十国集团领导人汉堡峰会上就世界经济形势发表的重要讲话，2017年7月7日。

一、发达经济体同步、平稳增长，新兴市场经济再度跃升

特朗普总统执政以来，大体上兑现了竞选时期提出的国内外经济政策，但进展并不顺畅，有的被国会和联邦法院否决，有的被推迟出台并被打了折扣，其成效性低于市场预期。据此，国际货币基金组织于7月将2017年美国经济增长预期从2.3%下调到2.1%，此后由于企业和消费信心增强及相对宽松的货币环境，10月间IMF又将美国经济增长率回调至2.2%。美联储则预测2017年美国经济增长率将达2.4%—2.5%，IMF和美联储预测值均低于特朗普竞选前后宣称的3%—4%增长目标；欧元区经济形势超出许多人预料，区内经济复苏国家愈益增多，受工业和服务业信心增强，家庭消费指数攀升，投资增加，出口恢复生机等因素带动，经济景气指数创10年新高，经济增长率从2016年的1.7%增至2017年的1.9%，欧洲央行甚至预测2017年欧元区经济增长率将高达2.2%，近5年来创造了约600万个就业岗位。人们担心的英国"脱欧"对欧洲经济的负面影响尚未显现出来；日本经济表现不及美国与欧元区，但已连续多个季度缓慢复苏。日本央行发布的经济季度展望报告指出2017—2019财年的GDP增长率的预测值分别为1.8%、1.4%和0.7%，呈现递减态势。IMF与经合组织发布的报告认为2017年年日本经济增长率在1.5%—1.6%的区间，低于日本央行的预期。与其各自经济表现相比，欧元区经济强劲扩张，美国经济稳健复苏，日本经济波动低速，但年内欧元区和日本同美国经济"增长差距"有所缩小。

值得关注的经济现象是发达经济体经济普遍向好，失业率不

断下降，但通胀却依然低迷。美国失业率已经降至4.3%或更低，就业市场恢复到金融危机前的水平，没有多大再可下降的空间。然而，美国劳动参与率仅略超出62%，意味着放弃寻找工作机会的人数增多。如果美国不提高劳动参与率，劳动力供给将成为经济增长的障碍，特朗普放言将从国外招收季节工；欧元区的失业率已降到9.0%，创下2009年3月以来的最低水平，高于欧盟失业率的7.7%；日本的失业率则仅为2.8%，安倍政府早在几年前就已开始动员妇女走出家庭，以缓解劳动力供给不足的压力，但其效果并不明显。然而，在经济形势改善和失业率趋降的同时，多数发达经济体却纷纷下调通胀预期，通胀率依旧较低，没有达到2%的既定目标。美联储将2017年通胀率从3月预期的1.9%下调到1.6%；欧洲央行将2017年欧元区通胀率从1.7%降至1.5%；日本央行推行的量化与质化的货币宽松政策以及负利率未能使通胀率上升到2%的水平，被迫多次向后推延通胀率达标的时间。日本央行已将2017财年通胀预期从1.4%下调至0.8%，2018财年通胀预期从1.7%下调到1.5%，预计到2019财年或许有可能接近2%的通胀目标。日本央行承认不管是物价还是经济活动都面临下行风险。经合组织2017年7月4日发布的报告指出，二十国集团的通胀率从4月的2.4%下降至5月的2.1%，已连续4个月下滑。

发达国家央行为走出金融危机导致的经济衰退，先后推出量化宽松的非常规货币政策，用以"对抗通缩，制造通胀"。从发展实践看，发达国家的"通缩压力"减缓，甚至有人认为"通缩已被通胀替代"，但多数发达国家尚未实现"制造通胀刺激经济增长"的宿愿。主要原因有：量化宽松货币政策释放出的流动性，未能服务于实体经济，经济"脱实向虚"倾向严重。发达经济体的经济虽略有起色，但并不显过热，不支持通胀率上扬；发达经济体远未实现经济的"包容性增长",伴随经济不同程度恢复和增长,居民收入则增长乏力,甚至有的国家居民收入在减少,收入和消费没能持续改善,抑制通胀率上行。收入增长缓慢的主要原因是劳动生产率低下;发达国家尽管有"制造通胀刺激经济增长"的理论依据,但实际上始终没能形成"制造通胀刺激经济增长"的完整路径,亦即"通胀率上升——生产和投资扩张——居民收入增加——消费支出增长——经济增长加速"。当下,发达国家企业和民众的"通缩心态"仍然顽固,挥之不去。

发达经济体通胀长期低迷的外部因素是国际油价在震荡中下行。国际油价变化直接影响物价水平,油价上涨导致输入型通胀,油价下跌则抑制通胀上扬。2016年第一季度国际油价曾跌破每桶26美元,随后由于欧佩克和非欧佩克联手减产等多种因素的出现,国际油价反弹至每桶50美元以上,推动全球通胀上升。但2017年以来,在多重利空因素袭击下,多数月份的国际油价站在"中性价格"下方,阻止了全球再通胀的势头。除非欧佩克和非欧佩克强化减产计划以及美国石油钻井数量下降,实现原油供求关系的再平衡,否则国际油价大幅上行空间不大。较为中性的国际油价打击了发达经济体的整体通胀,使其更加难以实现制造通胀刺激消费甚至透支消费最终达成促进经济增长的目的。国际清算银行提醒称,尽管目前多数国家通胀水平较低,但这些国家的央行应该对实现它们的通胀目标保持耐心,不要提供太多的刺激。总体看,2017年发达经济体的整体经济状况好于2016年,经济增长率从上年的1.6%回升至2%或以上。

更为重要的亮点是中国作为最大的发展经济体,保持了稳中有进、稳中向好的发展态势,经济增速高于预期目标,显示出经济韧性强、潜力大、活力旺。在中国经济带动和各国内需增长刺激下,今明亚洲发展中国家的经济增幅都将超出5%甚至接近

6%；非洲经济增长面临不少风险，但正在加快回升。世界银行发布的报告《非洲脉搏》指出2016年撒哈拉以南非洲国家经济遭受了20多年来的最大幅度下滑，2017年有望实现2.6%的增长[①]；拉丁美洲和加勒比地区在连续两年经济萎缩之后，预计2017年将取得1.5%左右的小幅增长。新兴市场国家作为一个整体，抑制住了"增长下行恐慌"，2017年经济增速为4.6%或5%，远高于发达经济体，一度被拉大的南北经济增长差距再次趋于缩小。新兴市场国家的潜在增长率将继续高于发达国家，消费者渗透力将不断增强而且越来越富裕，消费需求逐渐转向高端产品和服务，进而刺激经济增长。IMF 10月发布的《世界经济展望》预测2018年世界经济增长率为3.7%，比2017年增加0.1个百分点，其中发达经济体的增速较今年下调，而新兴经济体的增速则被上调。现实的发展及资本逐利性驱使国际投资者显著增强了对新兴市场的信心，国际金融协会发布的报告指出，2017年进入新兴市场国家股市的资金预计达到600亿美元，到2018年将增至1100亿美元[②]。发展实践证明"南高北低"的增长格局将延续下去，"南北经济差距"将持续缩小，世界经济格局将加速从量变走向质变。在这种趋势性变化下，新兴市场国家和发展中国家中愈益成为全球治理的重要参与者，不断推动不合理、不公平的国际经济和政治秩序调整与变革，改写世界政治经济版图，世界经济重心正加速向亚洲特别是东亚地区转移。

[①] 2017年4月23日世界银行发布的报告。
[②] 小谷洋司：《新兴国家股脂频创新高》，《日本经济新闻》，2017年9月18日。

二、全球货币政策出现收紧动向，但尚未形成货币紧缩趋势

央行的货币政策服务于经济。伴随非常规的宽松货币政策作用的显现及资产泡沫风险的积累，非常规货币政策必然要回归货币正常化。在发达经济体央行中，美联储率先结束资产购买计划，并打开了加息通道。与前两年相比，2017 年，美联储不仅加快升息的频率，并公开了缩减资产负债表的计划，宣布10 月开始"缩表"。失业率下降及通胀率上升是美联储加息的两个主要指标，年初通胀率曾一度接近2%的水平，后又掉头下行，这让美联储感到困惑，对加息持谨慎态度，但又认为通胀率下滑只是暂时现象，担心加息节奏太慢，可能最终会有一天让美联储不得不加快加息频率，最终造成经济衰退的风险。因此，美联储在"缩表"的同时，仍维持年内 3 次加息"点阵图"不变。加息旨在提高资金成本，抑制贷款活动，而"缩表"等于直接从市场抽离基础货币，进而影响流动性，带动美元升值与非美货币贬值。加息与"缩表"并举加速了货币政策正常化的步伐，使危机时期实施的货币政策逐渐走向终结；继美联储之后，加拿大央行已连续两次加息，将基准利率上调至1%。然而，欧日等国央行并没有跟随美联储改变数量宽松货币政策，考虑到宽松货币政策已快走到尽头，及其宽松刺激作用日渐式微，只是初步削减了资产购买规模，但没有像美联储那样制定出丢掉 QE 拐棍的具体时间表，更没有表现出要启动加息周期和"缩表"周期的意愿，依然继续维持现有负利率和宽松货币政策，但表示除非"经济数据"恶化，否则央行将不再加大 QE 力度。值得关注的重要经济现象是

英国、挪威等一些央行曾一致声称准备调整和改变现行宽松货币政策，然而，除加拿大央行有所行动外，其他央行只是在为退出量化宽松做"热身准备"，当下依然坚守宽松货币政策。市场预测如果"经济数据"持续利好变化，特别是失业率持续下降及通胀率反弹，欧洲央行或许将于2018年前后，开始有计划、有步骤地连续削减资产购买计划。与其他主要经济体相比，日本经济和通胀状况远不及欧元区和美国，日本央行更加难以收紧银根，仍将依赖于大规模经济刺激。安倍已宣称将用上调消费税所得的税收制定为期3年（2018年至2020年）的2万亿日元的经济刺激方案，主要用于儿童医疗、保健和教育支出。

总体看，美联储等为数不多的央行正从宽松货币政策缓慢、有序地转向紧缩货币政策，但宽松货币政策的退出之路并不平坦，年内全球货币宽松与低利率环境没有发生根本改变，没有出现全球再通胀及货币政策从宽松走向紧缩的拐点，全球流动性依然充裕。然而，伴随劳工市场收紧及通胀率回升，主要发达经济体从货币宽松走向货币紧缩是大概率事件，只是时间节点问题。国际金融协会估计，截至2017年底，全球各大央行的净购总额将减少到相当于全球GDP的2.4%的水平，2018年将降到0.8%，2019年年中，发达经济体央行将实现资产净收缩，这对全球市场、通胀和经济前景都会形成冲击。尽管发达经济体央行的货币政策调整和转向逐步而缓慢，让市场有了较为充足的时间去适应、消化，降低了相关波动性，但仍需对发达经济体货币政策调整带来的外溢效应保持高度警惕。这是因为货币宽松时期积累的过多泡沫和过多杠杆，一旦宽松政策过快收缩，加上放松金融监管，泡沫就容易破裂，引发金融动荡或危机。金融危机的特性是爆发时速快、规模大、力度猛、传染性强、破坏力及滞后时间长。人们不可忘却日本在20世纪80年代末的泡沫破裂和美国

多重因素共震　世界经济提速

在2007年爆发的"次贷危机"都是在货币政策收紧及利率持续走高时期发生的。然而，当今发达经济体和新兴经济体仍旧没能从过去依赖流动性和负债型增长模式中彻底摆脱出来，债务规模越来越膨胀[①]。金融危机周而复始地发生，它的爆发不是黎巴嫩经济学家纳西姆·塔勒布所说的极其罕见、出乎意料、造成严重后果的"黑天鹅"事件，而是经济学家米歇尔·渥克比喻的"灰犀牛"事件，亦即不是随机突发事件，而是在一系列警示信号和迹象之后出现的大概率且影响巨大的危机事件[②]。换言之，金融危机爆发前有先兆表现。德意志银行研究并提出了如何界定发达市场爆发金融危机的定义标准，提出的定义标准是与一年前相比，股市下跌15%，外汇下跌10%，债券下跌10%，通胀上涨10%，或出现主权债务违约，并预言下一场金融危机即将到来[③]。法国《费加罗报》认为在"次贷危机"爆发10年后，全球金融再次在一座火山上生活、跳舞和安睡，而这座火山随时都有可能喷发[④]。因此，今后一个时期，新兴市场国家需要加强金融合作与政策协调，积极主动"去金融杠杆"，强化监管合力，筑牢资本市场"防火墙"，严防发生系统性金融风险。

[①] 据国际金融协会统计数据，2017年首季全球债务总额为217万亿美元，其中新兴市场的债务总额为55万亿美元。参见英国《每日通讯报》网站2017年4月4日报道。

[②] 何戴翰：《全球经济危机，"灰犀牛"的十年》，《中国证券报》，2017年7月15日。

[③] 美国石英财经网站，2017年10月6日。

[④] 伊夫·德凯德雷：《次贷危机10年之后》，法国《费加罗报》，2017年8月16日。

三、"强美元"与"弱美元"
平衡中维持美元霸权

美元指数上扬或者下行都牵动着全球资本市场的敏感神经。在过去几年，美元经历了从"弱美元"走向"强美元"，又从"强美元"转向疲软。美元指数走高的基本动力是美联储结束QE、释放加息预期及步入加息和"缩表"通道；全球货币政策的非协调性加剧，美联储去杠杆，收缩流动流性，欧洲央行和日本央行加杠杆，奉行量化宽松政策；美国进口石油比重下降以及国际投资者对美元需求增加为美元上涨带来了支撑。美元飙升削弱自身产品国际竞争力，抑制其出口，对外贸易逆差占GDP之比重增加；美元走强增加了企业借贷成本，影响了企业获利性；美元走高使其进口商品价廉，而不利于提升通胀率；美元升值意味着债务利息的增值，加重偿债负担。与此同时，美元指数上扬对其他经济体产生了多种负面溢出效应。

然而，2017年以来，美元指数升降条件发生了变化，包括美国经济被低通胀所笼罩，美元强势负面作用显现；美元指数前期透支上扬，美元走贬是对透支上涨的"矫枉"；美国"经济数据"不及市场预期、"特朗普交易"放缓，不支持美元再高走；发达经济体货币政策在分化中出现了紧缩大同，货币政策取向分歧逐渐消弭，导致非美元货币升值及美元贬值。上述情况使其美元指数已从年初的103点下跌到9月中旬的91点，此后又重返93点位上方。美元相对弱势促使全球资金流向逆转，即利差交易资金流入具有加息预期的亚欧市场。当下，市场对美元走势前景存在分歧，一种观点认为短期内尚缺少能够扭转美元疲态的有利因素，美元"还没跌透"。美联储下调通胀预期，已让市场对美国经济及美联储持续加息产生疑虑，如果美联储改变加息"点阵图"，将更难使美元从疲态中振作起来。另一种观点则认为从中长期看，美元指数不具备深跌的基础。通胀预期下调并不会使美联储中止货币正常化进程，加之特朗普减税方案等措施的推进，以及美联储启动"缩表"并继续加息，美元指数将会收复失地，重返强势，吸引全球资金回流美国，带动美国经济更快增长。美元指数总是波动的，有升就有降，有降就有升。摩根大通市场分析人士认为"美元已利空出尽"，甚至有人认为美元已经超跌，应该止跌回升了。然而，美国经济基本面及特朗普总统不愿意看到美元过于强势冲击美国商品和服务出口，因而决定了美元既便是回升反弹也难以长久停留在100以上的高点位上。美元波动幅度收窄和趋稳，利于维持"美元霸权"，利于国际大宗商品价格稳定。

四、经济全球化受到压抑，反全球化影响有限

论及当今的世界经济必然涉及到反经济全球化的影响。英国"脱欧"和特朗普当选美国总统，加剧了反全球化或逆全球化行为的力度，贸易和投资保护更显猖獗，影响货物流、资金流、人才流、信息流的自由流动。但从发展实践看，2017年以来，全球化和区域化却得到了实质性的推动，欧盟与日本、欧盟与加拿大达成了不同称谓的自由贸易框架协议。日本首相安倍晋三声称"在存在保护主义动向的情况下，日欧经济伙伴关系协定（EPA）

展示了高举自由贸易旗帜的意志"[1];东盟与香港达成了自由贸易协议的共识,年内将正式签署生效;美国与加拿大、墨西哥重谈北美自由贸易协定,美国与韩国修订自由贸易协定;英国外交国务大臣马克·菲尔德访华时表示将优先与中国开启自由贸易谈判,推动英中关系在"黄金时代"的发展;加拿大也正在寻求与中国签署自由贸易协定的途径。各国际金融机构、世贸组织、金砖国家等纷纷呼吁反对保护主义,支持多边贸易。德国汉堡二十国集团会议结束后,默克尔在新闻发布会上表示虽未能就气候变化《巴黎协定》达成一致,但对自由贸易取得了共识,并指出"认为自己受到不公正对待的国家",反击时必须遵守WTO规则;马克龙当选法国总统、默克尔连任德国总理等已使民粹主义和经济民族主义遭受打击,阻止了欧洲反全球化势头蔓延,反全球化舆论和举措受到压制与孤立。

事实表明国际社会不要低估日益增长的全球化的潜在效应,而高估全球化的危害性后果。与其经济全球化相对立的经济本土化并不是世界经济发展的主导潮流和动力。实践再次证实,经济全球化难以转向经济本土化,经济全球化趋势并未出现重大反转,更不至于走向不归之路。更为重要的是在全球化与逆全球化的搏弈中,人们的认知越来越升华,依然继续支持经济全球化。根据《欧雨表调查》,欧洲人开始重拾"经济全球化热情",北欧国家支持全球化的人数高达80%,西欧国家约为65%,南欧国家约为55%,但东欧国家仅为11%。反全球化和区域一体化的人和集团不仅美欧国家有,新兴市场国家也有,因此,必须重视和认真对待反全球化行为,现时需要对一些全球化相关理论和

---

[1] 《日本首相安倍晋三在与欧洲理事会主席图斯克联合记者会议上的讲话》,共同社布鲁塞尔,2017年7月7日电。

实践问题给出清晰的结论性看法。

首先，经济全球化是否有"好坏"之分？美欧等一些国家出现全球化红利分配不公、贫富两极分化、失业率扩大等众多问题，其原因极为复杂，有些是国内政策和制度因素所致，有些与跨国公司利益垄断相联，有些与教育程度及经济发展有关。这些弊端与其全球化并无直接关联，但却加剧了社会分裂，阶层对立，被不同政治势力为自己的私利和集团的利益所利用，反全球化、逆全球化、去全球化依旧解决不了存在已久的种种经济和社会弊端及其社会矛盾。有学者认为需要构建"新型全球化"或"全新的全球化"，"用好的人性全球化去替代非人性的全球化"。实际上经济全球化并非零和游戏，参与的各方都获得了不等的经济实惠，并非像一些西方学者提出的全球化"大象曲线论"，亦即中国、印度等新兴市场国家是全球化最大受益者，而发达国家蓝领阶层成为全球化的牺牲品。这种"大象曲线论"是对全球化认识的曲解与偏见。由于参与全球化要素多少存在差异以及国际经济秩序与规则的不公平、不合理，因而获得的好处有多有少，难以完全实现利益均衡和机会均等。

近年来，国际货币基金组织、世界银行及各国政府官员、企业家和经济学家关注经济"包容性增长"，并把"包容性增长"视为新型经济全球化的特征。但如果不从制度和政策层面着手，"全球化2.0"或"全球化4.0"都不可能实现经济增长和发展的"包容性"。经济全球化同反全球化相伴而生，与以往不同的是由于国际力量对比变化，推动全球化的主导力量已经主要不是美欧国家，而是新兴市场国家和发展中国家。欧洲智库布吕格尔研究所长沃尔夫称"当前世界经济格局的首要特点是全球化驱动力正在从传统的西方国家转向新兴市场国家"[1]。全球化主导力量和推动力量变了,但全球化的基本要义没有改变,亦即全球化系指生产要素在全球范围内的自由流动和优化配置。全球化是世界经济和国际分工发展的必然结果。

其次,"经济全球化深入发展"的基本判断是否过时了?英国"脱欧"和特朗普执政后,国内外人士对经济全球化受损程度有不同的表述,有人说出现了反全球化运动、反全球化情绪;有人说全球化受到威胁和挑战;有人说全球化受挫、受阻;有人说"全球化已经死亡",等等,因此,需要对当今全球化总体形势做出准确、客观的判断。实际上,英国"脱欧"谈判并不意味着特雷莎·梅首相反对贸易自由化,英国依然是颇为富裕且贸易与投资开放的国家;特朗普以"美国利益优先"把对外经济政策从多边转向双边,去经济多边化色彩浓厚,对奥巴马时期提出的美国全球经济布局的"3T"战略,亦即TPP(跨太平洋伙伴关系协定)、TTIP(跨大西洋贸易和投资协定)及TISA(全球服务贸易协定),有的退出,有的拖延,使"3T"全球经济布局战略处于"消亡边缘"。奥巴马"3T"全球经济布局战略,其目的是针对中国,消亡了岂不是更好。特朗普的对外经济政策虽然重视双边,但不符合美国的经济和安全利益的双边,特朗普照样要求重新审定和谈判,如果符合美国经济和安全利益,既便是多边经济合作,特朗普也不会放弃,今年11月特朗普出席了越南APEC领导人峰会及在菲律宾召开的美国—东盟峰会、东亚峰会。

特朗普重提的所谓"公平贸易"其实质是市场保护。贸易和投资保护是反全球化和反区域化的突出表现,但贸易、投资保护向来就有,从未间断过。据WTO统计报告,自2008年国际金融

---

[1] 刘丽娜:《反思全球化的浮与沉》,《中国证券报》A08版,2016年10月16日。

危机以来，仅二十国集团成员国就采取了1683项的贸易限制措施；英国经济政策研究中心发布的《全球贸易预警》显示，作为全球第一大经济体，美国从2008年到2016年实施了600多项贸易保护措施。因此，不应简单地把贸易与投资保护同反全球化和区域一体化完全等同起来。2017年国际贸易和投资并没有因反全球化力量增大而大幅下降，相反，贸易与投资增幅均高于上年，国际贸易增长甚至有可能再次超出全球经济增长。人们必须看到和肯定依托经济全球化，过往几十年世界贸易以超出全球GDP增速的两倍前行，为创造全球财富做出了不可替代的贡献。然而，全球化依然面临众多的严峻挑战，坚持全球化与反全球化力量的斗法势将持续下去，但全球化是"大潮"，反全球化是"小流"，"小流"阻止不了全球化的大潮流，"经济全球化深入发展"的基本判断没有过时，全球化抑或区域一体化难以撼动，必将继续推动世界大发展、大变革、大调整。

五、世界经济形势与前景的基本判断

上面提及到的四个问题具有内在关联性，同世界经济发展紧密相关。在世界经济好转和提速的乐观气氛中，仍须看到全球较低的劳动生产率、加速的人口老龄化、严重的收入不平等、猖獗的保护主义、积累大量风险的金融市场、不稳定的地缘政治局势和安全形势等等，仍在抑制和左右着全球经济复苏和增长。按国际货币基金组织和世界银行等预测在2017年世界经济增长提速的基点上，2018年全球经济仍将有小幅增长，但这是否意味着世界经济已进入了周期增长的拐点？这一问题关系到对"后金融危机时期"世界经济形势的基本认知和判断。如果以为自2010年以来，世界经济一直陷入低迷、低速状态，而今明两年世界经济增长率将分别为3.6%与3.7%①，甚至发展实践可能还要高一些。在这种经济"冷热两重天"的状况下，可以认为世界经济出现了周期性增长"拐点"。但问题在于过去8年来世界经济是否真是"低速、低迷"？对此，国内外人士的认识存在相当大的不同。统计数字显示自2010年至2017年间，世界经济年均增速为3.3%②，稍高于20世纪八九十年代增速，呈现持续性、稳定性增长的特点，没有出现有人所担扰的"二次衰退"，主要发达经济体的经济指标先后恢复到危机前水平。实践表明"后金融危机时期"，世界经济一直处于周期上升阶段，而不是进入了周期衰退期，出现所谓"低速增长恶性循环"。即便是按国际货币基金组织预测，2016年世界经济表现是过去8年来最差的一年，全球经济还是增长了3.2%。所谓世界经济"大萎靡""新平庸""长期停滞"并不符合世界经济发展的实际情况。那么为什么有人总认为世界经济低速和低迷？其主要立论是危机后的世界经济增速没有达到危机前"黄金时期"接近5%的年均增长水平。世界经济论坛创始人施瓦布指出世界需要停止向后看，自2008年金融危机以来，我们浪费了太多能量用于试图回到经济快速扩展的昨天。

如果不出现不可控的大问题，世界经济复苏不会寿终正寝，现时还看不出世界经济有陷入"大衰退—低增长—低利率—低物价—低回报—低投资"风险的可能，上述概括的"一大五低"，实际上正在逐步改变，世界经济还会以高出过去8年年均3.3%的增速向前发展，这种增长提速态势依然是周期上升阶段的延

---

① 国际货币基金组织预测数据。
② 国际货币基金组织公布的数据。

多重因素共震 世界经济提速

续。那么世界经济增长提速态势能否延续下去？要回答这一问题，需要对促进和抑制经济增长的两方面因素予以透彻分析。简言之，世界经济前景主要取决于今后中美经济表现、全球央行货币政策取向、全球市场保护程度、以原油为核心的国际大宗商品供需平衡、全球结构调整状况及技术创新速度。法国《回声报》载文指出世界经济未来，尤其是欧元区的经济未来将取决于世界经济的"三个枪手"：北京、央行和自由贸易[①]。总体权衡，上面提出的"六个因素"依然较为有利于世界经济未来增长，短期内出现衰退的概率甚低。但全球经济复苏和扩张亦不会持续太久，周期性复苏和扩张总会有结束的一天。英国《金融时报》刊文提出了全球经济与金融周期结束的三种方式："需求侧"长期停滞；通胀预期迅猛上升；全球金融周期发生内爆，导致市场进入一个去杠杆和规避风险时期[②]。我们需要为下次危机的到来提前做好防范准备。

[①] 洛朗斯·达齐亚诺：《将决定世界经济未来的三个因素》，法国《回声报》网站，2017年7月31日。

[②] 英国《金融时报》网站，2017年3月19日。

中日韩经贸合作前景与政策选择

（中国国际经济交流中心战略研究部副研究员）逯新红

[摘　要] 中日韩三国是亚洲经济繁荣的重要支柱和世界经济增长的重要基石。三国人口总数占世界的20%左右，经济总量超过16万亿美元，占亚洲经济总量的70%、世界的20%；外汇储备占世界的47%；对外贸易总额和对外投资总额均占世界的20%。2017年，中日韩经贸合作出现新情况，从过去五年的贸易萎缩转向贸易增长。随着中国十九大之后稳定开局、日本安倍连任首相、韩国文在寅当选新一届总统，中日韩三国政治稳定，为推动三国之间合作带来机遇，未来中日韩经贸合作前景广阔。中日韩国应发挥亚洲经济合作核心作用，推动亚洲区域一体化进程，共同构建人类命运共同体。

[关键词] 中日韩　经贸　合作　前景　政策

一、中日韩经贸合作现状

中日韩三国地缘相近、文化相通、优势互补，经贸投资关系密切。1999年中日韩合作机制启动，目前已建立起19个部长级会议和60多个工作层磋商机制，中日韩经贸部长会议是三国在经贸领域的最高级别会议，三国在多领域合作取得快速进展。中日经贸合作方面，日本是中国主要贸易伙伴和最大的外资来源地之一，中国是日本最大贸易对象国。中韩经贸合作方面，中国是韩国最大贸易伙伴和第二大海外投资对象国，韩国是中国第三大贸易伙伴国。日韩经贸合作方面，日本是韩国第三大出口国和第二大进口来源国，韩国一直是作为日本的第三大的进、出口贸易伙伴。

（一）贸易情况

1. 中日经贸合作情况

长期以来，日本是中国重要的贸易伙伴。截止2003年，日本连续11年为中国第一大贸易伙伴，2011年中日贸易总额达到最高峰。中国是日本的最大出口对象国和进口来源国。根据日本海关统计，2016年日本对中国的出口额和进口额分别为1139亿美元和1566亿美元。中国是日本最大的逆差来源国，日中贸易逆差在2014年达到550亿美元顶峰后有所收窄，2016年日中贸易逆差为426亿美元。

近年来，受政治、经济等因素影响，中日贸易基本呈下降趋势。特别是进入21世纪后，随着欧盟和美国逐步成为中国第一和第二大贸易伙伴，以及东盟和香港的竞争，日本降至第五位。据日本海关统计，日本自中国进口连续4年下降（2013年—2016年），2016年相比2012年降幅高达17%；日本对中国出口连续5年下降（2012年—2016年），2016年相比2011年降幅高达29%。2016年日本与中国双边货物进出口额为2703.2亿美元，微弱增长0.2%。其中，日本对中国出口1138.7亿美元，增长

4.3%；日本自中国进口1564.4亿美元，下降2.5%。日中贸易逆差425.7亿美元，下降16.9%。

2017年中日经贸出现新变化，中日经贸恢复增长。2017年上半年，日本对中国出口618.2亿美元，同比增长16.8%，占日本出口总额的18.4%；日本自中国进口784.0亿美元，同比增长3.3%，占日本进口总额的24.0%；中国是日本的贸易逆差主要来源国；美国、中国香港和韩国是日本前三大贸易顺差来源地，1—6月顺差额分别为287.3亿美元、164.0亿美元和127.3亿美元。

表1　日本对主要贸易伙伴出口额和进口额

日本对主要贸易伙伴出口额				日本对主要贸易伙伴进口额			
（2016年1-12月）（金额单位：百万美元）				（2016年1-12月）（金额单位：百万美元）			
国家和地区	金额	同比%	占比%	国家和地区	金额	同比%	占比%
总值	645086	3.2	100	总值	607052	-6.3	100
美国	130105	3.4	20.2	中国	156608	-2.5	25.8
中国	113894	4.3	17.7	美国	67335	1.1	11.1
韩国	46250	5	7.2	澳大利亚	30413	-12.7	5
台湾省	39360	6.5	6.1	韩国	25023	-6.7	4.1
香港	33642	-3.9	5.2	台湾省	22958	-1.4	3.8
泰国	27421	-2	4.3	德国	22041	8.7	3.6
新加坡	19809	-0.3	3.1	泰国	20150	-1.4	3.3
德国	17660	8.8	2.7	沙特阿拉伯	19586	-21.9	3.2
澳大利亚	14173	10.3	2.2	印度尼西亚	18189	-8	3
英国	13663	27.3	2.1	阿联酋	17302	-26.4	2.9
越南	13017	3.9	2	马来西亚	17297	-19.7	2.9
马来西亚	12138	1.1	1.9	越南	16269	7.5	2.7

续表

日本对主要贸易伙伴出口额 (2016年1-12月)(金额单位:百万美元)				日本对主要贸易伙伴进口额 (2016年1-12月)(金额单位:百万美元)			
国家和地区	金额	同比%	占比%	国家和地区	金额	同比%	占比%
荷兰	11813	1.8	1.8	俄罗斯	11270	-28.5	1.9
印度尼西亚	11337	-1.8	1.8	卡塔尔	10860	-33.6	1.8
墨西哥	10684	2	1.7	法国	9981	5.3	1.6

日本对主要贸易伙伴出口额 (2017年1-6月)(金额单位:百万美元)				日本对主要贸易伙伴进口额 (2017年1-6月)(金额单位:百万美元)			
国家和地区	金额	同比%	占比%	国家和地区	金额	同比%	占比%
总值	336646	8.6	100	总值	327084	11.5	100
美国	64589	2.2	19.2	中国	78396	3.3	24
中国	61819	16.8	18.4	美国	35862	9.8	11.1
韩国	26367	21.7	7.8	澳大利亚	19390	39.4	5.9
台湾省	19687	7.4	5.9	沙特阿拉伯	13659	54.6	4.2
香港	17382	9.8	5.2	韩国	13634	14.4	4.2
泰国	14030	7	4.2	台湾省	12036	7.3	3.7
新加坡	11004	13.9	3.3	德国	11032	4	3.4
德国	8974	4.9	2.7	泰国	10773	8.9	3.3
澳大利亚	7626	16.6	2.3	阿联酋	10031	27.1	3.1
英国	6961	2	2.1	马来西亚	9668	11.5	3
越南	6901	12.6	2.1	印度尼西亚	9586	5.1	2.9
印度尼西亚	6222	18.1	1.9	越南	8823	14.9	2.7
马来西亚	6058	1.9	1.8	俄罗斯	7327	38.8	2.2
荷兰	5999	4	1.8	卡塔尔	5505	0.4	1.7
墨西哥	5537	11.8	1.7	加拿大	5486	22.8	1.7

资料来源:商务部网站。

表2　日本贸易差额主要来源

(2016年1–12月)(金额单位：百万美元)				(2017年1–6月)(金额单位：百万美元)			
国家和地区	2016年1–12月	上年同期	同比%	国家和地区	2017年1–6月	上年同期	同比%
总值	38034	-23195	—	总值	9563	16579	-42.3
主要顺差来源				主要顺差来源			
美国	62770	59229	6	美国	28727	30532	-5.9
香港	31688	33127	-4.3	香港	16399	14797	10.8
韩国	21227	172212	23.3	韩国	12733	9767	30.4
台湾省	16402	13667	20	台湾省	7650	7110	7.6
新加坡	12337	11967	3.1	新加坡	6646	5977	11.2
荷兰	9452	8891	6.3	荷兰	4900	4526	8.3
泰国	7271	7564	-3.9	英国	3583	3641	-1.6
英国	7151	4219	69.5	泰国	3257	3212	1.4
巴拿马	5292	4431	19.4	墨西哥	2862	2448	16.9
墨西哥	4942	5725	13.7	巴拿马	2693	3271	-17.7
主要逆差来源				主要逆差来源			
中国	-42714	-51388	-16.9	中国	-16577	-22954	-27.8
澳大利亚	-16241	-21977	-26.1	沙特阿拉伯	-12049	-6098	97.6
沙特阿拉伯	-14572	-18247	-20.1	澳大利亚	-11765	-7373	59.6
卡塔尔	-9326	-14798	-37	阿联酋	-6201	-4009	54.7
阿联酋	-9312	-14822	-37.2	卡塔尔	-4910	-4714	4.2

资料来源：商务部网站。

数据来源:Wind资讯。

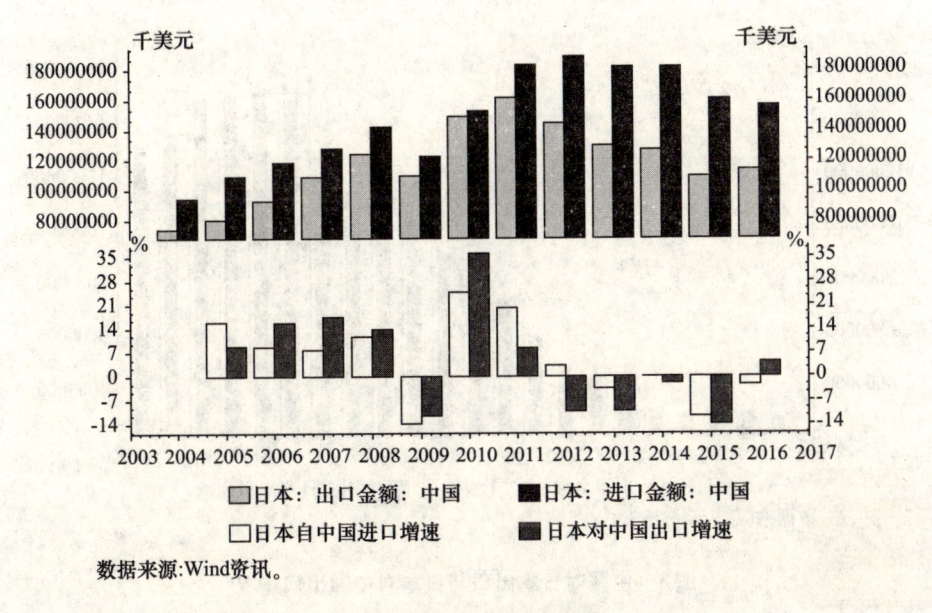

图1 日本对中国进出口情况

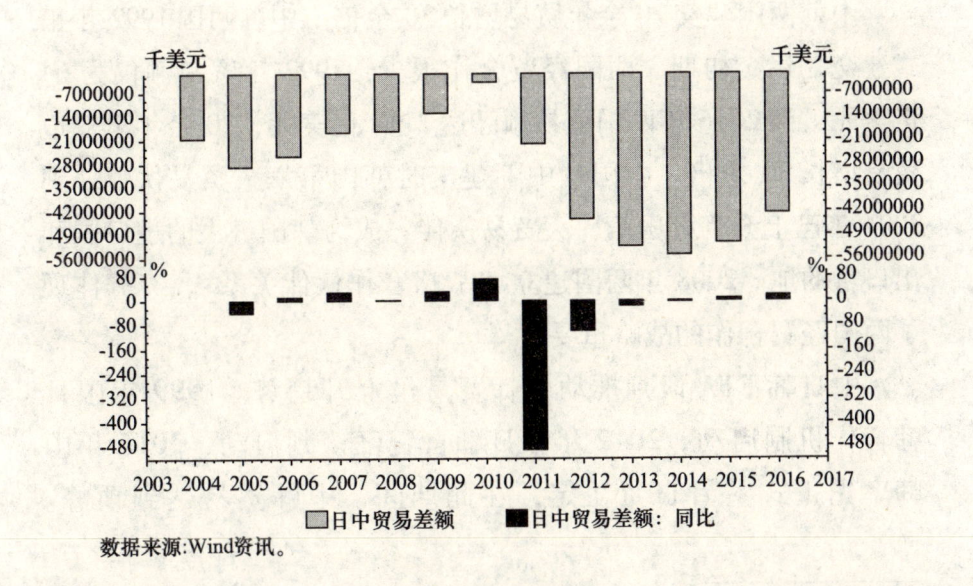

数据来源:Wind资讯。

图2 日中贸易差额

数据来源：Wind资讯。

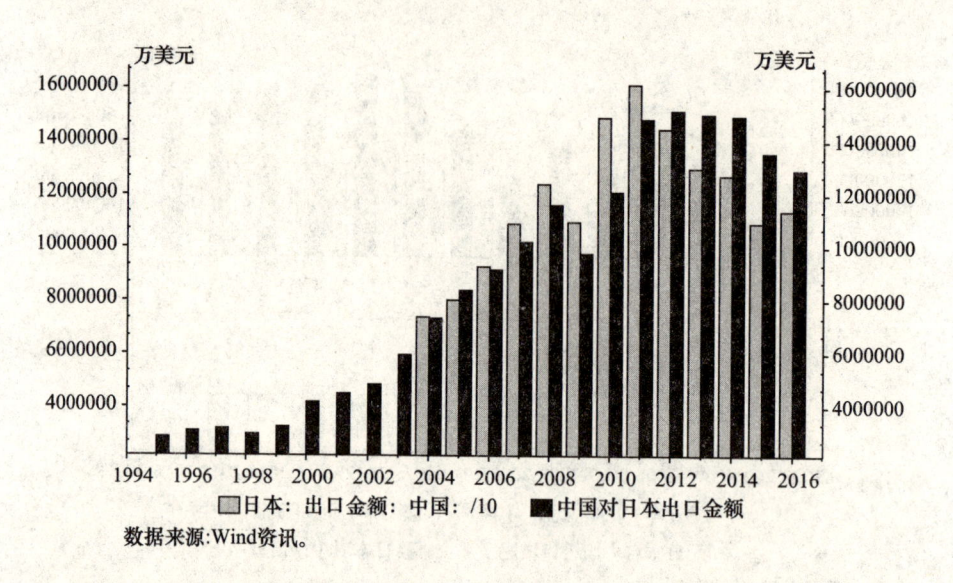

图3　中国对日本出口与日本对中国出口情况

2. 中韩经贸合作情况

中韩两国建交20余年贸易增长30余倍。中韩两国1992年正式建交，建交初期，两国经贸合作很少，1992年贸易额仅为64亿美元，到2016年两国贸易额已达2114亿美元，20余年里双边贸易增长30余倍。中国从中韩建交时韩国第六大贸易伙伴，到2004年已上升为韩国第一大贸易伙伴，成为韩国最大的进口国和出口目的地。2008年两国建立"战略合作伙伴关系"，充分体现了两国经贸合作的战略重要性[1]。

中日韩FTA谈判推动中韩贸易呈上升趋势。1999年中日韩合作机制启动，2012年中日韩自贸区谈判启动，2015年中韩率先正式签署自贸协定，在此期间，中韩贸易达到顶峰。

---

[1] 陈志恒、甘睿淼：《中日韩贸易互补性与构建"三国自贸区"》，《浙江学刊》，2017年第1期。

据韩国海关统计，1998—2012 年，韩国对中国出口增长了 11.2 倍，韩国自中国进口增长了 11.8 倍，韩中贸易差额扩大了 10.5 倍。

中韩两国的贸易不平衡现象尤为突出，韩国对中国长期处于贸易顺差地位，且贸易差额逐年增大。2012 年韩中贸易顺差达到高点 628 亿美元，此后贸易顺差有所收窄，2016 年贸易顺差降至 375 亿美元。这主要是因为中国长期大量进口技术和资本密集型的化学品和有关产品、机械及运输设备类产品与资源密集型的矿物燃料、润滑油及有关原料类产品[①]。

近两年来，中韩贸易额有所下降，但仍处于较高水平。2016 年韩国与中国双边货物进出口额为 2114.1 亿美元，下降 7.0%。其中，韩国对中国出口 1244.3 亿美元，下降 9.3%；自中国进口 869.8 亿美元，下降 3.6%。韩国贸易顺差 374.5 亿美元，下降 20.1%。

2017 年中韩贸易出现新变化，中韩贸易恢复增长。2017 年上半年，韩国对中国出口 655.0 亿美元，同比增长 12.4%%，占日本出口总额的 23.5%；韩国自中国进口 477.1 亿美元，同比增长 14.7%，占韩国进口总额的 20.4%；韩国贸易逆差主要源于日本、德国和中东的一些产油国家。贸易顺差主要来自中国、中国香港和越南，1—6 月顺差额分别为 177.9 亿美元、168.4 亿美元和 160.3 亿美元。

---

① 陈志恒、甘睿淼：《中日韩贸易互补性与构建"三国自贸区"》，《浙江学刊》，2017 年第 1 期。

数据来源：Wind资讯。

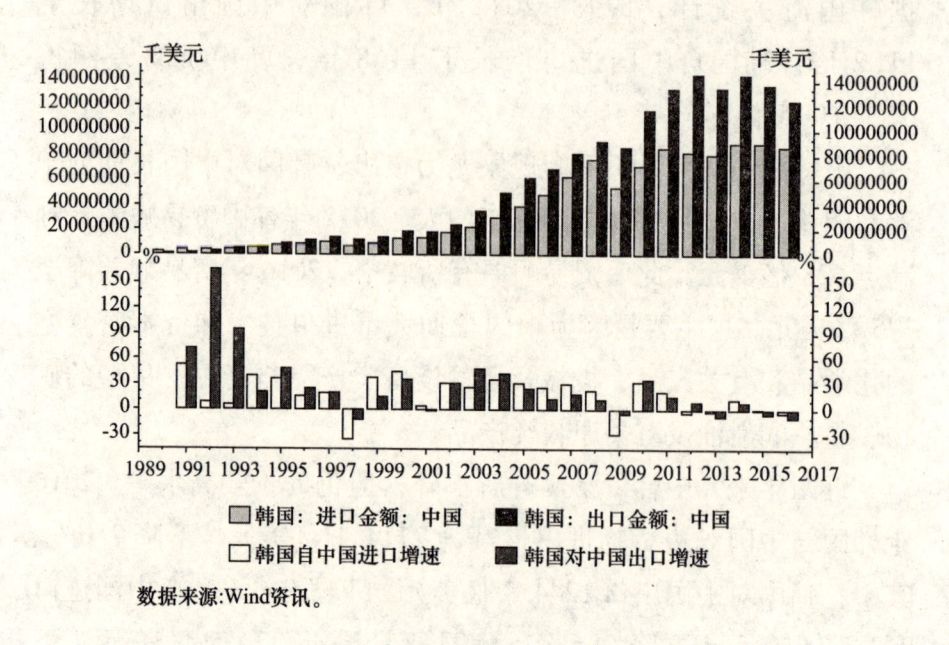

图4　韩国对中国进出口情况

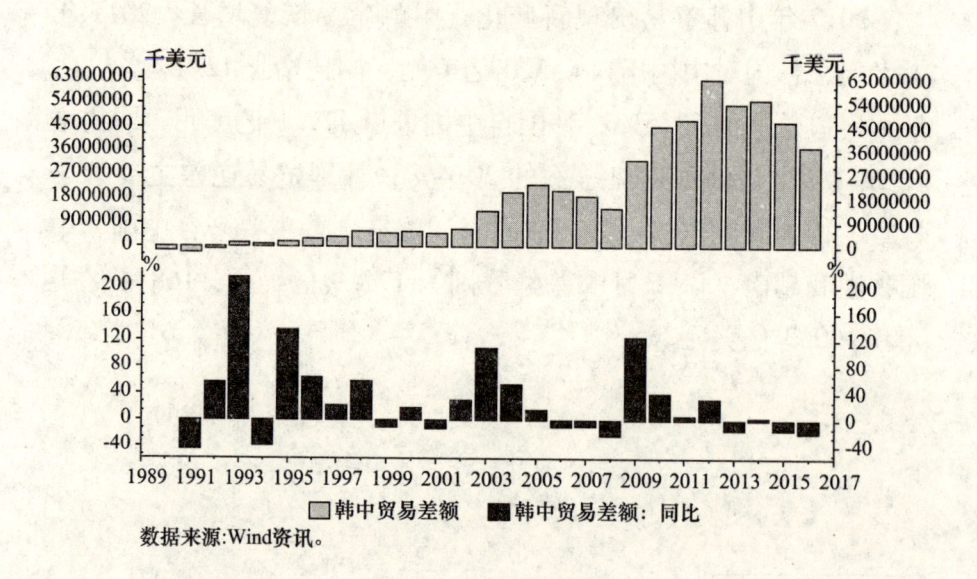

数据来源：Wind资讯。

图5　韩中贸易差额

表3 韩国对主要贸易伙伴出口额和进口额

韩国对主要贸易伙伴出口额				韩国对主要贸易伙伴进口额			
(2016年1-12月)(金额单位:百万美元)				(2016年1-12月)(金额单位:百万美元)			
国家和地区	金额	同比%	占比%	国家和地区	金额	同比%	占比%
总值	495466	-5.9	100	总值	406060	-7	100
中国	124433	-9.3	25.1	中国	86962	-3.6	21.4
美国	66473	-4.8	13.4	日本	47454	3.5	11.7
香港	32780	7.8	6.6	美国	43212	-1.9	10.6
越南	32651	17.6	6.6	德国	18917	-9.7	4.7
日本	24357	-4.8	4.9	沙特阿拉伯	15723	-19.6	3.9
新加坡	12459	-17	2.5	台湾省	16402	-1.5	4
台湾省	12221	1.8	2.5	卡塔尔	10074	-38.9	2.5
印度	11599	-3.6	2.3	澳大利亚	15165	-7.7	3.7
墨西哥	9726	-10.7	2	俄罗斯	8633	-23.7	2.1
马绍尔群岛	7728	3.1	1.6	越南	12495	27.4	3.1
马来西亚	7532	-2.6	1.5	科威特	7250	-19.2	1.8
澳大利亚	7489	-30.9	1.5	印度尼西亚	8281	-6.4	2
菲律宾	7277	-12.5	1.5	阿联酋	6941	-19.4	1.7
印度尼西亚	6603	-16.1	1.3	阿联酋	6941	-19.4	1.7
泰国	6482	1.9	1.3	新加坡	6806	-14.3	1.7
(2017年1-6月)(金额单位:百万美元)				(2017年1-6月)(金额单位:百万美元)			
国家和地区	金额	同比%	占比%	国家和地区	金额	同比%	占比%
总值	279301	15.8	100	总值	234212	21.3	100
中国	65495	12.4	23.5	中国	47708	14.7	20.4
美国	34013	-1	12.2	日本	27088	22.8	11.6
越南	23296	53.5	8.3	美国	26015	22.7	11.1
香港	17710	20.2	6.3	沙特阿拉伯	9874	48.7	4.2

续表

韩国对主要贸易伙伴出口额			韩国对主要贸易伙伴进口额		
(2017年1-6月)(金额单位：百万美元)			(2017年1-6月)(金额单位：百万美元)		
国家和地区	金额	同比%	占比%	国家和地区	金额	同比%	占比%
日本	13266	15.3	4.8	澳大利亚	9686	37.9	4.1
澳大利亚	12069	222	4.3	德国	9445	-1.3	4
台湾省	7251	32.5	2.6	台湾省	8901	13.2	3.8
印度	7130	22.7	2.6	越南	7265	28.9	3.1
英国	5509	52.5	2	卡塔尔	5638	21.1	2.4
墨西哥	5470	23.6	2	俄罗斯	5535	46.9	2.4
新加坡	5303	-17.1	1.9	印度尼西亚	4838	20.7	2.1
菲律宾	4972	44.7	1.8	科威特	4733	50	2
马来西亚	4345	18.8	1.6	新加坡	4321	31	1.9
德国	4343	41.2	1.6	阿联酋	4294	46.9	1.8
印度尼西亚	3946	18.2	1.4	伊朗	4132	144.2	1.8

资料来源：商务部网站。

表4 韩国贸易差额主要来源

(2016年1-12月)(金额单位：百万美元)			(2017年1-6月)(金额单位：百万美元)		
国家和地区	2016年1-12月	上年同期	同比%	国家和地区	2017年1-6月	上年同期	同比%
总值	89406	90258	-0.9	总值	45089	48078	-6.2
主要顺差来源				主要顺差来源			
中国	37471	46874	-20.1	中国	17787	16669	-6.2
香港	31165	28925	7.7	香港	16840	13898	21.2
美国	23260	25808	-9.9	越南	16031	9536	68.1
越南	20156	17966	12.2	美国	7997	13147	-39.2

续表

(2016年1-12月)(金额单位：百万美元)				(2017年1-6月)(金额单位：百万美元)			
国家和地区	2016年1-12月	上年同期	同比%	国家和地区	2017年1-6月	上年同期	同比%
总值	89406	90258	-0.9	总值	45089	48078	-6.2
马绍尔群岛	7595	7467	1.7	印度	4588	3881	18.2
印度	7410	7789	1.7	马绍尔群岛	3719	5085	-26.9
墨西哥	6036	7428	-18.7	墨西哥	3549	2682	32.3
新加坡	5653	7069	-20	菲律宾	3123	1943	60.7
土耳其	4648	5460	-14.9	英国	2540	924	174.9
菲律宾	4050	5066	-20.1	土耳其	2501	2550	-1.9
	主要逆差来源				主要逆差来源		
日本	-23097	-20277	13.9	日本	-13822	-10543	31.1
德国	-12471	-14736	-15.4	沙特阿拉伯	-7292	-3629	100.9
沙特阿拉伯	-10078	-10080	0	卡塔尔	-5427	-4399	23.4
卡塔尔	-9538	-15801	-39.6	德国	-5102	-6489	-21.4
澳大利亚	-7677	-5607	36.9	科威特	-4143	-2534	63.5

资料来源：商务部网站

3. 韩日经贸合作情况

韩日间的经济关系密切。21世纪以来，韩国一直是日本第三大的进、出口贸易伙伴，对日出口和进口约占韩国对外贸易的1/4；日本是韩国三大主要贸易伙伴国之一，日本是韩国第三大出口国和第二大进口来源国。从2007年到2016年10年间，日本向韩国出口额在503亿—659亿美元之间徘徊，而韩国向日本出口贸易额在264亿—397亿美元之间。

日本是韩国最大贸易逆差国。据韩国海关统计，2011年韩日贸易总额达到1080亿美元，此后受韩日政治关系影响，一路下滑，2016年韩日贸易额缩小到718亿美元。韩日贸易长期呈逆差趋势，韩国自日进口远高于对日出口。2008年韩日贸易逆差达到顶峰327亿美元，此后贸易逆差不断缩小，2016年贸易逆差缩小至231亿美元。尽管韩日贸易逆差显著，但韩国从日本大量进口中间产品和货物的同时，也输入了日本企业的管理经验与先进技术，这也是韩国与日本经贸合作的动力之一。

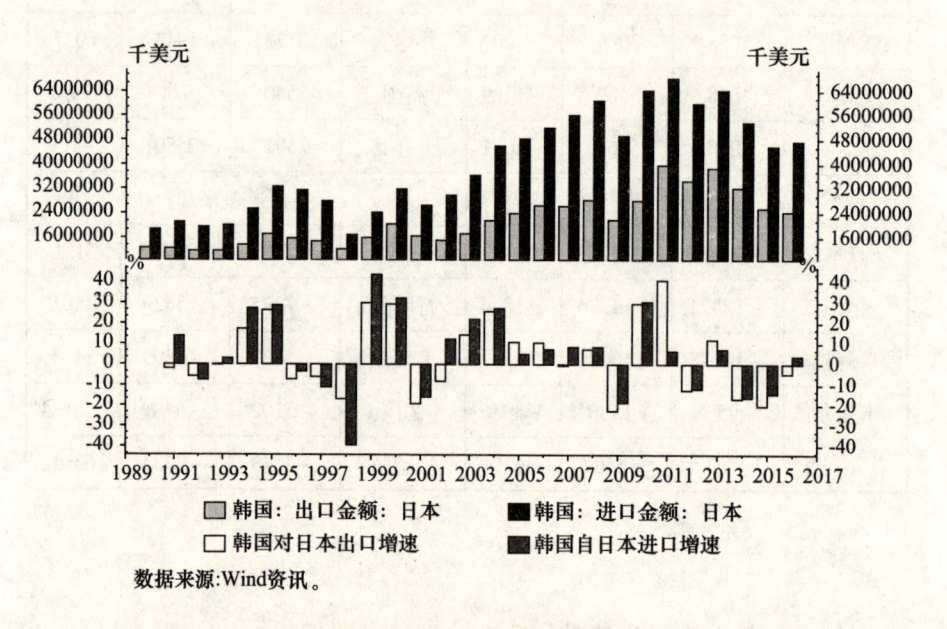

数据来源：Wind资讯。

图6　韩国对日本进出口情况

数据来源:Wind资讯。

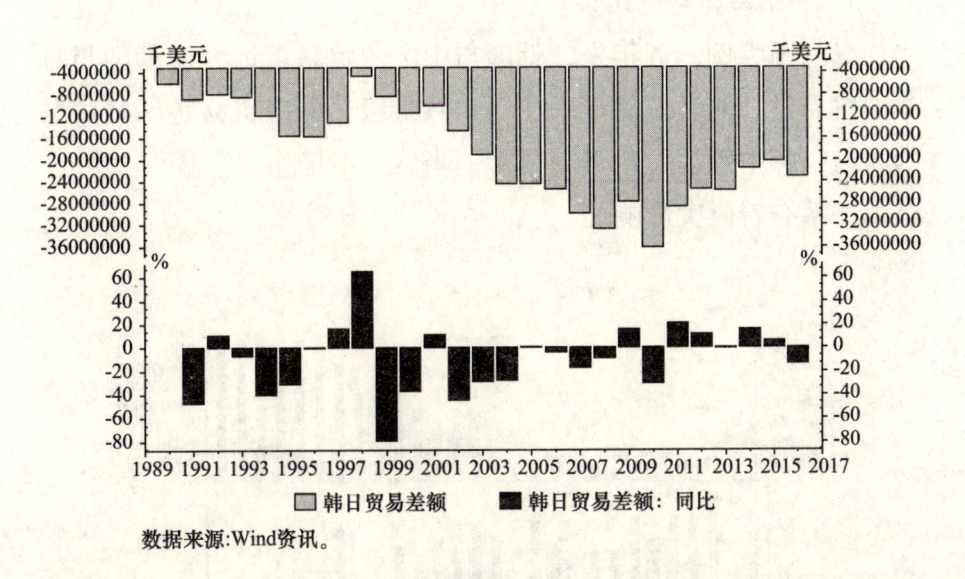

图7　韩日贸易差额

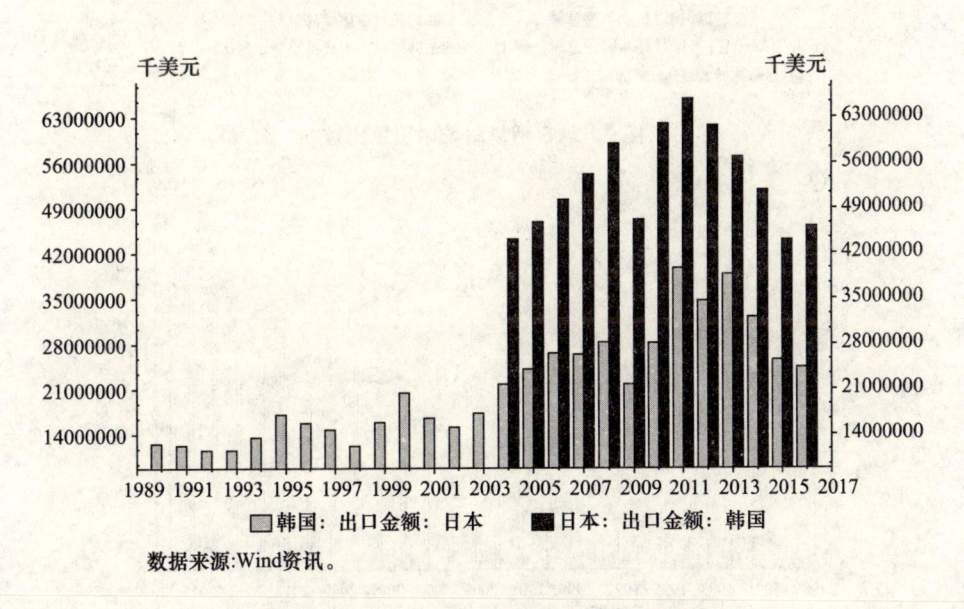

数据来源:Wind资讯。

图8　韩国对日本出口与日本对韩国出口情况

5. 中日韩贸易对比

以韩国为例，近年来，韩国与中国的贸易量远大于韩国与日本的贸易量，两者贸易量不在一个数量级，韩中贸易是韩日贸易的3倍，韩中贸易关系日趋紧密。当然，不排除"萨德"对韩中经贸关系有着巨大影响。

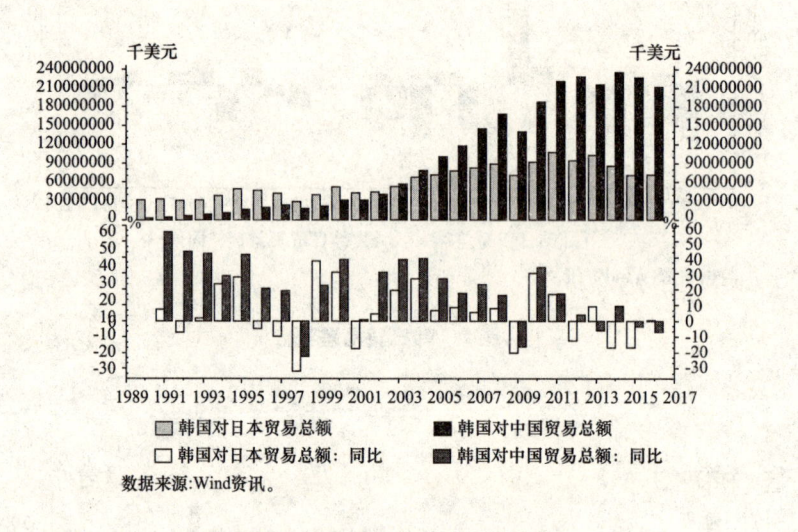

图9　韩日贸易与韩中贸易比较

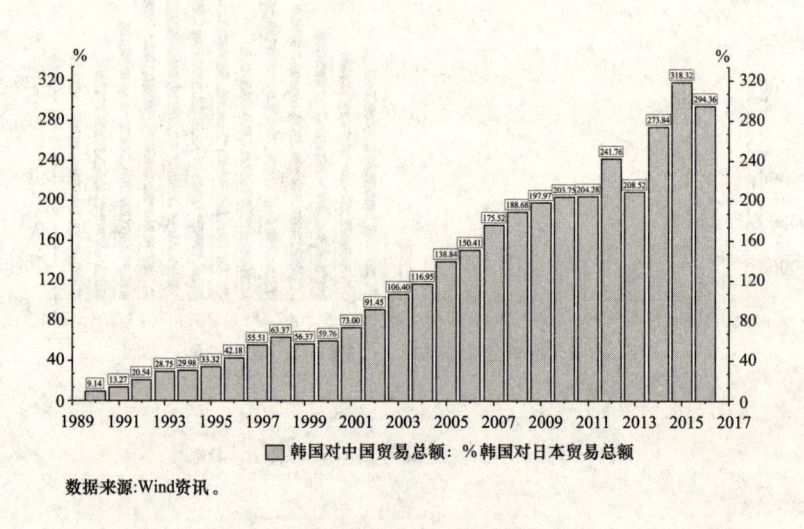

图10　韩中贸易是韩日贸易的3倍

（二）投资情况

2014年5月，中日韩投资协定正式生效。这是中日韩之间第一个促进和保护三国间投资行为的法律文件和制度安排。该协定为三国投资者提供了更加稳定透明的营商环境，对促进和保护三国间相互投资、进一步深化三国投资合作、推动三国经贸关系发展具有积极作用①。

20世纪90年代以来，中日韩三国对外直接投资都呈稳步增长态势。联合国贸发会议数据显示，2015年中日韩三国对外直接投资占全球的8%，其中中国对外直接投资从1990年的35亿美元增加到1356亿美元。日本在国际金融危机后缩减对外直接投资，2015年日本对外投资下降到23亿美元。韩国对外投资相对比较稳定，但在2014年和2015年出现了明显下降，2015年为50亿美元。

中日韩三国之间的相互投资快速增长。近年来，中国对日韩投资大幅增长，中国对日投资从2009年的0.8亿美元增长到2013年的4.3亿美元，增长了4.4倍，之后受政治经济关系影响有所下降，2015年为2.4亿美元。中国对韩国投资由2009年的2.7亿美元增长到2015年的13亿美元，增长了3.8倍。

日本对中国投资持续扩大，2012年达到顶峰135亿美元，此后呈下降趋势，2016年日本对中国直接投资下降至86亿美元，这与中日政经关系紧张和中国生产成本上升有关，日本企业家对华投资更加谨慎。日本对韩投资同样在2012年达到顶峰40亿美元，此后呈下降趋势，2016年降至11亿美元。

韩国对中国直接投资稳中趋升，2016年达到48亿美元。韩国对日本直接投资近10年来在1亿美元至10亿美元之间波动，

---

① 王雪梅：《背景资料：中日韩经贸关系现状》，新华网，2015年10月31日。

目前维持在6亿美元左右。

数据来源:Wind资讯。

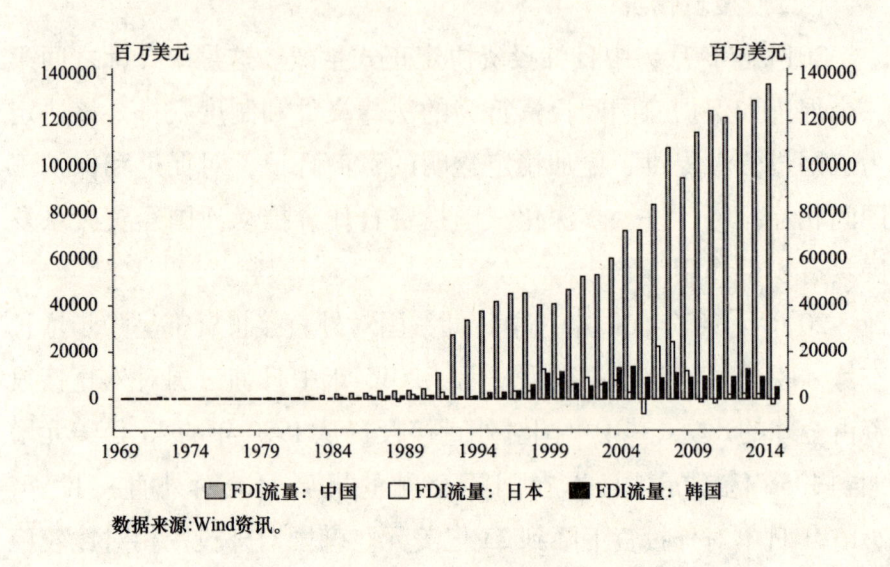

图11　中日韩对外直接投资规模（流量）

数据来源:Wind资讯。

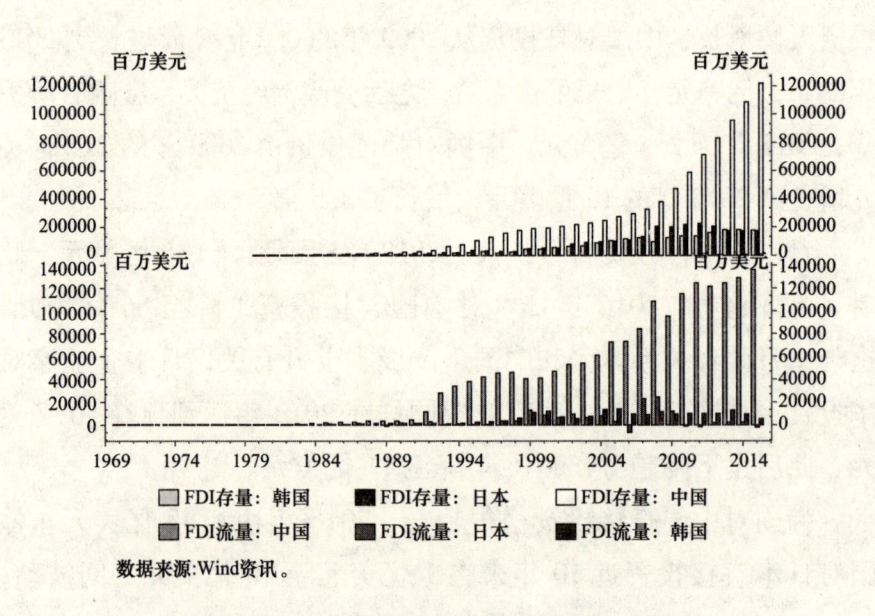

图12　中日韩对外直接投资规模（存量和流量）

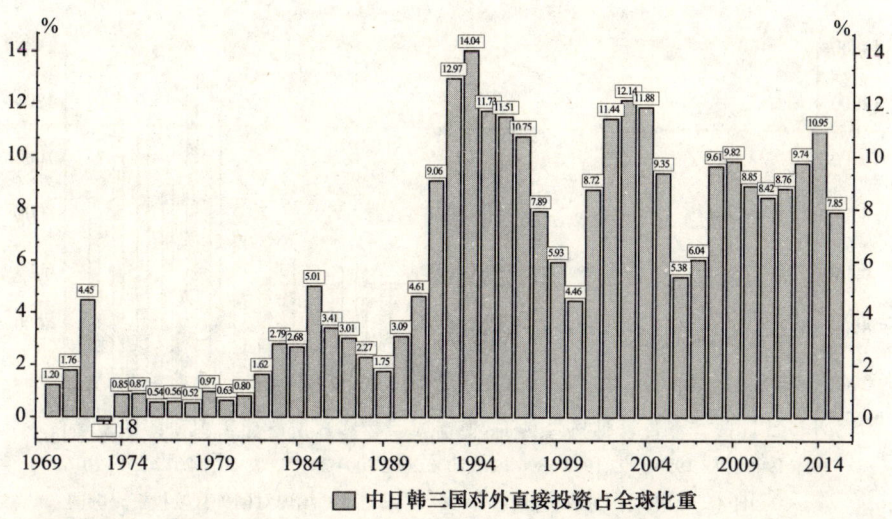

图 13　中日韩三国对外直接投资占全球的比重

数据来源：Wind资讯。

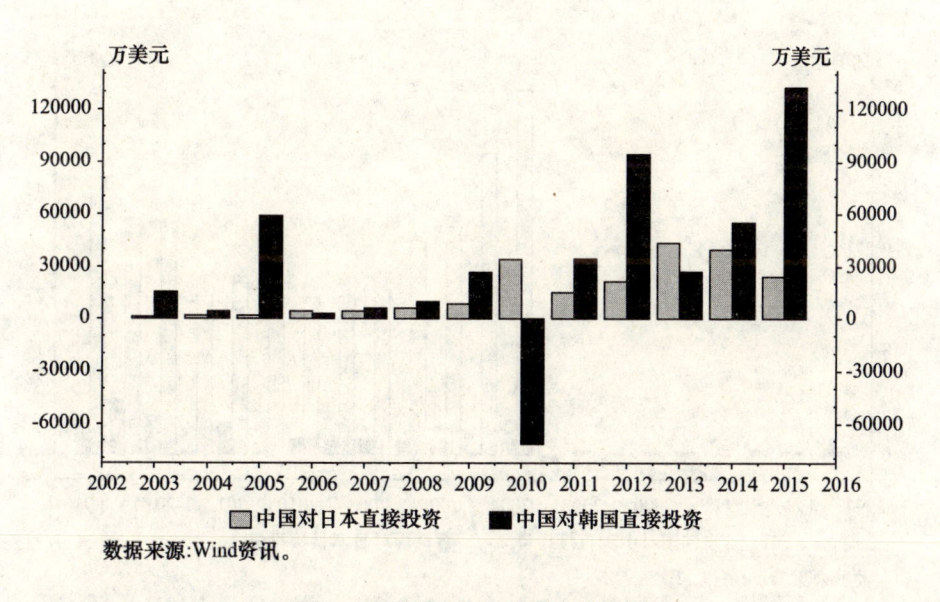

图 14　中国对日本和韩国直接投资

数据来源：Wind资讯。

数据来源：Wind资讯。

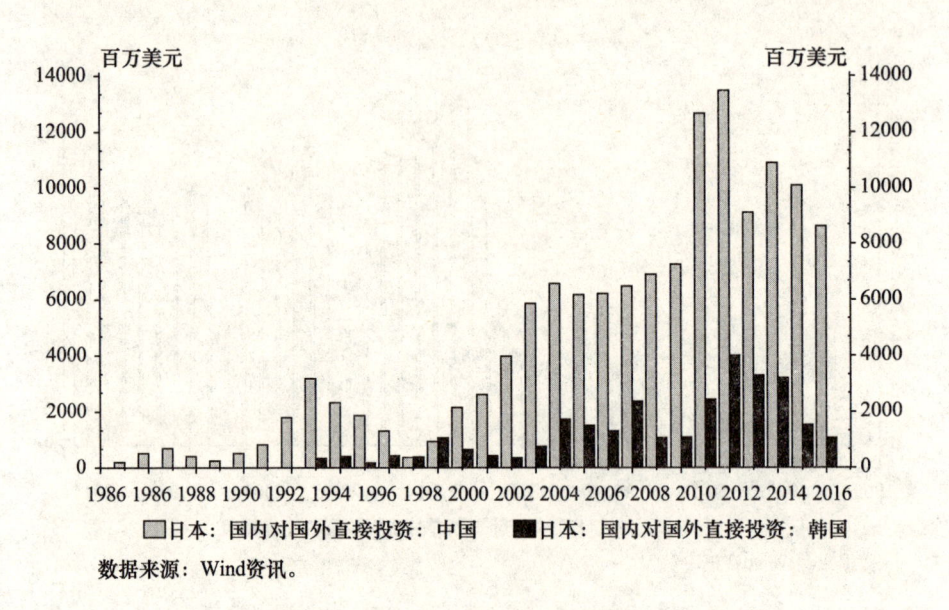

图15　日本对中国和韩国直接投资

数据来源：Wind资讯。

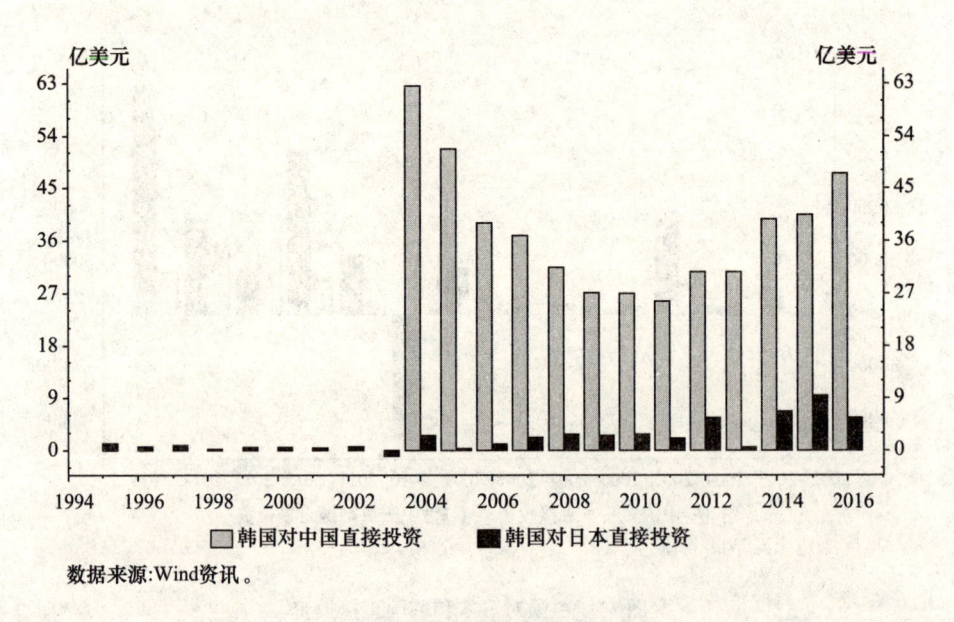

图16　韩国对中国和日本直接投资

数据来源:Wind资讯。

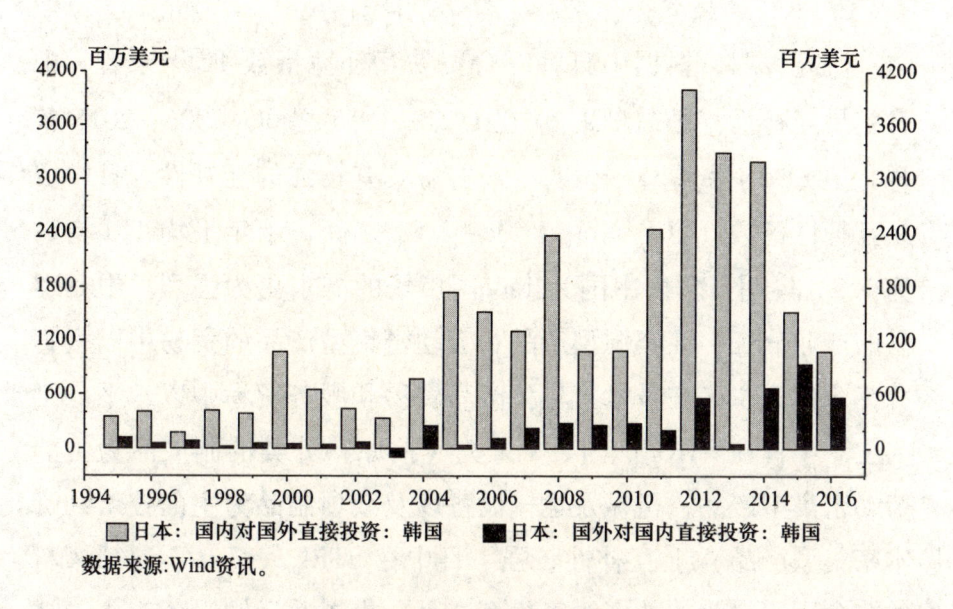

图 17　日韩之间相互直接投资

二、中日韩经贸合作特点

(一) 中日韩经贸合作互补性与竞争性共存

1. 中日韩产业分工格局由垂直分工向水平分工转变

改革开放初期,中日韩三国经贸合作紧密。由于中国的经济水平和产业结构水平都较低,中国在传统的"技术密集与高附加值产业-资本技术密集产业-劳动密集型产业"的阶梯式产业分工体系的雁行模式中处于"雁尾"的位置,韩国和日本则处于"雁身"和"领头雁"的位置。随着中国经济水平的提升和产业结构的转型升级,中日韩三国的产业结构趋同明显,三方由垂直分工向水平分工转变。

2. 中日韩经贸合作互补性与竞争性共存

研究表明，根据中日韩综合贸易互补性指数 TCI[①] 来看，中日贸易互补性指数（TCI_{CJ}）在 1.21—1.55 之间，2006—2015 年 TCI 指数平均为 1.35，说明中日贸易具有较强的互补性。日中贸易互补性指数（TCI_{JC}）在 1.19-2.01 之间，十年平均 TCI 指数为 1.5，说明日本以中国为出口国市场的需求更为强烈。中日贸易的产业分工，在资源型产品和劳动密集型产品的贸易中以垂直分工合作为主，在技术密集型产品贸易和服务贸易中以水平分工为主。中日在 STIC[②]6、7、8 大类（按原料分类的制成品为主的劳动密集型产品、机械及运输设备以及杂项制品为主的技术和资本密集型产品）上互补性较强。日中在 STIC 2、7（不包括燃料的非食用原料为主的资源密集型产品、机械及运输设备为主的技术和资本密集型产品）大类上具有较强的互补性。

中韩贸易互补性指数（TCI_{CK}）在 1 左右，十年平均 TCI 为 1.01，说明中韩贸易具有较强互补性。韩中贸易互补性指数（TCI_{KC}）在 1.08-1.86 之间，十年平均 TCI 指数为 1.27，说明韩中贸易具有较强的互补性。中韩贸易的产业分工以垂直分工为基础。中韩在 STIC 6、7、8 大类（按原料分类的制成品为主的劳

---

① 贸易互补性指数 TCI（Trade Complementarity Index）是由经济学家 P. Drysdale 于 1967 年提出的。$TCI_{ij} > 1$，说明以 i 国为出口国的两国总体贸易互补性较强，$TCI_{ij} < 1$，则说明以 i 国为出口国的两国贸易总体互补性较弱。

② 联合国商贸统计数据库 STIC REV.4 将贸易产品分类如下：STIC0 为食品和活动物类产品；STIC1 为饮料及烟草类产品；STIC2 为非食用原料（不包括燃料）；STIC3 为矿物燃料、润滑油及有关原料类产品；STIC4 为动植物油、脂和蜡类产品；STIC5 为未另列明的化学品和有关产品；STIC6 为按原料分类的制成品；STIC7 为机械及运输设备；STIC8 为杂项制品；STIC9 为按《国际贸易标准分类》未另分类的其他商品和交易。SITC 0-4 属于资源密集型产品，STIC5 和 STIC7 是技术和资本密集型产品，STIC6 和 STIC8 是劳动密集型产品，STIC9 是特殊产品。

动密集型产品、机械及运输设备以及杂项制品为主的技术和资本密集型产品）上的互补性较强。韩中贸易在 STIC 2、5、7（不包括燃料的非食用原料为主的资源密集型产品、未另列明的化学品和有关产品以及机械及运输设备为主的技术和资本密集型产品）大类具有较强的互补性。

日韩贸易互补性指数（TCI_{JK}）十年平均为 0.87，说明日韩贸易具有较弱的互补性，但日韩在 STIC 7 大类（机械及运输设备为主的技术和资本密集型产品）上的互补性较强。韩日贸易互补性指数（TCI_{KJ}）十年平均为 0.83，说明韩日贸易互补性较弱，但韩日贸易在 STIC 3、7（矿物燃料、润滑油及有关原料类产品为主的资源密集型产品、机械及运输设备为主的技术和资本密集型产品）大类上互补性较强。

表5 中日韩综合贸易互补性指数

年度	TCI_{CJ}	TCI_{JC}	TCI_{CK}	TCI_{KC}	TCI_{JK}	TCI_{KJ}
2015	1.21	1.69	—	—	—	—
2014	1.29	1.79	0.99	1.34	0.85	0.84
2013	1.39	1.66	1.02	1.11	0.87	0.83
2012	1.37	1.35	1.00	1.08	0.83	0.88
2011	1.30	1.23	0.98	1.13	0.86	0.82
2010	1.31	1.19	1.03	1.13	0.91	0.82
2009	1.38	1.48	0.99	1.32	0.93	0.84
2008	1.31	1.44	0.96	1.30	0.84	0.83
2007	1.40	2.01	1.03	1.86	0.85	0.83
2006	1.55	1.21	1.07	1.11	0.86	0.77

数据来源：联合国商贸统计数据库，http://comtradd.un.org/data/。陈志恒、甘睿淼：《中日韩贸易互补性与构建"三国自贸区"》，《浙江学刊》，2017年第1期。

3. 中日韩贸易互补性逐步削弱

当前，中国与韩日的贸易互补性仍然存在，特别是中国纺织品、原料、鞋靴伞和箱包等轻工产品为主的劳动密集型产品在日本和韩国进口市场的占有率均在60%以上，比较优势明显。然而，随着中国产业结构的转型升级和劳动成本的提升，中国面临来自越南、泰国等亚洲其他国家和地区的低成本竞争，以及美国、欧洲等西方发达国家制造业回归等竞争，中国与日韩的贸易互补性呈逐步被削弱趋势。

4. 中日韩贸易结构调整趋于平衡

中国贸易结构调整带动部分高附加值机电产品和劳动密集型产品出口增长，推动中韩贸易结构调整趋于平衡。2016年，中国机电产品出口8.0万亿元，下降1.9%，占出口总值的57.7%。其中，航空航天器、光通信设备出口增长超过10%，医疗仪器及器械和大型成套设备出口增长超过5%。工程机械、汽车、家电、机床、发电机出口均实现正增长。七大类劳动密集型产品出口2.9万亿元，下降1.7%，占出口总值的20.8%。其中，纺织品、玩具和塑料制品出口实现正增长[①]。

从中日韩经贸合作情况来看，中日、中韩双边贸易总额、出口额、进口额均出现下降，但同时中国对日韩的贸易顺差也出现明显下降，2016年日本与中国的贸易逆差为427.1亿美元，下降16.9%；韩国与中国的贸易顺差为374.7亿美元，下降20.1%。这说明，中国对日韩的贸易结构调整逐渐趋于平衡。

[①] 商务部：《中国对外贸易形势报告（2017年春季）》，商务部网站，2017年5月5日。

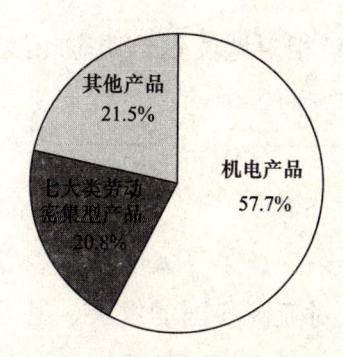

图18 2016年中国主要出口商品占比情况

资料来源：《中国对外贸易形势报告（2017年春季）》，商务部网站，2017年5月5日。

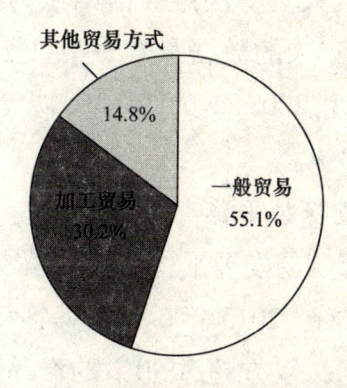

图19 2016年中国进出口贸易方式结构

资料来源：《中国对外贸易形势报告（2017年春季）》，商务部网站，2017年5月5日。

表6 2008—2017年1—3月中国出口分贸易方式（单位：亿美元）

	2008	2009	2010	2011	2012	2013	2014	2015	2016	2017.1－3
总值	14306.9	12016.1	15777.5	18983.8	20487.1	22090.0	23427.5	22749.5	20981.5	4827.6
一般贸易	6628.6	5298.1	7206.1	9170.1	9879.0	10875.3	12036.8	12157.0	11310.4	2560.2
加工贸易	6751.1	5868.6	7402.8	8352.8	8626.8	8608.2	8843.6	7977.9	7156.0	1660.0
其他贸易	927.2	849.4	1168.6	1460.4	1981.4	2616.7	2547.1	2614.6	2515.1	607.4

数据来源：《中国对外贸易形势报告（2017年春季）》，商务部网站，2017年5月5日。

（二）中日韩经贸相对地位处于动态轮换之中

在对华经济合作方面，中韩经贸发展平稳，但日本已落后于韩国，中日经贸关系已连续多年下滑。

1. 中日贸易比重下降

中日两国是世界第二、第三大经济体，亚洲第一、第二大经济体，中日经贸合作对亚洲各国的发展、甚至世界的发展都具有重要的意义。截止2003年，日本连续11年为中国第一大贸易伙伴。此后，中日经贸关系受两国政治关系恶化和内外经济环境变化影响出现下滑。日本在中国对外贸易合作中地位有所下降，2012年降为中国第五大贸易伙伴（前四位为欧盟、美国、东盟、中国香港）。从近十年来的数据来看，中日贸易占中国对外贸易比重呈下降趋势。由2008年的10.4%降至2016年的7.5%，2015年一度降至7.0%。

2. 中韩贸易比重保持平稳

近十年来，中韩贸易发展平稳，中韩贸易占中国对外贸易比重基本维持在7%左右。2015年6月中韩签订自贸协定为中韩贸易创造了更大的机遇，双方超过90%的产品进入到零关税时代，中韩贸易本应更上一个新的台阶，然而萨德问题给中韩贸易带来极大的消极影响。

表7　2008-2017年1-3月中国与各国和地区贸易占中国对外贸易比重

	2008	2009	2010	2011	2012	2013	2014	2015	2016	2017.1-3
总值	100.0%	100.0%	100.0%	99.8%	99.8%	99.9%	100.0%	100.0%	100.0%	100.0%
亚洲	55.3%	53.1%	52.7%	52.3%	52.9%	53.5%	52.9%	53.0%	52.9%	51.8%
日本	10.4%	10.4%	10.0%	9.4%	8.5%	7.5%	7.3%	7.0%	7.5%	7.7%
韩国	7.3%	7.1%	7.0%	6.7%	6.6%	6.6%	6.8%	7.0%	6.9%	7.1%

续表

	2008	2009	2010	2011	2012	2013	2014	2015	2016	2017.1-3
中国香港	7.9%	7.9%	7.8%	7.8%	8.8%	9.6%	8.7%	8.7%	8.3%	6.6%
中国台湾	5.0%	4.8%	4.9%	4.4%	4.4%	4.7%	4.6%	4.8%	4.9%	4.6%
东盟*	9.0%	9.6%	9.8%	10.0%	10.3%	10.7%	11.2%	11.9%	12.3%	12.4%
新加坡	2.0%	2.2%	1.9%	1.7%	1.8%	1.8%	1.9%	2.0%	1.9%	2.0%
非洲	4.2%	4.1%	4.3%	4.6%	5.1%	5.1%	5.2%	4.5%	4.0%	4.3%
欧洲	20.0%	19.3%	19.3%	19.2%	17.7%	17.6%	18.0%	17.6%	18.4%	18.3%
欧盟**	16.7%	16.5%	16.2%	15.6%	14.2%	13.4%	14.3%	14.3%	14.8%	14.9%
英国	1.8%	1.8%	1.7%	1.6%	1.6%	1.7%	1.9%	2.0%	2.0%	1.9%
德国	4.5%	4.8%	4.8%	4.6%	4.2%	3.9%	4.1%	4.0%	4.1%	4.1%
法国	1.5%	1.6%	1.5%	1.4%	1.3%	1.2%	1.3%	1.3%	1.3%	1.3%
意大利	1.5%	1.4%	1.5%	1.4%	1.1%	1.0%	1.1%	1.1%	1.2%	1.2%
荷兰	2.0%	1.9%	1.9%	1.9%	1.7%	1.7%	1.7%	1.7%	1.8%	1.9%
俄罗斯	2.2%	1.8%	1.9%	2.2%	2.3%	2.1%	2.2%	1.7%	1.9%	2.0%
拉丁美洲	5.6%	5.5%	6.2%	6.6%	6.8%	6.6%	6.1%	6.0%	5.9%	6.0%
北美洲	14.4%	14.9%	14.2%	13.6%	13.9%	13.8%	14.2%	15.5%	15.3%	15.4%
加拿大	1.3%	1.3%	1.2%	1.3%	1.3%	1.3%	1.3%	1.4%	1.2%	1.3%
美国	13.0%	13.5%	13.0%	12.7%	12.5%	12.5%	12.9%	14.1%	14.1%	14.0
大洋洲	2.6%	3.1%	3.3%	3.6%	3.5%	3.7%	3.6%	3.4%	3.5%	4.3%
澳大利亚	2.3%	2.7%	3.0%	3.2%	3.2%	3.3%	3.2%	2.9%	2.9%	3.6%

注：*东盟：包括文莱、印度尼西亚、马来西亚、菲律宾、新加坡、泰国，1996年后增加越南，1998年后增加老挝和缅甸，2000年后增加柬埔寨。

**欧盟：1994年前称欧共体，包括比利时、丹麦、英国、德国、法国、爱尔兰、意大利、卢森堡、荷兰、希腊、葡萄牙、西班牙。1995年后增加奥地利、芬兰、瑞典。自2004年5月起，统计范围增加塞浦路斯、匈牙利、马耳他、波兰、爱沙尼亚、拉脱维亚、立陶宛、斯洛文尼亚、捷克、斯洛伐克。自2007年1月起，增加罗马尼亚、保加利亚。自2013年7月增加克罗地亚。

数据来源：根据商务部数据计算。

表8 各国和地区占中国对外贸易比重地位变化

	2008	2009	2010	2011	2012	2013	2014	2015	2016	2017.1-3
日本	3	3	3	4	5	5	5	5	5	4

续表

	2008	2009	2010	2011	2012	2013	2014	2015	2016	2017.1-3
韩国	6	6	6	6	6	6	5	6	6	5
中国香港	5	5	5	5	4	4	4	4	4	6
东盟*	4	4	4	3	3	3	3	3	3	3
欧盟**	1	1	1	1	1	1	1	1	1	1
美国	2	2	2	2	2	2	2	2	2	2

注：同上。

数据来源：作者整理。

（三）中日韩经贸合作进入创新模式阶段

随着经济全球化的发展，国际分工与协作不断深化。与此同时，随着中国经济转型和产业结构的调整，中日韩经贸合作也应进入一个创新合作模式的阶段。比如可以考虑"中国商业模式创新＋日韩技术创新""中国商业文化＋日韩工匠文化"等创新合作模式。

中国积极发展外贸新业态，为日韩企业拓展了创新合作空间。近年来，中国贸易方式结构继续优化。2016年，中国一般贸易进出口13.4万亿元，增长0.9%，占进出口总值的55%，较2015年提高0.9个百分点；加工贸易进出口7.3万亿元，下降5%；加工贸易国内增值率达80.1%，同比提高1.6个百分点。同时，中国大力支持外贸新业态发展。2016年新设12个跨境电子商务综合试验区，新增5家市场采购贸易方式试点，选取4家企业开展首批外贸综合服务企业试点。全年试点区域跨境电商进出口1637亿元，增长1倍以上。市场采购贸易出口2039亿元，增长16%。四家外贸综合服务试点企业服务中小企业超过4万家①。数据显示，2016年中国实有各类市场主体8700万户，全年新设市场主体1650万户。其中，既包括110家世界500强企业，也包括大量的自我雇佣的个体经营户；既包括华为、中车、阿里巴巴、腾讯这样的技术和商业模式创新企业，也包括中国石油、中国石化这样的传统企业；既有落后的广大农村地区，也有调整中的老工业基地，还有深圳这样研发投入占GDP比重超过4%的创新中心②。这些数字说明，各类日韩企业都能在中国找到相应的合作伙伴和市场空间。

三、中日韩经贸合作机遇与挑战

（一）经贸合作机遇

1. 全球经济复苏机遇

全球经济复苏将带动中日韩经贸快速发展。2017年以来，世界经济景气度不断提升，美欧日等发达经济体经济指标向好。美国经济持续复苏。二季度美国ISM制造业采购经理人指数（PMI）均值为55.8，尽管较上个季度下滑1.2个百分点，但仍处于较高水平。二季度美国失业率4.3%左右，低于长期历史均值，每月平均新增非农就业人数19.4万人。欧元区经济景气进一步提升。二季度欧元区综合采购经理指数（PMI）56.6，较上一季度增加1个百分点。4月欧元区失业率为9.3%，为2009年3月以来最低记录。日本经济保持较好增长势头。截至2017年第

---

① 商务部：《中国对外贸易形势报告（2017年春季）》，商务部网站，2017年5月5日。

② 马骏：《中日经济合作：新形势、新模式、新愿景》，《中国经济时报》，2017年4月24日。

一季度，日本经济已经连续实现5个季度正增长。二季度制造业PMI为52.7，较第一季度下降0.1个百分点。韩国经济景气程度自2016年中期以来持续改善，进入2017年二季度后达到高位并开始向下调整[①]。全球经济整体向好、全球贸易有所回升，为中日韩经贸合作快速发展创造了有利的外部环境。

2. 全球化调整期机遇

从20世纪90年代开始的现代经济全球化浪潮，促进全球生产要素流动达到了前所未有的规模，全球经济、金融快速发展，国际分工降低商品价格，促进企业向成本更低的地区投资，增加了当地的就业机会。然而随着全球化的发展，全球化逐渐进入失衡状态。特别是国际金融危机以来，全球经济贸易持续低迷，根据WTO数据，2017年全球贸易增速预计在1.8%–3.1%之间，IMF预测2017年全球经济增速为3.6%，这意味着全球贸易增速将连续6年低于世界经济增速，全球经济增长动力削弱。由于全球新科技革命尚未有效提高供给端效益，全球产能过剩等，这些变化意味着全球经济进入到新一轮全球经济调整的新阶段。总体来看，经济全球化总的趋势没有变，而是进入减速转型调整新阶段。以互联网技术为核心的新技术革命不断拓展网络经济新空间，新型跨国公司形成新的国际分工体系，中国正在发挥推动经济全球化的重要力量，经济全球化的新型微观组织互联网平台企业正在形成，这些因素共同推动全球经济进入转型调整新阶段，未来5—10年全球化仍将处于调整期，中日韩经贸合作可以开拓更多新型合作领域。

---

① 中国社科院世界经济与政治研究所：《全球宏观经济季度报告》，2017年7月。

表9　全球商品贸易量增速（%）

	2012	2013	2014	2015	2016	2017
全球商品贸易量增速	2.2	2.4	2.8	2.7	1.7	1.8－3.1
出口增速						
发达经济体	1.1	1.7	2.4	2.8	2.1	1.7－2.9
发展中经济体	3.8	3.8	3.1	3.2	1.2	1.9－3.4
亚洲	2.7	5	4.8	3.1	0.3	1.8－3.2
进口增速						
发达经济体	－0.1	－0.2	3.5	4.6	2.6	1.7－2.9
发展中经济体	4.8	5.6	2.9	1.1	0.4	1.8－3.1
亚洲	3.7	4.8	3.3	1.8	1.6	2.0－3.3

数据来源：根据WTO数据整理。

3. 区域经济一体化机遇

多哈回合陷入僵局以来，区域性贸易协定成为大国应对经济全球化的重要手段。以自由贸易区、自贸协定、共同市场、货币联盟等形式的区域经济合作与一体化发展迅猛，各种区域经济合作与贸易投资一体化机制与安排层出不穷。尤其是在区域性大国的主导之下，超大型区域集团如TPP、TTIP与RECP正在塑造全球经济一体化格局。贸发会议数据显示，截止2015年，包括双边投资条约（BIT）和载有投资条款的条约（TIP）的国际投资协定的总数达到3304个。

未来全球贸易投资一体化、便利化和自由化等制度规则将主要通过区域合作的形式实现。传统的全球化是在WTO贸易和投资自由化主导下的全球化，未来全球化的主要推动力则来自区域经济一体化框架。无论是TPP还是TTIP，这些超大型区域集团主要是在发达国家主导下推进的，具有高标准的特点，跨区域的高水平的经济一体化将成为未来推动全球化的主要方式。中日韩作为亚洲经济繁荣的重要支柱，加强经贸务实合作对推进区域一体化进程具有重要意义。

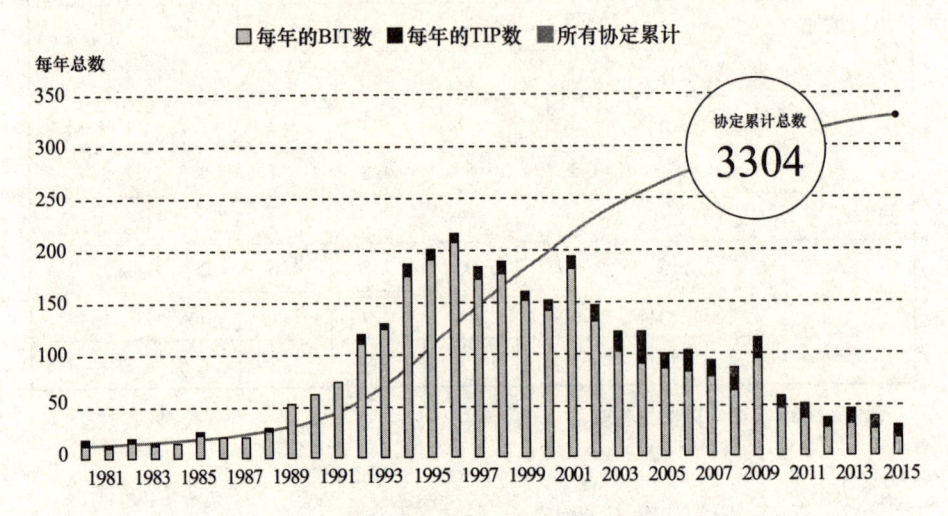

每年的BIT数　每年的TIP数　所有协定累计

协定累计总数 3304

图20　国际投资协定增长趋势

资料来源：联合国贸易和发展会议：《2016年世界投资报告》，2016年。

4. 已有的合作基础和合作需求

整体来看，东亚经济合作落后，中日韩所处东亚地区尚未形成较大的自由贸易区。作为东亚地区重要经济体，中日韩应利用得天独厚的地理条件，充分发挥天然经济合作区的地理优势，在已有的合作基础和合作需求之上，进一步加快三国经贸合作，推动中日韩FTA谈判，进一步推动三国相互间贸易和投资便利化。

5. 中国大市场机遇

当前，中国正处于经济转型升级的历史关键点，中国在可持续城镇化、大城市功能疏解、地下综合管廊建设、扶贫开发、美丽乡村建设等领域都蕴藏着千亿元或万亿元量级的投资需求，互联网经济、高端制造业等领域发展迅速，为中日韩拓展合作新领域带来重大机遇。比如，今后三方可在绿色经济、老年产业、中小企业、现代农业、技术贸易等领域大力开展合作。

(二) 中日韩经贸合作面临的挑战

1. 全球经济面临的不确定性增多

近年来,世界经济形势出现了很多值得重视的新变化。各国经济普遍处于结构深度调整期,经济走势、经济问题及应对措施的分化日益严重;英国脱欧、特朗普上台、逆全球化趋势、民粹主义抬头等现象频出,这些都预示着世界经济发展面临的不确定性增强。当前,世界经济出现低速不均衡复苏特征,有效需求依然不足,增长缺少新动力,国际交换趋于萎缩。全球经济发展面临的不确定性增强势必影响中日韩经贸合作的推进。

2. 三国之间不乐观的贸易现状

如前所述,三国相互之间的贸易额大幅下降,其中既有政治方面的原因,也有需求不足的影响因素。这些因素深刻影响着三国之间的经贸往来。

3. 来自外部经济体的竞争

近年来,随着中国经济结构转型升级以及劳动成本上升,三国之间贸易的互补性逐步被削弱。日韩开始调整全球产业布局,逐步向越南、泰国等劳动成本较低的其他国家和地区转移产业链。与此同时,美欧等西方发达国家的"再工业化"、制造业回归,也给三国的制造业发展与合作带来冲击。

4. 中日韩贸易互补性逐步削弱

尽管目前中国与韩日的贸易互补性仍然存在,特别是中国纺织品、原料、鞋靴伞和箱包等轻工产品为主的劳动密集型产品在日本和韩国进口市场的占有率均在60%以上,比较优势明显。然而,随着中国产业结构的转型升级和劳动成本的提升,中国面临来自越南、泰国等亚洲其他国家和地区的低成本竞争,以及美国、欧洲等西方发达国家制造业回归的竞争，中国与日韩的贸易互补性将逐步被削弱。

5. 三国间政治互信基础薄弱

由于三国受历史原因、领土争端、安全因素、政治制度差异等因素影响，政治互信基础薄弱，经济合作也由此受到较大负面影响。比如钓鱼岛问题，比如萨德问题，这些不稳定因素导致投资者的投资合作意愿下降。

6. 中日韩 FTA 谈判面临很大不确定性

目前中日韩谈判形势是：一是中韩 FTA 先行建立，日韩 FTA 正在谈判之中，中日 FTA 谈判尚未启动，如果跨越双边 FTA 直接进入三方 FTA 谈判，将面临较多障碍。二是日本对中日韩 FTA 谈判态度消极。在美国退出 TPP 之后，日本开始主导推进 TPP，并想以 TPP 的标准来要求中日韩自贸区，寻求在中日韩 FTA 谈判中的主导权。TPP 的扩大可能会分化或取代现行的亚洲经济合作机制，这给中日韩 FTA 谈判带来很大的不确定性，制约了中日韩经贸合作与发展。

四、中日韩经贸合作前景分析

（一）三国经济合作潜力巨大

三国经济总量较大。中日韩三国经济总量占世界的 20%、亚洲的 70%，三国经济合作潜力巨大。

三国经济合作基础夯实。中国是日本最大贸易对象国，是韩国最大贸易伙伴和第二大海外投资对象国，日本是中国主要贸易伙伴和最大的外资来源地之一，韩国是中国第三大贸易伙伴国。

中国巨大市场为中日韩提供合作空间。中国有 13 亿人口、9

亿劳动力、8000多万市场主体，中国经济发展蕴藏着巨大潜力。中国新型工业化、信息化、城镇化、农业现代化持续推进，居民储蓄率高，消费潜力巨大，人民工作勤奋，中等收入者比重在提高，服务业发展势头强劲，市场空间和潜力都很大，今后一个时期保持经济中高速增长有基础也有条件[①]。"十三五"规划期间，中国将继续大力推动产业结构优化升级，实施创新驱动发展战略，加快农业现代化步伐，走绿色循环低碳发展之路，更加注重发展质量和效益，这将为中日韩经贸合作提供新的合作领域与合作模式。

（二）经济合作领域宽广

中国经济转型将为中日韩合作创造新机遇。随着中国经济转型升级，中国逐步形成了战略性新兴产业和传统制造业并驾齐驱、现代服务业和传统服务业相互促进、信息化和工业化深度融合的经济结构新格局，制造业与服务业的融合发展成为中国经济发展的双引擎。中日韩经济合作领域也由此从传统的制造业合作开始向高端制造业、制造服务业、现代服务业等转变，合作领域逐步拓展。比如日本在服务贸易领域具有很强竞争力，日本在医疗健康产业、养老产业、零售业和流通业多年形成的成熟运行模式可以为中国服务业企业提供经验和借鉴，可以作为今后经贸合作新的亮点。

（三）创新合作模式与潜力较大

结构改革促进合作模式创新。当前，中日韩都在进行经济结构调整，中日韩经贸合作正在步入一个创新合作阶段。随着中国

[①] 《习近平对中国经济的七大信心》，《学习中国》2016年2月27日。

的商业模式、商业文化、技术创新的不断发展，中国建立了跨境电子商务综合试验区、市场采购贸易方式试点和外贸综合服务企业试点等多种外贸新业态，创新了三国合作模式并拓宽了市场空间。

服务业合作发展潜力较大。三方今后可在绿色经济、老年产业、中小企业、现代农业、技术贸易等领域大力开展合作，积极发展电子商务、节能环保、文化创意、健康服务等新兴服务业合作，大力发展金融、软件、现代物流及服务外包等生产性服务业，进一步推动两国经贸合作转型升级。

科研合作是最具潜力的合作领域。科技是第一生产力。中日韩分别将科技创新作为发展战略，中国实施创新驱动发展战略，日本实施科技立国政策，韩国实施创造型经济政策，因此，科学研究是三国进行合作和开展联合行动的最有潜力的领域。中日韩应加强在科技创新领域的合作。比如日本在新能源汽车、机器人等领域拥有先进的技术，三国在生物技术、医疗、电子商务、软件、文化等方面各具优势，中日韩可加强在这些领域的科研合作。

（四）中日韩经贸合作处于重要战略机遇期

世界经济看亚洲。2008年国际金融危机之后，至2016年全球经济陷入近10年的长期停滞阶段，全球贸易增速连续6年低于世界经济增速。2017年以来，世界经济企稳向好，但仍未恢复到危机前平均水平，面临的不确定性因素仍然较多。全球贸易保护主义盛行，民粹主义抬头，欧洲政坛集体向右转，全球化进程遭遇强劲逆风。在此期间，亚洲经济表现相对良好，仍然保持了较高的增速，亚洲经济前景成为世界关注焦点，这为亚洲三大经济体中日韩的经贸合作提供了重要战略机遇。

"一带一路"倡议带来的市场合作前景广阔。中日韩国应抓住"一带一路"倡议带来的重大发展机遇,大力开展基础设施合作,共同开拓第三方或第四方市场。未来五到十年,"一带一路"亚洲部分的基础设施建设每年至少需要 8000 亿美元。现有的多边机构并不能提供如此巨额的资金,需要靠民间资本,这个民间资本不只包括中国和所在国的资金,也欢迎全世界的民间社会资本进入。另外,任何国家包括日本、国际性金融机构、银行以及主权基金、私募基金等都可以进入。

中日韩 FTA 合作前景广阔。2012 年 11 月,中日韩自贸区谈判正式启动,三方致力于尽早达成一份全面、高水平、互惠、具有独特价值的自贸协定。截止 2017 年 6 月,已举行了 12 轮谈判,取得了积极进展,中韩于 2015 年 6 月正式签署了自贸协定。目前谈判重点主要集中在如何推动货物贸易、服务贸易、投资等方面。由于中日韩三国市场体量大,产业互补性较强,具有天然地理位置优势,文化相通,人员交流频繁,若能够达成中日韩 FTA 协议,中日韩内部贸易合作潜力巨大,市场前景广阔。

五、经贸合作思路与重点

(一)经贸合作思路

1. 合作原则

中日韩三国经贸合作应本着互利共赢、弥合分歧、加速推进、共同繁荣[①]的原则开展经贸合作。

[①] 其其格:《中日韩启动自贸区第十一轮谈判》,《国际商报》2017 年 1 月 12 日。

2. 重点合作领域

传统领域与新兴领域的合作齐头并进，培育创新合作亮点，积极探索第四方国际产能合作，积极推进重大战略合作。

3. 合作目标

推动中日韩经贸合作，推动中日韩自贸区建设，带动三国经济转型；加强宏观经济政策协调，增进三国对话与交流，增强政治互信；促进地区国家经济的融合发展，共同致力于东亚经济一体化和亚洲的整体振兴，进而为世界经济发展做出贡献。

4. 合作路径

充分利用中日韩领导人会议、中日韩部长级会议以及多种交流和对话机制，以及"10+1"、"10+3"、东亚峰会等地区其他机制，同时把中日韩FTA谈判作为促进贸易自由化的重要路径，开展协商合作。

（二）经贸合作重点

1. 传统领域合作

应继续推动中日韩在贸易、投资等传统领域的合作，加快推进中日韩FTA和RCEP谈判，继续推动节能减排、环境保护、低碳技术、循环经济等绿色经济领域的合作，这符合三国人民的利益，惠及地区与世界。

2. 新兴领域合作

积极拓展信息技术、电子商务、创新经济、国际产能、减贫等新兴领域合作，鼓励联合科研与创新合作，培育新的经济增长点，增强经济后劲，这是推动中日韩三国经济转型升级的共同需要。

3. 第四方国际产能合作

中国工业化快速发展，目前已逐步形成了技术水平较高的工业体系；日韩具有先进的技术和管理经验；广大发展中国家具有工业化发展的迫切需求；因此中日韩在第四方市场开展产能合作大有可为，三方可以发挥各自的比较优势，共同开拓第四方市场，实现"1+1+1>3"的效果，最终实现多方互利共赢[①]。

4. 重大战略合作

随着中国"一带一路"战略的实施，中国与沿线国家和地区在通信、汽车、化工以及装备制造等领域的产能合作不断加强，目前中国已经同30多个国家签订了国际产能合作协议。中日韩三国在"一带一路"沿线国家的产能合作大有可为。

六、深化经贸合作的建议

（一）正视历史

实践证明，历史问题是干扰中日韩经贸合作的关键问题。历史问题对于中日韩三国是无法回避的，三国毗邻而居，而邻居是不能选择的，因此三国应处理好历史问题才能理顺中日韩各方面关系，才能切实推进经贸合作。日本应承认过去所犯的错误，深刻反省日本的殖民统治和侵略给中国等亚洲国家人民带来的伤害，与那段不光彩的历史决裂，以崭新的面貌与中韩两国人民携手推动三国合作重回正轨。

（二）加强政治互信

政治互信是国与国之间经贸合作的基础。对于中日韩来说，

---

① 曹文炼：《中日韩共同开拓第四方合作开启互利共赢新模式》，《财经界》2017年1月。

由于受到历史问题、冷战遗留问题和区域外大国因素等多重因素影响，三国的政治信任关系薄弱，制约了三国经贸合作的深化。为此，我们应加强政府、企业、智库、民间等各个层面的对话与交往，及时进行沟通与协调，加彼此间的信任，为三国经贸合作提供政治支撑。

（三）传统合作与新兴合作齐头并进

中国在劳动密集型和资源密集型产业具有相对优势，日韩在技术密集型和资金密集型产业具有相对优势，中日韩应发挥各自的比较优势，继续推动中日韩在贸易、投资等传统领域的合作，继续推动节能减排、环境保护、低碳技术、循环经济等绿色经济领域的合作。

中国是世界上能源密度最高的国家，目前中国的环境承载能力已达到或接近上限，必须推动形成绿色低碳循环发展新方式；而日韩在节约能源、保护环境、发展循环经济方面具有丰富的经验，中日韩三国企业可以将环境和能源等方面的合作作为中日韩经贸发展新的增长点。

近年来，中国出现雾霾天气，中国政府已经下决心要治理环境，治理雾霾，今后在这方面的投资力度将会加大。日本在治理公害，特别是治理大气污染方面有过深刻的教训，也积累了丰富的经验和先进技术，双方合作，互补性强，互惠互利。

加强制造业合作。2015 年 5 月，中国出台《中国制造 2025 规划》，该规划或有望在"十三五"规划中被重点提及，"十三五"规划将推动"中国制造"加速走向"中国智造"。事实上，《中国制造 2025 规划》着重强调了十大重点领域的突破发展，新一代信息技术产业包括集成电路及专用装备、信息通信设备、操作系统及工业软件；高档数控机床和机器人、航空航天装备、海洋工程装备及高技术船舶、先进轨道交通装备、节能与新能源汽车、电力装备、农机装备、新材料、生物医药及高性能医疗器械等。中国制造业发展，可以与日韩精细机械制造和化工产业、IT等产业接轨，拓展中日韩制造业合作更广阔的空间①。

与此同时，要积极拓展信息技术、电子商务、创新经济、国际产能、减贫等新兴领域合作，鼓励联合科研与创新合作，打造三国合作新的增长点。

（四）推动中日韩FTA进程

中日韩互为重要近邻和经贸伙伴，三国间经贸合作日趋紧密。建立中日韩自贸区是未来亚洲区域经济一体化的大势所趋，符合三国人民的利益，惠及世界，是一件互利共赢的好事。三国应进一步加强政治互信，扫除历史障碍，在此基础上加强经贸合作，推动三国投资协定的实施，建立健全与FTA相关的法律法规，进一步推动三国的贸易投资自由化、便利化，进而推动中日韩FTA协定的达成。

（五）在"一带一路"框架下加强国际产能合作

"一带一路"沿线65个国家，途径93个港口和城市，基础设施互联互通和一些新技术、新产品、新业态、新商业模式的投资机会将会大量涌现。2013年"一带一路"倡议提出以来，"一带一路"建设进展顺利，成果丰硕。截至2016年底，中国企业在沿线国家合作建立初具规模的合作区56家，入区企业超过1000家，总产值超过500亿美元，上缴东道国税费超过11亿美

---

① 逯新红：《2015年日本经济形势分析和展望》，《国际经济分析与展望（2015~2016）》，社会科学文献出版社，2016年3月版。

元，为当地创造就业岗位超过 18 万个，促进了当地经济的发展和民生的改善。面对"一带一路"建设带来的机遇，日韩可以凭借在基础设施建设、能源建设、工业化建设，在道路、高铁、桥梁建设等方面的先进技术和丰富经验，与中国携手开展高质量投资合作，尤其是在"一带一路"沿线国家开展国际产能合作，共同开拓"一带一路"框架下的第三方或第四方市场，实现互利多赢。

（六）积极构建开放共享的创新网络

推进构建开放共享的创新网络。近年来，科技和互联网成为全球化新动力。开放共享是互联网精神重要的要素之一。全球化的"开放式创新"正在逐渐成为企业创新的主导模式。中日企业应积极构建开放共享的创新网络，依托优势企业整合创新资源，形成若干产业创新平台，在技术创新、商业模式创新、管理创新等方面共建共享，相互依持。同时要大力推动双创。建设各种各样的创新创业平台，推动企业员工积极参与创新创业，吸引国内外创客、极客开展双创合作，加大创新投入。转换创新机制，加快科技成果的产业化和商业化。

（七）扩大人员交流与培训

国之交在于民相亲，中日韩 2000 多年的历史，即使在困难时期，民间友好交流也未曾中断过。增进三国民众的双方向交流和往来，有助于加深互相理解。比如，2016 年三国人员往来超过 2700 万人次，三国之间相互缔结的友好省市约 600 对；近年来中国游客赴日韩旅游人数呈井喷式增长，三国每天对开两百多架次航班；"汉风""韩流"、日本动漫交相辉映，媒体、宗教等各领域交流合作日益活跃。建议发挥民间力量，通过留学、旅游、培训等方式，扩大人员交流，增进相互理解。

（八）建立二轨对话长效机制

中日韩经贸关系是维系三国关系的重要基石。要解决好中日韩经贸关系发展中存在的种种问题，除了开启政府层面的对话外，还需要建立非官方的对话渠道。借助智库与专家平台进行先行先试的交流，达成一定共识后再上升到政府层面，形成二轨对话机制。这种二轨对话形式灵活、交流深入，可以发挥独特作用。建议由智库牵头，建立中日韩企业家和前高官对话的长效机制，为三国工商界搭建开诚布公交流思想和观点的平台，为改善三国经贸关系建言献策，推动中日韩关系健康稳定向前发展[1]。

参考文献

曹文炼：《中日韩共同开拓第四方合作开启互利共赢新模式》，《财经界》，2017年1月。

陈志恒、甘睿淼：《中日韩贸易互补性与构建"三国自贸区"》，《浙江学刊》，2017年第1期。

王雪梅：《背景资料：中日韩经贸关系现状》，新华网，2015年10月31日。

逯新红：《2015年日本经济形势分析和展望》，《国际经济分析与展望（2015~2016）》，社会科学文献出版社，2016年3月版。

马骏：《中日经济合作：新形势、新模式、新愿景》，《中国经济时报》，2017年4月24日。

其其格：《中日韩启动自贸区第十一轮谈判》，《国际商报》，2017年1月12日。

商务部：《中国对外贸易形势报告（2017年春季）》，商务部网站，2017年5月5日。

---

[1] 逯新红：《2015年日本经济形势分析和展望》，《国际经济分析与展望（2015~2016）》，社会科学文献出版社，2016年3月版。

商务部亚洲司：《国别贸易报告——2016年韩国货物贸易及中韩双边贸易概况》，2017年第1期。

王晶晶：《邓志雄："三大活力"推动企业转型发展》，《中国经济时报》，2016年4月26日。

中国社科院世界经济与政治研究所：《全球宏观经济季度报告》，2017年7月。

国际形势篇

朝鲜半岛当前局势及其应对

（北京大学国际组织研究中心特聘研究员、
中国国际经济交流中心博士后）陶满成

[摘 要] 当前朝鲜半岛局势越发严峻，几乎是陷入了恶性循环之中。朝鲜不断进行核试验，美国为主的相关国家不断对其加大制裁力度，韩国不断推进"萨德"系统的部署，美国等国家不断加大在朝鲜半岛周边的军事演习力度；而后朝鲜越发感觉不安全，朝鲜指责美国不履行当初朝鲜弃核的相关承诺，然后不顾国际社会制裁不断进行核试验。

朝鲜半岛问题具有重要性、复杂性和严峻性等特点，中国涉朝鲜半岛事务具有政治性、突发性和多边性等特点。这些特点和当前局势一起决定了必须采取把握好中美共同利益、恢复和构建中朝传统关系的渠道、利用经济力量和国际格局适度影响韩国、保持好中俄战略协调和做好危机应对方案和必要准备等有效措施来积极应对。

[关键词] 朝鲜半岛 当前局势 应对

近年来，因为朝核和"萨德"等热点问题的不断升温，朝鲜半岛局势越发引人注目。而朝鲜半岛现在仍处于1953年7月27

日在板门店所签订的《朝鲜停战协定》规定的停战状态，北纬38度线和板门店依然是明确的分界线。《中朝互助同盟条约》也仍处于生效期间（2021年到期）。中、俄、朝趋于正常国家关系，而美日、美韩同盟却不仅存在，而且在军事等问题上竟有不断加强的趋势。中国1958年从朝鲜撤军，而美国一直就没有从韩国撤军。

中国的朝鲜半岛政策也发生了重大的变化。先后经历了建国初期的"一边倒"；小平时期的两边友好——维持对朝友好和控制能力的同时，与韩国建立了外交关系；以及独立自主外交，直到现在的严格执行联合国对朝鲜制裁决议。而今，面对日益复杂的朝鲜半岛问题，我们应该首先认清朝鲜半岛问题的主要特点和中国涉朝鲜半岛事务的主要特点，而后采取有针对性的实效措施。

一、朝鲜半岛问题的主要特点

朝鲜半岛问题相较于其他热点问题具有如下特点：

（一）重要性

朝鲜半岛一直事关中国国运。中国掌控朝鲜半岛的能力，朝鲜半岛自身的能力和作用于朝鲜半岛的外力一起严重影响着中国的安全和发展。中国掌控朝鲜半岛能力强的时期，如唐朝、明朝前期和清朝前期，中国就安全、国运就盛。中国掌控朝鲜半岛能力弱的时期，如明朝后期、清朝后期、民国时期，中国就不安全、国运就不盛。朝鲜半岛是中国东北的屏障，中国历史上的很多大人物在东北用兵——比如隋炀帝、唐太宗（至唐高宗李治平定高句丽）和袁世凯。新中国成立之后也进行了抗美援朝战争，这场战争打出了国威，成为了中华人民共和国的立国之战。

现阶段"中国在解决朝鲜半岛问题上已无退缩余地，这是因为朝鲜半岛问题对我国的影响将超过任何区域性问题，在这一问题上中国只能积极作为。在朝鲜核问题上，我们曾经持过消极旁观的态度，其原因在于把朝鲜核问题理解为美朝关系问题，且其理论前提是韬光养晦。"[①] 因此，在朝鲜半岛问题上，我国必须要采取更加积极主动的政策。

2017年以来，中国对朝政策不断走向强硬。2月18日，中国宣布暂停从朝鲜进口煤炭。4月13日，海关总署发言人黄颂平表示，第一季度中国从朝鲜进口煤炭267.8万吨，比去年同期减少51.6%。3月8日，中国外长王毅正式提出"双暂停"，建议通过朝鲜暂停核导活动，美韩也暂停大规模军演，使双方重回谈判桌上[②]。

（二）复杂性

当前，朝鲜半岛问题错综复杂，涉及多个重要国际主体，除半岛本身的朝鲜和韩国外，还涉及美国、中国、俄罗斯和日本四个世界级强国。以这些国家合力为主导的力量决定着朝鲜半岛的现状和走向。

朝鲜半岛问题涉及政治、经济、军事和非传统安全等各个方面。当前，这些问题集中表现为数个热点问题：朝鲜核问题、韩

[①] 金强一：《预测朝鲜半岛局势走向及政策选择的几个方法论问题》，载于《国际关系研究》2017年第1期，第137页。

[②] 王毅：《朝鲜半岛当务之急要做的是亮起红灯、同时刹车》，环球网，2017年3月8日，http://lianghui.huanqiu.com/2017/roll/2017-03/10272767.html（上网时间：2017年10月29日）。

国政局变换、"萨德"问题等；此外，还涉及与"脱北者"相关的外国人管理、宗教问题等。

从朝鲜的角度看，朝鲜不断进行核试验，承受着最严厉的经济制裁，在马来西亚还发生了朝鲜公民遇刺事件。2016年7月，朝鲜提出五项弃核条件：公开所有驻韩美军核武器、撤销在韩所有核武器和核武基地并予以验证、确保不再将核打击手段嵌入朝鲜半岛和周边地区、承诺发生任何事情都不对朝鲜使用核武器、宣布撤离在韩国拥有和使用权的美军。这五项弃核条件几乎没有得到任何回应。

从韩国的角度看，韩国政局动荡影响对话进程。2016年12月9日，韩国国会以234票赞成、56票反对、2票弃权、7票无效的结果，通过了对朴槿惠的弹劾案。2017年3月10日，韩国宪法法院对朴槿惠弹劾案做出8名法官一致通过弹劾成立的判决，朴槿惠成为韩国历史上首位被弹劾下台的总统。

从朝韩关系的角度来看，朝韩对抗非常激烈，经济合作全面中断、政治外交关系日趋恶化、军事对抗也逼近险境。朝鲜核试验和美韩军演交替进行。

（三）严峻性

当前，虽然相关大国的国力有下行的趋势，而中国国力不断上升，但是各方投入不断加大，中国掌控朝鲜半岛的能力却不见实质性提升，甚至在一些问题上比较被动。毛泽东时期，我们"一边倒"，朝鲜和我们是盟国，是兄弟加战友。邓小平时期，我们在和韩国建交的同时，朝鲜仍然是我们的好伙伴。而今，朝鲜几乎全然不顾忌中国，甚至在中国举办"一带一路"高峰论坛等重大活动时数次进行核试验，在其他问题上也自行其是；而韩国仍然牢牢地被美国掌控在手中。可以说，朝鲜半岛局势进入了建国以来比较严峻的时期。

从朝鲜方面看，进入了"制裁-试验-再制裁-再试验"的恶性循环。自从2012年金正恩上台执政以来，朝鲜先后进行了3次核试验，累计发射导弹50多次，朝鲜核导试射频率和次数远远超过金正日时期。2016年分别于1月和9月进行了2次核试验。2017年2月12日试射"北极星"二型导弹；3月6日首次同时发射4枚弹道导弹；3月18日宣布进行新型大功率火箭发动机地上点火实验；4月5日和16日两次发射导弹。4月15日朝鲜举行隆重阅兵活动，庆祝金日成诞辰105周年。朝鲜已经将拥核写入宪法，朝鲜核问题已经成为朝鲜政权安全问题。

从国际社会来看，联合国不断出台越来越严厉的制裁协议。从2006年7月以来，联合国安理会通过的涉朝决议包括1695号决议、1718号决议、1874决议、2094号决以、2270号决以和2321号决议。这些决议不仅对朝鲜导弹试验和核试验进行了严厉谴责，表达了国际社会维护核不扩散国际机制的决心，并数次重申，根据《不扩散核武器条约》，朝鲜不能具有合法的核武器国家的地位，要求朝鲜重新回到2005年9月19日六方会谈发表的《共同声明》，立即接受"全面、可核查和不可逆的方式放弃所有核武器和现有的核计划，立即停止一切有关活动"的去核义务。

美韩等国不断施压，不断在朝鲜半岛周边海域进行军演。2014年12月29日，韩、美、日三方正式签署一份"共享涉及朝鲜核计划和导弹计划的军事情报"谅解备忘录。2016年以来，先后进行了"关键决心""秃鹫""鹞鹰"军演，并且拟定了对朝鲜先发制人的"5015作战计划"。特朗普当选总统后下令对叙利亚发动军事打击后，美国国务卿蒂勒森表示，这也是对包括朝鲜在内的其他国家的警告。2017年4月13日，美国出动"炸弹之母"轰炸阿富汗境内的"伊斯兰国"基地,再度对朝鲜敲响警钟。"美国在朝鲜半岛动武,需要两个条件,这就是朝鲜的核技术达到能够打击美国本土的程度和朝鲜犯一个极大的错误并给美国以实施这种战略的理由。"[①]

二、中国涉朝鲜半岛事务的主要特点

中国涉朝鲜半岛事务的主要特点是由朝鲜半岛问题所涉及的国际政治、国际经济关系的客观形势以及中国国家安全的客观需要共同决定。这些特点主要表现为:

(一) 政治性

朝鲜半岛安全、对朝鲜半岛较强的掌控能力是中国的核心国家利益之一。与台湾、南海问题的区别在于,台湾问题是中国内政,朝鲜半岛问题是国际安全,而南海问题是主权国家之间的领土争端。

国际形势、相关主要国家的国内形势和国际主体之间的关系好坏,对于相关业务工作的影响非常之大。同样一件事情,有时是友好表现,有时却是敌对表现;有时是国家需要,有时开展打击工作倒成为国家的需要。总之,对朝鲜半岛的业务工作,具有鲜明的政治属性,而不是简单纯粹的业务工作。也就是说,国家安全的需要是第一位的,不应该简单地站在一般业务工作的立场上来考虑问题。

---

① 金强一:《预测朝鲜半岛局势走向及政策选择的几个方法论问题》,载于《国际关系研究》2017年第1期,第134页。

（二）突发性

对朝鲜半岛业务工作的政治性决定了突发性。偶然事件的发生，经常引起格局性的变化。比如金正日的逝世、朝鲜的核试验、"萨德"反导系统的部署、朴槿惠遭受弹劾、金正男遇刺等事件，都引发了美、中、俄、日等大国以及联合国等国际组织的大动作。

直到 2011 年底金正日去世之前，他一直强调"无条件重返六方会谈"的立场。2012 年 4 月 13 日上午，朝鲜发射了首颗应用卫星"光明星 - 3 号"，美国政府随后宣布取消之前与朝鲜达成的粮食援助协议。2013 年 2 月 12 日，朝鲜进行了第三次核试验。2016 年 1 月 6 日，朝鲜进行第四次核试验。2016 年 9 月 9 日，朝鲜进行了第五次核试验。

这些突发事件往往引起东北亚国际关系和国际格局的巨大变化，这对涉朝鲜半岛实务工作的影响是颠覆性的，经常是形势急转直下，瞬间发生方向性的变化。因此，各项日常基础工作务必扎实的基础上，要具有关键时刻抓住机遇的超级敏感性和强大能力。

（三）多变性

对朝鲜半岛业务工作的政治性和突发性决定了另外一个特点——多变性。前几天是重点的工作内容，过一阵可能就没用了；前几天是友好的表现，过一阵就是制裁的内容。比如一些敏感物资以及中朝之间的能源联系。其至以前友好的基础、老一辈的感情纽带、民族的认同等相关内容都有可能因为被利用而成为工作的重要内容。

1985 年朝鲜加入了《不扩散核武器条约》(NPT)，1993 年朝鲜退出，第一次朝核危机爆发。克林顿在第一任期内成功化解了第一次朝核危机；在第二任期，克林顿试图通过与朝鲜加强接触来彻底解决核问题。小布什上台后，2002年1月的国情咨文中，小布什总统将朝鲜列为"邪恶轴心"国家。美朝关系破裂，第二次朝核危机爆发。2003年1月10日，朝鲜正式宣布退出《不扩散核武器条约》。几乎每一次变化，以及国际社会给予的相应制裁及应对措施，都经常使得各项工作发生格局性的变化。

三、有效应对

中国对朝鲜半岛的基本诉求可以概括为：无核、不乱、不战。中国解决朝鲜半岛问题的原则和底线：一是朝鲜半岛无核化，不仅朝鲜不能拥核，而且韩国也不能拥核；二是半岛不生战不生乱，即任何在朝鲜半岛进行军事威胁、发动战争、通过战争手段搞乱朝鲜半岛的企图都是不允许的。这个基本诉求是开展有效应对工作的基础和出发点。

（一）把握好中美共同利益

毋庸置疑，美国无论在当今世界、还是在朝鲜半岛问题上仍然发挥着不可替代的重要作用。因此，中国要处理好朝鲜半岛问题，就一定离不开美国因素。根本的出路在于立足自身实际需要、在动态中把握好中美利益和中美关系的变化，努力构建中美之间的共同利益。

中美两国在朝鲜半岛问题上存在共同利益和合作基础，双方在推进半岛无核化、维护国际核不扩散机制、阻止日本、韩国等中国周边国家核武化、以及维护朝鲜半岛稳定等问题上存在着一定的共识和共同利益。特别是"特朗普政府上任以来,中美在朝核问题上的合作面临新契机:其一,特朗普政府加大了对朝核问题的投入,打破朝核问题僵局面临转机。其二,中美在解决朝核问题上的紧迫感同时上升,合作意愿增加。其三,特朗普政府高度重视中国在解决朝核问题上的重要作用,合作开局顺利。"[①] 但是合作的过程中应该注意防止美国对华过分施压和转嫁责任的做法。中美可以在解决朝核问题上进行合作,但这绝不意味着中国按美国的国家利益行事。

(二) 恢复和构建中朝传统关系的渠道

在新的历史背景下,中朝传统友好关系仍然是重要的历史遗产,不能当成包袱看待,这是中朝之间最牢靠的纽带。当然,中朝都共同面临美国的威胁也是中朝之间关系能够维系的重要原因。而对于中国来说,能否把握和利用好朝鲜对中国的客观需要,是能否经营好中朝关系的重要基础所在。

我们要清醒地认识到朝核问题的主要矛盾是美朝矛盾而非中朝矛盾,解决问题的主导权不在中国手中。朝鲜是中国的近邻,朝鲜拥核对中国有巨大危害,朝鲜的动乱和战争状态同样对中国有巨大危害。

(三) 利用经济力量和国际格局适度影响韩国

经过 30 多年的改革开放,中国的经济实力大幅增长。中韩之间的经济力量对比发生了巨大变化。韩国已经日益融入中国经

[①] 孙茹:《推进中美在朝核问题上的合作》,载于《中国周边》,2017 年第 9 期,第 30 页。

济格局当中。因此，对待韩国开展相关工作，除了要对萨德等问题进行坚决的政治斗争之外，还充分利用经济力量和国际格局对韩国施加积极影响。

1992年8月24日，中韩两国建立大使级外交关系。之后双方经济合作取得巨大成就。在这个过程中，中国对韩国的影响能力不断增强。中国在韩国部署"萨德"反导系统后的巨大反制行动即取得了良好效果。2017年4月10日，中国朝鲜半岛事务特别代表武大伟访韩，中韩双方一致表示，支持联合国安理会通过针对朝鲜核试验和"射星"的新一轮制裁决议。

（四）保持好中俄战略协调

良好的中俄战略协调不仅是朝鲜半岛问题的压舱石，更是世界和平的重要依托，务必高度重视，扎实做好。20世界50年代抗美援朝斗争的胜利一定意义上说就是中俄联手赢得的胜利。而今朝鲜半岛要保持长期的和平稳定也需要中俄密切合作。俄罗斯和中国一样反对美国在中国周边部署"萨德"反导系统。

2016年以来，中俄面临共同的局面——朝鲜半岛北边有"核导"开发、南有"萨德"部署的"双重困境"之中。"中俄的'困境'和关切是朝核问题，如不能妥善处理，势必引发韩日等国的核开发、边界的动荡、难民潮的涌入和环境的破坏及人道主义灾难，甚至发生由局部战争引发世界大战爆发的可能性，从而导致'城门失火，殃及池鱼'的悲惨恶果。"[①] 2016年3月11日，外交部长王毅访俄就朝鲜半岛局势等相关问题与俄方协调了立场。中俄作为朝鲜半岛的重要利益相关方，又都是联合国常任

[①] 王晓波：《2016年以来朝鲜半岛局势的新变化及特点透析》，载于《东疆学刊》2017年7月，第83—84页。

理事国和世界核大国，必须保持良好的战略协调来维护各自利益和共同利益。

（五）做好危机应对方案和必要准备

要拟订切实可行的朝鲜半岛危机应对方案。要拟订好核问题应对方案。针对朝鲜半岛可能发生的核问题及时做好相关准备工作。要拟订好朝鲜难民问题应对方案。要针对朝韩、朝美之间一直存在的斗争，根据不同形势做好必要的准备。

应该未雨绸缪，加强难民和国际问题研究，逐步构建起难民问题的风险评估和危机预防体制，对朝鲜脱北者问题给予足够重视；应当针对中朝边境地区由于朝核问题可能出现难民潮的情况，从完善国家法律体系入手，对诸如难民的入境、检疫、医疗、供给、安置、难民待遇的给予以及国际社会的协作与支持等方面做好必要的准备。

总之，朝鲜半岛问题重要、复杂、严峻，中国涉朝鲜半岛事务具有政治性、突发性和多边性等特点。这些特点和当前局势一起决定了必须采取把握好中美共同利益、恢复和构建中朝传统关系的渠道、利用经济力量和国际格局适度影响韩国、保持好中俄战略协调和做好危机应对方案和必要准备等有效措施来积极应对。

欧盟大事要事分析

（中国国际经济交流中心博士后）宫同瑶

[摘 要] 英国"脱欧谈判"和德国联邦大选将对全球化和欧洲一体化进程产生重要影响。本文对英国"脱欧协定"的谈判机制、路径、障碍、前景以及影响进行了梳理及研判；对德国大选的结果、新联合政府的构成、新政府对欧盟发展的影响以及德国大选对其他国家的影响，进行了分析和前瞻。本文总体认为，英国"脱欧"及德国极右翼政党选择党的崛起，并非是对全球化的逆转，全球化和欧洲一体化仍将在曲折中前行。其中，中德合作仍将大有作为。

[关键词] 英国"脱欧" 德国大选 全球化 欧洲一体化 中德合作

一、英国脱欧

2017年3月29日，英国正式向欧洲理事会提交"脱欧"通知，由此启动了《里斯本条约》第50条的"脱欧"程序。这意味着在加入欧盟44年后，英国成为首个寻求退出该联盟的成员国。6月19日，第一轮"脱欧"谈判在位于布鲁塞尔的欧盟委员会举行。10月9日，第五轮"脱欧"谈判开启。10月20日，为期两天的欧盟峰会对此进行了评估，指出双方前五轮谈判未取得实质性进展，此次峰会也未能从根本上缩减双方在核心问题上的分歧。双方寄希望于12月份将要举行的欧盟冬季峰会。

（一）"脱欧协定"的谈判机制

"脱欧"谈判进程中，英国需要与欧盟的诸多机构进行沟通。其中包括：欧洲理事会（European Council），又称欧盟首脑会议或欧盟峰会，是欧盟最高决策机构；欧盟理事会（Council of the European Union），是由欧盟各成员国政府部长组成的理事会，又称欧盟部长理事会，是欧盟的主要决策机构之一；欧盟委员会（European Commission），简称欧委会，是欧盟的常设执行机构，也是欧盟唯一有权起草法令的机构；欧洲议会（European Parliament），与欧盟理事会、欧盟委员会并称欧盟三大机构，为欧盟的立法、监督和咨询机构，总部设在法国城市斯特拉斯堡。

根据《欧盟条约》第50条第2款，在英国向欧洲理事会提交"脱欧"通知后，欧洲理事会制定有关"脱欧协定"的指南文件[①]。在此基础上，"脱欧协定"的谈判沿袭《欧盟运行条约》第218条第3款的程序，即由欧盟委员会首先就"脱欧协定"谈判事宜向欧盟理事会提交提案，欧盟理事会通过决定，授权欧盟委员会代表欧盟方面与英国开展"脱欧协定"谈判。欧盟理事会在做出授权决定的同时，还发布较为具体的谈判指令，其中规定谈判的内容，以及有关欧盟理事会与欧盟委员会之间关系的详细

---

① European Council, "Guidelines Following the UK's Notification under Article 50 TEU", Brussels, 29 April 2017.

安排①。

需要指出的是，欧盟理事会在做出缔约决定之前应寻求欧洲议会的同意，亦即欧洲议会对"脱欧协定"享有否决权。欧洲议会在2017年4月5日通过的决议中明确表示，"脱欧协定"必须与欧盟基础条约和《欧盟基本权利宪章》保持一致，否则将无法获得欧洲议会的同意。

成员国启动"脱欧"程序的后果是：自"脱欧协定"生效之日起，或者在无法达成"脱欧协定"的情况下，自成员国正式提交"脱欧"通知两年后，欧盟基础条约不再适用于该国。因此，英国"脱欧"谈判的窗口期为两年。

（二）"脱欧协定"的谈判路径

依据欧洲理事会于2017年4月29日发布的谈判指南，欧盟方面计划分两阶段开展"脱欧协定"谈判。欧洲理事会设想第一阶段的谈判目标是：解决英国"脱欧"问题本身，并处理英国原本作为欧盟成员国所应承担的权利和义务问题，尽可能为欧洲公民、企业、利益相关方和第三方伙伴提供法律确定性。只有在第一阶段有关"脱欧"安排的谈判取得成功的情况下，欧盟与成员国才会在第二阶段的谈判中就"脱欧"后的关系进行初步讨论，从而确定欧盟与英国未来关系的大致框架。欧盟理事会于5月22日发布的谈判指令中亦强调了"两阶段"的谈判路线。

英国方面在此之前一直坚持"脱欧协定"谈判与自由贸易协定同步开展的立场。不过，从英国大选后的政府表态和第一轮谈

---

① Council of the European Union, "Directives for the Negotiation of an Agreement with the UK Setting out the Arrangements for Its Withdrawal from the EU", Brussels, 22 May 2017.

判的结果来看，英国的强硬态度有所缓和。英国实际上接受了欧盟提出的"两阶段"的谈判路线。

根据欧洲理事会的指南文件和欧盟理事会的谈判指令，第一阶段的谈判涵盖以下议题：一是居住在英国的欧洲公民和居住在欧洲的英国公民的权利问题；二是英国在欧盟框架下所承担的财政义务的单一解决方案；三是"脱欧"日期之前投放单一市场的货物的法律地位问题，以及基于欧盟法的程序的安排问题；四是"脱欧协定"的治理机制，包括协定的执行机制和争端解决机制；五是北爱尔兰与爱尔兰的边境问题；六是英国位于塞浦路斯的军事基地问题。至于欧盟第二阶段谈判的议题和立场，很大程度上只有在欧洲理事会发布新的谈判指南，以及欧盟理事会向欧盟委员会发布新的谈判指令后方能明晰。

欧盟委员会指定米歇尔·巴尼耶担任首席谈判代表，欧盟首席谈判代表向欧洲理事会和欧盟理事会系统汇报谈判成果。英国政府分别任命戴维·戴维斯和利亚姆·福克斯为"脱欧"事务大臣和国际贸易大臣。前者将组建一个跨部委的部门，具体负责制定与欧盟的谈判及英国"脱欧"的步骤；后者将负责英国和世界各国的自由贸易谈判[①]。巴尼耶曾表示，英国"脱欧协定"出台的最后期限是2018年10月。英国只有与欧盟在此之前完成谈判工作，才有可能确保"脱欧协定"在2019年3月29日之前顺利生效。

（三）"脱欧协定"的谈判障碍

除了政治局势变动以及谈判立场分歧外，至少还有以下三个

[①] 史炜：《对英国脱欧的必然性分析及对英国未来经济社会走向的展望》，《国际金融》2016年第12期。

因素制约着"脱欧协定"的顺利缔结。

1. 《欧盟条约》中的"脱欧""特定多数机制"

根据《欧盟条约》第 50 条第 2 款,就缔结"脱欧协定"而言,欧盟理事会应首先征求欧洲议会的同意,之后代表欧盟缔结协定,期间欧盟理事会的决策方式适用"特定多数机制"。而依据《欧盟条约》第 50 条第 4 款,"脱欧"情境下的"特定多数机制"适用《欧盟运行条约》第 238 条第 3 款 b 项的特殊规定,即参与欧盟理事会决策的成员国中至少应有 72% 的国家(即 20 个成员国)表示同意,且至少能代表 65% 的欧盟人口。这一标准高于一般性的特定多数表决机制,即至少 55% 的成员国同意以及至少代表 65% 的欧盟人口的标准[①]。"特定多数机制"的使用有可能阻碍"脱欧协定"在 2019 年 3 月 29 日之前生效。

2. 欧洲议会拥有最终否决权

前文已经指出,欧洲议会对"脱欧协定"拥有最终否决权。这意味着,欧洲议会内部对英国"脱欧"的分歧有可能妨碍"脱欧协定"的及早生效。欧洲议会表示,在未来决定是否同意谈判达成的"脱欧协定"时,将依据欧洲议会决议的内容进行评估。如果"脱欧协定"不符合欧洲议会在决议中所表达的立场,则欧盟方面的缔结进程有可能遭到来自欧洲议会的阻击。

3. 英国议会的"庞森比规则"

在英国宪法语境中,国际条约的谈判和批准应由英国政府负责,议会通常无形式意义上的批准权。根据 2010 年的《英国宪法改革和治理法案》,在一般情况下,政府完成谈判工作后应将拟批准的国际条约和相关的解释备忘录呈交议会。经过 21 个议

[①] See Consolidated Version of the Treaty on the Functioning of the European Union [2016] OJ C201/47, Art. 238 (3)

会工作日后，如果下议院和上议院均没有反对，政府就可以批准该条约。但是，如果议会两院之一在此期间提出反对，政府必须向议会呈交声明，阐明拟批准条约的理由。接下来，如果只有上议院继续反对，政府仍然可以批准条约。但如果是下议院表示反对，则自呈交声明之后的 21 个议会工作日内，政府不能批准条约。在此期间，如果下议院继续表示反对，上述流程将重复进行。这就是著名的"庞森比规则"（Ponsonby Rule）。因此，英国议会虽然没有形式意义上的批准权，实质上却可以无限期地阻碍国际条约的批准程序。

（四）"脱欧协定"的谈判前景

撇开欧洲政治、经济和安全形势的变化不谈，仅上文中提及的三大障碍，就使得英国"脱欧协定"的谈判和缔结进程不可能"一蹴而就"。结合业已结束的前五轮谈判进程来看，英国事实上放弃了起初"野心勃勃"的缔结全面协定的路线，转而接受了欧盟方面提出的更为务实的"两阶段"的谈判路线，各项议题的统筹制定及有序推进，将有利于双方在两年的窗口期内完成"脱欧协定"的谈判工作。

更进一步，英国和欧盟的未来关系安排有三种选项："瑞士模式""挪威模式"和"加拿大模式"。"瑞士模式"是通过与欧盟签署松散的双边协定，英国拥有统一的大市场，但不需要接受一体化的其他方面，尤其是人员的自由流动，同时还可以降低对欧盟预算的贡献份额，这是最有利于英国的模式。但是，由于其与欧盟多数国家的主张相悖，因此可能性最低。"挪威模式"将使得英国得以享受欧盟单一市场待遇，但对欧盟规则没有投票权，需要承担欧盟预算，允许劳动力自由流动，这是负面影响相对较小、欧盟方面可以接受的模式，但英国方面妥协的空间有限。"加拿大模式"是指英国与欧盟签署自由贸易协定,这一选项不仅耗时长,且非关税壁垒、金融服务业以及政府采购等问题都不会完全纳入协定,英国方面可能难以接受。

(五)英国"脱欧"的影响

对全球化而言,英国"脱欧"并非是对全球化的逆转。马克思指出,一般说来,世界市场是资本主义生产方式的基础和生活环境[①]。实际上,资本主义生产一天也离不开世界市场。英国"脱欧"是全球化进程中的插曲,它影响的只是全球化利益在各国间的不同分配。英国"脱欧"不会从根本上阻碍全球化进程,全球化仍将在曲折中向前发展。

对欧元区一体化而言,欧盟委员会主席容克曾表示,将利用英国"脱欧"的机会扩大欧元区并深化欧元区的经济合作。当前,2017年法国总统大选和德国议会大选均已结束,欧盟将适时讨论和决定欧元区一体化的未来[②]。现阶段大可不必因为英国"脱欧"而对欧洲一体化进程持悲观态度。

对美国而言,英国"脱欧"将有助于巩固其在全球的地位和影响,也有利于美元走强。梅首相在外交政策上可能重拾传统的"英美特殊关系",以"价值观"外交优先,而经济考量次之。这种向美国靠拢的可能性不可忽视[③]。

对中国而言,贸易谈判的重心仍应着眼于欧盟,而不是转向英国。第一,中英贸易协定不可能为中国企业提供利用英国平台

---

① 马克思:《资本论》第三卷,北京:人民出版社,2004年版,第127页。
② 姜琍:《英国"脱欧"对中东欧国家经济的影响》,《欧亚经济》2017年第3期,第31页。
③ 史炜:《对英国"脱欧"的必然性分析及对英国未来经济社会走向的展望》,《国际金融》2016年第12期,第15页。

进入欧洲的机会；第二，中英贸易的互补性强于中国与欧盟其他国家，这意味着失去英国的欧盟与中国将形成更强的竞争关系，这对未来的中欧贸易谈判是不利的①。中国应尽早抓住机会，推进与欧盟经贸合作的发展。

二、德国大选

（一）大选情况简介

2017年9月24日，德国联邦大选开始投票。10月12日，德国联邦选举计票机构公布了联邦议院选举最终结果。德国现任总理默克尔领导的联盟党（由基督教民主联盟和基督教社会联盟组成）获得33.0%的选票，保持联邦议院第一大党地位。已经连任12年的总理默克尔将开启她的第4个任期，进而追平前总理科尔的执政记录。

德国社会民主党得票率为20.5%，保持了议会第二大党地位。右翼民粹主义政党德国选择党获得12.6%的选票，这意味着德国选择党已经跨过5%的议会进入门槛，将成为德国自20世纪60年代以来首个进入联邦议院的极右翼政党。此外，上一届选举失利未能进入联邦议院的自由民主党赢得10.7%的选票，左翼党和绿党分别获得9.2%和8.9%的选票。这就使得本届大选后，德国联邦议会将出现一个前所未有的局面：联盟党、社民党、选择党、自民党、绿党和左翼党这六个党派将坐镇议会，分享600多个议员席位。

---

① 徐建炜等：《英国"脱欧"会影响中欧贸易吗？》，《国际经济评论》2017年第3期。

英国《金融时报》报道称，此次大选是欧洲难民潮以来德国的首个全国性选举，选举结果也被解读为选民对默克尔难民政策的信任投票。联盟党本次得票率比上次大选减少8.5%，这使得此次大选是基民盟在默克尔领导12年以来，成绩最差的一次，也是基民盟在战后70年来成绩最差的一次。此外，议会另一大党社会民主党支持率也大幅下滑，创造了该党在联邦德国历史上的最差记录。

（二）组建联合政府

德国法律规定，执政党或者党派联盟必须拥有议会50%以上的席位。由于本次大选没有任何政党单独获得过半数选票，因此得票率最高的联盟党（33.0%）需要同其他党派联合组阁。

得票率第二高的社民党（20.5%）高层业已表示，本次大选后将不参与由联盟党主导的联合政府，原因是避免社民党自身实力继续被强势的联盟党"蚕食"。这表明，社民党将成为议会中最大的反对党。联盟党和社民党组建"大联合政府"的可能已经全无，这使得德国议会60年来首次出现三党组阁。由于联盟党不会邀请选择党组阁，外界广泛预期，默克尔领导的联盟党可能会与左翼的绿党以及再度兴起、在经济上属于强硬自由派的自民党结盟组成所谓的"牙买加联盟"[①]，即形成一个大党（联盟党）带两个小党（自民党和绿党）的组阁模式。由于自1957年以来，德国就一直没出现过三党联合政府，德国媒体认为相关组阁谈判可能至少需要1个月的时间。2017年10月18日，联盟党、自民党和绿党代表开启首次组阁谈判，共同探讨组建"牙买加联盟"

[①] 这三个政党的代表色分别为黑、黄、绿，恰好与牙买加国旗颜色相同，"牙买加联盟"的称谓由此产生。

的可能性。由于各党派在不少政策主张上存有分歧，默克尔指出不宜对第一轮组阁谈判期待过高，预计圣诞节前难以完成联合政府的组阁。

具体地说，联盟党和自民党的组阁谈判会较为顺利。2009年默克尔开始其第二个任期时，自民党曾以15%的得票率接受默克尔的组阁邀请进入政府。但是，长期的在野党地位，使得自民党缺乏执政经验，上一届大选中更是没能进入议会，人们难免会质疑其执政能力。同时，两党在欧洲建设方面也存在较多分歧。绿党素与联盟党不睦，2005年默克尔组阁时，曾明确表示不会与绿党合作。但时移世易，联盟党在州政府层面（包括巴登符腾堡州和黑森州）已与绿党组建执政联盟。总体上看，绿党立场中间偏左，与联盟党和自民党中间偏右的立场有一定差别。在能源政策上，绿党与自民党存在分歧。在移民问题上，绿党与联盟党也有矛盾[1]。因此，三党联合政府面临的首要难题就是政策协调。

（三）德国新政府对欧盟发展的影响

德国新的联合政府"黑黄绿联盟"将对欧盟未来的发展产生重大影响。法国总统马克龙上台后提出了重振欧盟的宏伟计划，默克尔基于支持马克龙的国内改革并重振"德法轴心"的考虑，对其提出的建议持开放态度，德国社民党及其候选人舒尔茨更是积极响应。马克龙原本希望，德国大选后仍能延续原有的大联合政府，甚至希望社民党在联合政府中的地位有所上升，以有利于他改革欧盟的计划。但德国大选的最终结果及社民党的反应令他始料不及，这将影响欧元区改革、共同防务和难民问题等重大议

---

[1] 田园：《默克尔大选"惨胜"前路难》，《光明日报》，2017年9月26日，第011版。

题的走向。

1. 欧元区改革

欧元区改革对于欧盟一体化至关重要。欧元区改革也是马克龙的核心诉求，他提出了要设立欧元区独立预算、欧元区议会和欧元区财政部长的建议。对于默克尔而言，只要不是谋求各国债务在欧盟内的共同体化，其他选项都可以进行充分地交流。联盟党在其竞选纲领中也表示，愿意通过设立欧元区专门的货币基金，以携手法国共同推进欧元区改革。但是，自民党特别强调欧盟条约中的非纾困条款，强调每个国家应对自己的债务负责，甚至要求欧洲稳定机制（ESM）逐步缩小规模乃至最终废止，还要求引入欧元区国家的有序清算程序。因此，自民党反对设立欧元区统一预算以及建立欧盟转移支付联盟，至多同意从欧盟预算中拨出一笔经费用于欧元区国家的结构改革。随着自民党的入阁，马克龙改革欧元区的计划将面临挑战[①]。

2. 欧盟共同防务

欧盟共同安全与防务政策是欧盟在过去一年多里取得显著进展的领域，尤其是欧洲防务基金的设立。在继续推进欧盟共同安全与防务政策方面，联盟党在竞选纲领中提出了建立一个欧洲防务联盟的目标。自民党在其竞选纲领中也提出了同样的目标，甚至还明确提出了建立一支欧洲军队的目标。绿党虽然反对将德国的国防支出提高到国内生产总值的2%，但也对扩建欧盟共同安全与防务政策持积极态度。事实上，欧盟27国在内外安全形势严峻的情形下，总体都有进一步推进欧盟共同安全与防务政策建设的意愿。但是，欧盟共同安全与防务政策的推进将面临来自中

[①] 郑春荣：《德国大选结果令人担忧欧盟未来》，上海《文汇报》，2017年9月28日，第007版。

东欧国家的阻力。他们不希望北约的作用因此而遭到削弱，同时也担心其他国家在这个领域推行"多速欧洲"[①]，而使自己被边缘化。

3. 难民问题

默克尔所推行的难民政策是导致联盟党支持者大量流失的主要原因，也是德国选择党迅速崛起的重要诱因。马克龙提出设立欧洲申请避难局对难民身份进行审核，以及逐步建立一支欧洲边境警察队伍加强欧洲边境检查并遣返非法移民，这些建议有望得到德国新政府的积极回应。但是在应对难民危机上，"黑黄绿联盟"各党立场各异。基社盟以及自民党会要求默克尔收紧乃至彻底改变其难民政策，这会遭到默克尔以及绿党的反对。不过，随着联盟党在大选后执政地位弱化，而极右翼的选择党异军突起且咄咄逼人，默克尔联合政府在严格控制难民入境、加快遣返非法移民、严厉打击违法难民等一系列难民政策上，将进一步转向保守。同时，在欧盟内部对难民的分摊上，"黑黄绿联盟"会表现出更加强硬的立场，这将有助于执政党从德国选择党那里赢回部分选民。

此外，在对待英国"脱欧"问题上，大选之后的德国料不会软化立场。默克尔胜选后，欧盟委员会主席容克发表公开信对其表示祝贺，并指出：在复杂严峻的全球挑战面前，欧盟比以往任何时候都更需要一个稳定而有力的德国政府，以积极帮助欧洲塑造未来。同时，欧洲政策中心首席执行官祖里格表示，德国大选不会令英国"脱欧谈判"变得容易。因为，默克尔领导的新一届

[①] "多速欧洲"是指有意愿、有能力的国家可以在防务、货币、税收等领域的一体化道路上先行一步，无能力或无意愿的国家不强求同步进行；欧盟内不同国家间的一体化深化程度、成员国向欧盟让渡权力的范围可以不同，但欧洲一体化的最终目标不能改变。

德国政府，必须表现出与其他欧盟 27 国团结一致的坚定态度，并释放出明确信号：脱离欧盟不会得到好处①。

（四）德国大选对其他国家的影响

对美国而言，总统特朗普不仅退出《巴黎协定》，还再三在北约军费以及汽车出口等问题上批判德国。德美关系裂痕如何弥补，还是索性继续扩大，另寻更加可靠的合作伙伴，是摆在默克尔新任期的一个难题。乌克兰危机悬而未决，欧洲和俄罗斯仍然在"互相伤害"，默克尔能否率先走出解决问题的关键一步也值得期待。此外，自埃尔多安担任土耳其总统以来，德土关系便较为紧张。如何处理与土耳其的关系也是德国新政府的外交难题。在很大程度上，默克尔将延续在上一任期提出的"积极进取"外交政策，奉行"有为外交"，这意味着在朝鲜半岛、中东等热点地区上，默克尔将进一步展现德国作为大国的雄心②。

对中国而言，大选之后的中德关系将保持一定的延续性。经济上，中德同为全球贸易和投资大国。2016 年，双边贸易额达 1600 亿美元，占中国与欧盟贸易总额的 30%。目前，在华德国企业共 8200 余家，累计投资超过 600 亿欧元。大多数德国企业在华获得了长期稳定的利润。中国对德国投资刚刚起步，存量不足 80 亿美元，占外国对德直接投资的 1%③。德中可携手维护全球贸易自由化及投资便利化。政治上，德国目前仅与中国和以色

---

① 鞠辉：《德国大选之后，默克尔组阁不易执政更难》，《中国青年报》，2017 年 9 月 27 日，第 006 版。

② 田园：《默克尔大选"惨胜"前路难》，《光明日报》2017 年 9 月 26 日，第 011 版。

③ 赵海博：《中德携手维护全球贸易自由化》，上海《文汇报》2017 年 2 月 11 日，第 005 版。

列保持着固定的年度政治磋商，无论是基民盟内部，还是默克尔政府，都希望保持这种政治互信。同时，在 G20 框架下，在气候变化协定、推进自由贸易等全球议题上，德中双方都展现出了合作的意愿，未来仍将维持这种合作。

全球治理篇

中欧增强在全球治理改革中的合作

(中国国际经济交流中心经济研究部副研究员) 张焕波

[摘 要] 世界形势正在发生冷战以来前所未有的变化，深层次、共同性问题迫切需要解决，全球治理改革势在必行。在这个关键阶段，中国和欧盟需要加强全球治理合作，共同应对挑战，实现互利共赢。这不但关系中欧自身发展，也关系全球治理秩序的稳定。全球治理改革重点解决三个问题：世界经济规则体系改革；国际宏观经济协调机制改革和全球公共产品供给体制改革改革。在这三个方面，中欧都有巨大的合作空间，通过亚欧会议和"一带一路"倡议的互动可以产生更为有效的治理规则；在结构性改革方面可以互相补充，使得双方各自改革成功的可能性增大；中欧在气候治理方面加强合作，是《巴黎协定》有效得到贯彻执行的重要保障。

[关键词] 全球治理 全球化 欧洲

前　言

当前，传统全球治理模式已经不能适应当今国际社会发展的新形势和新要求，迫切需要改革。英国"脱欧"和特朗普当选美国总统反映了世界主要国家人心思变。金融危机到现在已经八年多时间过去了，世界经济整体上仍没有走出低谷（IMF预测2016年全球经济增速3.1%）。1990—2007年，全球经济年均增速达到3.74%，但中低收入群体没有获得应有红利。与此同时，大数据、物联网、人工智能、智能制造等技术不断得到重大突破，但并没有改变全球劳动生产率增长持续减速的困境[①]。去全球化、贸易保护主义、民粹主义兴起，全球化进入新的发展阶段。

持续动荡的中东、形成顽疾的难民危机、可能随时爆发的债务危机，无一不在警醒世界，全球面临的深层次、共同性问题迫切需要解决。解决的道路有两条：一是战争，像两次世界大战之间那样，最终走向武力或暴力。但全球化已经使得国家利益相互交织，很难保证谁会从战争中真正受益。另一条道路就是改革，其中全球治理改革尤为重要，这是和平的道路。通过合理的治理改革，全球会走向和平互利共赢的合作，这是世界发展史所证明的正确道路。

全球治理改革重点解决三个问题：一是世界经济规则体系改革；二是国际宏观经济协调机制改革；三是全球公共产品供给体制改革。在这三个方面的变革，中欧都有巨大的合作空间。在过

---

① BIS数据显示，若以2000年至2005年的年均全球劳动生产率为基准，2015年全球生产率约为基准的七成，发达经济体更降至基准的33%。

去20年，亚欧会议在形式上显得"松散"，实质性合作内容也偏少，具有"务虚"的特点。而中国提出的"一带一路"倡议，是以互联互通促进亚欧大陆的发展和繁荣稳定，具有"求实"的特点。通过一虚一实的结合，相互补充，相互完善，亚欧会议和"一带一路"倡议的互动将产生更为有效的治理规则。中国和欧盟两大经济体相互正向溢出效应非常大，在互联互通越来越深化的情况下，加强政策协调的需求越来越迫切，特别是在结构性改革方面，双方都有巨大的决心来推动各自领域的结构性改革，而合作能使得改革走向成功的可能性增大。例如，欧盟重视中小企业的发展，中国市场能够为这些中小企业提供一番新的天地。中国企业急需要升级转型，欧洲企业可以提供更多的支撑。在全球公共产品提供方面，中欧合作也有广阔的前景。在气候治理方面，欧盟已经做出巨大贡献，是气候治理规则的先行者和践行者，为中国的低碳转型提供了榜样。中欧在气候治理方面加强合作，是落实《巴黎协定》的重要保障。

一、中欧加强治理规则合作，以"一带一路"做实亚欧会议

面对地区和全球性挑战，任何国家或者地区都难以独立应对，中欧之间需要精诚合作，携手解决全球共同性问题。当前欧盟一体化面临前所未有的挑战，甚至有人预测不排除欧盟解体的可能。意大利修改宪法公投失败，法国、德国、荷兰等国家大选前景不明，都表明反全球化、反移民、反欧盟的势力正在欧洲范围内崛起。作为世界最发达国家集团的欧盟和世界最大新兴经济体的中国，在全球治理改革中都处于极为重要的位置，双方加强

治理方面的合作，有利于全球局势的稳定，有利于亚欧大陆和全球的繁荣稳定。中欧在全球治理方面的合作是全方位的，包括在联合国框架下的合作、布雷顿森林体系下的全球经济治理合作，还有 G20 框架下的合作，在这些平台中，中欧都有很大的合作空间。其中，如果中欧能够推动亚欧会议和"一带一路"倡议互相结合、互相补充，将会产生最直接的效果，也是最不容易受到牵绊能够迅速见效的举措。

（一）以"一带一路"做实亚欧会议的必要性和重大意义

自 1996 年召开的第一次亚欧会议以来，亚欧会议已经成为亚洲和欧洲之间一种多层次、多维度的新型国际对话合作机制。[1] 但是，在 2008 年金融危机爆发以后，亚欧会议的活力和有效性逐渐递减，反映出在全球化陷入低潮的国际大背景下，地区间层次的合作正面临着全球治理不足的困境。[2] 首先是机制问题，亚欧会议没有常设秘书处，没有明文规定的组织宪章，会议方式采用的是论坛对话的形式，通过的会议文件也无约束力，会议通过的各种倡议很难在后续得到执行，难以形成富有吸引力的务实合作。[3] 其次，亚欧会议逐渐偏离其最初制定的明确的发展方向，陷入了议题繁杂、难以聚焦的困境。第三，亚欧会议没能有效地利用自身资源和优势，在全球和地区治理机制的竞争中话语权逐渐旁落，存在被边缘化的风险[4]。

---

[1] 余建华：《务实合作与互联互通：欧亚伙伴进程再起航》，《世界知识》，2016 年 15 期。

[2] 戴轶尘：《全球化低潮中的亚欧合作与"一带一路"建设》，《国际关系研究》，2016 年 04 期。

[3] 同上。

[4] 崔洪建：《亚欧会议应走向务实合作与深度联通》，《经济日报》2016 年 07 月 15 日。

中欧增强在全球治理改革中的合作

尽管亚欧会议存在一些问题,但是在目前全球化遇到挫折,孤立主义、民粹主义和保守主义抬头,国际秩序需要重建的形势下,更需要亚欧会议这样的多边舞台搭建沟通渠道,合作探讨建立新的全球治理秩序,为全球治理提供有效的公共产品。中国历来是亚欧会议的引导者和积极参与者,在亚欧会议的各个场合提出了多项建议,是推动亚欧合作的重要推动力。作为亚欧地区的重要经济体,中国与亚欧各国有广泛的合作基础。尤其是中国提出的"一带一路"倡议将会为未来亚欧合作提供新的强大动力。"一带一路"倡议不是要与世界上任何力量,尤其是与西方进行地缘政治的对抗和竞争,而是要推动世界和平、发展、实现秩序与治理[①]。以"一带一路"倡议来做实亚欧会议平台,以亚欧会议来推动"一带一路"各项工作,将会带来多赢局面。

首先,亚欧会议为"一带一路"倡议提供现存的组织协调机制。从亚洲到欧洲,中亚、中东、北非、欧亚、中东欧等"一带一路"之关键组成部分,已经形成了为数不少的区域性合作机制,但存在碎片化现象,需要一个可以充分对接各区域机制的跨区域大合作平台,亚欧会议可以担当这样的角色。

其次,"一带一路"倡议为亚欧会议走向务实提供有效的抓手。亚欧会议面临的一个问题就是所达成的各类倡议并没有合适的项目去落实,也没有专门的机构推动各国落实倡议,"一带一路"倡议可以成为落实亚欧会议的有效抓手。

第三,产生新的国际治理秩序。"一带一路"涉及国家和亚欧会议成员国横跨亚欧大陆,在亚欧会议框架下推动"一带一路"涉及多个地区的经济、政治、安全文化等机制,将会触发这

---

① 庞中英:《全球治理转型中的中欧"战略伙伴"关系》,《当代世界》,2015 年第 7 期。

些不同机制之间的联系、合作融合，产生新的区域合作秩序。亚欧会议本身也会有创新性的制度安排以适应形势发展需要及"一带一路"对接需要。亚欧会议是当今世界少数的由发达与新兴经济体参加而没有美国参与的国际平台。亚欧大陆各国尤其是中国和欧盟可以积极合作，在亚欧地区构建新的金融、经贸、安全等方面的全球治理秩序。

（二）"一带一路"做实亚欧会议的可行性

第一，"一带一路"所涉及的沿线国家与亚欧会议的成员国基本一致。亚欧会议目前有53个成员，"一带一路"涉及的国家已经完全包含了这53个成员，而且，作为亚欧会议的核心成员的中国和欧盟就处在"一带一路"的两端。成员和领域范围的一致是将会使"一带一路"和亚欧会议能在更深层次上对接。

第二，"一带一路"和亚欧会议涵盖领域大体相近。亚欧会议在发展过程中形成的政治对话、经济合作、社会文化交流三大支柱的合作结构与"一带一路"所倡导的政策沟通、设施沟通、贸易畅通、资金融通和民心相通一脉相承，尤其是在贸易、基础设施建设、资金融通方面，亚欧会议提出的许多倡议是与"一带一路"倡议相同的，但是亚欧会议所提出的倡导并没有现行的计划战略去实施，可以利用"一带一路"具体落实亚欧会议所达成的各项共识。

第三，"一带一路"和亚欧会议都强调互联互通的重要性。"一带一路"倡议致力于亚欧非大陆及附近海洋的互联互通，建立和加强沿线各国互联互通伙伴关系，构建全方位、多层次、复合型的互联互通网络，实现沿线各国多元、自主、平衡、可持续的发展。在2016年蒙古亚欧会议中，将"亚欧伙伴二十载，互联互通创未来"作为此次亚欧会议的主题，亚欧会议各成员国都认识到互联互通的重要性，将互联互通作为未来亚欧会议的工作重点。"一带一路"倡议实质是以互联互通促进亚欧大陆的发展和繁荣稳定，这与亚欧会议的目标和工作内容一致。

（三）主要建议

第一，要达成以"一带一路"落实亚欧会议的共识。"一带一路"沿线涉及多个方面的区域合作机制，并没有确定核心合作机制；亚欧会议也存在多个议题，尽管互联互通成为常设议题，但与"一带一路"还有很大不同。"一带一路"与亚欧会议需要互相对焦，中方、欧盟和其他亚欧会议成员国要达成共识，同意将"一带一路"相关内容作为亚欧会议主要工作和议题；中方也需要和沿线国家沟通，明确亚欧会议为"一带一路"的核心多边合作机制。

第二，完善亚欧会议务实机制。过去亚欧会议被人诟病，很大程度上是因为会后没有实质性内容，成了清谈馆。亚欧会议要走向务实，应在各方达成共识的基础上，在亚欧会议框架下着手建立"一带一路"常态化协调机制，建立"一带一路"工作组，协调解决政策互联互通、基础设施建设互联互通、货币互联互通、贸易（流动性）互联互通以及人与人之间的互联互通中遇到的各种问题。

第三，整合现有"一带一路"涉及的相关区域性合作机制。当前亚欧会议成员国相继出台了一些构想计划，如"泛欧交通网""欧亚经济联盟""草原之路""东盟互联互通"等政策计划，这些计划与"一带一路"既有相互交叉、衔接之处，又有相互重合、对冲之处。因此在亚欧会议的框架内，加强彼此计划政策的协调很有必要。亚欧会议可以成为协调各类倡议和计划的平台，能够降低"一带一路"建设的交易成本。

二、中欧加强宏观经济政策协调，共推结构性改革

早在2009年，为了应对国际金融危机，中欧双方就发表联合声明，强调加强宏观经济政策协调，努力克服金融危机，进一步推进贸易和投资便利化和自由化，强调"开放、自由和公平的贸易和投资环境以及其创造的商机，是应对全球金融和经济危机的重要手段"。多年来，中欧双方不断加强宏观经济政策协调力度，取得了明显的成效，为摆脱经济危机，促进世界经济恢复发展发挥了重要作用。当前，去全球化潮流兴起，促进国内经济发展成为优先选项，一些国家为了自身经济发展可能会不考虑对其他国家的负面溢出效应。作为世界上最重要的双边经贸关系之一，中欧双方需要继续深化宏观经济政策协调，实现合作共赢，为全球发展树立良好典范。中欧除了要继续加强货币政策和财政政策协调，结构性改革方面的合作要放在突出位置。

（一）中欧都需要深度结构性改革以提振经济

在中国政府倡议下，G20杭州峰会确定了包括促进贸易和投资开放，推进劳动力市场改革，提高教育程度与技能结构性改革等的九大优先领域，强调不同成员推动各自结构性改革的协调性，为重塑全球经济强劲、持续、平衡和包容增长提供了新的政策选项。从新兴经济体来看，在过去的快速发展历程中，只重视经济总量的扩张，而不重视质量的提升；只重视规模的扩张，而不重视结构的优化，导致供给体系严重不适应需求总量、结构和变化，供给端过于单一和低端。从发达经济体来看，在经济出现

结构性矛盾的同时，长期以来形成的高福利却又难以在经济严重失速的情况下得以调整。①欧洲国家爆发的主权债务危机就是这种经济结构失衡的表现。欧盟和成员国近年来把推动结构性改革作为重要任务。欧盟层面的结构性改革主要是推动单一市场建设，成员国层面的结构性改革重点主要包括提高就业、促进创新、改善投资环境、改善社会保障效率等。中国近些年也面临产能过剩、高房价和房地产高库存并存、地方政府和国企企业债务突出、生产成本上升过快、收入差距较大和地区发展不平衡等结构性问题。为此，中国政府全力推进结构性改革，并把"去产能、去库存、去杠杆、降成本、补短板"作为供给侧结构性改革的重大任务。

（二）中欧双方加强结构性改革合作的相关建议

第一，共同反对保护主义，加强投资贸易便利化和自由化。当前贸易保护主义势力抬头，中欧要合力推动贸易和投资开放，反对任何形式的贸易和投资保护主义。减少关税和非关税贸易壁垒，减少对外国直接投资的壁垒和限制，实施贸易便利化措施以降低边境成本，促进更广泛的跨境协调，通过多边、诸边和双边协议最小化对第三方的歧视性措施，减少贸易和投资壁垒。在全球贸易中维护以世贸组织为核心、以规则为基础、透明、非歧视、开放和包容的多边贸易体制。

第二，加强基础设施建设合作。中欧应该在基础设施领域开展合作，对接"一带一路"和"容克计划"，提高公共投资和基础设施投资质量，加大对基础设施投资的力度，并且保证各类资

---

① "全球都要进行经济结构性改革"，http://news.163.com/16/0321/01/BIL5ONHT00014AED.html。

本都可以公平参与基础设施建设。提高基础设施项目的监管审批效率，确保投标过程透明。减少机构投资者长期投资融资的制度保障和监管障碍，并推广新的融资工具[①]。在"一带一路"基础设施建设领域加强政策协调，协调相关基础设施建设规划、技术标准体系，共同推进国际骨干通道建设，为地区其他国家提供更多的公共产品。

第三，推动劳动力市场合作。G20 杭州峰会提出要通过统一措施和全面政策为所有人创造更多的、体面的、高质量的就业机会，以实现充分的高生产率就业。中欧两方要协调劳动力政策和人口政策，加强交流，努力打破劳动力市场分割，降低就业壁垒，鼓励劳动力流动性，加强在职业教育和培训方面的合作。进一步简化旅游、商务、留学、就医、工作等签证申请程序，缩短签证审发时间；对符合条件的申请人，实施更加便利的签证审发程序；探索发放电子签证，增加有效期年限和多次入境签证的发放，延长签证的停留期[②]。

第四，推动技术交流与合作。创新是实现强劲、可持续和平衡增长的重要驱动力。中欧应加强技术创新和制度创新的合作，加强创新实践的交流和在一定条件下的知识产权的分享。在双方加强知识产权保护合作的同时，欧盟需尽快消除对华高新技术出口限制；减少、取消专门针对中国的技术壁垒[③]。加强双方的国际合作研究，加强研究机构、高校和产业界的创新合作和交流，

[①] "全球都要进行经济结构性改革"，http://news.163.com/16/0321/01/BIL5ONHT00014AED.html。

[②] 中国（海南）改革发展研究院课题组：《中欧自贸区——2020：深化中欧合作的重大选项》，2016 年 6 月。

[③] 中国（海南）改革发展研究院课题组：《中欧自贸区——2020：深化中欧合作的重大选项》，2016 年 6 月。

共同推动全球经济持续稳定增长。

三、中欧合作提供全球公共产品，携手实施《巴黎协定》

中欧合作推动全球治理的一项重要内容是共同努力提供全球公共产品。欧盟是全球公共产品的重要提供者，在国际气候变化治理、国际维和反恐、对外援助等领域作出巨大贡献。随着国家实力不断上升，中国也越来越多地为全球提供公共产品，展现了一个负责任大国形象。在"去全球化"的大背景下，美国走孤立主义路线，今后一段时期会逐渐降低国际责任，减少全球公共产品供给。中欧提供全球公共产品的责任加重，在反恐、消除贫困和饥饿、环境保护、卫生安全等方面，都有巨大合作空间。其中，在应对气候变化方面，中欧携手保障《巴黎协定》落实具有重大战略意义。

（一）中欧合作应对气候变化是落实《巴黎协定》的保障

控制全球气温上升，减少温室气体排放，应对和适应气候变化是21世界全球最大规模的公共产品。长期以来，欧盟是全球气候变化治理的领导者，在应对气候变化问题上发挥了举足轻重的作用。近年来，欧盟在加强与中国合作共同推动全球气候治理中继续扮演重要角色。中国是全球气候变化治理中的新兴经济体和发展中国家的代表，也是世界温室气体排放大国，在国际气候治理的角色越来越重要。总体来看，《巴黎协定》还是一份框架性的国际协议，包括贡献目标的监督和执行机制、目标更新机制、资金机制、能力建设机制等要点和内容，还有待继续细化、制度化。关于这些机制的具体设计，如目标、执行方式、措施、任务、考核等内容，都将成为巴黎会议后国际谈判中的焦点问题。气候谈判中的关键分歧如南北国家责任义务区分的问题、目标考核和更新中自上而下的问题、发展中国家出资等问题，仍将存在于巴黎会议后的谈判进程中。所以，《巴黎协定》并不是国际气候谈判的终点，它是一个里程碑，标志着关于2020年后国际气候制度的谈判进入了制定细节的阶段。平行于国际气候谈判，各国按照贡献目标部署国内行动，积极开展国际合作行动则构成了后《巴黎协定》时期国际气候治理的重点。中欧应对气候变化行动能力或有不同，但合作的意义就是要平衡行动能力的差异，实现共同治理。中欧在应对气候变化中加强合作，将有助于早日实现全球碳减排目标。

（二）中欧加强全球气候治理合作的建议

中欧双方在气候变化治理的合作有助于保障《巴黎协定》的生效，推动前期合作成果的落实，以及在新协定框架下推动地方层面、技术层面以及更具体领域的气候合作。重点要从以下五个方面加强合作。

第一，共同提高应对气候治理领导力。自气候变化进入全球治理议程以来，欧盟一直是全球气候变化治理最为积极的倡导者，但是由于欧洲一体化遇到困难和欧债危机的影响，欧盟及主要成员国难以继续领导全球气候变化治理。2008年以后，欧盟在全球气候变化治理中的领导地位有所减弱，从哥本哈根气候大会以来，中美开始成为全球气候变化治理的重要推动力。然而，美国新当选总统特朗普对气候变化政策的态度，存在一定不确定性。因此作为发达国家的代表，欧盟应该在气候变化领域承担更多的责任。中欧应该在未来提升气候变化在双边关系中的地位，加强政策协调和沟通，制定具有广泛代表性的治理目标和行动方案，率先进行合作，带头行动，统筹兼顾发达国家和发展中国家的利益。

第二，为全球气候资金提供更多支持。资金是治理全球气候变化中的重要保障，也是气候变化治理中争论最多的问题之一。欧盟是全球气候变化资金的重要提供者，中国作为世界上最大的发展中国家也宣布拿出200亿元人民币建立中国气候变化南南合作基金。中欧应该依据自身能力，按照"共同但有区别"的原则，为全球提供更多的资金支持，尤其是对最不发达国家的资金支持。中欧需要加强在气候融资方面的合作，通过绿色债券、绿色保险、环境基金等金融创新产品，以市场机制引导资金流向气候变化领域。

第三，加强气候变化相关技术的交流和合作。减少温室气体排放，有效控制气候变化可能带来的不利影响，都离不开先进减排和适应技术的运用。当前由于资金、知识产权等问题的限制，气候变化技术的交流和合作存在许多问题，发展中国家不能有效得到发达国家的技术援助。中欧在全球气候变化治理中要重视对于节能减排技术、可再生能源技术、适应气候变化技术的交流和合作，破除限制技术转让和开发的壁垒，推动技术的转让和开发，敦促发达国家向发展中国家提供更多的减缓和应对气候变化的技术。

第四，推动建立监督和评估机制。目前还没有一个合适的监督机制考察发达国家和发展中国家在气候变化方面做出的承诺，对资金和技术的支持转让以及应用没有合理的机制进行监督和评估。中欧双方可以在监督和评估机制方面加强沟通和合作，评估资金、技术、能力建设的进展、范围、规模和有效性。

第五，促进经验推广。适应和应对气候变化是一项持续性和协调性的工作，在技术、能力建设方面等具有可复制性，许多经验可以在全球推广。尤其是对于发展中国家和最不发达国家，推广在气候变化治理方面的成熟经验可以帮助一些国家节约大量的资源，同时也能更加有目的性、准确地帮助发展中国家应对和适应气候变化。中国和欧盟目前在应对和适应气候变化方面都积累了一定的经验，双方可以尝试建立联合应对和适应气候变化经验推广机构，由于中国和欧盟是发展中国家和发达国家的代表，两者的经验也适合与其他发展中国家和发达国家分享。

参考文献

余建华：《务实合作与互联互通：欧亚伙伴进程再起航》，《世界知识》2016 年第 15 期。

戴轶尘：《全球化低潮中的亚欧合作与"一带一路"建设》，《国际关系研究》2016 年第 4 期。

崔洪建：《亚欧会议应走向务实合作与深度联通》，《经济日报》2016 年 07 月 15 日。

黄仁伟，《世界秩序正面临着新的转折点》，《世界知识》2016 年第 16 期。

叶江：《试论全球治理、亚欧会议及中欧合作间的相互关系》，《国际观察》2009 年第 3 期。

庞中英：《全球治理转型中的中欧"战略伙伴"关系》，《当代世界》2015 年第 7 期。

陈玉刚：《中欧共同崛起与全球治理体系重建》，《人民论坛·学术前沿》2012 年第 16 期。

中国（海南）改革发展研究院课题组：《中欧自贸区——2020：深化中欧合作的重大选项》2016 年 6 月。

完善全球公共产品供给体系及中国的路径选择

（中国国际经济交流中心战略研究部研究员）张茉楠

[摘　要] 当今世界正发生重大变化，全球公共产品供给体系已无法适应国际利益格局变迁的挑战，其供给机制也越来越难以调节发达国家与发展中国家间的结构性矛盾与冲突。本文深入分析当前全球公共产品面临的供给困境，提出在新型全球治理框架中的中国角色转变及其参与完善全球公共产品供给体系的路径选择与策略。

[关键词] 全球治理　全球公共产品　供给赤字　"一带一路"

近年来，随着美国综合实力对比下降，以及全球公共物品消费数量的日益增加，使其无意或无力向世界进行足够的单向支付，更不愿在多边协议框架中让惠。特别是特朗普政府宣布退出TPP、重新修订NAFTA，引入边境调节税、减少国际责任分担等都明显带有本土主义、保护主义和"去全球化"倾向，这是对二战后美国所拥护的全球化政策的重大背离。因此，世界普遍对"全球领导力真空"期加剧世界秩序动荡表示担忧，中国作为新兴发展中大国如何定位全球公共产品供给者角色与策略，如何参与完善全球公共产品供给体系也是中国新的全球化战略核心利益所在。

一、全球公共产品供给是参与完善全球治理的必由之路

一般而言，全球公共产品是一个国家提供给其他国家，特别是国际社会共同使用的资源、制度、物品和设施等。联合国《执行联合国千年宣言的路线图》报告中有比较明确的界定。报告指出在全球公共领域，需要集中供给的公共产品包括基本人权、对国家主权的尊重、全球公共卫生、全球安全、全球和平、跨越国界的通信与运输体系、协调跨国界的制度基础设施、知识的集中管理、全球公地的集中管理、多边谈判国际论坛的有效性等十类。另外，联合国开发计划署认为对金融腐败、疾病传播、生物多样性、文化传统的丧失、全球环境污染、战争与冲突（包括地区纷争对国际大环境的影响）、移民和难民潮、保护主义措施、贪污、洗钱及国际犯罪等的治理都属于全球公共产品范畴。

最早研究全球公共产品的美国学者金德尔伯格（Kindleberger）认为，国际经济体系的稳定运转需要某个国家来承担"公共成本"。这一观点后来被美国国际政治经济学的代表人物吉尔平（Gilpin）发展成"霸权稳定论"，即在政治、经济、军事和科技等各方面占据绝对优势的霸权国家，通过为国际社会提供稳定的国际金融体制、开放的贸易体制、可靠的安全体制和有效的国际援助体系等全球公共产品，来获得其他国家对由霸权国所建立的国际秩序的认同，从而实现体系内的稳定和繁荣。二战至20世

纪 50 年代后，全球主导地位转移至迅速崛起的美国，其经济总量超越西欧占到世界经济总量的 27%，单极世界的建立使得美国凭借占绝对优势的综合国力取得霸主国地位，逐步建立了以布雷顿森林体系为核心的国际金融体系、以关贸总协定为核心的国际贸易体系、以北大西洋公约组织为核心的国际安全体系。不可否认，以美国为核心的霸权体系对二战后西方国家的经济恢复和政治稳定发挥了举足轻重的作用。

二、当前全球公共产品供给体系面临的结构性难题与困境

长期以来，全球公共产品供给方式呈现三种态势：一是霸权稳定供给；二是全球主义的集体供给；三是地区主义的合作供给。二战以后全球公共产品供给一直是霸权稳定供给，美国是全球公共产品的唯一供给者，并通过经济霸权、政治霸权、军事霸权、文化霸权的四大支柱实现全球资源配置和控制权。但随着其综合国力经过长期冷战消耗出现下降，以及近年来全球力量格局和利益格局对比的变化，导致全球公共产品领域面临几大方面突出挑战：

（一）"霸权国家"承担全球公共产品支出不堪重负

美国为全球公共产品特别是安全产品支付了高昂成本。美国军费开支明细显示，2016 财年美国国防军费预算总额超过 7700 美元，不仅继续高居全球首位，而且超过了世界多个主要大国国防预算的总和。其中，海外军事行动基金划拨约 506 亿美元预算，位列国防预算第三位，美国长期为其盟友提供了高昂的安全

防卫开支使其不堪重负。根据美国财政部数据，2016 财年美国债务规模达 19.98 万亿美元，比 2015 年底 18.92 万亿美元的政府总债务高出约 1 万亿美元，占 GDP 比重超过 106%。高昂的全球公共产品成本导致美国陷入"霸权困境"。在这种背景下，霸权国可以选择两条行动路线恢复体系的平衡：其一是寻求资源的增加，用更多的资源保持霸权地位，承担霸权义务；其二是减少现在所承担的国际义务和责任，特朗普政府选择了第二条路径。

（二）"免费搭车"现象导致全球公共产品出现"供给赤字"

作为全球公共产品的垄断提供者也面临其收益-成本不匹配问题。由于全球公共产品供给边际成本递增而边际收益递减的规律，霸主国国力衰退不可避免。同时还因为存在"免费搭车"现象，霸主国往往在长时期内为保持公共产品的供给而付出远远超过它应该承担的成本，这也导致全球公共产品供给不足风险越来越大。

（三）全球公共产品资金供给面临巨大的融资缺口困境

全球公共产品供给需要大量的资金投入，主权国家公共产品由国家政府通过征税来为其筹集资金，由于主权国家固有的自私性，任何一个国家对于国内公共产品的投入远远超过对全球公共产品的资金投入。在没有世界性政府的状态下，全球公共产品由于没有固定的资金来源和融资渠道也导致了全球公共产品供给困境。根据国际公共融资机构 Inge Kaul 统计，目前，全世界所有国家花费在公共产品上的公共开支大概有 6 万亿美元，其中，5 万亿来自于发达国家，1 万亿来自于发展中国家，其全球公共产品资金投入只占国家公共产品资金投入的 1/200 到 1/400 之间。

供给全球公共产品的国家公共开支可以分成发达国家和发展中国家公共开支及全球所有国家财政收入国际协调三部分,发达国家主要是通过官方发展援助(ODA)和债务减免及债务换发展协议来投入供给公共产品的资金,发展中国家则通过减少不必要的财政补贴来融资,这种资金投入总量的严重不足使得实现全球公利的全球公共产品难以有效供给。

(四) 全球公共产品利益分配与成本分担的严重不公平性

在全球公共产品供给中,尽管需要全球各主权国家的共同努力,但是目前全球公共产品的供给中发达国家作用更为关键。在享受全球公共产品带来好处的过程中各国政府的地位是不平等的,经济强国处于主导地位,弱国处于从属地位。强国可以根据自己的利益偏好,对自己最关切或利益攸关的问题,通过自己设定的规则程序,优先给予解决;而对弱国所关切的问题,则往往由于种种理由不能得到及时的解决。例如,在2010年国际货币基金组织对特别提款权进行改革之前,西方发达国家占据了总体份额的3/5以上,其中美国一国就占据了17.6%的份额。可见,全球公共产品供给中的利益分配与成本分担的不公平性,严重影响了全球公共产品供给的国际合作,导致全球公共产品供给的非合作困境,因此需要建立公平透明的需求表达和成本分担机制。

(五) 全球公共产品供给负外部性导致监管困境和治理失灵

在全球范围内"全球政府"并不存在,所以常常由于缺乏监管而导致全球公共产品被过度使用,引发"公地悲剧"和"治理失灵"问题。以全球金融公共产品为例,面临较大的监管困境:其一是全球货币政策的负外部性,国际储备货币的发行国货币政策具有较强的外溢性可以影响全球资本流动性及各国金融周期，以致各国会丧失货币政策独立性；其二是全球系统重要性金融机构的负外部性，系统重要性出现危机时会牵一发而动全身，造成整个金融体系的动荡甚至可能面临系统性风险；其三是全球金融监管的负外部性，各国金融监管各自为政，但全球金融治理要求金融监管的全球化，而各国存在利益冲突导致多数监管者制定政策更多的追求短期利益，而忽视全球金融的长期稳定。

三、中国在全球公共产品供给体系中的角色转变及其挑战

当前，全球化进入大国利益博弈的新阶段，亚太地区"经济上依赖中国、安全上依赖美国"的二元化趋势日趋明显，亚太正浮现一种新的公共产品供应比较优势结构，即中国在经济类公共产品供应方面拥有优势，而美国仍主导着对安全类公共产品垄断供给。二战后亚太区域经济类公共产品供应大致经历了四个发展阶段，中国也由此实现从资金供给到制度设计再到理念创新的角色转变。

（1）第一阶段：二战结束后的头20余年，亚太经济类公共产品的主要供应方是美国，其公共产品的最大成果是包括日本在内的东亚经济体快速崛起；

（2）第二阶段：自20世纪60年代中后期日本成为世界第三大经济体及美国自70年代战略调整后，美国逐渐将亚洲经济类公共产品供应权移交给了日本，后者主要通过其雁形发展模式为地区提供经济公共产品；

（3）第三阶段：随着日本经济在20世纪90年代中期陷入增长停滞，亚太经济类公共产品供应出现空白。而今中国为亚太各国提供经济类公共产品的能力和意愿上升。1997年亚洲金融危机之后，中国为亚洲国家提供的金融稳定公共产品便迅速得到其余国家的认可，2000年5月东盟"10+3"财长会议通过了"清迈倡议"，一方面完善东盟货币互换安排，另一方面在"10+3"范围内建立货币互换网络，作为稳定地区金融环境的手段。2009年5月，中国与东盟10国和日本、韩国强化了"清迈倡议"，正式签署了清迈倡议多边化协议，标志着区域外汇储备库建成成为东亚应对金融冲击的重要公共产品。

（4）第四阶段：近年来中国持续增长的前景使其提供区域性，公共产品的能力和意愿都大幅增加，特别是2013年以来，在"一带一路"重大倡议与亚欧互联互通合作框架下，积极推动搭建AIIB、丝路基金等新型国际金融组织，以及推动RECP、FTAPP贸易协定谈判进程标志着中国在亚洲区域经济公共产品供给方面起到了核心作用。

由此显见，随着综合国力的大幅提升，以及全面深化对外开放型经济体制，中国对现存国际秩序更加开放包容，为中国参与全球公共产品供给，应对全球、区域和国内挑战奠定了坚实基础。但我们认为，在全球领导力真空期和全球治理的调整期中国还不具备国际战略基础取代美国成为全球公共产品的"超级供给者"，总体而言，挑战大于机遇。

（一）中国还没有足够实力拓展经济类以外的全球公共产品供给

超越发展阶段和综合国力的全球公共产品供给可能是一个"陷阱"。以海洋公共产品为例，作为海洋霸权国家的美国几乎控制着包括马六甲海峡、苏伊士运河、曼德海峡、波斯湾、霍尔木兹海峡、直布罗陀海峡、斯卡格拉克海峡、卡特加特海峡、格陵兰－冰岛－联合王国海峡、巴拿马运河、佛罗里达海峡、阿拉斯加湾、非洲以南和北美航道等在内的全球16个主要航道，除此之外在海洋经济、海洋资源、海洋气候、海洋科技、海洋运输安全等海洋公共产品领域也拥有绝对的供给垄断和定价权。近年来随着中国逐步拓展海洋公共产品供给也引发了与美的冲突，导致"四海危机"（台海危机、东海危机、南海危机、黄海危机），以及在美国主导的两洋同盟制衡之下的"两洋困境"。

（二）美国战略制衡中国并全面强化全球公共产品供给垄断权

从权力角度看，全球公共产品供给在很大程度上也是一种权力的运用。在美国看来，随着中国经济崛起和提供地区经济类公共产品的能力、意愿和接受度的提升，中国为地区提供的经济类公共产品越多，其威胁态势就越明显。因此，奥巴马政府不仅增加了全球公共产品的排他性，通过跨太平洋伙伴关系协定（TPP）形成"公共产品俱乐部"将中国排除框架之外，还继续强化包括维持巩固现有同盟关系、构筑亚洲小北约、发展新型同盟朋友关系，以及议题联盟、临时性联盟等"软"同盟关系，全面加强全球及区域安全产品供给垄断权。

（三）美国通过"选择性供给"等方式挤压中国战略空间

"霸权稳定论"认为，在霸权国和国际体系出现危机的情况下，霸权国很难再依靠生产率优势，在国际体系恢复稳定开放的过程中迅速获得足够的收益。同时，霸权国的相对地位开始动摇，霸权国对挑战国通过"搭便车"行为从国际公共产品中获得不均衡收益的行为非常敏感。霸权国一方面希望利用有限的资源挽救其主导的国际体系，另一方面试图通过更加灵活有效的排他性操作，避免挑战者从中获益，威胁霸权地位。近年来，美国在全球公共产品供给方式上从"多边主义——区域主义——双边主义"的转变也遵循了这一规律。例如国际金融危机期间，美国通过美元货币互换网络逐步建立了"美元配给制"。2013年10月31日，美联储、欧洲央行、英国央行、日本央行、加拿大央行和瑞士央行启动美元互换机制，将现有的临时双边流动性互换协议，转换成长期货币互换协议。全球性金融危机救助需要大规模的资源投入，衰退中的霸权国需要收缩国际金融救助的范围，通过排他性措施精准地配置美元流动性，在稳定国际金融体系的同时确保霸权国际地位。美联储等6家央行的货币互换协议，构建美元最后贷款人的垄断配给机制，以美元为中心的货币互换机制长期化，很可能意味着，一个以美联储为中心、主要发达经济体央行参与的排他性超级国际储备货币供求网络已经形成。

综合以上分析，在当前全球现实条件下，单靠一国独立承担全球公共产品供给成本的可能性越来越小，依靠现存国际规制协调国际集体行动也会面临代表性不足等问题都增加了中国参与协调全球公共产品供给模式的风险。因此，国际秩序和经济全球化暴露出来的诸多问题表明，全球治理体制已站在一个历史拐点上，全面改革与完善全球公共产品供给体系与机制已是大势所趋。

四、参与完善全球公共产品供给体系的基本原则与路径

从全球利益格局演变以及全球公共产品供给体系发展走向上看，尽管中国已经是经济体量巨大的超级经济体，但仍是发展中国家，自身面临的瓶颈问题还很多，对外开放与结构性改革进入深水区，需要集中精力办好自己的事。特别是在美国通过国际政治、经济和安全领域的一套制度安排来确定利益分配模式，限定各国追求近期利益和远期利益范围的大背景下，中国还不能成为填补"权力真空"的"世界领导者"，"适度承担责任"应该是一项长期性坚持的均衡策略，不是权宜之计，而是国家长久大计。

我们认为，当前以及未来相当长时期应统筹考虑全面建成小康社会、实现中华民族伟大复兴、社会主义初级阶段取得胜利，把三者贯穿起来形成"三个一百年"战略构想，提升国家综合实力。在"三个一百年"宏伟蓝图战略指引下，应该按照"先易后难、先经后政、先周边后区域"的方针量力而行，稳步推进，要处理好"大与小""远与近""破与立"的辩证关系。同时把握好与霸权国竞争及合作的边界，应依靠共同合作，相一协调，携手行动，减少过度"免费搭车"的成本支出，降低收益过度被透支，努力规避被第三方绑架的风险。从供给内容来看，要更多地在小型倡议、次领域安排、局部创新等国际公共产品上做文章；从供给对象来看，应重点关注周边地区特别是邻近国家；从供给模式来看，应在改进现有国际公共产品不足的同时，在融入大国行列的过程中实现软着陆；从供给路线上看，根据不同发展

阶段，分步骤、分区域、分重点地规划全球公共产品供给路线图和行动纲领，采取"区别对待，分类管理"的策略。

五、政策实施建议

（一）积极探索"中国模式"的全球公共产品供给之道

作为成熟和负责任的大国贡献思想品和方案是更为高级的公共产品。当前，诸边、多边、区域和全球各个层面的国际协定与规则需要完善与重构。在积极构建新型大国关系，避免掉入"修昔底德陷阱"的前提下，应妥善处理好与美国等大国的战略互动以及供给机制上的协调与互信，并应该着力在培育制度和规则性公共产品的能力上下功夫，通过"改制"与"建制"双管齐下来谋求全球治理体系的变革。

（二）优先供给经济、贸易和气候变化等全球公共产品

从经贸领域的公共产品或准公共产品入手，以周边为优先，向国际社会提供富有中国特色的、有竞争力的全球经济公共产品，这可以达到"以小博大"的效果。进一步强化承担减排、减贫、国际对外援助、可持续发展等方面的公共产品供给。应积极培育除政府之外的市场、非政府供给主体，逐步从"低领域"到"高领域"，形成多层次稳定机制安排，分阶段逐步扩展到地区环境和全球公共安全等领域的全球公共产品供给。

（三）以"一带一路"为重点构建全球公共产品供给新机制

"一带一路"的非排他性、正外部性以及"三个共同体"的互惠共赢理念具有灵活性、共享性和开放性的弹性空间。可制定

"一带一路"国际公共产品供给指导纲要，研究各国家公共产品的需求，各国家在公共产品供给上的比较优势，通过更为高效的方式提供国家公共产品，实施国际公共产品的级别分类，有计划、有步骤地付诸实施。重点通过与沿线国家共同探讨包括建立全球价值链伙伴关系、基础设施融资制度、贸易投资便利化、金融风险与稳定互助等方面在内的公共产品构建可以在全球范围内推广复制的公共产品供给新机制。

（四）全球公共产品融资须发展融资与合作性融资制度安排

针对全球公共产品融资困境，应积极发挥国际税收、国家公共资本、国际公共资本、特别提款权融资、公共产品融资债券，以及公私合作PPP模式的综合融资优势，建立全球层面的公共产品预算分配机制与全球公共产品市场化定价机制。

参考文献

[1] 樊勇明、薄思胜：《区域公共产品理论与实践——解读区域合作新视点》，上海人民出版社，2011年版。

[2] 苑基荣：《东亚公共产品供应模式、问题与中国选择》，《国际观察》2009年第3期。

[3] 刘丰：《安全预期、经济收益与东亚安全秩序》，《当代亚太》2011年第3期。

[4] 巴里·布赞、奥利·维夫：《地区安全复合体与国际安全结构》，潘忠岐、孙霞、胡勇等译，上海人民出版社，2012年版。

[5] 张仕荣：《美国"亚太再平衡战略"及对中美关系的影响》，《当代世界与社会主义》2012年第4期。

[6] 刘昌明、孙云飞：《安全公共产品供求矛盾与东亚安全困境》，《当代世界社会主义问题》2014年第1期。

[7] 苏长和：《全球公共问题与国际合作》，上海人民出版社，2000年版。

[8] 许航敏：《全球公共产品：演进的公共产品理论》，《地方财政研究》2007年第4期。

［9］英吉·考尔、佩德罗·康赛桑：《全球公共产品在当今世界为何举足轻重?》引自英吉·考尔等编：《全球化之道——全球公共产品的提供与管理》，人民出版社2006年版。

［10］Atkinson, A. B. (ed.).. New Sources of Development Finance. UNU. WIDER Studies in Development Economics. Oxford University Press, 2004.

［11］Arce M., Daniel Ctand Todd Sandier. Transnational Public Goods: Strategies and Institutions. European Journal of Political Economy. 2001. (17)

［12］参见美国国际贸易委员会网站："The Trans-Pacific Paternership", http:///www. Tradd. gov /mas/ian /tradea ~ greements/multilateral/index. Aspa

贸易与投资篇

国际大宗商品价格 2018 年还会先抑后扬吗?

(中国国际经济交流中心经济研究部
副部长、副研究员) 刘向东

[摘 要] 2017 年以来,国际大宗商品市场整体呈现先抑后扬的走势,总体保持平稳态势。国际油价震荡走高,天然气价格趋稳,有色金属价格涨幅较大,铁矿石价格宽幅震荡,贵金属价格稳中有升,农产品价格温和回落。预计 2018 年国际大宗商品价格将逐步温和回暖,国际油价小幅回升,天然气价格稳步上涨,铁矿石价格维持低位,有色金属价格趋于平稳,贵金属价格受美元走强的抑制,农产品价格将稳中略升。

[关键词] 国际大宗商品价格 国际油价美元指数 RJ/CRB 指数

2017 年以来,国际大宗商品市场并没有像 2016 年那样表现出结构性牛市行情,而是在年初首先经历较长一段不景气的时期,直至下半年商品价格才开始呈现反弹趋势,但整体上并未恢复到年初的水平。分品种来看,商品价格走势分化的格局并没有改变，工业品和农产品价格仍呈现分化走势特征，工业品呈现震荡上涨，而农产品温和回落。

一、国际大宗商品价格呈现先抑后扬的态势

2017年国际大宗商品市场并未延续2016年景气回升的态势，相反的是在年初走出一段持续下行的行情，下半年虽然呈现一定反弹，但并未出现大幅度上涨的行情。从路透/Jefferies商品研究局指数（Reuters/Jefferies CRB Index，简称RJ/CRB[①]）走势看，2017年以来该指数经历约半年时间的震荡下行行情，由年初的高点195.14点（1月17日）下降至年中的166.50点（6月22日），降幅约14.68%，随后该指数有所反弹，截至10月27日达到186.89点，仍较年初的高点下跌了4.23%（参见图1）。CRB现货综合指数走势与RJ/CRB指数走势下半年呈现一定的背离特征。除了两个指数的商品构成不同外，商品现货价格通常较期货价格有滞后性，并且受到投机炒作的冲击幅度相对较小。

---

① RJ/CRB商品价格指数是2005年6月由路透集团与Jefferies集团旗下的Jefferies金融产品公司调整路透商品研究局（CRB）指数更名后的商品价格指数。该指数涵盖的商品品种有19种，能源类包括原油（23%）、取暖油（5%）、无铅汽油（5%）、天然气（6%）等4种，金属类包括黄金（6%）、白银（1%）、铜（6%）、铝（6%）、镍（1%）等5种，农产品类包括大豆（6%）、小麦（1%）、玉米（6%）、棉花（5%）、糖（5%）、冰冻浓缩橙汁（1%）、可可（5%）、咖啡（5%）、活牛（6%）、瘦肉猪（1%）等10种。括号内标注的为计算指数时各品种的权重。

国际大宗商品价格2018年还会先抑后扬吗?

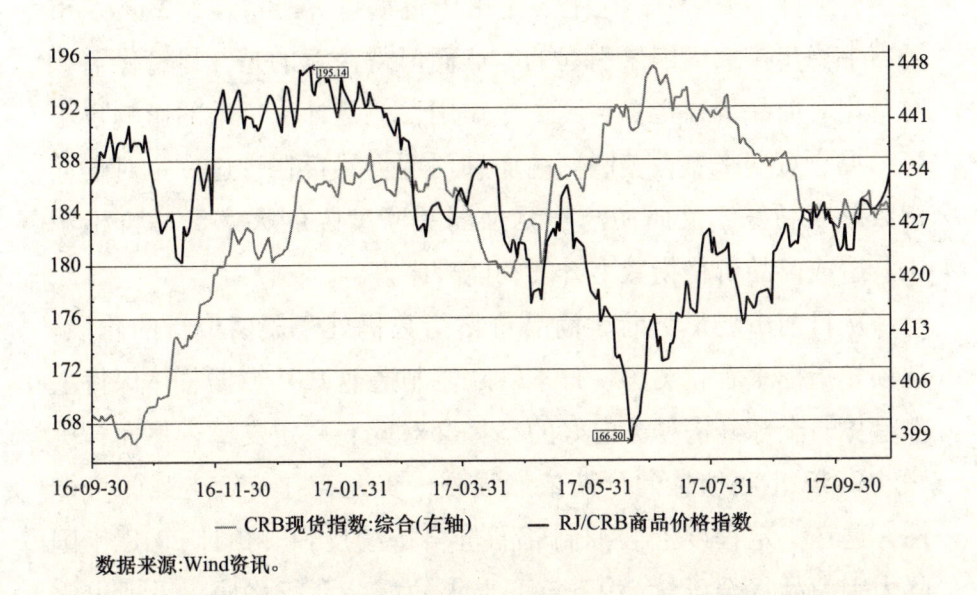

数据来源:Wind资讯。

图1 2017年RJ/CRB商品价格指数与CRB现货综合指数走势

国际大宗商品价格的波动主要受供求关系的影响,但也会受到货币流动性、市场预期以及投机炒作等因素驱动。从供需相对变化来看,2017年上半年,全球经济复苏回暖对国际大宗商品市场形成一定支撑,美国经济复苏并未如预期那样强劲,尽管中国经济出现超预期的增长,但是受前期供给侧收缩的影响,中国传统产业部门对能源、有色金属等工业原料的需求并不旺盛,而前期供应累计的库存尚处于消化阶段,受到巨大库存的影响,国际商品价格维持低迷。2017年下半年,国际大宗商品市场的外部环境有所好转,美国三季度GDP环比增长初值3%好于预期,中国三季度经济增速维持6.8%的平稳增长,经济连续9个季度运行在6.7%–6.9%的区间,中国在世界上贸易需求仍具有较大增长潜力。需求回暖和补库存需要自然会引导大宗商品价格出现一定反弹。比如说,2017年8月份,很多工业原料产品价格呈现不同程度的上涨,国际能源价格上涨4.4%;金属和矿产价格上涨得更多，上涨了8.2%；这主要是由于近期世界经济持续复苏、市场需求稳步扩大等因素引起的。然而值得注意的是，尽管供需相对变化对商品价格走势起到主导作用，但是计价货币的影响也不容忽视。短期来看，美联储的加息预期仍然存在，这一定对美元指数形成利好，反而使与美元强弱关联度强的大宗商品价格承压，造成商品价格指数上升的动能有限。

从目前市场形势看，商品价格指数仍处于震荡上行的阶段。从领先指标来看，美国、日本、欧盟制造业PMI数据总体保持上涨趋势，全球经济复苏向好的态势会对此有一定支撑。然而，美联储2017年底加息的预期依然强烈，美元存在持续走强的可能性，这在一定程度上会抑制商品价格持续反弹。预计2018年国际大宗商品将会延续2017年下半年的震荡上行格局，呈现出震荡中略升的态势。据世界银行2017年10月26日发布的《大宗商品市场前景》预测，2018年大宗商品价格有望出现回升，包括石油、天然气和煤炭在内的能源类大宗商品，预测价格在2017年跃升了28%之后，2018年或将再攀升4%。我们预计，在各种多空因素博弈作用下，大宗商品价格的回升幅度相当有限，不会像2014—2015年那样出现较大幅度的波动。

二、国际油价整体呈现震荡中略升的走势

受欧佩克于2016年底达成减产协议后，2017年前半段基本延续2016年后期的平稳走势。2017年下半年，无论是布伦特原油期价还是WTI原油期价均呈现持续回升的走势。截至2017年10月27日，布伦特原油期货结算价已攀升至每桶60.44美元，较年初上涨了约9%左右，WTI原油期货结算价上涨至每桶

53.90美元，较年初上涨约3%左右（见图2）。短时期内，欧佩克以外产油国的产量增长速度预计将和全球需求的增长速度大体持平，库存将不会出现实质性的下降。在此情形下，国际油价可能还会延续当前的涨势，尤其是随着需求增强和供应平稳，国际油价保持缓慢的上升。

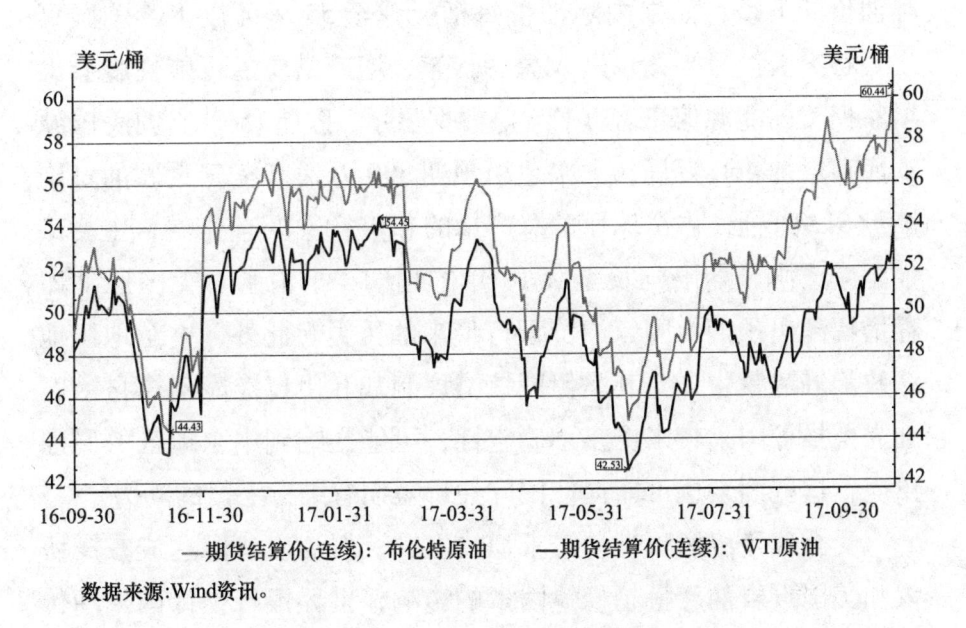

数据来源：Wind资讯。

图2　2017年Brent和WTI原油期货结算价走势

需求端的快速回暖支撑短期油价回升。2017年以来，国际原油需求市场以每天160万桶的速度增长，国际能源署（IEA）将2017年需求增长预测提高至1.7%。国际油价的波动主要受供给端产量和库存调整的变化影响较大。2016年12月初，欧佩克（OPEC）与俄罗斯等非欧佩克产油国达成减产协议，14个欧佩克主要产油国一致同意将日产油量减少120万桶，设定欧佩克国家合计日产油上限为3250万桶。在供给有效减少的情况下，短期油价通常会获得一定支撑。2017年以来，国际油价的确出现一定反弹，尤其是下半年呈现出逐步攀升的态势，一定程度上受益于需求回暖和供给收缩的影响。沙特、俄罗斯等支持欧佩克及其他生产国实施进一步减产，将会维持对油价的上行压力。如果以后欧佩克及其他生产国不能再进一步将即将到期的3月减产协议进行续签，就有可能推动价格下跌。美国页岩油增产也会导致国际油价的下跌，如果国际油价每桶反弹至55美元以上，美国页岩气将突破盈亏平衡点进入盈利状态，增产供应的可能性就会大增。据美国能源信息署（EIA）数据显示，9月15日当周美国原油库存增加460万桶，大幅超出预期390万桶（美国页岩油日均产量612万桶，占全球原油总产量的8.0%）。目前来看，主要产油国减产协议期限延长至2018年的预期，抵消了对美国原油库存增幅超出预期给国家油价下行带来的压力。此外，中东地区地缘政治局势紧张，尤其是伊朗核协议制裁和伊拉克库尔德自治区独立公投等因素带来更多不确定性，可能影响到中东地区的原油供应，这些因素也可能促使国际油价短期有维持上行的动力。

受全球经济回暖带动需求稳步上升、石油出口国达成减产协议和美国页岩油产量趋稳等因素的影响，世界银行预计国际油价将从2017年的每桶53美元涨至2018年每桶56美元，涨幅仅有5.66%，将会比2016年的平均油价上涨20%以上。考虑到全球范围尚没有大宗商品的超强劲消费需求者，而且大宗商品交易监管趋严（如多德－弗兰克法案），造成投资银行在商品市场的冒险行动有所收敛，美元走强也造成以对冲通胀为主的市场参与者减少，这意味着很难有超长周期的商品牛市，即便商品价格反弹也会是短周期的弱复苏，由此我们业预计国际油价的阶段性上涨机会仍然存在，但是快速反弹到2012年时的高点将是难以期待的。尽管国际油价在很大程度上取决于石油生产国是否寻求延长减产。相比以往，油价波动幅度较小，国际油价波动率呈现下降态势，这也令投资者和投机者的交易盈利的难度较大，从而使他们对市场的参与度降低。基于此，我们认为，WTI 油价突破 50 美元后向上涨幅将会收窄，中长期上限中枢可能会在 55—60 美元之间。

三、国际天然气价格呈现宽幅震荡趋稳的走势

2017 年以来，国际天然气价格由宽幅震荡逐步趋向平稳。从纽交所 NYMEX 天然气期货收盘价走势看，2017 年初天然气期价有一个宽幅的震荡，年内由 1 月 16 日的每百万英热单位 3.48 美元下降至 2 月 21 日每百万英热单位 3.48 美元的低点，跌幅达到 25.86%，此后又出现一波快速的上涨，到 5 月 12 日重回到每百万英热单位 3.43 美元，涨幅高达 32.95%，进入下半年后天然气价格略有回落，但是并未出现上半年那样的宽幅震荡，而是维持在每百万英热单位 2.9 美元附近窄幅震荡。英国天然气期货收盘价表现出与纽交所天然气价格略有不同，IPE 英国天然气期价走势呈现出先低后高的 V 型走势（见图 3）。两者的差异主要是受到不同区域天然气供应来源的差异，英国天然气定价更多是欧洲管道天然气市场，而美国市场的天然气定价依赖于美国天然气管网中亨利枢纽的现货价格。除了炒作因素外，国际天然气价格走势更多是受到供需变化的影响。其中中国需求是影响国际液化天然气（LNG）价格走势的重要因素，因为中国推进的煤炭去产能机会和对大气污染治理的严格监管，将会促使煤改气进程的加速，扩大对天然气的利用，而中国天然气进口量呈现持续增长态势。

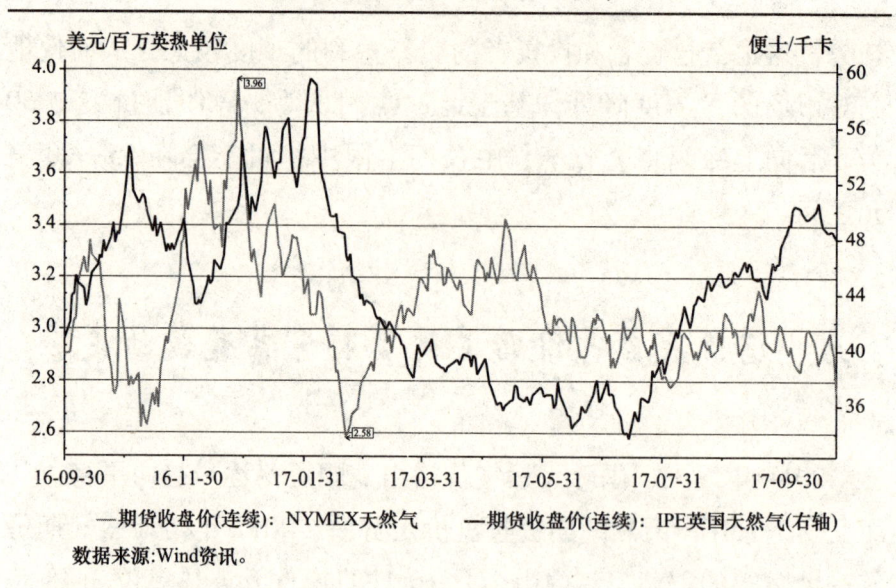

图 3　2017 年 NYMEX 天然气期价和 IPE 英国天然气期价走势

考虑到天然气作为清洁能源用于替代燃煤和燃油，未来世界对天然气需求还会有所增长，特别是中国需求将会成为推动国际天然气价格上涨的重要力量。据世界银行的预测，预计 2018 年天然气价格将会稳步上涨，NYMEX 天然气期价的上涨空间约为 3% 左右。我们认为，受益于全球经济复苏，尤其是工业品出口价格的回升，很多化工和化肥厂盈利得到改善，将会进一步提升产能，再加上新兴市场强劲稳定的需求，预计国际天然气价格可能还会有所攀升，整体上涨空间很有可能会超过 3%。

四、国际铁矿石价格呈现先升后降、再升再降的震荡走势

2017 年以来，国际铁矿石价格经历了大起大落的宽幅震荡走

国际大宗商品价格 2018 年还会先抑后扬吗？

势。以新加坡交易所铁矿石掉期当月价格走势为例，2017 年初铁矿石掉期价格延续 2016 年末的强势行情，攀升至每公吨 90.16 美元，较年初每公吨 74.28 美元的价格上涨了 21.38%；此后震荡下行至 6 月 13 日的每公吨 53.66 美元，跌幅高达 40.48%，随后两个月铁矿石掉期价格呈现一波反弹至每公吨 77.80 美元（9 月 5 日），呈现出约 44.99% 大幅上涨，随后两个月再次下跌，截至 10 月 25 日跌至每公吨 60.40 美元，跌幅达到 22.37%。上清所铁矿石掉期结算价与新加坡交易所铁矿石掉期结算价走势比较类似（见图 4）。

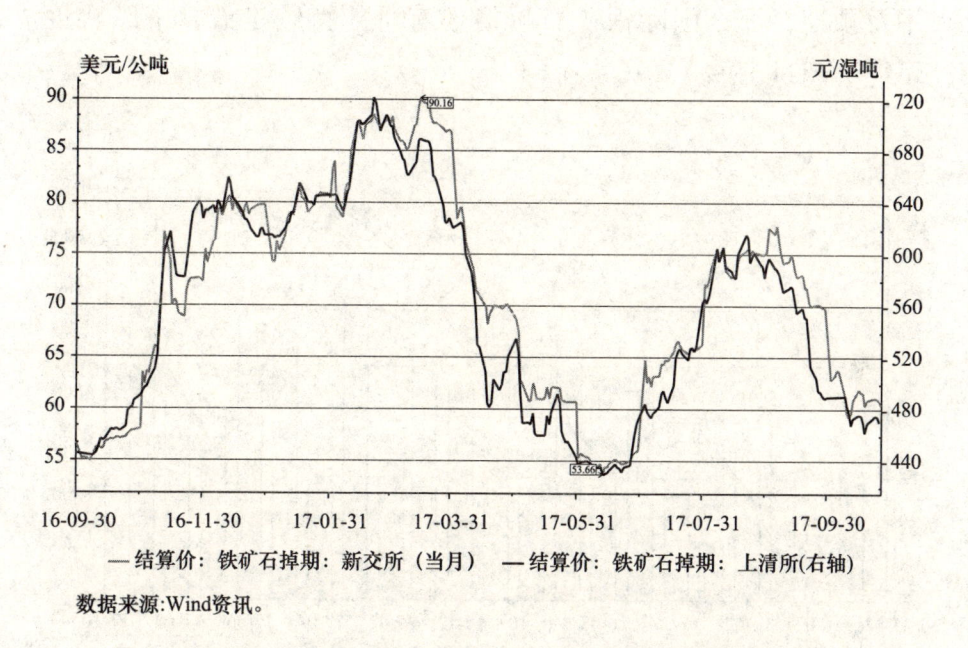

数据来源：Wind 资讯。

图 4　2017 年新交所铁矿石掉期价和上清所铁矿石掉期价走势

从铁矿石的供需关系看，在国际矿商前期扩张产能陆续投产的情况，中国钢铁行业去产能进程对国际铁矿石价格会产生一定的影响。据中国海关总署统计，2017 年前三季度中国进口铁矿砂及其精矿累计约 8.17 亿吨，同比增长 7.1%，进口金额累计585.22亿美元,同比增长41.9%,其中进口平均价格为每吨71.65美元,同比增长33.73%。主要受国内需求走旺的影响,我国铁矿石进口均价自2016年初开始攀升,并于2017年4月达到每吨83.38美元的年内顶点,此后受压缩钢铁产能的影响,铁矿石进口需求有所减弱,从而促使铁矿石进口均价连续三个月走低(见图5)。随后我国铁矿石进口均价有所反弹,主要得益于钢铁价格出现了回升。考虑到国际港口的铁矿石库存量数据位于高位,国际铁矿石价格缺少持续上涨的动力。如果2018年中国钢铁持续减少产能压缩产量,对铁矿石的需求不及预期,那么国际铁矿石价格还有可能持续走低,下跌幅度可能会超过10%。

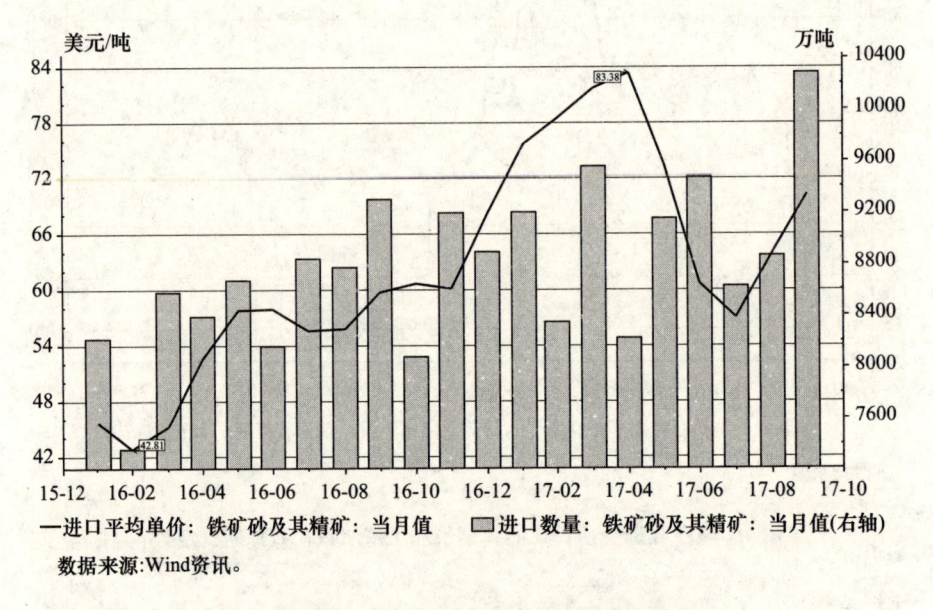

图5　2016年以来我国进口铁矿石当月数量及均价

五、国际有色金属价格上涨动能呈现减弱态势

截至 2017 年 10 月底,国际有色金属市场整体表现出震荡上行态势。据世界银行 10 月报告预计,2017 年基本金属价格将会上涨 22.4%。从伦敦金属交易所的铜铝期货价格看,LME3 个月铜收盘价和 LME3 个月铝收盘价均呈现出震荡上行的态势。其中,LME 铜价由年初的每吨 5481.5 美元(1 月 3 日)攀升至每吨 7130 美元(10 月 16 日)的高点,涨幅达到 30.07%;LME 铝价则由年初的每吨 1687 美元攀升至每吨 2190 美元(10 月 25 日和 26 日),上涨了约 29.82%。从图 6 可以看出,铜和铝的期价走势比较相似,后续价格虽有所回落,但在供需基本平衡的情况下,后续两者价格走势不太可能出现大幅的涨跌。2017 年以来铜和铝价格持续上升主要得益于发展中国家用铜量和用铝量的稳步增加,这是因为发展中国家的快速工业化和城镇化水平持续提高,增加铜、铝的消费量,而近期因铜矿和铝矿投资下降可能造成矿山供应增速放缓。例如,2017 年全球铜的供需基本平衡,发展中国家对铜的需求保持稳定,特别是亚洲发展中国家的工业化和城镇化需求,2016 年亚洲地区的用铜量占到全球消费量的 69%,但 2017 年上半年,主要消费国表观用铜量较 2016 年同期减少 26 万吨,主要因中国的精铜净进口量减少近 20%;同时,全球铜矿产量出现了负增长,主要因智利、加拿大、美国、蒙古、印尼等国家铜矿减少量超过哈萨克斯坦、秘鲁、墨西哥、巴西、中国等国家的铜矿增加量。国际铜研究组织(ICSG)报告显示,2017 年前 7 个月,全球精炼铜市场供应短缺 16.3 万吨,

2016年同期短缺28.1万吨，这意味着未来供需缺口收窄，铜价持续上行的动能有所减弱。未来几年，考虑到前期投资的产能投产，铜、铝等工业原料的新增产量将会有所增长，但"一带一路"倡议催生的大规模基础设施建设和电动汽车带来的产业革命将会提振铜、铝、锌和镍等工业原料的需求。由于全球铜矿供应拐点已现，2020年之前无大型矿山投产，我们预计，2018年LME铜价将在每吨6000美元—8000美元之间震荡。在需求稳定增长的情况下，铜价有望继续上涨。同期，LME铝价将在每吨1500美元—2500美元之间震荡，如果下游表现依然不佳，社会库存继续小幅回升，LME铝价将会承压。

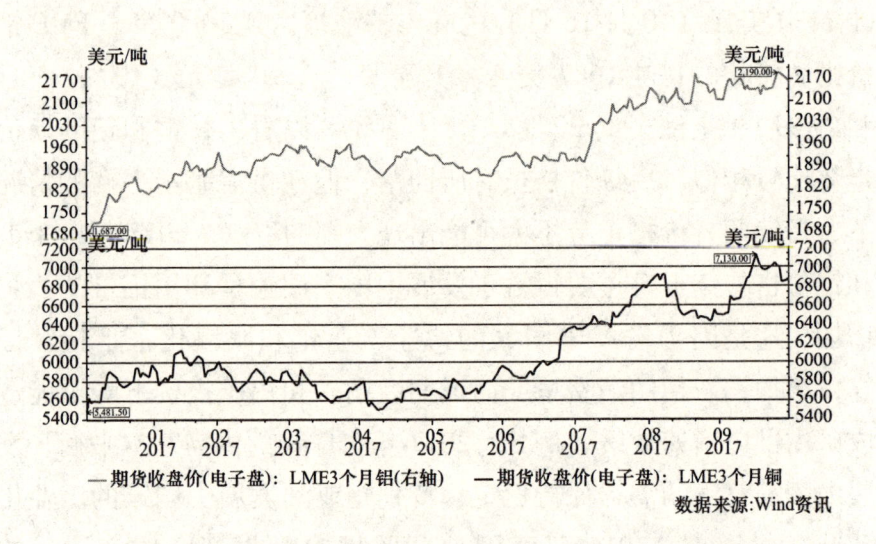

图6 2017年LME3个月铜与3个月铝（电子盘）期价走势

截至2017年10月底，锌、镍、铅等小金属价格基本呈现震荡走高的态势。其中，LME 3个月锌期价年内低点为每吨2441.5美元（6月7日）随后震荡攀升至每吨3296吨（10月5日），上涨幅度约35.0%，而LME 3个月镍期价走势类似，年内低点出现在6月12日的每吨8740美元，随后呈现出上升态势，到9月

4日攀升至年内高点每吨12280美元,涨幅高达40.50%（见图7）。相比较而言,LME 3个月铅价的年内低点出现在年初的每吨2006美元（1月3日）,随后震荡上行至每吨2599美元（10月3日）,涨幅高达29.56%。与众不同的是,LME 3个月锡的年内最低点为6月9日的每吨68790美元,而年内的高点则是年初的每吨21150美元（1月10日）,下跌幅度为11.16%,随后虽有所反弹但最高上涨至每吨21020美元（10月5日）,而到10月30日再次跌至每吨19430美元,较年初高点仍下跌8.13%。LME锡价表现不同的走势,主要受需求不佳和库存充足的影响,其中电子、光伏等终端需求增速放缓,特别是中国国内锡市场存在供过于求的略微过剩状态,而LME锡库存维持在2090吨的相对充足位置,因此LME锡价2017年表现疲软,预计2018年锡价将会趋于平稳,一方面是印尼、缅甸低成本锡的后续供给不足,矿锡产量呈现下滑态势,而随着2017年中国取消精锡出口关税和出口配额,那么中国锡锭可以自由流入国际市场,将会抵消印尼、缅甸锡锭产出下降的情况,引导国际锡锭市场价格趋于平稳。

数据来源：Wind资讯。

图7　2017年LME 3个月锌与3个月镍（电子盘）期价走势

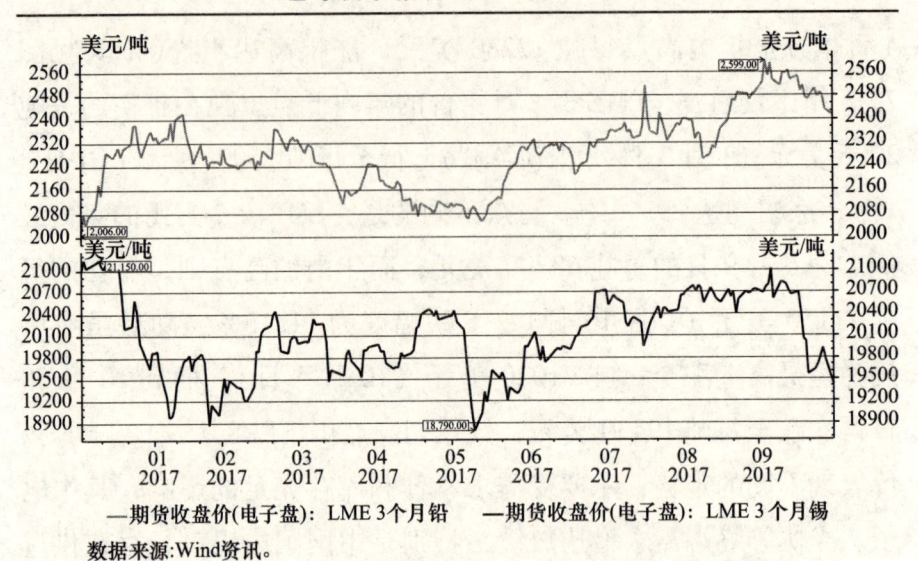

图8 2017年LME 3个月铅与3个月锡（电子盘）期价走势

　　从供求关系上看，基本金属的供应相对平稳甚至有所趋紧，而金属价格受需求的变化影响较大。特别是受中国市场需求的影响较大。从中国经济走势看，2017年前三季度保持在6.9%的超预期增速，引发基建投资市场活跃，由此带动上游原材料价格的上涨。考虑到2018年中国经济不再维持在6.9%的超预期增长，特别是基建投资的拉动可能会出现下降，这意味着国际基本金属价格持续上涨的动能减弱。由此世界银行预计，国际基本金属价格2018年将会下降0.7%。我们预计，基本金属价格除了受宏观需求影响外，很多小品种的金属可能受产业发展空间影响很大，预计铜、铝等大宗工业原材料价格未来可能趋于平稳，但是铅、锌、镍等小品种金属可能会随着新兴产业的爆发式增长而需求量大增，因而存在单品种价格出现大幅上涨的可能性。比如，新能源汽车的井喷式发展导致锂电池需求量猛增，从而带动相关有色金属价格出现攀升；而供应紧张也可能推高铅、镍和锌等基本金属价格。

六、国际贵金属市场价格仍会受到美元走强的抑制

2017年以来,国际黄金和白银价格出现一定幅度的上涨,但两者走势并不完全相似。以纽约商品期货交易所(COMEX)黄金和白银期价走势看,截至2017年10月底,COMEX黄金期价由年初的年内低点每盎司1158.7美元(1月3日)震荡上行至每盎司1349美元(9月7日),涨幅达到16.42%,随后有所回落但仍维持高位运行,10月30日为每盎司1273.2美元,比年初低点仍高出9.88%。与之走势不同的是,COMEX白银期价则由年初的每盎司16.43美元(1月3日)攀升至年内高点每盎司18.5美元(4月13日),涨幅达到12.60%,而随后出现一段震荡下跌,跌至每盎司15.48美元的年内低点(7月7日),较前期高点跌幅高达16.32%,随后有所回升,但反弹幅度并不大,截至10月30日的价格为每盎司16.82美元,仅仅较年初略微上涨了约2.37个百分点(见图9)。

从历史走势看,贵金属价格受到美元强弱的影响较大,通常与美元指数呈现一定的负相关。从美元指数走势看,2017年初美元指数处于103.28点的高位(1月3日),此后随着美国经济表现差强人意和特朗普新政对货币保持宽松的需要,美联储加息的预期并不如以往强烈,在此情形下美元出现较长时间的疲软,持续到9月8日下跌至年内低点91.33点,与年初的高点相比下跌了11.57%,这与黄金期价的年内涨幅相差无几。随后美元指数呈现缓慢攀升态势,截止到10月30日上涨至94.49点,比年内低点上涨了3.46%。随着美联储换帅结束,美联储年底加息的预期并未

数据来源：Wind资讯。

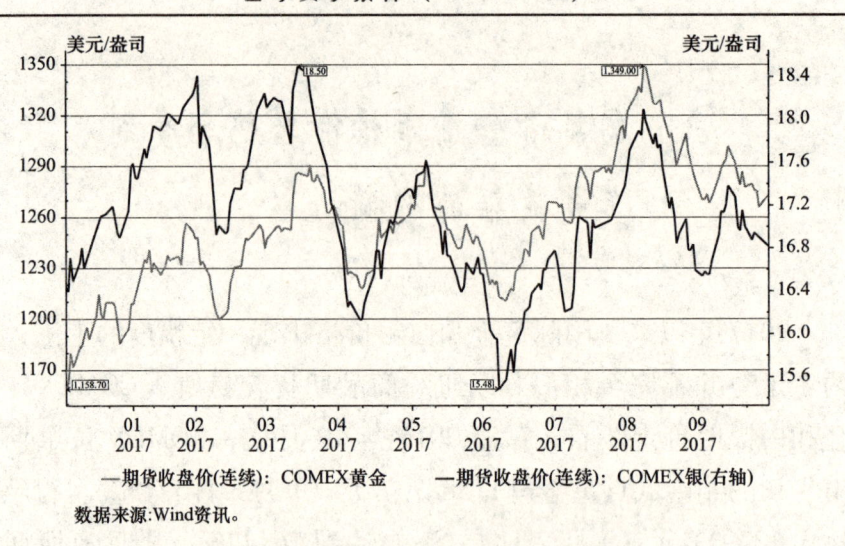

图9 2017年COMEX黄金与白银期价走势

解除，预计贵金属价格中长期仍然会面临着美联储加息预期带来的压力。我们预计，受美国加息预期和美元逐步走强影响，预计2018年出现回落，COMEX黄金期价可能会维持在每盎司1200美元左右，而白银平均价格可能会维持在每盎司16.5美元左右。

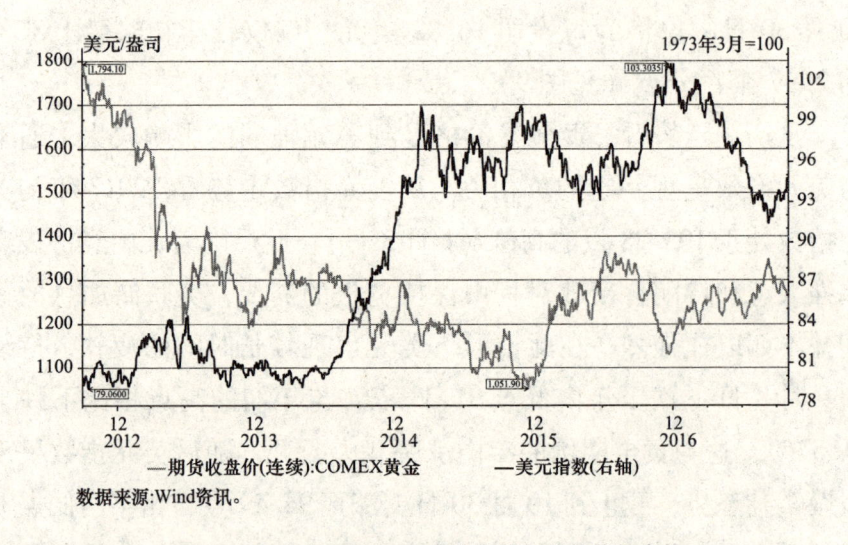

数据来源：Wind资讯。

图10 2017年COMEX黄金期价与美元指数走势

七、国际农产品价格保持稳中回落后略升的走势

2017年以来，国际农产品价格温和回落，呈现微幅震荡下行态势。根据联合国粮农组织编制的农产品价格指数，2017年谷物价格指数总体呈现先升后降的趋势，其中年内低点为4月指数值的146点，而年内高点出现在7月份，达到了162.2点，而到9月再次降至152.2点，这种变化有一定的季节因素在内。与此不同的是，油和油脂价格指数、食糖价格指数均呈现出温和回落的态势，分别由年初的高点趋势性下降（见图11）。另据世界银行10月报告预计，2017年国际农产品价格可能小幅下降0.6%，其中粮食价格将下降0.2%，主要是农产品供应相对充足，并未出现天气灾害导致大规模减产，全球农产品市场供应良好，确保农产品价格并未出现大幅度的涨落。

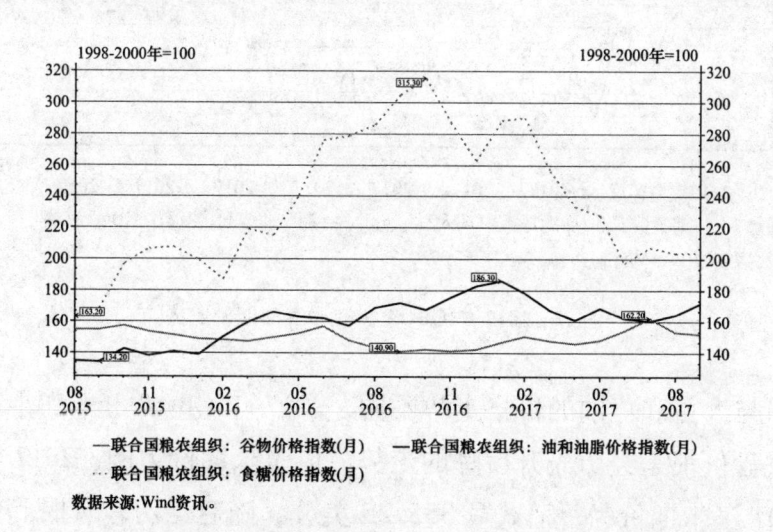

图11 2017年联合国粮农组织谷物、油和油脂、食糖价格指数走势

从芝加哥商品交易所（CBOT）期货价格走势看，2017年CBOT大豆和豆油期货收盘价走势特征类似，都是经历温和回落和小幅反弹的过程。以CBOT大豆期价为例，从年内的高点每蒲式耳1074美分（1月18日）逐步下跌至每蒲式耳903.5美分（6月27日），下跌幅度达到15.88%，随后呈现弱势反弹，到10月30日达到每蒲式耳972.25美分，比年初的高点下跌了9.47%。CBOT豆油价格也是有年初每磅35.82美分的年内高点（1月12日）下跌至每磅31.19美分的年内低点（4月13日），随后也经历一个震荡回升的过程，直至10月30日回到每磅34.63美分，也未超过年初价格的高点（见图12）。

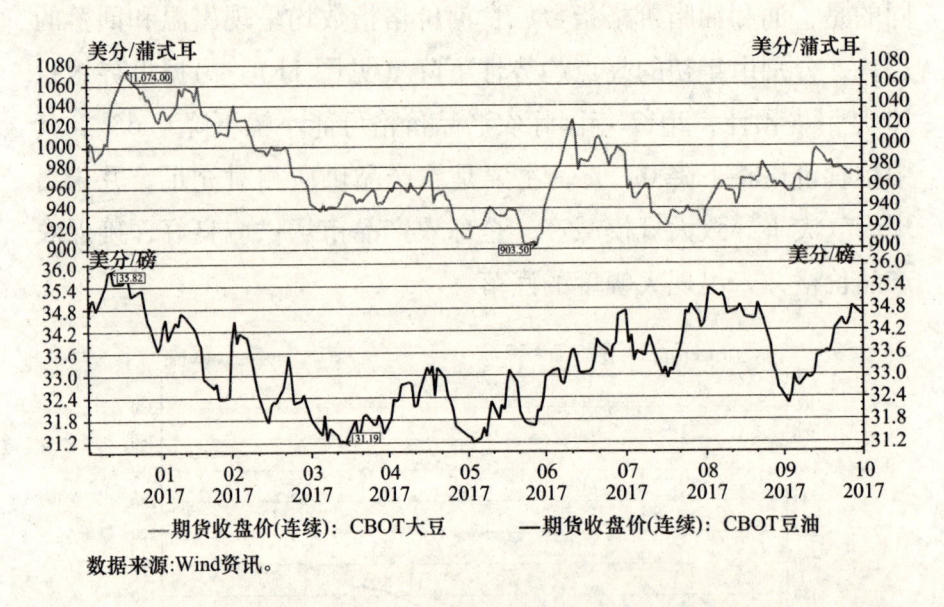

数据来源：Wind资讯。

图12　2017年CBOT大豆和豆油期价走势

与大豆和豆油的价格走势不同，2017年CBOT玉米和小麦期货收盘价都是经历先升后降的走势。以玉米期价为例，2017年初CBOT玉米期价为每蒲式耳355.25美分，随后经历较长时间的缓慢攀升至每蒲式耳392.0美分（7月10日和11日），上涨幅度约为10.34%，此后出现快速的回落，到8月30日就下跌至年内低点每蒲式耳329.25美分，跌幅高达16.01%，此后又经历一阵缓慢反弹，到10月30日CBOT玉米期价仅为每蒲式耳348美分，尚未反弹至年初的水平，这预示着全年玉米价格同比将会小幅下降。与CBOT玉米走势相似，CBOT小麦期价也是由年初的每蒲式耳407.25美分（1月3日）经过较长时间缓慢攀升至每蒲式耳540.5美分的年内高点（7月5日），此后也经历一个急跌，下降至每蒲式耳399.75美分的年内低点（8月28日），随后反弹空间有限，10月30日价格为每蒲式耳425美分，略高于年初的价格，全年预计会呈现略微上涨（见图13）。

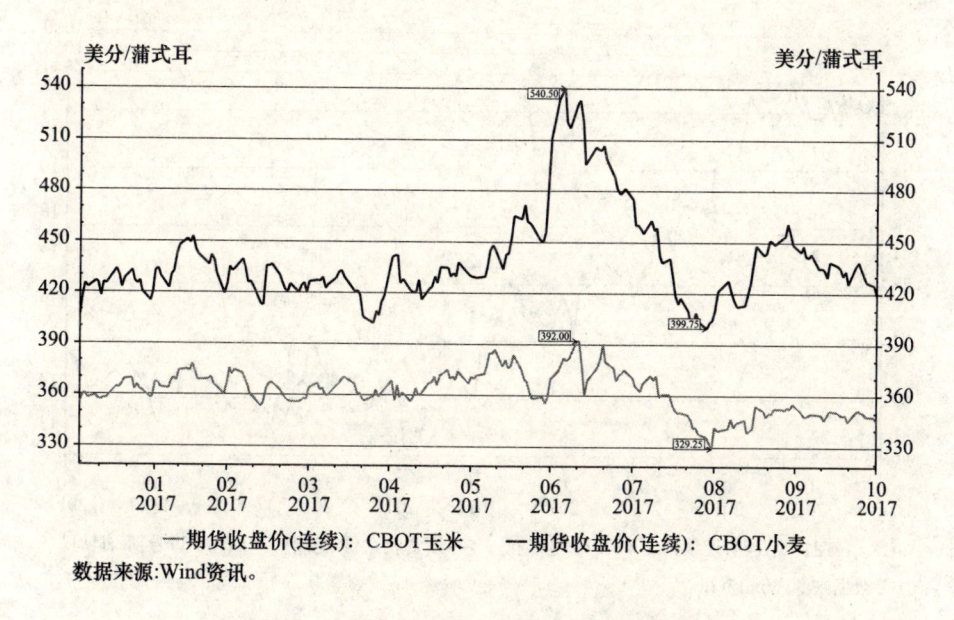

图13 2017年CBOT玉米和小麦期价走势

纽约商品交易所（NYBOT）2号棉花期货收盘价与CBOT玉米和小麦的期价走势类似，2017年内都是先经历冲高后回落的态势。NYBOT 2 号棉花期价由年初的每磅 71.69 美分（1 月 3 日），逐步上涨至每磅 85.59 美分的年内高点（5 月 15 日），涨幅达到了 19.39%，之后出现震荡回落态势，于 7 月 13 日下降至每磅 66.49 美分，比年内高点下降了 22.32%，此后虽有小幅反弹但到 10 月 30 日的价格只有每磅 68.65 美分，仅仅较年内低点反弹了 3.25 个百分点，较年初的价格下跌了 4.24%。与棉花价格走势不同的是，NYBOT11 号糖期价而是由年初的年内高点每磅 21.18 美分（2 月 6 日）持续下跌至年内低点每磅 12.56 美分（6 月 28 日），跌幅高达 40.7%，此后从年内低点略有反弹但上涨动能不足，截至 10 月 30 日 NYBOT11 号糖期价为每磅 14.71 美分，较年初的高点仍下跌了 30.55%（见图 14）。

——期货收盘价(连续)：NYBOT 2号棉花　　——期货收盘价(连续)：NYBOT 11号糖(右轴)
数据来源:Wind资讯。

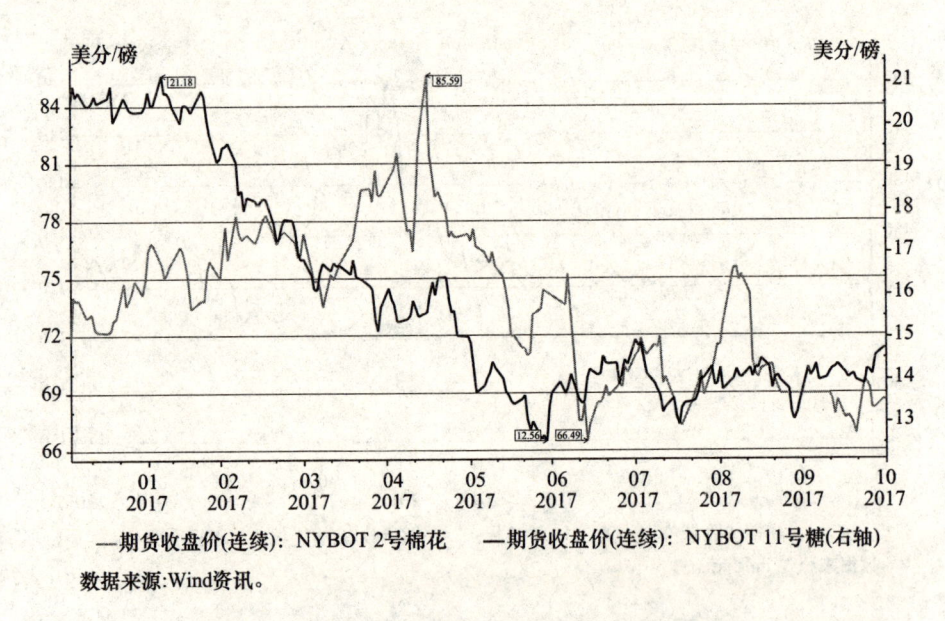

图 14　2017 年 NYBOT 2 号棉花和 11 号糖期价走势

即便受到像厄尔尼诺现象这样的极端天气导致部分农产品减产，前期未出现极端天气时全球农产品产量增速持续高于消费量增速，全球农产品供给总体维持相对充裕状态，而消费需求仍会以较低速度缓慢增长。可以说，国际农产品市场供需基本面总体将保持宽松。再加上原油价格低位运行，美元指数自2013年以后持续走强，2018年美联储加息预期不减，预计国际农产品市场价格大幅反弹的可能性不大，除非发生极端天气引起作物严重减产，可能会导致农产品价格出现大幅上涨。据世界银行10月报告预测，2018年农产品价格将会小幅上涨1%左右，其中粮食价格涨幅稍大一些，可能将上涨1.9%左右，而谷物及油料和油粕价格微幅上涨；考虑到小麦和玉米的库存水平将处在合适水平上，两者的价格可能与2017年持平。

参考文献

1. U. S. Energy Information Administration Agency. International Energy Outlook 2017. https：//www.eia.gov/outlooks/ieo/pdf/0484（2017）.pdf.

2. U. S. Energy Information Administration Agency. Short-Term Energy Outlook. https：//www.eia.gov/outlooks/steo/pdf/steo_full.pdf.

3. World Bank Group. Commodity Market Outlook. http：//pubdocs.worldbank.org/en/743431507927822505/CMO-October-2017-Full-Report.pdf. October, 2017.

4. 林采宜、宋天翼：《国际油价的中长期顶部在哪里?》，《国泰君安宏观研报》2017年9月28日。

5. 刘向东：《国际大宗商品价格走势分析及展望》，《国际经济分析与展望》（2016~2017），社科文献出版社，2017年4月版。

6. 王军、刘向东：《抓住大宗商品价格中长期低迷机遇重构中国全球能源资源战略》，《全球化》2015年第6期。

7. 杨静、赵军华：《近10年国际农产品市场价格分析及展望》，《农业展望》2017年05期。

2017—2018年中国对外直接投资分析与展望

(中国国际经济交流中心博士)吕云荷

[摘　要] 本文通过对2017年及之前年度中国对外直接投资的系统分析，总结了中国对外直接投资取得的巨大成果，点明了中国企业在"走出去"的过程中、在不同地域遇到的各种问题，最后从制度层面和方法层面提出了继续做好对外直接投资的具体建议

[关键词] 中国　对外直接投资　分析　展望

1999年中国提出"走出去"战略，对外投资和经济合作的步伐明显加快，2004年起中国对外直接投资迅速增加，2016年中国对外直接投资流量是2002年的72.6倍，占全球比重由2002年的0.5%提升至13.5%，首次突破两位数，在全球外国直接投资中的地位和作用日益凸显；2002—2016年年均增长速度高达35.8%；2016年中国对外直接投资再次超过吸引外资（1340亿美元），连续两年实现双向直接投资项下的资本净输出。2016年，受中东局势、英国脱欧等因素的影响，全球经济增长率较2015年有所下降，2015年全球对外直接投资强势增加，2016年

流量下降 2%，但中国对外直接投资仍呈快速增长态势，创下 1961.5 亿美元的历史新纪录，同比增长 34.7%，流量规模仅次于美国（2990 亿美元），位居世界第二位。受复杂国际国内形势的影响，2017 年中国对外直接投资大幅下降，截至 2017 年 8 月，中国对外投资总额为 687.2 亿美元，同比下降 41.8%。

英国著名国际投资专家邓宁的投资发展周期理论认为，一国对外直接投资净额（等于对外直接投资额减去吸收外商直接投资额）与该国人均 GDP 具有密切的关系。根据人均 GDP 数量，邓宁将一国对外直接投资净额划分为四个发展阶段：目前，中国处于第四阶段，人均 GDP 超过 4750 美元，对外直接投资力度明显加强，对外直接投资净额明显表现为正值，并呈逐步扩大的趋势。

中国正在进行的各项改革推动发展质量和效益不断提升，经济保持中高速增长，国内生产总值约为 80 万亿元，稳居世界第二，对世界经济增长贡献率超过 30%。2017 年前三季度，中国经济增长率为 6.9%，保持中高速稳健增长。中国国内经济结构的优化、投资经验的积累必将推动中国对外直接投资步入良性发展轨道、促进中国和投资目的国经济、社会发展，促进世界经济发展，实现多赢。

2017 年 6 月，世界银行发布的《全球经济展望》预计，今年全球经济增速将从 2016 年的 2.4% 回升至 2.7%。2017 年年初国际货币基金组织（IMF）预计今年全球经济增长率为 3.4%，随后调高为 3.5%，并预计 2018 年全球经济增长率为 3.6%，国际投资继续回暖。联合国贸发会议（UNCTAD）发布的《2017 年世界投资报告》，预计 2017 年全球外国直接投资将增长 5%，达到近 1.8 万亿美元。因此，虽然 2017 年中国对外直接投资金额大幅下降，但中国企业"走出去"的趋势是不会改变的，无论第一产业、第二产业和第三产业的投资，都将稳健进行。

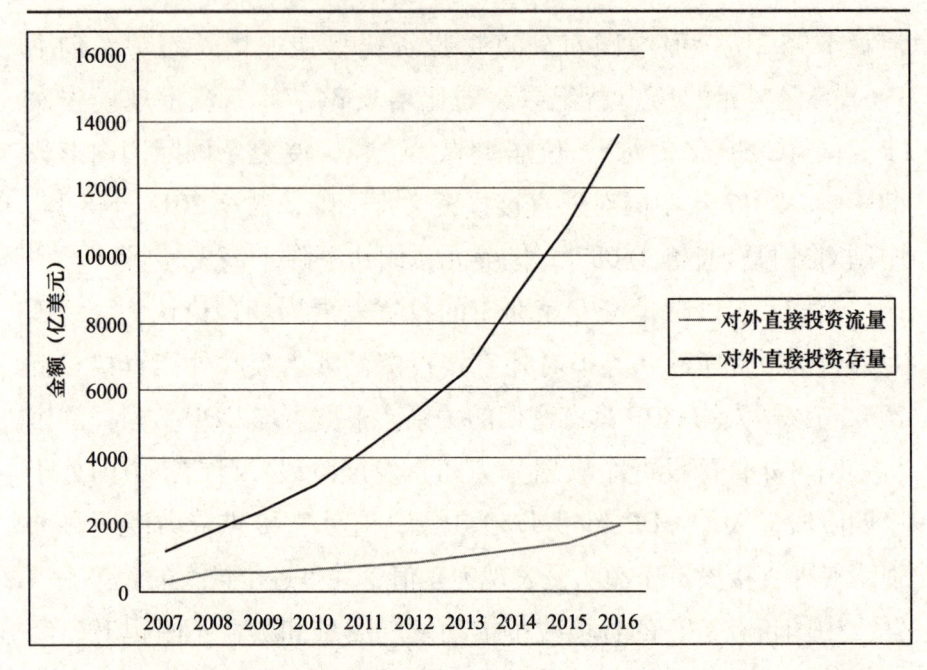

图1　中国对世界直接投资流量与存量图（2007 年—2016 年）（单位：亿美元）
数据来源：《2016 年度中国对外直接投资统计公报》

由图 1 可以看出，中国对外直接投资在流量和存量上的飞速增长，使中国在较短时间成为世界上位居第二的对外投资来源地，这是由中国开放型的经济结构决定的，也得益于近年中国经济的迅猛发展。

一、2017 年中国对外直接投资整体形势与特点

（一）2017 年中国对外直接投资整体形势

1. 对外直接投资总额大幅下降

与 2016 年相比，2017 年 1—9 月，中国对外直接投资总额为 780.3 亿美元，同比大幅下降。这主要因为 2016 年同期对外直接

投资额同比增长53.7%，为1342.2亿美元，远高于2015年同期的873亿美元（同比增长16.5%）、2014年的749.6亿美元（同比增长21.6%）、2013年的616.4亿美元（同比增长17.4%）。如果不考虑2016年中国对外直接投资金额的大幅上升，2017年的对外直接投资总额基本与2013年、2014年、2015年接近，远高于之前中国同期的对外直接投资总额。

2017年，中国对外直接投资出现下降，原因是多方面的：（1）国际因素：美国大选，英国大选、脱欧，欧美难民问题，中东、非洲的政局不稳，恐怖主义事件频发，部分国家调整投资政策，事实上对中国对外直接投资产生了负面影响。（2）国内因素：2017年，中国经济基本面向好，经济结构调整、创新创业、环境保护等方面初见成效，增强了各界对国内的投资信心。宏观调控初见成效，各部委在推动对外投资便利化的同时，加强了对外直接投资的真实性、合规性等方面的审查，遏制了非理性投资，对外投资结构优化，房地产、酒店、影城、娱乐业、体育俱乐部等领域的对外直接投资大幅下降。

2. 对"一带一路"沿线的投资保持稳定

与中国整体对外直接投资大幅下降不同，2017年1—9月，我国企业共对"一带一路"沿线的57个国家进行了非金融类直接投资96亿美元，同比仅下降13.7%，占同期总额的12.3%，主要流向新加坡、马来西亚、老挝、印尼、巴基斯坦、俄罗斯、柬埔寨等国家和地区。中国对外直接投资，多年来超过60%流向亚洲；中国对"一带一路"沿线国家的投资，也多流向周边亚洲国家，这主要因为地缘优势；中国对非洲地区的直接投资也很活跃，主要因为差异性、市场和研发等方面的需要。

亚洲基础设施投资银行、丝路基金为"一带一路"投资提供了资金等方面的保障，中国政府近年密集地与"一带一路"沿线国家进行双边、多边投资协议的谈判和签署,密切了中国与这些国家的经济联系。

3. 对发达国家投资占比增加,但发展中国家仍是中国主要的投资目的地

2016年,中国对欧美的投资快速增长。对美国直接投资169.81亿美元,同比增长111.5%;对欧盟投资99.94亿美元,同比增长82.4%,但投资存量的84.2%仍分布在发展中经济体。2017年,中国对这些地区的投资总额都有所下降。中国对欧洲的投资主要是信息和通讯技术、交通基础设施、机械工业制造,对美国的投资更广泛,包括房地产、娱乐业等服务产业。2017年中国政府对中国企业海外投资产业进行了指导,中国对发达经济体房地产、娱乐业等方面的投资大幅下降。对发展中经济体的投资仍以工业为主,东南亚、中东欧、中亚、非洲、美洲各国的资源优势、地理位置不同,经济差距、消费差距比较大,因此,中国在这些发展中经济体的投资因地制宜,无论从投资产业上还是经营方式上都有较大区别。中国对发达经济体和发展中经济体的投资领域有较大不同,在发达经济体的投资主要流向制造业和服务业,在发展中经济体的投资以制造业为主。

发达国家有完善的市场机制、法律健全、政策稳定、科技水平较高,近年吸引了大量中国投资,发展中国家虽然有市场较小、政治风险、经济风险偏大等因素,如中国改革开放初期港台、欧美日对中国的投资一样,高风险有时也意味着高收益,如何在减少风险的同时提高收益是必须考虑的问题。

4. 境外经贸合作区建设稳步推进

2017年1—6月,中国企业在境外经贸合作区累计投资23亿美元,总产值87.7亿美元。截至6月底,中国企业在44个国家和地区在建境外经贸合作区共计97个,累计投资289.9亿美元,吸引入区企业3825家。向东道国缴纳税费30.9亿美元，为当地创造就业岗位24万个。境外经贸合作区凭借集聚各方面的优势，在吸引中国企业投资、促进当地经济发展方面起了非常好的平台作用，成为中国在非洲、亚洲以及东欧等地区一种重要的对外直接投资方式。

（二）2017年中国对外直接投资特点

1. 更重视投资实体、重视投资效益

2016年，中国对外直接投资增幅远超之前几年，对外直接投资风险加大，《国家发展改革委、商务部、人民银行、外交部关于进一步引导和规范境外投资方向的指导意见》依照"鼓励发展＋负面清单"模式明确了鼓励、限制、禁止三类境外投资活动，明确房地产、酒店、娱乐、体育等投资列入限制类。此外，还明确我国将建立境外投资黑名单制度，对违规投资行为实施联合惩戒。2017年，这三类投资将大幅下降，但中国政府仍积极支持中国企业在海外对其他产业的投资。制造业、某些服务业的对外投资仍将稳步进行。

2. 对外直接投资仍将稳步进行

半个世纪以来的经验表明，国际产业转移仍按原来的规律持续进行，二战后，美欧首先完成了本国经济的恢复与发展，逐渐把本国一些制造业产业转向经济迅速发展的亚洲美洲非洲的国家，日本随后也加入了海外投资的行列，最初，它们的目标是韩国、台湾、印尼、马来西亚、巴西、阿根廷、南非这些经济体，一二十年过后，这些经济体发展起来，开始进行对外投资，它们的目标是中国、菲律宾、埃及等经济体。现在，随着中国经济的发展，中国具有了科技、管理、资金等优势，进入21世纪，中国也加入了对外投资的行列，目标是越南、缅甸、柬埔寨、哈萨克斯坦、尼日利亚、肯尼亚等中国具有比较优势的地区。目前，世界上仍有许多国家经济比较落后，中国不仅是制造业大国，在某些产业，已经成为制造业强国，在对外直接投资领域，中国有实力、有国内国外两方面的需求。"一带一路"的推进也将持续对中国海外投资的规模和结构产生积极的影响。中国对外直接投资增长、企业走向全球布局是大势所趋。

中国吸引外资曾多年位居发展中国家首位，学到了海外先进的技术、管理经验，增加了社会产能，提高了人们的生活水平，中国是对外投资的受益者，以后更多的国家会成为中国投资的受益者。

3. 针对不同地域特色，进行差异化投资

中国企业大规模走出去，已经有了十几年的历史，积累了一定经验。中国企业已经意识到，发达国家与发展中国家投资环境不同、优劣势各异，发达国家虽然制度比较完备、政体比较稳定，但其内部在优势资源、产业政策、消费习惯上也有差异。发展中国家的情况更加复杂：动荡的政治环境、缺乏连续性的经济政策、落后的科技水平、保守的社会观念，因此，必须根据不同地域发展中国家的不同优势，有针对性的进行投资。比如，有的投资为了打开当地和海外市场，有的投资为了充分利用当地自然资源，有的投资为了充分利用当地的劳动力资源。

二、当前中国对外直接投资中存在的问题

（一）投资效益一般

中国企业走出去的历史较短，不了解外国政治、经济、法律、民俗，在投资上走了一些弯路、交了一些学费，相对来说，

民企的海外投资效益稍好。海外投资情况复杂，与国内投资相比，通常风险偏大。因此，中国企业在走出去之前，一定要做好科学、严谨、客观的调研工作。

（二）投资风险偏大

中国在发展中国家的投资多为绿地投资，与跨国并购相比，投资链长，涉及方面多，风险更大。中国在发达国家的投资遇到一些歧视性的政策，影响了中国在当地的投资。中国与投资对象国的制度环境存在差异，特别是法律制度的差异，为中国成长中的跨国企业在东道国的运营与市场融入带来了不少阻碍。

随着"中国买家"的增多，各国对中国企业的防备都有所增加，对中国企业跨国收购的审查、尤其是针对中国企业对"高科技企业"收购的审查日趋严格。清华紫光终止了对西部数据收购，就是由于美国相关机构的干预。

有些发展中国家政府领导人的更迭、国内矛盾的加剧，甚至民风民俗都增加了中国企业的投资风险

（三）缺乏完善的信息、政策、资金支持

企业获取海外信息的渠道较少，海外投资风险更大，意味着海外投资更需要保险、信息、政策、资金的支持，亚洲基础设施开发银行与丝路基金的成立，在一定程度上缓解了资金方面的压力，但企业、尤其是民营企业筹措资金的渠道单一，成本高、难度大，影响了企业顺利进行海外投资。

三、中国企业对外直接投资展望

中国是世界第二大经济体，是最大的发展中国家经济体，中国的对外直接投资流量已经位居世界第二，虽然2017年中国政府对中国的海外投资进行了一些调控，但是，中国已经步入了对外直接投资的快车道，国际海外投资由负增长转为正增长，中国仍是其中的对外直接投资大国。

（一）制度层面

1. 进一步完善和细化对外投资法律法规

《境外投资项目核准和备案管理办法》自2014年5月起施行，为加强境外投资宏观指导，优化综合服务，完善全程监管，起到了良好作用。2017年11月初，国家发改委正式发布《企业境外投资管理办法（征求意见稿）》，与之前的境外投资管理规定相比，进一步简化了中国企业境外投资的管理程序，在简政放权方面推出三项改革：取消项目信息报告制度，简化核准、备案申请手续和放宽核准、备案时间底线。比如，之前中方投资额3亿美元及以上的项目应向国家发改委报送项目报告并需得到确认，而新办法则取消了该项规定；其中亦规定地方企业可直接向国家发改委提交有关申请而不是通过升级发改部门初审并转报；原规定投资主体在签署具有最终法律约束效力的文件前，应取得国家发改委的核准文件或备案通知书，新办法则放宽了核准、备案时间底线，规定在项目实施前取得项目核准文件或备案通知书即可。新办法将一些实际开展的投资促进和服务工作常态化制度化，建立全国境外投资在线管理和服务平台，未来绝大多数境外投资管理环节都将通过在线平台进行,提高管理和服务的便利化与透明度。

2. 签署双边多边投资协议

近年来,WTO等国际经济组织很难协调成员达成一致意见,因此,许多国家转向签署双边、区域经济协定,中国近年密集进行了双边和区域投资协定的谈判和签署。中国-新加坡自由贸易协定升级谈判进行到第四轮,双方就服务贸易、投资、原产地规则、海关程序与贸易便利化、贸易救济、其他规则议题等展开磋商。包括东盟十国、中国、日本、韩国、印度、澳大利亚、新西兰等16个国家在内的《区域全面经济伙伴关系协定》(RCEP)谈判已进行到第20轮。中国—加拿大自贸协定联合可行性研究暨探索性讨论已经举行了三次会议,中国-挪威自贸协定已完成第9轮谈判,中俄签署《关于欧亚经济伙伴关系协定联合可行性研究的联合声明》,中国-新西兰已完成第二轮自由贸易协定升级谈判,中国—以色列自贸区已完成两轮谈判,中、日、韩自贸区已完成第12轮谈判,此外,中国与海合会、澳大利亚、巴基斯坦、斯里兰卡、马尔代夫、摩尔多瓦等也进行了相关谈判,为双边投资创造有利的制度环境。

(二) 金融层面

对外直接投资需要大量资金投入,中国一方面提出要加大对走出去企业的资金支持,另外强调建立稳定、可持续、风险可控的金融保障体系,建设多元化融资体系和多层次资本市场。

虽然国际上对外直接投资以跨国并购为主,因为中国的海外投资主要流向发展中国家,绿地投资会持续增长,对走出去的企业,在资金、管理、实施方面提出了更高要求。"一带一路"倡议得到越来越多国家认同,国际产能合作加快推进,中国经济与世界经济的融合更加紧密，中国资金、技术和设备越来越多地进入国际市场。走在前端的中国制造企业不仅盯着生产和市场，重视通过并购先进技术、品牌以提高企业在全球价值链上的位置，完成企业整体的涅槃和升级。

亚洲基础设施投资银行、丝路基金、金砖国家新开发银行等金融机构获得世界范围内的支持，说明了世界对中国的期待，中国应该与其他国家一起，利用国内和国际金融市场，筹集更多低成本资金，为中国和他国的对外投资、产业发展和结构升级提供资金支持。

（三）咨询层面

在企业投资之前，一定要切实做好东道国政治、经济、文化、法律、风俗方面的专业咨询，尽量规避投资风险。

第一，中国政府驻外机构为企业提供政策、经济、法律等信息服务。

商务部、外交部、国家发改委都有熟悉世界各地综合情况的领导和工作人员，应该充分发挥他们的智慧，为企业提供相关信息，为科学决策打下基础。

第二，通过专业咨询公司做好企业投资前的专业调研。

中国现代企业的历史较短，目前企业在科学决策方面与发达国家国际型企业存在一些差距。中国企业要改变只重生产、重市场的习惯，用更多的精力和资金做好企业投资前的调研工作，减少企业面临的风险。

第三，通过当地中国商会、行业协会、老乡会等交流信息，借鉴之前投资经验和教训。

这一点对小企业尤为重要，很多小企业是借助熟人、老乡、工业园区出去，在投资目的地逐渐形成产业集聚。

（四）企业层面

1. 培养国际化的管理者和员工

中国世界级企业的出现只有 20 年左右的历史，管理者富有中国经验，但缺乏国际视野。政府应该组织相关领域的专家，义务对企业的高管进行培训，全面提高他们的素质，浙江在这方面做的比较好。从企业自身来说，管理者要善学习、敢创新，并要做好员工的职业培训。对派驻海外的管理者和员工，还要做好派驻地人文知识方面的培训，使他们有能力做好当地政府和民间的公关工作，为企业在当地的发展创造良好的外部环境。

2. 优化企业机制

（1）国企：从制度层面进行优化。按照中共十九大关于加快社会主义市场经济体制、深化国资国企改革的新要求，以市场化、专业化、国际化、法制化为导向，管资本、抓研发、经营和管理，调动全员积极性，提高国有企业核心竞争力。

（2）民企：从管理层面进行优化。中国民企历史较短，管理能力、科技水平等方面有很大提升空间，逐步完成从拍脑袋决策到科学决策的转变，提高企业家个人综合素养，培养企业家精神，重发展，勇创新，争创百年老店。中国民营企业已经成为对外投资的主力军，其投资占到中国对外直接投资总量的 70%，这充分显示了中国企业在世界经济中的崛起。

财政金融篇

北京市银行业不良贷款风险情况研究

(中国国际经济交流中心博士)马跃

[摘　要]　随着中国经济进入新常态，金融对经济稳定和安全作用更加突出。维护金融安全已成为国家战略。北京是全国金融决策和金融管理中心，金融风险关乎全国经济安全稳定。调查显示，北京市银行业资产质量健康稳健，不良贷款总量和不良贷款率处于低位，主要是部分行业结构性问题。非传统金融风险则需引起高度关注。防范化解金融风险需要综合施策、标本兼治。进一步深化供给侧结构性改革，挖掘新时代北京城市发展动力，在战略性新兴产业推进市场化债转股，抓住窗口期建立房地产市场调控长效机制，政府、银行加强金融风险联防联控，行政手段和市场手段有机结合，共同化解金融风险。

[关键词]　不良贷款　风险　安全　防范

金融稳则经济稳。近年来，随着我国经济进入新常态，以及全球经济继续处于深度调整期，实体经济下行压力较大，长期积累的债务风险日渐突出并严重威胁着我国经济金融安全。中央经济工作会议明确要求 2017 年经济工作要把防控金融风险放到更加重要的位置，确保不发生系统性金融风险。习近平总书记在中央政治局第四十次集体学习时将维护金融安全上升到国家战略的高度。金融业作为北京第一大支柱产业，以及大国首都特殊的政治地位和影响力，决定了首都金融风险不仅关乎区域经济社会稳定，更关乎国家安全。

北京市银行业资产占全国比重为 10%，占全市金融业资产比重达 72%。在当前金融风险严峻的形势下，摸清本市银行业不良贷款风险状况及影响，把握趋势性变化，提出针对性对策建议，对维护首都金融安全和政治经济稳定，具有十分重要的意义。

一、不良贷款基本情况

（一）银行业不良贷款率出现拐点

截至 2017 年 8 月末，北京辖内银行业各项贷款余额 8.39 万亿元，较年初增加 6837.37 亿元；不良贷款余额 328.89 亿元，较年初减少 124.74 亿元；不良贷款率为 0.39%，较年初下降 0.20 个百分点。纵向来看，近五年北京不良贷款率保持较低水平，2012 年以来有所上升，2015 年出现拐点，此后尽管有波动，但总体呈下降趋势；横向来看，北京不良贷款率表现自 2015 年起和全国出现分化，北京不良贷款率稳中下降，全国则升中趋稳，以 2016 年末为例，北京不良贷款率显著低于全国平均。

（二）不良贷款呈明显"集中化"特征

从企业类型看，小微企业是新增不良贷款的主力。2016 年，本市小微企业新增不良贷款占北京市银行业新增不良贷款的

2012年—2017年上半年全国和北京不良贷款率变化

59.7%，远高于大型和中型企业。主要是近些年银行对小微企业政策扶持力度不断加大。截至 2017 年 7 月末，本市小微企业人民币贷款余额 6794.2 亿元，同比增长 16.1%，增速与大型企业基本持平，较中型企业增速高 8.3 个百分点。基于经济下行引起的企业经营情况恶化，使得抗风险能力较差的小微企业的不良贷款增长更为迅速。

从行业领域看，不良贷款主要集中在批发零售业、房地产、制造业以及住宿和餐饮业。2017 年一季度，上述五个行业新增不良贷款占到全部不良贷款新增总额的 84.9%。其中产能过剩、商圈疏解类批发零售业不良贷款问题最为突出，调查的 35 家银行中有 25 家银行反映不良贷款余额集中在批发零售业。批发零售业企业客户发生信用风险的主要原因有行业不景气、自身经营不当、多头投资引发的资金链危机、介入民间借贷等。制造业贷款质量下降主要受产能过剩、下游需求下降、产业链活跃度下降、应收账款账期延长等因素影响。

（三）关注类贷款增长较快，警示存在风险隐患

截至 2017 年 2 月末，北京地区金融机构关注类贷款余额为

4589.72亿元，较上年同期增加562.08亿元，同比增长14%；关注类贷款率5.77%，较上年同期上升0.27个百分点。关注类贷款是介于不良贷款和正常类贷款之间的灰色地带，增长过快将会对贷款质量造成隐患。从结构上看，政策性银行关注类贷款余额占全金融机构的比重逐渐上升，高达54.7%，较上年同期上升11.6个百分点，其关注类贷款率17.25%，较全部金融机构平均水平高11.48个百分点，而国有银行、股份制银行、城市商业银行和外资银行分行关注类贷款率分别为1.21%、0.85%、1.05%和1.85%。

（四）实际银行不良贷款存在低估问题

出于业绩考核和同业竞争的压力，部分银行存在调整贷款合同、不合理展期以及将信贷资产转移到表外等行为，客观导致不良贷款反映不充分。相比公开的不良贷款数据，隐匿的不良贷款对银行业资产安全具有更大威胁。调研发现，有8家银行存在部分停产、半停产、破产重整状态的企业客户贷款未计入不良贷款情况，涉及金额21亿元。某银行有笔逾期90天以上但未纳入不良贷款占其逾期贷款比重的35%。

（五）房地产金融风险应引起高度关注

截至2017年4月末，北京辖内房地产贷款余额1.57万亿元，以房地产为抵押的贷款余额1.72万亿元，分别占辖内各项贷款余额的19.45%和21.31%，房地产贷款质量对于银行资产情况有重要影响。基于今年以来北京市密集出台房地产调控政策，房地产市场逐渐步入深度调整阶段，随着新建住宅和二手住宅价格及商品房销售面积的下降，短期内部分中小型房企、商办房开发企业资金回笼速度会明显下降，房地产资金链日趋紧张，资产风险将有所上升。从北京地区 31 家中资商业银行房地产开发贷款不良率来看，2016 年 6 月 0.77%，2016 年 10 月 0.96%，2017 年 5 月升至 1.15%，资产质量呈下降态势。

另一方面，4 月末个人住房贷款余额 9081.77 亿元，占房地产贷款余额近六成，由于银行加强对个人住房贷款额度的控制，部分置换房屋改善的居民面临资金链条中断和各类违约风险，并引发民事纠纷、诉讼案件等明显增加。

二、银行不良贷款处置情况

从北京地区情况来看，随着本市供给侧结构性改革持续推进，以及金融风险防范化解被列为 2017 年全国重点经济工作任务，各银行普遍加大不良贷款处置力度，加快释放金融风险，成效明显。

（一）银行不良贷款处置力度创近 5 年之最

2017 年前 6 个月，北京银行业共处置不良贷款 154.55 亿元，处置额同比增加 70.06 亿元，增长 82.9%，处置力度为近 5 年来同期最大。其中通过贷款核销、收回现金（不含不良贷款转为正常贷款后的现金收回）以及其他方式处置的比例分别为 20.9%、20.6% 和 58.6%。经过不良贷款的集中化解和处置，截至 6 月末，北京银行业不良贷款实现"双降"，不良贷款余额 305.83 亿元，不良贷款率 0.37%，分别较年初减少 147.8 亿元和 0.22 个百分点，不良贷款率在全国各省市中处于较低水平，部分前期不良贷款率较高的机构已降至合理水平。

（二）债委会在化解贷款风险中的作用明显

债委会制度在化解企业债务风险、保障银行业金融机构的合法权益中作用明显。本市积极推动辖内组建债权人委员会工作方案，制定《债权人协议》标准文本，采用"名单管理+自主组建"方式双向推进债权人委员会组建工作。在尊重政府、银行等方面意愿基础上，确定11家困难企业或风险企业组建债委会。截至2017年5月底，1家大型国企债委会已完成债务重组工作，直接导致去年12月当月辖内银行不良贷款减少116.2亿元。2家企业的相关债权机构通过债委会平台，集体协商、一致行动，保证企业金融服务需求，支持企业正常经营。此外，部分债权银行按照合同约定已正常收回贷款。

（三）不良资产转让较为真实，基本实现风险转移

通过不良资产打包虚假转让，实现将不良贷款由表内腾挪至表外逃避监管是部分银行处置不良贷款的"潜规则"。在所调查银行中，5家银行存在不良资产打包转让业务，未发现存在回购条款和第三方代持情况。

（四）市场化债转股取得实质进展

随着国家相关政策文件的陆续出台，债转股进程加快。市场化债转股已随着中钢集团不良资产的处置而正式启动。根据中钢集团债务重组的总体工作部署，盛京银行、中国银行、兴业银行等多家银行参与债转股。2016年12月，工商银行与金隅股份、冀东发展集团签署了230亿元综合融资方案，其中50亿元用于冀东发展集团债转股，成为京津冀地区首单市场化银行债转股项目。

三、不良贷款风险成因分析

（一）宏观经济持续低迷，企业盈利能力下降

经济增速放缓的系统性风险和经济结构调整的行业变化是不良贷款的重要成因。我国经济当前处于"三期叠加"新常态阶段，发展中各种矛盾凸显，增长速度中枢下移，企业经营环境恶化，盈利能力下降导致现金流紧张、还款能力不足，从而引发信用风险，使银行业不良贷款面临暴露压力。35家银行的调查中，57%银行认为经济放缓是不良贷款上升的主要原因，明显高于其他选项。行业产能过剩、有效供给不足倒逼产业转型升级过程中，钢铁、造船、光伏等制造行业普遍遭遇经营发展困境，实体企业危机易引发银行贷款损失。此外，复杂多变的经济形势下，企业在经营策略等方面出现失误的概率大幅提高（比如投资股票等）。

（二）经营困难及疏解政策是小微企业不良高发的主要原因

小微企业作为重点扶持对象，经营不确定性较大，抗风险能力较差，小微贷款成为不良贷款的概率相对较高。同时非首都功能疏解过程中，北京地区大量小微企业受市场关闭、搬迁、升级改造等因素影响，收入来源、经营范围和渠道以及未来预期均发生较大变化，企业贷款质量受到较大影响，银行相应的贷后管理难度也进一步加大。以"小微特色"突出的民生银行为例，动物园、大红门等商圈的疏解导致北京分行相关业务的基础客户流失近1/3，部分商户出现借机逃债现象，银行追回成本较高。

(三) 银行与大企业客户在贷款偿还博弈时较为被动

部分企业趁经济增速放缓，金融扶持政策频出之际，采取各种方式逃废债、悬空银行贷款，导致银行信贷资产质量下降。如产能过剩行业的债务重组政策，部分银行反映该政策在一定程度上加剧了当前制造业企业贷款质量的向下迁移，使得关注类贷款及不良贷款增加较快。据银行了解的信息，国有制造业企业或企业集团一旦进行债务重组，其贷款本息偿还进度将纳入债权人协议的债务清单内统筹安排，金融机构与企业之间最初的贷款本息偿还安排将无法正常开展，从而使金融机构被动进行贷款重组，延长还款时限。

(四) 银行信贷资金被套取投入 P2P 平台对银行信用风险造成很大隐患

近年来，伴随着互联网金融的蓬勃兴起，打着互联网金融旗号非法集资、诈骗等违法案件数、涉及金额、参与人数大幅攀升。北京市部分团伙通过大量注册商贸公司、签订虚假合同等手段，套取银行信贷资金，违规用于投资 P2P 等高风险平台，使得平台经营风险向银行体系传导，一旦平台出现经营问题，银行信贷资金极易形成坏账。

(五) 银行内控机制不健全导致近年风险案件频发

2016 年以来，北京辖内部分商业银行连续发生几次重大风险案件，如农业银行北京分行票据案（涉案金额 39 亿元），民生银行航天桥支行理财飞单案（涉案金额 16.5 亿元），影响十分恶劣。这些案件作案时间跨度长、交易数次多、涉及人员广，"窝案"特征明显，反映出银行风险管理体系存在严重漏洞，内部制衡机制不健全、执行不到位、检查流于形式、重绩效轻合规等问题较为突出。

四、对策与建议

从调研分析看，北京市银行业资产保持优质，贷款企业信用状况良好，不良贷款绝对额和不良贷款率均处于较低水平，债务风险安全可控。但互联网时代金融风险爆发具有极强的突发性和外溢性，北京市部分领域、部分行业金融风险依然不可忽视，尤其是银行体系外风险向体系内传导形势比较严峻，必须保持高度警惕，综合施策、标本兼治。

（一）继续保持经济合理增速，深入挖掘城市发展动力，在疏解整治中促进城市焕发新的更大活力

金融风险的化解，归根结底要靠深化改革和经济可持续发展来实现。当前北京面临新的发展形势和发展阶段，需要新的动力作为城市持续发展的源泉。一是结合北京"四个中心"的城市定位，在城市中心区周边建设一批职住平衡的特色新城或小镇，就近疏解部分非首都核心功能产业和人口，科学规划处理好"都"与"城"的关系，优化城市空间布局。二是以北京建设全国文化中心为契机，做好老城和中心城区历史建筑和文化街区的保护和改造，借鉴巴黎等世界历史名城旧城改造成功经验，在搞好"宏观大规划"的同时，更加注意社区、小街小巷小路"精细微改造"，同时建立市民参与机制，把北京丰富的历史文化资源活力激发出来。三是在落实京津冀协同发展战略过程中，借鉴我国在全球治理中倡导构建"命运共同体""利益共同体"等新理念新方略，突破地方区域空间边界，在当前实践基础上，探索出有利于优势互补、资源协同、共建共享、可复制可持续的"飞地经济"合作模式，推动在雄安及河北、天津其他地区成规模的实践，将京津冀三地及更大范围的省市结成"利益共同体"和"命运共同体"，也为北京可持续发展开辟更加广阔的空间。

（二）重点在战略性新兴产业推进市场化债转股

选择有较好发展前景但遇到暂时困难的优质企业实施债转股，可以实现支持企业渡过难关、化解银行潜在不良贷款的"双赢"效果。截至今年5月，全国债转股签约项目76个，金额9023亿元。但由于缺乏相关配套政策支持、金融监管新规出台、债券市场发行利率持续高企等原因，落地金额不足10%。从行业看，市场化债转股签约项目集中于钢铁、煤炭、化工、有色等资源型和周期性行业，装备制造、集成电路等战略性新兴产业项目严重不足。结合本市情况，可以聚焦三个领域开展工作：一是聚焦京津冀协同发展领域，以金隅股份对河北省的冀东水泥实施债转股为样本，推动更多类似符合条件的企业在产业重组、并购方案中适当采取债转股；二是聚焦科技创新领域，尤其是战略性新兴产业，契合企业个性化需求开展债转股；三是传统行业领域，重点结合首钢集团及京外下属企业去产能、转型升级针对性开展债转股。

（三）抓紧建立房地产调控长效机制

房地产领域是金融风险的"灰犀牛"。房地产宏观调控本质就是预期调控。在系列严厉宏观调控政策下，本市房地产市场风险得到有效遏制。从长期来看，健康的房地产交易市场应该是"价格稳定＋交易活跃"，这种状态下的交易基本能够实现"帕累托改善"。建议：一是继续坚持实行"差别化信贷政策"，支持正常合理的购房需求；二是对二手房交易考虑实行"限增值"管理，即规定二手房出售价格增值率不能超过某个上限（如5%），扭转投资房产能带来超额利润的预期，体现"房子是用来住的，不是用来炒的"的本质属性；三是积极争取试点开征房地产税，提高持有多套房屋所有者占用资源的成本；五是在房价稳定前提条件下，降低或免除房屋交易环节相关税费，促进市场交易，更利于实现职住平衡；六是对房屋租赁市场进行必要的干预，保持租赁市场价格平稳。

（四）加强金融风险联防联控

相对银行而言，非银机构对利率变动更为敏感，市场风险和经营风险加剧，并外溢传导至银行体系。一方面，银行自身要强化源头治理，重点提升风险防控的前、中、后台协作能力，尤其强化关键部门、关键岗位和基层营业机构"一把手"监督，避免业务和管理出现监管盲区；增强合规性教育，提高合规经营在银行绩效考核中的比重，不断完善内部风险管理体系。另一方面，政府要加快完善监测体系，发挥部门合力，利用大数据建立地方金融风险监测分析系统，重点打击非法集资和各类伪"金融创新"违法违规行为，抓早抓小抓苗头。健全风险处置机制，完善风险应急处置预案，发挥政策性担保公司、风险处置基金、地方资产管理机构的作用，将行政手段和市场手段有机结合，共同化解金融风险。

国际药品医疗器械产品收费政策研究

（中国国际经济交流中心博士后）柯法业

[摘　要] 本文旨在梳理近年来美国、欧盟等国家和地区在药品医疗器械领域的收费政策和监管经验，研究收费政策在审评机构改革、管理流程改革、人员改革及全球化战略中发挥的作用和重要意义。借鉴发达国家的成功经验，进一步合理调整我国药品医疗器械收费项目和收费结构，探索以收费机制为杠杆推动审评审批制度改革的监管路径，为组建高质量的审评团队、推动人事制度改革、改善审评流程和绩效铺平道路。

[关键词] 收费政策　国际经验　审评审批制度改革

一、美国药品监管收费政策

美国FDA 2017年总预算收入46.61亿美元，其中：财政拨款收入27.44亿美元（约占58.87%），收费收入约19.17亿美元（约占43.13%）。作为FDA最为重要的收入来源之一，收费在提高 FDA 药品、生物类似物、医疗器械等产品的审评能力方面发挥了重大作用，大幅降低各类产品的审评时限，提升各类产品上市速度，促进医疗产业的发展，提高患者对药物的可及性。美国 FDA 现行收费体系覆盖食品、药品、医疗器械及烟草产品，体系完备且较为成熟，对我国食品药品监管领域收费政策制定有一定借鉴意义。①

美国 FDA 现行收费体系主要包括 16 个收费项目，与药品医疗器械相关的收费项目共有 9 项，具体项目及 2017 年预算收入详见表1：

表1　美国 FDA 现行收费项目

收费项目	2017年批准预算收入（单位：美元）
全部收费项目总计	1917077
固定时限收费法案项	
固定时限项目总计	1858572
处方药收费法案（PDUFA）	754524
医疗器械收费法案（MDUFA）	126083
仿制药收费法案（GDUFA）	323011
生物类似物收费法案（BsUFA）	22079
兽药收费法案（ADUFA）	23673
兽药仿制药收费法案（AGDUFA）	11341
家庭预防吸烟和烟草控制法	597861
非固定时限收费项	
非固定时限收费项总计	58504
乳腺 X 线设备质量标准法案（MQSA）	20522

---

① FDA. 2017 FDA budget summary（2017 - 02）. https://www.fda.gov/aboutfda/reportsmanualsforms/reports/budgetreports/ucm559364.htm

续表

收费项目		2017年批准预算收入（单位：美元）
色素认证费		9682
出口认证费		4696
优先审评券	热带疾病	无
	儿科疾病	7686
食品和饲料召回费		1434
食品复检费		6414
进口商自愿认证项目		5300
第三方认证项目		1400
外包机构费		1370

（一）固定时限收费法案

1. 处方药收费法案（PDUFA）[①]

美国国会于1992年签署通过《处方药收费法案》，授权FDA向药品、生物制药企业收取相应费用，用以支持药品审评工作，推进处方药审评进程。为保证预算的合理性，该法案需要每5年重新授权一次。至2012年，《处方药收费法案》已第5次重新授权。2016年处方药企业根据《处方药收费法案》，共向FDA缴纳851481000美元，占2016年全年FDA药品相关费用的58.7%。为扶持小型企业的发展，FDA制定了《人用药及生物制品使用者付费免除、降低和退费指南》，确立了部分可减免费用的申报类型和减免额度，使得收费制度更趋合理、严谨。

该收费法案收取的费用主要用于加强FDA履职能力，确保

---

① FDA. PDUFA Ⅴ: Fiscal Years 2013—2017（2012-07-09）. https://www.fda.gov/forindustry/userfees/prescriptiondruguserfee/ucm272170.htm

患者使用安全有效的药品，保障公共卫生安全。作为对付费企业的反馈，每一版《处方药收费法案》都会提出一系列能够持续改进的处方药审评绩效目标，这些目标主要针对的是申请人最为关注的药品审评时限问题。自 1992 年《处方药收费法案》实行以来，新药审评时限显著降低，2006 财年至 2015 财年所有 NDA 和 BLA 申请的审评时限中位值，标准申请的中位审评时限从 90 年代的 20 多个月降至 2006 年的 10 个月左右，近几年来已趋于平稳。

《处方药收费法案》采用审评费标准动态调整模式，每一财年根据通货膨胀率和注册申报工作量变动情况确定收费标准，表 2 为 2017 年的收费项目及其标准：

表 2　2017 年《处方药收费法案》收费项目及标准

收费项目	收费标准（单位：美元/申请）
需临床试验的上市申请审评费	2038100
无需临床试验的上市申请审评费	1019050
需临床试验的补充申请审评费	1019050
产品年费	97750
企业年费	512200

（1）注册审评费

申请人通过 505（b）（1）和 505（b）（2）途径递交的药品注册申请、通过 BLA 途径递交的生物制品注册申请及其补充申请均需缴纳注册审评费。审评费用根据申请类型、是否进行临床试验等情况有所区分。若药品用于治疗罕见病或属于正电子发射断层扫描药品，则可申请免除注册审评费。

(2) 产品年费

若处方药已在美国上市或正在审评中,则持有该产品的申请人需缴纳产品年费。产品年费存在部分豁免情形,如用于输血的全血或成分血制品、过敏原提取制品、体外生物诊断试剂、局部用牛血液制品、由政府申请的非商业用途药品等均无需缴纳注册审评费。

(3) 企业年费

FDA 向生产已上市处方药最终剂型的国内外厂房征收企业年费(包装厂无需缴纳企业年费),若该财年内上述厂房未进行处方药生产,则无需缴纳本年度的企业年费。

2. 医疗器械收费法案(MDUFA)[①]

2002 年,《医疗器械收费法案》获美国国会签署通过,与《处方药收费法案》类似,该法案推行的主要目的同样是为缩短医药器械注册申请的审评时间。自 2003 年财年首次收费起,通过该法案征收的费用即成为美国 FDA 医疗器械预算的重要组成部分且比重逐年上升,2016 财年医疗器械企业共缴费 137677000 美元,占 FDA 医疗器械全年费用的 30.8%。

该法案收取的费用主要用于聘请审评人员和专家团队,促进审评系统和信息管理的现代化程度,提高 FDA 医疗器械审评能力和审评效率,确保已上市医疗器械的安全性及有效性,并满足每年提出的绩效目标。2015 财年,FDA 已超额完成本年度所有绩效目标。

与《处方药收费法案》类似,《医疗器械收费法案》同样实

---

① FDA. Medical Device User Fee Amendments 2012(MDUFA III)(2012 - 07). https://www.fda.gov/RegulatoryInformation/LawsEnforcedbyFDA/SignificantAmendments-totheFDCAct/FDASIA/ucm313695.htm

行收费标准动态调整，每年根据申请数量、审评情况和通货膨胀率调整收费标准，最新的 2017 年收费项目及收费标准详见表 3：

表 3 2017 年《医疗器械收费法案》收费项目及标准

收费项目	标准收费（单位：美元）	小企业减免收费（单位：美元）
上市前通知 510（k）申请的审评费	4690	2345
513（g）医疗器械界定申请费	3166	1583
上市前审批 PMA、PDP、PMR、BLA 申请的审评费	234495	58624
审评委员会追踪上市前审批补充申请审评费	175871	43968
180 日上市前审批补充申请审评费	35174	8794
实时上市前审批补充申请审评费	16415	4104
生物制品有效性补充申请审评费	234495	58624
上市前审批产品年度报告审评费	8207	2052
30 日通知审评费	3752	1876
企业年费	3382	3382

（1）注册审评费

FDA 根据不同的医疗器械注册申请类别分别收取审评费用，包括适用于少数 I 类和大部分 II 类医疗器械的上市前通知 510（k）申请；适用于 III 类医疗器械的上市前审批 PMA、PDP、PMR、BLA 申请；有重大变更的需审评委员会追踪上市前审批的补充申请、180 日上市前审批补充申请和 BLA 有效性补充申请；以及有微小变更的实时上市前审批补充申请和 30 日通知。若 510（k）类申请递交至 FDA 认证的第三方审评机构进行审评，则可免缴 FDA 要求的审评费用，但第三方审评机构可收取相应费用。FDA 对小型企业减免部分审评费用，年营业额小于 3000 万美元的小型企业，其首次递交的 PMA、PDP、PMR、BLA 类申请可免缴审评费用。同时，为满足临床急需，人道主义用途医疗器械（HUD）、儿童医疗器械、政府申请的非商业用途医疗器械，仅为器械组件的注册申请等也可申请免除费用。

（2）513（g）医疗器械分类界定信息索取费

根据《美国食品药品化妆品法案》第513（g）条款规定，医疗器械注册申请人或任何自然人可要求FDA根据其递交的相关资料，在60天内对其器械类型予以认定并告知其相关的法规要求。提出此类认定要求的申请人需缴纳相应费用，若FDA判定申请人递交的申请属于非513（g）条款限定的范围，需退回信息索取费。

（3）PMA年度报告费

PMA年度报告费类似《处方药收费法案》中的产品费，仅适用于通过审批途径上市的高风险 III 类医疗器械。已在美国市场上市或正在审评的通过审批途径上市的医疗器械均需每年递交年度报告，并缴纳相应费用。

（4）企业年费

医疗器械的机构包括生产商（境内生产商、委托生产商、境外生产商，但不含仅生产器械组件的生产商）、包装商、进口商、分销商等，所有在FDA注册的有产品生产的厂房或有产品销售的机构均需缴纳年费，但国内分销商除外。

3. 仿制药收费法案（GDUFA）[①]

自1984年美国《Hatch-Waxman法案》实行以来，仿制药产业飞速发展，在美国医疗卫生体系中扮演重要角色，截至2016年，美国门诊处方中约88%均为仿制药。随着仿制药申请的爆发

---

① FDA. Generic Drug User Fee Amendments（2017-08-18）. https://www.fda.gov/ForIndustry/UserFees/GenericDrugUserFees/default.htm

式增长，FDA有限的监管逐渐无法满足激增的仿制药申请数量，截止2012年10月1日，FDA已形成2866件仿制药申请以及1877件变更补充申请积压。为推动仿制药尽快上市并降低行业成本，美国国会借鉴《处方药收费法案》的成功经验，2012年签署实行《仿制药收费法案》。2016年，仿制药企业共缴费318363000美元，占FDA 2016年药品全年费用的21.9%。

《仿制药收费法案》的费用主要用于聘用并培训新的审评人员，建设仿制药审评信息化系统，改进工作机制并调整内部组织框架，以提高仿制药审评速度，解决目前仿制药申请的积压问题（此处积压指2012年10月1日以前积压的仿制药申请）。自该法案施行以来，截至2016年10月，FDA已着手处理了93%的积压申请，提前15个月完成《仿制药收费法案》中规定的目标。同时，仿制药的审评时间也在逐年下降，2013财年平均审评时间高达33.7个月，2015财年已下降至15.6个月。值得注意的是，目前仿制药申请的首轮批准率持续走低，FDA倾向于在首轮审评时要求企业做出完全回应（complete response）或补正信息，企业需进一步提供相关资料并重新计时，因此实际获批时间并未得到大幅缩短。从目前数据来看，FDA已基本达到2015年的主要绩效目标。

与前述收费法案类似，《仿制药收费法案》同样执行动态的收费标准，每年根据申请数量、审评情况和通货膨胀率调整收费标准。由于大部分仿制药企业均为小型企业，《仿制药收费法案》中并未对小型企业推行费用减免政策，最新的2017年收费项目及收费标准详见表4：

表4 2017年《仿制药收费法案》的收费项目及标准

收费项目		收费标准（单位：美元）
仿制药申请审评费		70480
预批准变更补充申请审评费		35240
药物主文件审评费		51140
企业年费	国内API	44234
	国外API	59234
	国内最终制剂	258646
	国外最终制剂	273646
项目费		2018财年起征收

（1）注册审评费

FDA根据不同的注册申请类型分别收取审评费用，包括仿制药申请和变更补充申请。若仿制药生产商使用了自行研发的原料药而非提供DMF编码，则生产商应额外缴纳原料药相关的企业年费。若FDA认为申请人递交的仿制药申请或预批准变更补充申请不符合法规要求不予受理，申请人可申请FDA退回75%的注册审评费。若申请的药品属于正电子发射断层扫描类药品，申请人无需缴纳注册审评费，此条同样适用于企业年费。

（2）药物主文件审评费

FDA向用于仿制药申请的原料药药物主文件（Drug Master File，以下简称MF）申请人收取DMF审评费用。DMF审评费属于一次性收取费用，仅需在首次被引用时缴纳，其后引用同一DMF编码无需重复缴纳费用。对于2012年10月《仿制药收费法案》实行以前申请的DMF原料药，申请人需一次性缴纳审评费用。仿制药申请人可以代为缴纳DMF审评费用。

(3) 企业年费

生产已在美国上市或正在审评的仿制药成品制剂和原料药的生产厂房均需每年缴纳企业年费，国内生产厂房及国外生产厂房的收费标准略有差异。

(4) 项目费

FDA 预计在 2018 年对集团公司收取积压项目费。项目费将按照 3 个等级向申请持有人收取：第一，大型（持有≥20 项已批准 ANDA 的公司）。第二，中型（持有 6 - 19 项已批准 ANDA 的公司）和第三小型（持有≤5 项已批准 ANDA 的公司）。目前 FDA 已经开始整理所有已批准仿制药的持有人和各集团公司持有的仿制药文号数量。

4. 生物类似物收费法案（BsUFA）[①]

美国国会于 2012 年签署《生物类似物收费法案》，用于加速生物制品及生物类似药的审评审批。2016 年，生物类似物制药企业共缴费 FDA 缴费 21,540,000 美元，占全年生物制品花费的 6.5%。

在 2015 年设定的 18 项《生物类似物收费法案》绩效目标中，FDA 完成了其中 12 项，未完成的目标主要是未在规定时间内召开生物制品研发（Biologic product development，以下简称 BDP）会议。

《生物类似物收费法案》同样执行动态的收费标准，每年根据申请数量、审评情况和通货膨胀率调整收费标准，最新的 2017 年收费项目及收费标准详见表 5：

---

① FDA. Biosimilar User Fee Act（BsUFA）（2012 - 07）. https://www.gpo.gov/fdsys/pkg/BILLS - 112s3187enr/pdf/BILLS - 112s3187enr.pdf

表5 2017年《生物类似物收费法案》的收费项目及标准

收费项目		收费标准（单位：美元）
BDP会议费	首次	203810
	年费	203810
注册审评费	需临床试验	2038100
	无需临床试验	1019050
补充申请审评费	需临床试验	1019050
产品年费		97750
企业年费		512200
恢复参加BDP会议费		407620

（1）生物制品研发会议费

BDP会议是生物类似药审评审批的一项重要手段，FDA通过会议形式与申请人沟通试验方案的设计、试验终点的选择等审评技术问题。首次BDP会议费应在FDA同意召开首次BDP会议后5日内缴纳。BDP会议年费是指申请人在参加BDP会议后，每年缴纳会议年费，此后参加的历次BDP会议均无需缴纳费用。恢复参加BDP会议费是指退出BDP会议项目的申请人决定重新加入该项目时，需在FDA同意召开BDP会议后5日内缴纳恢复费用。首次会费、年费及恢复费均以产品为单位，不同产品需分开缴纳上述费用。BDP会议费存在部分豁免情形，如用于输血的全血或成分血制品、过敏原提取物、体外生物诊断试剂等生物制品可免除BDP会议费。

（2）注册审评费

申请人需根据递交申请的情况缴纳注册审评费，需临床试验的生物类似物申请审评费用高于无需临床试验的申请和需临床试验的补充申请。上述免除BDP会议费用的生物制品同样适用于免除注册审评费。对于雇员人员小于 500 人的小型企业，若该企业未获得新药批准且没有生物类似物产品在州内流通，可免除其首次生物类似物申请的注册审评费。若注册审评未被 FDA 受理或申请人在 FDA 受理前撤回申请，则可申请退回 75% 的注册审评费。

（3）企业年费

生产已在美国上市或正在审评的生物类似物最终剂型的生产厂房需每年缴纳企业年费，上述可免除 BDP 会议费的生物制品同样适用于免除企业年费。

（二）非固定时限收费项目

1. 乳腺 X 线设备质量标准法案（MQSA）

《乳腺 X 线设备质量标准法案》于 1994 年生效推行，要求全国的乳腺 X 线摄影设备必须符合统一的质量标准。FDA 对全国各地的乳腺 X 线摄影设备进行现场检查，并于 2007 年 10 月 1 日起收取相应的费用。首个设备的首次检查费用为 2150 美元，之后每增加一台设备多缴纳 250 美元。检查出问题的设备后续检查费用为每台 1144 美元。

2. 色素认证费

若食品生产商计划在食品中添加色素，该生产商需先向 FDA 申请对其添加的色素进行认证，FDA 根据添加的色素重量决定收费标准：（1）100 磅及以下，收取 35 美元认证费；（2）100 磅至 1000 磅，收取 35 美元且超过 100 磅每磅加收 0.06 美元；（3）1000 磅以上，收取 89 美元且超过 1000 磅每磅加收 0.02 美元。

3. 出口认证费

若药品、医疗器械、兽药企业要求 FDA 对其出口至境外的产品出具证明性文件，企业需向 FDA 缴纳出口认证费，具体收

费标准如表6

表6　FDA 出口认证费

收费部门	首次认证	第二次认证（同一产品）	第三次及以后认证（同一产品）
药品审评中心	175 美元	90 美元	40 美元
生物制品审评中心	175 美元	175 美元	85 美元
医疗器械审评中心	175 美元	85 美元	85 美元
兽药审评中心	175 美元	155 美元	70 美元

4. 优先审评券

优先审评券是 FDA 为了鼓励制药企业开发某些热带疾病和罕见儿科疾病药物所推行的一种福利制度。凡按照疾病清单成功上市相关药物的企业，均可以获得一张优先审评券。这张券可不限次交易，使用该券的上市申请可享受 6 个月完成审评审批的权利。

5. 外包机构费

2013 年 11 月，FDA 通过《药品质量与安全法案》确认外包机构的法律实体地位。自 2015 年起，外包机构每年需向 FDA 缴纳年费，该费用为 15000 美元乘以通货膨胀调整系数，再加上小型企业调整系数，因此每年费用标准会有轻微调整。若在 FDA 现场检查中出现不合规的现象，外包机构需向 FDA 缴纳复检费，直至 FDA 检查合格为止。复检费用为 15000 美元乘以通货膨胀调整系数。年营业额小于 100 万美元的小型企业可申请费用减免，减免后仅为原费用的 1/3。

二、欧盟药品监管收费政策

欧洲医疗产品监管局（European Medicines Agency，EMA）负责欧盟药品及医疗器械产品上市前审评和上市后不良反应监测工作，EMA下设的人用医药产品委员会（CHMP）负责药品的审评工作，医疗器械的审评工作则由EMA认证的第三方机构进行。官方未制定统一的医疗器械收费标准，各机构根据人员和物力成本核算的本机构的收费项目和收费标准有所差别，本小节主要介绍EMA设定的药品收费项目和收费标准。

EMA 2017年预算获批3.2亿欧元，其中收费预算2.8亿欧元，占总额的89%；财政拨款1650万欧元，占总额的5%；其他来源拨款2310万欧元，占总额的7%。EMA规定，每年预算中有70%必须用于新药审评。[1] EMA收费体系主要分为两大部分，即常规收费和药物警戒收费，其中常规收费又包括人用药物收费、兽用药物收费以及管理收费。

（一）常规收费[2]

常规收费中各项目的收费标准根据通货膨胀率每财年更新，2017年4月1日起，EMA收费标准较2016年上浮1.2%。为鼓励中小企业发展和临床急需药物的研发，EMA对中小企业、孤

---

[1] EMA. Annual accounts Financial year 2016（2017 - 06 - 01）. http://www.ema.europa.eu/docs/en_GB/document_library/Report/2017/07/WC500230602.pdf

[2] EMA. Explanatory note on general fees payable to the European Medicines Agency（2017 - 06 - 01）. http://www.ema.europa.eu/docs/en_GB/document_library/Other/2017/06/WC500228850.pdf

儿药研发企业、专利药研发企业、儿科用药研发企业、先进疗法研发企业、流感疫苗研发企业都给予不同程度的收费减免。[①] 人用药物收费和管理收费的具体收费项目如表7所示：

表7 EMA药物收费项目和管理收费项目

收费项目		收费标准（单位：欧元）
集中程序审评费	完整注册申请	282100
	简化注册申请	182400
	延续申请	84700（1类延续申请）
		63500（2类延续申请）
		84700（3类延续申请）
	变更补充申请	3000（IA类变更）
		7100（IB类变更）
		84700（1级II类变更）
		63500（2级II类变更）
		21200（3级II类变更）
	再注册申请	14000
	现场检查	21200（1类现场检查）
		10600（2类现场检查）
	上市许可转让	7100
	上市许可延续年费	101200（新药）
		50600（生物类似药）
		25200（仿制药）
	转送费	70200

---

① EMA. Decision of the Executive Director on fee reductions for scientific advice requests on PRIME products for SMEs and applicants from the academic sector (2016 - 05 - 27) . http://www.ema.europa.eu/docs/en_GB/document_library/Other/2016/06/WC500208143.pdf

续表

收费项目		收费标准（单位：欧元）
科学建议费	首次申请	42300（1类申请）
		63500（2类申请）
		84700（3类申请）
	后续申请	21200（1类申请）
		31900（2类申请）
		42300（3类申请）
科学服务费	同情用药	141300
	植物药	21200（1类）
		14000（2类）
	中小企业先进疗法药物的质量和非临床数据认证	63500（1类）
		42300（2类）
医疗器械辅助药物咨询费	首次申请	84700（1类）
		63500（2类）
		42300（3类）
		21200（已知辅助药物）
	后续申请	42300（单次重大修订）
		7100（相当于IB类变更的单次微小修订）
		3000（相当于IA类变更的单次微小修订）

续表

收费项目		收费标准（单位：欧元）
原料血浆主文件（PMF）和疫苗抗原主文件（VAMF）认证费	PMF 认证申请	70200/63500/21200（未与上市申请同步递交的认证申请）
		7100（与上市申请同步递交的认证申请）
	PMF 认证变更	63500（单次重大变更或同一组别的多次变更）
		7100（类似于 IB 类变更的微小变更）
		3000（类似于 IA 类变更的微小变更）
	PMF 年度认证	63500（存在变更的认证）
		14000（无变更的认证）
	VAMF 认证申请	70200/21200/7100（未与上市申请同步递交的认证申请）
		7100（与上市申请同步递交的认证申请）
	VAMF 认证变更	63500（单次重大变更或同一组别的多次变更）
		7100（类似于 IB 类变更的微小变更）
		3000（类似于 IA 类变更的微小变更）
管理费	被动验证费	3070
	医疗产品出口认证	280/140（常规程序）
		840/420（加速程序）
		280（认证申请撤回）
	并行分销通知	3070（首次通知）
		590（手动年度更新、变更通知）
		280（自动年度更新、变更通知）
	工作共享审评程序	3070（多个变更通知）
		84700（1级 II 类变更）
		63500（2级 II 类变更）
		21200（3级 II 类变更）
		7100（IB 类变更）
		3000（IA 类变更）

1. 按照集中程序审评的收费项目

(1) 上市申请审评费

欧洲药品上市申请可通过集中程序、非集中程序和单一国家审评3种途径进行，本小节主要介绍由 EMA 进行注册审评的集中程序收费项目。通过集中审评程序递交的药品上市申请可分为2类：一是完整注册申请，即提供与药品安全性、有效性相关的全套申报资料；二是简化注册申请，即提供全套资料中的一部分申报资料。完整注册申请收费以包装规格为单位，每一包装规格收取28.21万欧元，每增加一个剂型或规格加收2.83万欧元，每增加一个包装规格加收7100欧元。简化注册申请收费同样以包装规格为单位，对于仿制药申请、混合药申请、知情同意申请的每一包装规格收取10.95万欧元，对于生物类似药申请的每一包装规格收取18.24万欧元，每增加一个剂型或规格加收1.09万欧元，每增加一个包装规格加收7100欧元。

(2) 延伸申请 (extension application) 审评费

根据1234/2008号欧盟条例规定，已上市药物的原料药变更、规格、剂型及给药途径变更，应提交延伸申请。1类申请指1234/2008号欧盟条例附件1中规定的延伸申请；2类申请指质量相关的延伸申请，需要递交药学研究资料；3类申请指增加儿科适应症的延伸申请。该项收费以规格为单位，1类申请每规格收取8.47万欧元，2类申请每规格收取6.35万欧元，3类申请每规格收取8.37万欧元，其后每增加一规格加收2.12万欧元，每增加一包装规格加收7100欧元。

(3) 上市变更的补充申请审评费

欧盟上市后变更的补充申请包括：IA类微小变更，无需审评，"告知并实施"；IB类微小变更，仅需简单审评，"告知、等待并实施"；II类显著变更，批准后方可实施。对于IA类微小变更，每一补充申请收取3000欧元。对于IB类微小变更，每一补充申请收取7100欧元。对于II类显著变更，根据不同变更级别收取相应费用。1级II类变更指对药品质量、安全性及有效性产生显著影响的变更；2级II类变更指质量相关的变更，如药学研究资料的修订；3级II类变更指同一组别中递交的第3个及其后的变更申请。1级变更收取8.47万欧元，2级变更收取6.35万欧元，3级变更收取2.12万欧元。

(4) 分组审评程序和工作共享审评程序

若多个变更影响同一产品或同一IA类变更影响多个已上市产品，为节省审评资源，上市许可持有人可选择将上述变更的补充申请以分组审评程序递交，但审评费用仍需按单个申请缴纳。若同一IB类或II类变更影响多个已上市产品，为节省审评资源，上市许可持有人可选择将上述变更的补充申请以工作共享审评程序递交，由参照国或EMA对上述申请进行审评，其他国家承认该审评结果。共享工作审评程序的审评费用仍按单个申请缴纳，同时需缴纳额外的共享工作管理费。

(5) 再注册申请费

EMA规定药品首次上市许可有效期为5年，5年后上市许可持有人应递交再注册申请，再注册申请批准后则该上市许可永久有效。再注册费用以规格为单位，每一规格收取1.4万欧元。

(6) 现场检查费

EMA对药品现场检查按次收取费用，一次现场检查费为2.1万欧元，国外现场检查需额外收取差旅费。若同一检查队伍针对同一PMF开展连续数次现场检查，则后续每次现场检查收取1.06万欧元。

(7) 上市许可转让费

上市许可转让费以包装规格为单位，每一包装规格收取7100

欧元。

(8) 上市许可年费

上市许可持有人需每年向 EMA 缴纳年费，以维持产品合法有效。年费以产品为单位，涵盖所有剂型和包装规格，新药每年缴纳 10.12 万欧元，生物类似药缴纳 5.06 万欧元，仿制药、混合药、通过知情同意申请上市的药物每年缴纳 2.52 万欧元。

(9) 转送费

根据 2001/83 号欧盟指令第 30 (1) 条规定，若不同成员国在是否批准上市许可的意见上发生分歧，申请人可将该申请转送至欧盟 EMA 审评，每一申请缴纳 7.02 万欧元转送费。

2. 科学建议费

EMA 可为制药企业提供产品质量、安全性、临床实验等方面的科学建议。制药企业可向 EMA 提出申请，并根据申请内容缴纳相关费用。1 类申请为质量、安全性或生物等效性研究等方面的建议，首次申请需缴纳 4.23 万欧元，后续申请需缴纳 2.12 万欧元。2 类申请为临床试验、质量及安全性或质量及生物等效性研究方面的建议，首次申请需缴纳 6.35 万欧元，后续申请需缴纳 3.19 万欧元。3 类申请为质量及安全性及临床试验、质量及临床试验、安全性及临床试验或根据实验数据评估具体研发方案（如生物标记物的使用）等方面的建议，首次申请需缴纳 8.47 万欧元，后续申请需缴纳 4.23 万欧元。

3. 科学服务费

(1) 726/2004 号欧盟条例规定的申请

726/2004 号欧盟条例第 58 条规定，允许 EMA 的人用医药产品委员会（CHMP）对拟在欧盟市场外上市销售的注册申请给予科学建议，并收取相应费用。EMA 此举旨在与 WHO 合作，保障全球范围内的公共健康，通过与 WHO 共同审评，对根据 726/

2004号欧盟条例第58条递交的上市申请提出审评建议,促进中低收入国家的药物可及性。根据第58条递交申请的申请人需按照上文所述收费标准缴纳审评费、检查费及产品年费等。

（2）同情用药

制药企业可申请EMA对同情用药的使用提出相关建议,针对每一产品的建议,申请人需缴纳14.13万欧元。

（3）植物药

制药企业可申请EMA的植物药产品委员会（HMPC）对植物药的研发和使用提出相关建议,涉及多领域的咨询申请应缴纳2.12万欧元,涉及单一领域如质量、安全性、长期使用等方面的咨询申请应缴纳1.4万欧元。

（4）中小企业先进疗法医疗产品的质量和非临床数据认证

EMA对质量及非临床数据的认证收取6.35万欧元,对单独质量数据认证收取4.23万欧元。

4. 医疗器械辅助用药物（包括血液衍生物）的咨询

申请人可申请EMA对医疗器械辅助用药物（包括血液衍生物）提出相关的科学建议。对于全新的医疗器械辅助用药物或血液衍生物的咨询,申请人需缴纳8.47万欧元;对于曾审评过的医疗器械辅助用药物的咨询,申请人需缴纳6.35万欧元;对于曾审评过的医疗器械辅助用血液衍生物的咨询,申请人需缴纳4.23万欧元。若申请人根据首次咨询要求递交进一步数据,并申请后续咨询,需缴纳2.12万欧元。对于重大修订的咨询,申请人需缴纳4.23万欧元。对于相当于IA类变更修订的咨询,申请人需缴纳3000欧元。对于相当于IB类变更修订的咨询,申请人需缴纳7100欧元。对于2个及2个以上修订的咨询,申请人需缴纳4.23万欧元。

5. PMF 和 VAMF 的认证费

(1) PMF 申请

对于未与新的上市申请同步递交且 EMA 未曾审评过的 PMF，申请人应缴纳 7.02 万欧元认证费；对于 EMA 曾审评过但数据发生变更的 PMF，申请人应缴纳 6.35 万欧元认证费；对于 EMA 曾审评过且数据未发生变更的 PMF，申请人应缴纳 2.12 万欧元认证费。对于与新的上市申请同步递交的 PMF，申请人应缴纳 7100 欧元认证费。

对于单次重大变更或同一申请的 2 个及 2 个以上变更，申请人应缴纳 6.35 万欧元；对于相当于 IA 类的变更，申请人应缴纳 7100 欧元；对于相当于 IB 类的变更，申请人应缴纳 3000 欧元。

为保证 PMF 安全有效，EMA 每年会对 PMF 进行重新审评和再认证。对于发生重大变更的 PMF，申请人应缴纳 6.35 万欧元年费；对于未发生重大变更的 PMF，申请人应缴纳 1.4 万欧元年费。

(2) VAMF 申请

VAMF 认证申请审评费与 PMF 认证申请一样，分为与新的上市申请同步递交和未与新的上市申请同步递交两种情况，收费类别和收费标准与 PMF 认证申请基本一致。VAMF 认证变更与 PMF 认证变更一致，根据变更种类分别收取不同费用，收费类别和收费标准与 VAMF 认证变更基本一致。

6. 管理费

管理费包括被动验证费、医疗产品出口认证费、并行分销通知费和工作共享审评程序管理费。若通过 eCTD 递交的申请已失效，申请人需向 EMA 缴纳被动验证费，每一申请为 3070 欧元。若制药企业要求 EMA 提供出口认证服务，EMA 也可收费相应费用，常规认证申请收取 280 欧元，加速认证申请收取 840 欧元。

对于通过集中审评程序上市的药品，其分销商需每年通知 EMA 该产品在欧盟范围内销售的国家，首次通知需缴纳 3070 欧元。通过共享工作审评程序递交的补充申请需缴纳共享工作管理费，不同类别的变更申请收费标准有所区别，其中新药的 II 类变更补充申请收费较高，需缴纳 7050 欧元。

（二）药物警戒收费[①]

2010/84/号欧盟指令授权 EMA 在全欧盟范围内开展药物警戒工作，并规定 EMA 可向上市许可人收取相应费用以支持药物警戒工作。该项法案大大提升了 EMA 为成员国提供科学资源的协调和枢纽性作用。药物警戒收费共包含两类收费项目，基于程序的收费和年费。各项药物警戒收费均对中小企业有不同程度的减免。

基于程序的收费自 2014 年 8 月开始征收，主要包括定期安全性更新报告（PSURs）审评费、上市后安全性研究（PASS）方案和结果审评费和药物警戒相关的转送费，该项费用主要用于支付药物警戒风险评估委员会的审评人员报酬。药物警戒年费自 2015 年开始征收，该费用仅对基于单一国家审评程序批准的药物收取，通过集中审评程序批准的药物，其警戒费用已在常规收费中收取。该项费用用于支持 EMA 开展药物警戒工作，包括文献监测、门户网站维护、药物警戒数据库 EudraVigilance 性能提升以及 PSUR 存储。EMA 会根据药品名称、上市许可人、上市成员国、药物活性成分以及剂型等信息来确定年费的收费单位，确保

[①] EMA. Explanatory note on pharmacovigilance fees payable to the European Medicines Agency（2016 - 06 - 01）. http：//www.ema.europa.eu/docs/en_GB/document_library/Other/2015/03/WC500183456.pdf

收费单位未出现重复及遗漏。

三、国际经验分析及借鉴

我国自 2015 年起推行的药品、医疗器械注册收费政策设立了药品注册收费和医疗器械注册收费两个项目，一定程度上提高了注册收费标准，在筹集审评审批制度改革所需资源和资金的方面发挥了重要作用，并通过合理的收费传导注册成本信息，深化企业的成本效益理念，抑制重复、低水平申报，利用市场的资源配置作用营造了良好的鼓励创新环境。

但与国际通用的药械产品收费体系相比，我国收费体系的设置线条略显粗犷。与我国"单维度"收费体系不同，国际上多采用"品种+企业"的"双维度"收费体系，项目设置更加精细、合理。如美国 FDA《处方药收费法案》就针对上市前监管成本设置了具有"品种"维度的上市申请审评费，针对上市后监管成本设置了具有"品种"维度的产品年费和具有"企业"维度的场地年费。增加"企业"维度的场地年费，能够更为合理的体现现场检查成本，减轻企业负担。为加强药械监管能力建设，推进药械产品供给侧结构性改革，应借鉴国际先进经验，进一步合理调整药品医疗器械产品收费体系，释放社会创业创新活力，促进制造品质升级。

（一）建立长效机制，合理设置绩效目标

药品医疗器械收费政策并非一次性的监管手段，应深入开展配套措施，通过绩效评价、动态调整等方式，使产品收费制度成为我国药品审评审批制度改革的持续动力。开展收费制度长期跟

踪评估，建立申请人、监管方、第三方评估机构共同参与的综合评价机制，根据业务要求和长期发展战略，合理设置绩效评价目标，并利用数据收集、信息化追踪系统等方式，完善绩效评价体系。

（二）根据药品医疗器械监管工作，调整收费项目和收费标准

随着《关于深化审评审批制度改革鼓励药品医疗器械创新的意见》"建设职业化检查员队伍""落实全过程检查责任"意见的提出，检查稽查作为主要监管手段将日益发挥突出作用，检查任务量将出现爆发式增长。建议参考其他国家经验，将药品再注册费、医疗器械产品延续注册费进一步细分为具有"企业"维度的场地费和"品种"维度的产品费，覆盖监管中所需的现场检查成本和上市后风险管理成本。从收费周期来看，配合《关于授权国务院在部分地方开展药品上市许可持有人制度试点和有关问题的决定》、新版《药品注册管理办法（修订稿）》（征求意见稿）中建立药品上市许可持有人年度报告制度的要求，建议收费周期按一个会计年度或者一个预算年度设置。

（三）设置动态调整机制，建立社会共治管理模式

设立收费制度应选择合适的政策窗口期，与药品医疗器械企业等利益相关方进行充分的事前事后沟通，争取企业和行业协会的支持，有效控制政策风险。同时，建议设置动态调整机制，将通货膨胀率、监管工作业务量等作为收费标准变动的重要依据，并根据行业发展方向和监管需求及时调整政策，预防政策漏洞和意想外后果，避免出现政策滞后现象。

新时代中国金融发展的新趋势与新思路

(中原银行首席经济学家、中国国际经济交流中心学术委员会委员、研究员) 王军

[摘 要] 随着中国特色社会主义进入新时代，中国金融发展也呈现若干新趋势：一是中国金融增加值占比的峰顶已过；二是直接融资将进入快速发展期；三是金融机构将在激烈竞争中实现错位发展；四是强监管、严监管将持续并成为常态；五是服务实体经济的金融创新仍将得到鼓励和大发展；六是金融科技发展进入爆发期；七是金融业对外开放将更加稳健有序。新时代中国金融发展的新思路，应把握"服务、转型、稳定、监管、协调和开放"六个关键词，在金融领域贯彻好"创新、协调、绿色、开放、共享"五大发展理念。

[关键词] 新时代 中国金融 新趋势 新思路

党的十九大报告提出了中国发展新的历史方位——中国特色社会主义进入了新时代。基于这样一个重大的历史性判断，报告对未来金融发展的思路和工作重点也做出了详细部署和具体

安排。

一、当前我国金融发展中不平衡不充分的五大问题

十九大报告明确指出:"中国特色社会主义进入新时代,我国社会主要矛盾已经转化为人民日益增长的美好生活需要和不平衡不充分的发展之间的矛盾。"那么,金融领域存在哪些"不平衡不充分的发展"从而不能够满足"人民日益增长的美好生活需要"呢?

笔者认为,金融领域以下五个方面"不平衡不充分的发展"问题值得高度关注。

一是实体经济供需失衡,金融业内部失衡,金融和实体经济循环不畅。金融与实体经济共生共荣,实体是金融的根基,金融是实体的血脉和镜像,金融领域的很多问题都有实体的影子,金融风险背后反映的是实体经济自身和经济体制出了问题、蕴藏风险。金融不服务实体经济,固然有金融部门的问题,但更多的还是实体的问题。实体经济扭曲,实体经济低迷,缺乏有利可图的投资机会,金融无法提供服务。当前我国经济中扭曲的结构主要包括:实体与金融、要素、供需、产业、地区、城乡、收入分配结构等等。

二是一些市场主体行为异化,道德风险上升,金融监管很不适应。金融者,国之大事,死生之地,存亡之道,不可不察也。金融业经营对象的独特性和高风险特征,决定了金融业不同于一般行业,注定了要受到严格的管制和准入限制。但是过去几年各类资本乱办金融的现象较为普遍,满大街的金融公司、财富管

理，站街拉客，很多不乏是"庞氏骗局"陷阱，甚至有些已涉及违法乱纪，形势严峻。乱办金融容易引起金融秩序的混乱，侵犯消费者权益。

三是随着金融业的不断开放和人民币国际化的推进，中国金融体制、金融市场日趋复杂，宏观调控难度明显加大。人民币国际化是中国金融业开放的必然趋势，也是未来的发展方向，但客观上却使境内外市场联结起来，造成人民币汇率、利率等货币价格的影响因素增加，使我央行难以独立自如地施展调控政策。同时，银行业等金融机构在业务结构、资产负债表管理上也面临着前所未有的复杂局面，管理难度随之加大。

四是金融监管能力建设滞后于金融业发展的变化与速度。监管部门往往跟不上金融机构为了逃避调控和规避监管而创造出无穷无尽的所谓"创新"，监管能力建设明显不足。所谓的监管套利，就是利用在监管制度上的不一致、不完备，来恶意逃避合理监管的行为。监管套利至少有六个方面：期限套利、信用套利、流动性套利、币种套利、资本套利、信息套利。这六方面恶意的监管套利行为规避了监管的制度和安排，利用了监管当中不完备的方面，会容易造成整个金融体系风险严重失控。

五是移动互联网与通信技术的飞速发展，使中国的信息化水平大幅提高，也使政府的金融管控能力面临严重的挑战。科技渗透到金融业，或金融业使用科技手段，两者的结合，前些年被称为互联网金融，现在又被称为金融科技（Fintech），金融科技或互联网金融常使金融活动脱离开原有正规金融的范畴，扩展到社会各行各业并推广使用。第三方支付、P2P平台，如雨后春笋般地大量涌现。其中不可避免的泥沙俱下、鱼龙混杂。近几年大规模的非法集资又卷土重来，虚假网络借贷等金融乱象已经泛滥成灾。

二、新时代中国金融发展的新趋势

对新时代中国金融业的风险现状和未来前景,需要全面看待,既要高度关注和防范风险,更要认识到金融发展滞后仍是经济发展中的突出矛盾。发展是金融安全的最大保障,不发展仍是金融安全的最大风险。在这样一个已经徐徐展开的新时代画面中,我们已经可以略微窥探出未来中国金融发展的若干大趋势。

趋势一:中国金融增加值占比的峰顶已过,金融业高利润时代逐渐结束。

前不久召开的第五次全国金融工作会议做出了一个重大判断,即"经济金融进入下行清算期",这一前所未有的严厉表述表明,中国金融发展将真正进入了一个新阶段与新常态,"金融业感觉到的痛苦才刚刚开始"。当前,银行体系创造货币的速度正在放缓,货币存量增速(广义货币增速)也有望逐步下行,M2 增速已连续多个月份保持在 10% 以下,未来甚至不排除会低于名义 GDP 增速,这将真正使货币政策回归稳健中性,打掉各类资产泡沫持续扩大的货币基础。上述格局在未来有可能继续发展,其结果是银行间拆借的活跃度会持续下降,资金紧密运行的态势将会持续存在。这对中国金融业发展并不是坏事,会促使各金融机构更加精准地调控自身的资金需求,提高资金管理的水平,更会带来一大批中小银行、中小金融机构的合并重组。

新时代中国金融发展的新趋势与新思路

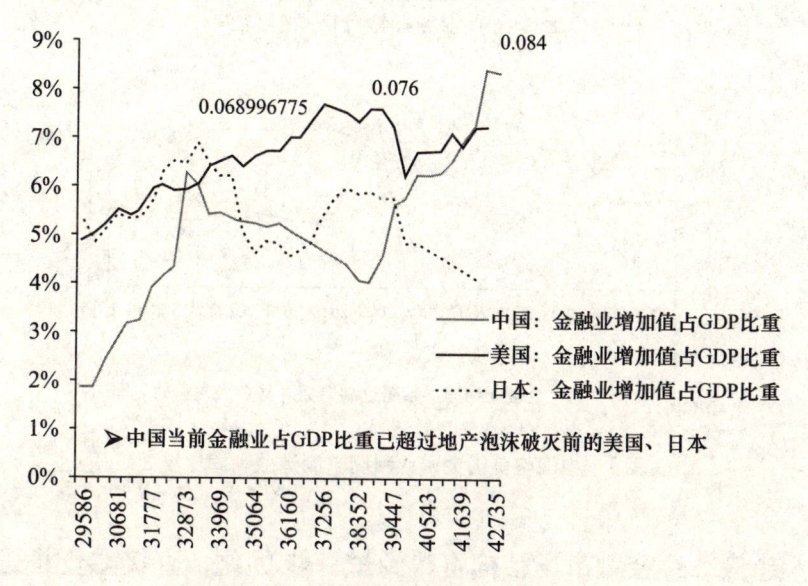

图1　中国、美国、日本金融业增加值占比

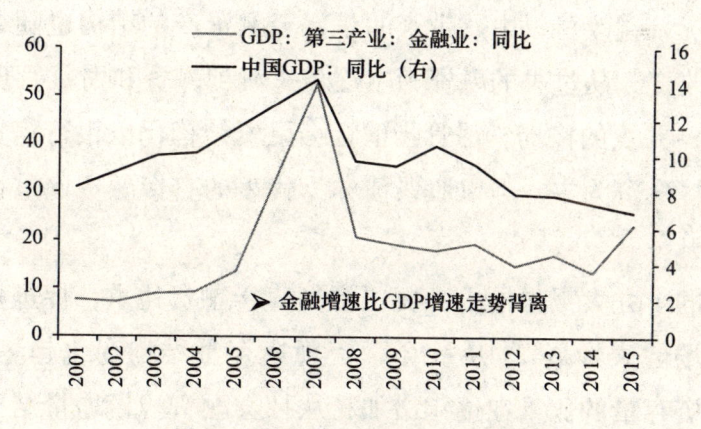

图2　中国金融业增速与 GDP 增速

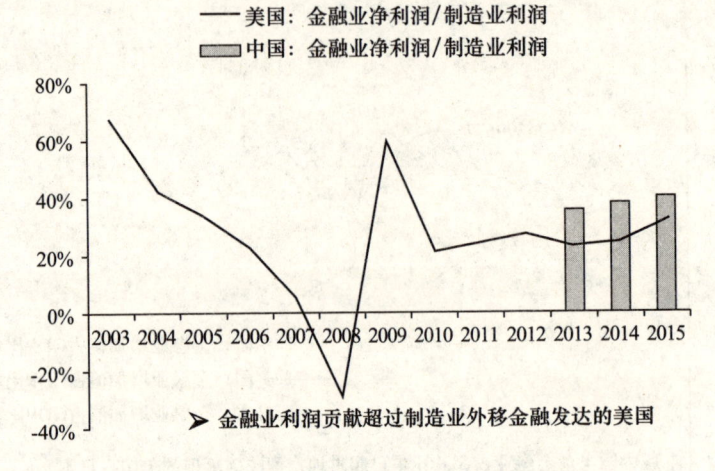

图3 中国与美国金融业利润与制造业利润比重

趋势二：金融市场结构将得到进一步优化，直接融资将进入快速发展期。

中国金融体系正在发生非常深刻的变化，各个金融市场互联互通状况日益改善，由此带来的是，金融资产的结构也随之发生着重大改变，从过去的融资为主逐步过渡到融资和财富管理（资产管理）并重的格局。尽管当前社会融资结构仍以银行信贷为代表的间接融资为主，但以股票债券为代表的直接融资比重将逐年显著上升。

党的十九大报告指出，要"提高直接融资比重，促进多层次资本市场健康发展"。从社会融资规模存量结构变化趋势来看，直接融资存量的比重在逐年增加；从社会融资规模增量结构变化趋势来看，直接融资增量的比重也在显著增加。因此，未来中国金融市场结构可能正处于从银行主导型向市场主导型转变的过程中。

趋势三：金融机构将在激烈竞争中寻找优势和特色，实现错位发展。

近年来我国金融业的行业格局已发生显著变化,这主要表现在:第一,同业竞争日益白热化,国内银行业法人机构超过4000家,各类金融机构超过2万家,同质化竞争严重。第二,新兴金融科技企业跨界进入支付结算领域,并从事实质性的存贷款业务,互联网金融的市场渗透率已接近40%,存款搬家至互金公司金额超2万亿元,网络贷款交易规模超1万亿元。第三,利率市场化导致银行利差收窄,传统盈利模式难以为继。2016年银行业净息差降至2.22%,为历史最低水平,盈利中枢水平已大幅下降,与高速增长的黄金十年不可同日而语。为应对竞争,获得新的利润增长点,各家商业银行纷纷转向综合化经营,凭借多元化产品和服务重塑竞争力。

展望未来,多元化的小型金融机构将会蓬勃发展。小微企业、创新企业只能由创新型小型金融机构来对接。这些蓬勃发展的小型金融机构完全有可能纳入政府"大监管"范畴之内。金融回归服务实体经济的初衷,就要求金融机构能够为各类客户提供多元化、有特色的金融服务。所以,未来5年贷款保险、小型贷款、消费金融、智能金融、直销银行乃至于基于互联网交易大数据提供金融服务的机构,将会蓬勃发展,相关的监管条例也会逐步跟进,这是促使金融为实体经济服务的最具体和最重要的措施。

趋势四:加强金融监管是纠偏,金融过度自由化将得到矫正,强监管、严监管将持续并成为常态。

总体来看,国内经济仍处于新旧动能转换的节点,区域、行业和企业分化加剧,市场主体高杠杆率和高负债率潜藏系统性风险。去产能、清理"僵尸企业"和变相"逃废债"等带来的金融风险不容忽视,银行业信贷资产质量管控形势依然严峻。股市、债市、汇市联动，跨市场、跨行业交叉风险增多，金融市场波动加剧，对银行流动性风险管理和市场风险管控提出更高要求。

党的十九大报告强调，要"健全货币政策和宏观审慎政策双支柱调控框架，深化利率和汇率市场化改革。健全金融监管体系，守住不发生系统性金融风险的底线"。预计监管部门对于风险防控的高压态势将持续很长一段时间，金融监管的各项标准将更加严格。监管部门将对资管、理财、同业等交叉性产品实行穿透原则，严防金融机构加长企业融资链条、增加融资成本、加剧资金脱实向虚等问题，做实并表监管，防止监管套利。宏观审慎评估体系（MPA）将持续升级，房地产调控力度不减、各项措施密集出台，对银行资产配置和风险管控形成挑战。巴塞尔协议Ⅲ对资本管理、流动性风险管理等方面提出了更高要求，银行业资本内生增长能力已难以支持规模快速扩张的粗放式发展模式，银行业需要满足更高的资本充足率要求和总损失吸收能力。

趋势五：服务实体经济、服务国家战略、服务地区发展、服务客户痛点和痒点的金融创新仍将得到鼓励和大发展。

党的十九大报告多次提到"加快建设实体经济""把经济的着力点放在实体经济"。报告还特别要求，要"深化金融体制改革，增强金融服务实体经济能力"。

从宏观战略层面看，供给侧改革、"一带一路"倡议、三大地区发展战略等国家重大发展布局需要金融体系及金融创新的大力支持，实体经济领域有大量需求需要金融体系来提供高效的供给。

从经济结构升级和经济动能演化层面看，新经济要求银行不断创新服务模式。当前消费对我国经济增长贡献已逐步提升至65%，战略性新兴产业和共享经济等领域快速发展，文体娱乐、教育医疗等新业态蓬勃兴起，经济新旧动力切换、新旧模式转换加快。银行业在告别过去普遍性、总量增长机会的同时，也迎来了细分领域、结构性机会的发展商机。小微企业、三农、民生等领域金融需求还远未得到满足，二维码支付、消费金融、直销银行等成为创新服务的有效方式。银行要避免变成"21世纪的恐龙"，唯有加快转型步伐，变得更有张力和活力，形成能立于不败之地的核心竞争力。

从客户行为模式层面看。随着金融市场的不断完善、利率市场化的深入推进和移动互联网等技术进步，金融脱媒加剧，客户行为也在发生着深刻转变。对公客户融资选择日益多元化，传统信贷需求下降，直接融资快速发展，且"轻资本、轻资产"的客户转向模块化、订制化、综合化服务，要求银行提供更加符合行业特性的解决方案。个人客户方面，投资渠道也日益多元化，理财需求强烈，促使资管类等高收益产品快速发展的同时，对传统存款业务造成很大的冲击。年轻客户对移动化、场景化和人性化的期望和要求日益增加，11亿移动互联网用户利用数字化渠道获取金融服务成为主流，客户行为分化和忠诚度下降，倒逼各家银行拿出差异化的客户定位和营销服务方案。未来的金融机构，无论是大还是中小，无论是全国性的还是区域性的，只有找到客户"痛点"，用创新的产品和服务来解决这些"痛点"，才能留住客户，实现可持续发展。

趋势六：金融科技发展进入爆发期。

大数据、云计算、区块链、人工智能等新技术快速发展，推动金融科技公司迅速崛起，也为金融业带来重大机遇与挑战。"他山之石，可以攻玉"，金融业需要尽快吸收、应用并提升科技转化能力和经营效率。如借助大数据分析，更加精准判断客户需求，从"盲人摸象"灌输营销转向"数据驱动"精准营销，提高销售服务效率，深挖客户价值；利用云计算提供更加低成本、高效率的财务和运营支持等。新技术应用必然也会带来数据风险和系统安全等问题，金融机构亟须提高对数据的整合、挖掘和管理能力，不断夯实IT基础，严防泄密风险，确保信息系统安全稳定运行。

趋势七：金融业对外开放将更加稳健、有序推进而非盲目加快。

全国金融工作会议所传递出的丰富信息表明：中国的金融业仍将进一步对外开放。只是，开放的步骤和节奏将会根据风险管控的形势变化和国内实体经济发展的需要，做适当的调整，而非如过去一般，蒙眼狂奔、衔枚疾进。人民币国际化预计将会稳健放缓。经过几年的实践，决策层逐渐认识到，人民币国际化，本质上要求跨境资本流动逐步开放。当前中国金融市场监管并不到位，流动性仍相对充足。因此，靠简单的放开跨境资本流动的办法推动人民币国际化蕴藏着巨大的风险，有可能将国外金融市场的波动引入中国金融市场。

三、新时代中国金融发展的新思路

党的十九大和第五次全国金融工作会议对未来我国金融发展与改革的目标、原则、根本任务做了系统全面的部署，厘清了长期被人们有意或无意而模糊、淡忘甚至抛弃的基础性概念和原理，标志着中国金融发展从此进入到了新时代。

笔者以为，新时代中国金融发展的新思路，可以从"服务、转型、稳定、监管、协调和开放"这六个关键词入手，处理好与之相对应的六大关系，而其核心，则是要在金融领域贯彻好"创新、协调、绿色、开放、共享"五大发展理念。

第一，服务强调的是金融要回归本源，服务于实体经济的发展，这是金融的天职和宗旨，也是防范金融风险的根本举措，其关键是要处理好金融与实体经济的关系。

所谓"金融要服务实体经济"，指的是金融要有效发挥媒介资源配置的功能，为实体经济提供更好的金融服务，降低流通成本，提高金融中介效率和分配效率。金融与实体经济是共生共荣的关系，不应简单粗暴地金融业与虚拟经济划等号、将金融与实体经济相对立，线性地理解二者的关系；金融发展滞后仍是经济发展中的突出矛盾，不应弱化甚至抑制金融发展来补贴实体经济；要始终坚持在发展中规范、创新和防范风险，而不应全盘否定金融创新，停止金融改革步伐。

解决"脱实向虚"问题也不是简单的"想办法把钱弄到实体经济去"。因为实体经济并不一定需要钱，没有好的投资机会和投资回报，也不一定有投资的意愿。解决金融问题一定要从实体经济入手，因为有些问题是金融业内部无法解决的。正确的做法是：继续放松管制，推动改革，改善服务，降低成本，增加人们的收入，完善社会保障，让国内的消费环境更好，这样实体部门有投资意愿，企业自然就愿意多生产，企业投资意愿起来了，资金自然就过去了。

第二，转型是当前金融业面临的重大课题，决定着未来全行业的生死存亡，这要求金融业必须处理好转型与发展的关系，把创新、协调、绿色、开放、共享的理念贯穿于金融业转型的全过程。

未来金融业要和中国经济一样，必须"从追求高速增长向追求高质量发展转变"，金融机构的转型应着重集中于以下四大方向：

一是金融科技。随着科技进步，未来金融科技势必将发展到更多新阶段，大数据、云计算、人工智能、区块链等技术将更多地被应用到传统金融信息采集、风险定价模型、投资决策过程、信用中介的角色，催生出诸如大数据征信、智能投顾、供应链金融等新的前沿领域。

二是绿色金融。今后需要努力发掘"绿水青山就是金山银山"的项目和转换机制，这是摆在我们面前非常重要的挑战。此外，绿色金融还包括如何在应对气候变化等全球性问题上提供有效的金融支持，这是增强话语权、体现中国责任和中国担当所必需的。

三是普惠金融。发展普惠金融是中国金融业在"十三五"时期的一项重要任务，也是金融服务于社会发展应有的义务和责任。这在客观上要求金融上天入地、上网下乡进村，加快建设普惠金融体系，加强对小微企业、"三农"和偏远地区的金融服务，推进金融精准扶贫，以及对医疗、养老、教育等领域的扶持。为此，需要创造新的机制、产品、服务条线和运作模式。

四是智能金融。智能金融通过利用人工智能技术，有利于创新金融产品和服务模式、改善客户体验、提高服务效率。一方面，智能金融的发展依附金融产业链，涉及从资金获取、资金生成、资金对接到场景深入的金融资金流动全流程；另一方面，智能金融发展又基于人工智能技术的智能解决方案，推动银行、证券、保险等金融业态的创新。目前来看，智能金融的应用场景至少包括九个方面：前台的智能支付、智能营销、智能客服、智能交易，中台的智能风控、智能投顾、智能投研，后台的智能数据、智能监管。

第三，稳定意味着要守住不发生系统性金融风险的底线，这是金融工作的永恒主题，为此必须处理好风险处置与推动发展的关系。

近年来，我国金融市场风险事件发生频率上升、冲击力度加大和联动效应趋强，"黑天鹅"和"灰犀牛"此起彼伏，绝非偶然。我国金融监管体制存在缺陷与不足，应该是最重要的原因之一。第五次全国金融工作会议首次提出要建立金融监管部门问责机制，以前所未有的严厉表述明确了什么是失职和渎职行为：有风险没有及时发现就是失职、发现风险没有及时提示和处置就是渎职。

近期，金融领域最引人关注的风险事件当属非官方数字货币的交易平台及代币ICO乱象。因其潜在的巨大风险，已被央行等多部委坚决叫停。比特币等各种基于区块链技术、打着数字货币旗号的代币或"虚拟货币"，并不是真正意义上的货币，它无法承担价值尺度、支付工具和储藏手段的货币功能，没有权威的国家信用的支撑，只是"一种特定的虚拟商品，不具有与货币同等的法律地位，不能且不应作为货币在市场上流通使用"。虚拟货币及代币发行是一种公然的、赤裸裸的挑战央行权威、挑战国家铸币权的行为，理所当然应当被取缔。其被取缔的意义在于：一是有利于引导资金脱虚向实、真正体现服务实体经济的金融宗旨；二是维护了正常的金融货币秩序，加强了对这种非官方的"类数字货币"的有效监管；三是有利于打击挂着高科技"羊头"、卖非法集资、非法证券交易的"狗肉"，有效遏制了以"创新名义"的投机炒作和金融骗局，保护储蓄者或投资者的合法权益；四是抑制了虚拟资产的价格泡沫，防止系统性金融风险的发生。

第四，监管是防范金融风险的利器，是确保金融机构稳健经营的必需。监管要跟得上创新的步伐，处理好与创新的关系。

党的十九大报告在中央层面的文件中首次提出货币政策和宏

观审慎政策"双支柱"调控框架，将宏观审慎政策的重要性提到非常高的程度，这使中国金融体制将朝着更高目标发展，中国金融机构要更加注重内源式的高质量增长，而不仅仅是外延式的规模增长。金融机构在从事金融业务时不能脱离资本的约束，在技术创新的同时不能脱离对风险的关注。要始终坚持"创新+稳健"发展不动摇，坚持业务创新与风险防范、强化监管相结合，防止创新不当，依法合规经营。

第五次全国金融工作会议一项最大的成果，就是在传统的监管体制之上，为克服分业监管体制存在的监管盲区、监管不足和协调困难问题，在国务院成立了金融稳定发展委员会，以协调"一行三会"工作和强化金融监管，使金融监管全覆盖，即不仅覆盖到金融机构的各项市场行为，而且覆盖到类金融机构和非金融机构的各项金融行为；推进金融监管从机构监管为主向功能监管、行为监管为主的转变；以权威性和专业性切实加强金融监管的统筹协调，守住不发生系统性金融风险的底线，保持金融业稳定运行。

此次央行取缔了比特币等代币的交易，以及代币的ICO，而非简单地取缔比特币。对于近些年在全球范围内风生水起的各类准数字货币，在确保严格监管、不留死角的同时，也需对这种基于互联网技术的金融创新保持一定的宽容态度，不要因噎废食，一棍子打死。要追随创新的步伐，加快监管创新和监管协调。为此，对此类金融科技创新，探索建立中国特色的监管沙盒不失为一种积极的态度。

第五，协调主要指结构的协调，这对未来金融业的发展至关重要。就目前中国金融的现实而言，结构的协调必须处理好经济价值和社会价值的关系、直接融资和间接融资的关系、大机构与中小机构的关系。

第五次全国金融工作会议重申了商业性金融、政策性金融、开发性金融和合作性金融协调发展、互相配合的问题，强调金融业今后的经营理念应当是"努力实现经济价值和社会价值统一"。这意味着今后很长一个时期，我们的投资对象更多的是准公益性产业和社会基础设施，这些投资需要有经济价值和社会价值的统一。换言之，未来金融业将告别高利润时代，进入一个合理利润或低利润阶段。

在直接融资方面，要补齐短板，继续大力发展股权融资，要通过发展股权融资补充实体经济资本金，解决企业融资难融资贵问题。在间接融资方面，要优化结构，加快推动大型银行战略转型，加快发展中小银行和民营金融机构。

中国的金融机构是一个庞大的体系，长期以来，由于缺乏功能定位，出现了业务单一、混杂竞争的现象。要改变这种状况，在金融改革发展中，就必须厘清各类银行的功能定位和业务特色，分市场、分层级展开经营运作，使它们更好地服务不同地区、群体、规模的实体企业。要坚持大中小相结合，促进金融机构专业化，突出并做优主业，促进金融市场公平竞争，形成合理的金融组织机构体系。

第六，中国金融业的改革和开放仍在路上，渐进改革、有序开放仍是未来很长一段时期的重点任务。

当前，各类金融交易所赖以进行的"基准"，包括利率、汇率及无风险的国债收益率曲线等，还在相当程度上被管制着，金融资源的配置某种程度上被这些扭曲的信号所引导。改革所需要啃的"硬骨头"还有很多。具体来看，金融领域的"重要领域和关键环节"改革大致包括：为强基础需健全市场运行基准，为降杠杆需建立长期资本补充机制，为补短板需大力发展普惠金融，为严监管需加强金融监管协调。

开放也是一种改革，当前的国际国内大局，要求中国金融业在防控风险的大背景下，适当调整节奏和步伐。一方面要创造条件，积极有为；另一方面也要等它水到渠成，不要过分追求，必须稳步有序扩大对外开放。深化人民币汇率形成机制的改革，稳步实现资本项目可兑换，原则是"积极有为，稳步推进"；稳步推进人民币国际化，原则是"顺势而为，水到渠成"；增强金融支持"一带一路"在商业上的可持续性，需要有新思路、新举措。

总之，正如中国经济无法被任何人、任何势力所轻易唱衰一样，中国金融业在未来仍将有极大的发展空间和极其光明的前景。只是，在中国经济金融正逐步进入新时代的大背景下，金融发展比以往任何时候都要遵循金融自身的规律和服务实体经济的大逻辑，比以往任何时候都要处理好发展与规范、创新、风险防范的关系，要始终坚持在发展中规范、创新和防范风险，不可偏废。

美元指数最高封顶110点左右是大概率事件

(中国国际经济交流中心战略研究部
副研究员)徐长春

[摘　要] 作为牙买加国际金融系统的主要价格指标之一，本轮美元指数变动的高点难以突破上轮美元指数的高点110左右的点位；美元指数走势更大的可能是围绕95的中位线呈现箱体震荡走势。

[关键词] 美元指数　牙买加国际金融系统　走势

国际金融危机之后，美国为了救市而大量向市场注资。自2015年12月起，美元进入加息周期。但是，作为牙买加国际金融系统的最重要价格指标之一，美元指数并没有如期而随着加息而大涨，而是呈现极其郁闷的徘徊状态，划时代的不确定性引发市场极度不安。

一、美元指数是牙买加国际金融系统的价格表征指标

20世纪70年代，随着国际金融系统从布雷顿森林国际金融系统向牙买加国际金融系统的转化，美元也由唯一主权国际储备货币向多元储备体系下的独大国际储备货币转化。美元指数就是衡量牙买加国际金融系统下美元强弱程度的表征性指标。

（一）牙买加国际金融系统的由来

当前的国际金融系统——牙买加国际金融系统是在布雷顿森林国际金融系统崩溃的基础上转化而来的浮动汇率制系统。二战之后的1945年，美国组织各国在美国小镇布雷顿森召开布雷顿森林国际经济会议，立足拥有全球黄金的绝大部分的现实，建立了以美元为中心的国际金融体系——布雷顿森林国际金融体系，实行"美元与黄金挂钩，其他国家货币与美元挂钩"的"双挂钩制"，美元通过与黄金挂钩成为主要世界货币。该国际金融系统通过新成立的国际货币基金组织（IMF）来维护其运行，促进世界经济增长。布雷顿森林国际金融体系本质上是金汇兑本位制。由于该体制存在"特里芬难题"的先天缺陷，美国黄金不断被其他国家兑换走，最终无法兑现美元与黄金挂钩的承诺而美元货币危机频发。1973年，布雷顿森林国际金融体系最终崩溃。货币失去了定值之"锚"，各国纷纷实行以国家信用为基础的浮动汇率制。1976年1月，IMF理事会"国际货币制度临时委员会"在牙买加首都金斯敦讨论国际货币基金协定的条款，达成了"牙买加协议"。4月，国际货币基金组织理事会通过了《IMF协定

第二修正案》，牙买加国际金融体系形成。"牙买加协议"正式确认国际货币体系内的现实，即确认了浮动汇率制，推行黄金非货币化；修订特别提款权的有关条款，准许参加特别提款权账户的国家可用特别提款权偿还国际货币基金组织的贷款，为偿还债务担保，各参加国也可用特别提款权进行借贷，增强特别提款权的国际储备地位；IMF继续作为调节国际收支平衡的机构。

（二）牙买加国际金融体系的运作基础及指标

牙买加国际金融系统下，美元回流机制是该体系运作的内在运行机制。在牙买加国际金融体系下，在美元石油结算的支撑下，美元逐步形成了以美国国内金融市场为支撑的虚拟经济结构，即美元流动机制。其一，美国国内逐步形成了世界最大的证券市场。在长期的宏观调控过程中，美国逐步构建起了包括期货市场、股票市场和债券市场等市场的全球最大证券市场，每天有数以万亿美元计的资金交易完成。其二是美元全球金融市场的形成。由于美元绑架石油交易，各国争相持有美元以保障能源供应、贸易结算所需。各国多持有的美元在伦敦、法兰克福、海湾国家、新加坡等地形成美国本土之外的美元资金交易市场，为各国政府和企业在美国之外美元投融资提供支撑。其三，无论是国际金融市场还美国国内金融市场，美元都是市场定价货币和市场结算货币。这就构建了以美国证券市场、美元全球金融市场为载体的美元循环流转渠道。美元利率变化与美元循环流转渠道相结合就构成了美元的流动机制。依托这个美元流转渠道，美联储货币政策变化通过美元指数的变化首先传导给国内市场，推动美元在美国国内金融市场与伦敦、新加坡等美元离岸市场以及外围经济体市场之间流动，引发外围经济体市场与美国国内市场资金供给截然相反的表现。美元流动机制是建立在美元流动实体结构基础上的资本跨境流动机制，是牙买加国际金融体系运作的内在机制基础。

美元指数是牙买加国际金融系统的最重要价格指标之一。美元指数，是综合反映美元在国际外汇市场的汇率情况的指标，以美元对所选定一揽子货币综合变化率的形式来表征美元对一揽子货币的强弱程度，间接反映美国出口竞争能力和进口成本变动情况，是美元利率变化的晴雨表。美元指数变化与美元流向相对应，美元指数上升，对应着美元回流美国，指数下降对应着美元流出美国。

二、美元指数的变化规律

从1973年布雷顿森林体系崩溃以来的美元指数变化情况来看，美元指数呈现有规律的贬值周期与升值周期交替的变化规律。

（一）美元指数的五个变化周期

截至目前，如图1所示，美元指数已大致经历了五个变化周期。第一个变化周期发生在1973—1978年之间，是个贬值周期。期间，各国逐步告别布雷顿森林体系束缚，世界主要发达国家纷纷增加货币供应量，美国也实行较为宽松的货币政策。急速增长的货币供应使美元与其他主要货币的汇率都出现不同程度的贬值，大宗商品价格呈现飞涨状态。世界经济进入"滞胀"状态。第二个变化周期发生在1981—1985年之间，是个升值周期。联邦基准利率从1979年开始大幅提高，并于两年后的1981年达到惊人的、前所未有的16%。1981—1985年期间，美元名义汇率

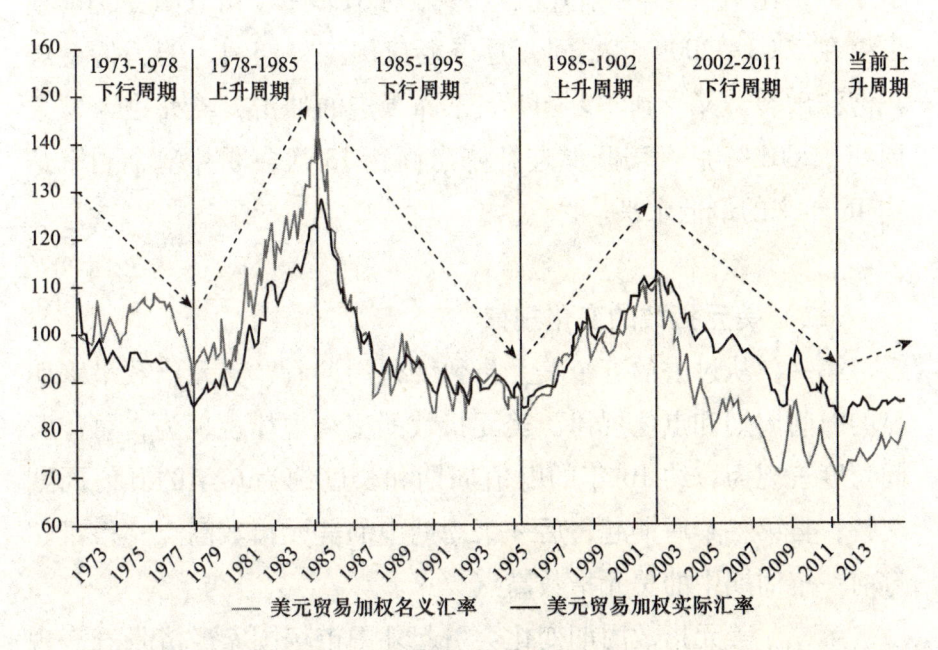

美元指数最高封顶110点左右是大概率事件

图1 美元指数周期变化趋势图

以及实际汇率分别比1980年升值44%与36%。与美元加息相配合，美国推出大幅减税政策，直接刺激美国经济强劲增长。巨额开支导致美国政府背负"双赤字"。这与美元加息形成鲜明对比。第三个变化周期发生在1986年至1995年之间，是个贬值周期。1985年9月，美国以"双赤字"为理由，与英、法、德、日签署《广场协议》，迫使日元与欧系货币升值。此后，美联储通过"公开市场操作"多次大量抛售美元，主要大量买入日元与马克。这导致美元兑日元与马克的大幅贬值。1995年美元名义汇率和实际汇率分别比1985年大幅度贬值36%与43%。欧系货币也多贬值。美元指数从高点103处一路下跌至80以下。第四个变化周期发生在1996—2002年之间，是个升值周期。期间，美元进入加息周期，加之美国信息技术革命的推动，美国政府财政状况不断向好。所以美元指数持续向上。2002年美元的名义汇率与实际汇率分别比1995年大幅升值达28%与31.5%。第五个变化周期发生在2003—2009年之间，是个贬值周期。期间，美国信息经济泡沫破裂，又受到"9·11"恐怖袭击的冲击，美元进入减息周期。2001年后，美联储连续降息高达13次，联邦基金利率达到46年来的最低水平。

（二）美元指数的变化规律

第一，从过去的五个美元指数变化周期看，美元指数呈现明显的时间周期和点位规律。美元指数的变化规律表现为，总体时间长度表现为，约10年的贬值周期和长度约为6年的升值周期交替；自第二个周期起，后一个周期中的美元指数高点，很难超过前一个周期中的美元指数高点。

第二，美元指数周期变化会引起外围市场国家经济景气表现周期性变化。当美联储货币政策变化时，美元流动机制就被启动。美元在任何经济体的进出都会引起其内部市场资金供给的变化，从而搅动该经济体宏观经济形势的变化。一是当美联储进入货币升值周期即加息周期时，美元指数进入上升轨道，外围市场进入衰退期，美国市场进入繁荣期。这个美元指数上升周期中，美元的加息吸引外围市场资金追逐息差而纷纷回流美国证券市场，金融市场繁荣，并流向美国相关产业，推动美国经济走向繁荣。与此相反，外围市场因资金规模萎缩而进入资产价格的下跌期，金融市场衰退，相关产业融资困难，甚至导致部分产业的资金链断裂，引发金融危机，出现衰退局面。如，第二个美元指数周期是升值周期，拉美债务危机就被引爆；第四个周期也是升值周期，亚洲金融危机爆发。

第三，当美联储进入货币贬值周期即降息周期时，美元指数进入下降轨道，美国市场进入衰退期，外围市场进入繁荣期。在美元指数的下降周期，美元的降息驱赶资金向外围市场寻求高回报资产进行投资，纷纷逃离美国市场，金融市场衰退，流向外围市场购买地板价资产，退出相关产业，并拉低美国资产价格，导致美国经济进入衰退期。与此相反，外围市场因资金规模暴增而进入资产价格的上升期，金融市场繁荣，相关产业资金充裕，出现投资景气局面。如，美元指数的第三个周期是贬值周期，巴西就成功地利用外债推进了工业化进程，实现了经济结构的大调整。

客观地讲，外围市场和美国市场图景的直接描绘者是国际金融市场主体。利用这种规律，有实力的国际市场主体随着美联储货币政策周期的变化而变换投资场所，在价格洼地买入，在价值高地抛出，在获得高收益的同时也通过资本跨境流动创造出美国市场与外围市场截然相反的图景。

三、本轮美元指数走势的判断

刨除2008年国际金融危机的干扰，各界普遍认为，自2011年以来，美元指数又进入了新一轮升值周期。当前的这轮美元升值周期应该就是美元指数的第六个变化周期，是个升值周期，从2009年开始，至今仍在持续。这轮美元指数周期会如何变化是社会各界普遍关注的问题。

（一）外围市场表现表明升值周期已启动

依据大周期规律判断，美元指数应该处于上升期。自2011年以来，美元指数又应该进入了新一轮升值周期。考虑到美国救市的量化宽松政策的影响，在美元2015年启动加息之后，美元指数上行即使延迟也应该启动上行周期。而外围市场经济体经济表现变化也表明美元指数升值周期已经启动。

美元加息预期启动之后，经济体货币大幅贬值消息不断增多。受加息预期的影响，美联储首次加息决议宣布前，2015年内巴西雷亚尔兑美元已暴跌46%[①]；8月20日，哈萨克斯坦宣布允许汇率自由浮动，当日哈萨克斯坦货币坚戈大幅贬值约30%。自汇率自由浮动后的3个月内，坚戈总体贬值近40%[②]。墨西哥比索汇率2015年大跌14%，2016年又大跌10.5%，[③]给墨西哥经济带来沉重打击。2016年3月至10月底，埃及镑贬值已超40%。脱欧让英镑币值从1.5018的高点于2016年10月7日跌落至31年新低1.1841，[④]跌幅达到21.2%。

2015年12月美元首次加息之后，世界各地也不断传来经济体货币崩溃的消息。美联储宣布加息当日，阿根廷比索自9.8052跌至13.9500一线，跌幅超过30%。[⑤]这迫使阿根廷政府取消维持了4年的资本管制。截止12月21日，阿塞拜疆放弃本币挂钩美元的政策，货币马纳特狂泻近50%。[⑥]2016年，蒙古国货币图

[①] 数据来源：《巴西雷亚尔今年已下跌46% 新兴货币中贬值幅度最大》，金融界网站，2015年12月2日。

[②] 谢亚宏：《哈萨克斯坦货币坚戈大幅贬值》，《人民日报》，2015年8月21日，第22版。

[③] 唐道银：《"黑天鹅"风暴狂飙突进：你还在裸泳？》，财富动力网，2016年11月2日。

[④] 数据来源：《英镑似已堕入贬值深渊 未来走势长期看衰》，白银投资网，2017年9月5日。

[⑤] 数据来源：《美联储加息阿根廷第一个倒下 比索暴跌超30%》，《第一财经》，2015年12月18日。

[⑥] 数据来源：《政府放弃挂钩美元政策，阿塞拜疆马纳特大跌》，汇通网，2015年12月22日。

格里克曾连续22日下挫,全年图格里克兑美元下跌20%。①

时隔一年后的2016年12月15日美元再次加息,世界外围经济体货币崩溃的消息不时传来。截至2017年1月11日,土耳其的法定货币新土耳其里拉已对美元贬值11%,②几近崩溃边缘。2月5日,蒙古国央行紧急加息450个基点至15%的高位,才暂时稳住了本币兑美元的崩跌势头。③

总起来看,在美元加息预期的推动下,外围市场各国货币惯性普遍贬值,国家货币崩盘现象时有发生,国际金融体系紊乱程度加大。这表明,美元指数本轮加息周期已经启动。

(二) 当前美元指数是箱体震荡走势

按照美元指数变化的历史规律,美元启动加息之后,美元指数就会出现上行走势。但是,美元2015年本轮首次加息之后,美元指数走势却不是上行。

首次加息之后,美元指数实际表现是底部箱体震荡,而不是上扬。如图2所示,据和讯黄金的美元指数实时数据显示,2015年12月,美元首次加息之后,在特朗普景气的带动下,美元指数短期有了点上行表现,但很快就转为下行。2016年12月15日,美国宣布联邦基金基准利率自2010年以来的第二次加息,幅度为0.25个基点。之后,在非农数据连续报喜的推动下,美元指数也进入了新一轮快速攀升,一度在1月份冲高至102.39

---

① 数据来源:《又有一国货币崩盘,民众砸锅卖铁还债!》,Wind资讯 2017年2月5日。

② 数据来源:《新土耳其里拉崩溃 浅析土耳其衰弱的原因》,第一黄金网,2017年1月13日。

③ 数据来源:《又有一国货币崩盘,民众砸锅卖铁还债!》,Wind资讯 2017年2月5日。

点的本轮最高点。随后，美元指数高位又不具可持续性，再次震荡下跌，一度与2月初击破100点大关。随后，美元指数保持持续震荡大幅下行态势。2017年3月16日，美联储第三次加息。但这并未能阻止美元指数下行的趋势，美元指数不断创出新低。

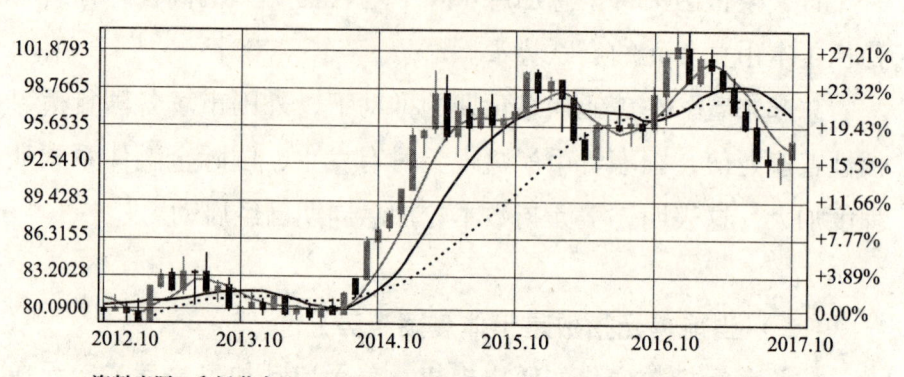

资料来源：和讯黄金. http://gold.hexun.com/usdx/

图2 美元指数月K线实时变化图（2012.10—2017.10）

6月14日，美联储再次加息25个基点，上调联邦基金利率至1.25%。但是，美元指数跌势依然没有止住，持续下行，并于9月15日创出近91的低点。之后，9月21日，美联储宣布维持利率不变，但于10月开始缩表。在缩表的推动下，美元指数走势才拐头向上，加息政策对美元指数走势的作用明显减弱。

可见，本轮美元加息政策只能刺激美元指数短期上行，并不具可持续性，加息后不久美元指数还要下行。10月份持续缩表以来，美元指数扭转了下行态势，并开始上行，但支撑美元指数的量能却出现了翻转，逐步减少。目前，美元指数依然在箱体中横盘震荡，难以突破上轮美元指数的低点。可以预期，如果美联储不持续通过卖掉资产缩表，美元指数就能以保持上行，出现了"应然"与"实然"的悖论。

总之，从美元指数"应然"与"实然"的悖论看，尽管美联储推动美元指数的政策力度极大，但美元回流美国的力度并不大，无法支撑美元指数持续上行，只能在箱体中震荡，而不是上行。

（三）当前美元指数横盘震荡的原因分析

本轮美元指数上升周期起源于2011年，是被国际金融危机打断了的升值周期，具有其自身的特殊性。当前，美元指数横盘而不上行，既有微观原因，也有宏观原因，还有规律本身的限制。

第一，从微观上看，美元"流动性陷阱"状态尚未打破，流入资金额度难以抵消高位套现资金额度，资金量难以支撑美元指数上行。国际金融危机之后，美联储连续多年以"货币宽松"的方式"注水"，全球美元金融市场几乎陷入"流动性陷阱"。在这种情况下，流入流出资金几近抵消，甚至流出大于流入，美元指数只能横盘震荡，不排除破位持续下行的可能。

第二，从宏观上看，国际环境的变化不支持本轮美元指数持续上行。与前几轮美元指数上升不同，无论是国际行为主体的实力对比，还是各国际行为主体的经济结构和行为能力，还是美国经济的状况都发生了巨大变化，不支持美元持续回流。

一是国际经济结构发生的巨大变化难以支撑本轮美元指数持续上升。世界各国经济力量对比发生了根本性变化，美国独大格局下的体制机制基础被均等化腐蚀。从总量上看，美国经济已经失去世界第一的桂冠。如图3所示，以购买力平价为衡量标准，世行认为，2015年中国GDP规模已经稳居世界首位，美国GDP规模相当于中国的92%。据世界银行的数据，以购买力平价衡

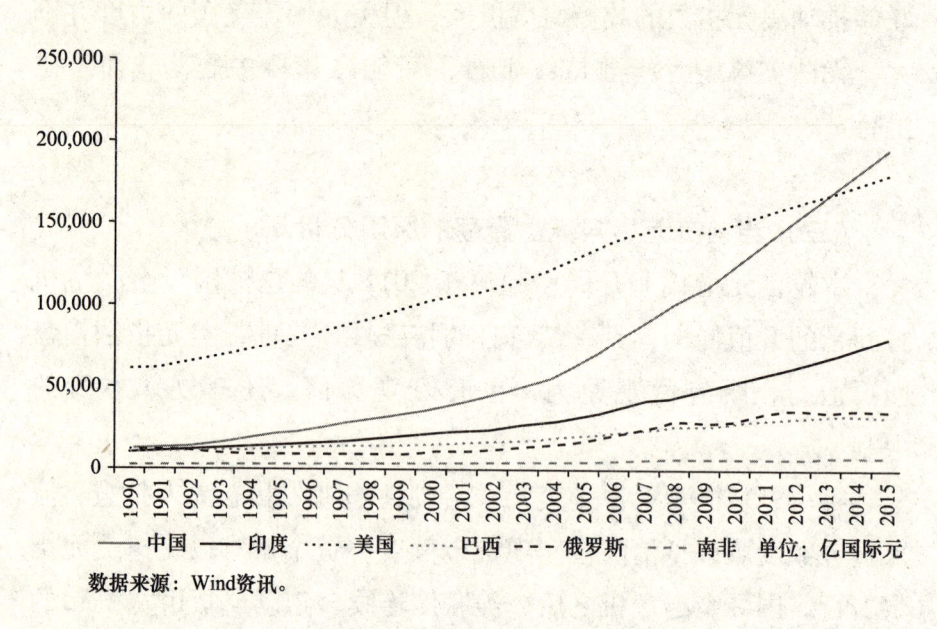

图3 金砖国家和美国GDP规模走势图

数据来源：Wind资讯。

量，2015年中国经济增长7.97%，美国仅增长3.45%。① 从占比上看，虽然美国经济有所回升，但美元指数攀升并不具备国内经济基础。根据世界银行的数据，2011年，世界经济前五强占全球GDP规模的比重分别为：美国21.57%、中国10.43%、日本8.39%、德国5.10%、法国3.96%。到了2015年，世界经济前五强占全球GDP规模的比重分别为：美国24.32%、中国14.84%、日本5.91%、德国4.54%、英国3.854%。法国占3.26%，被英国超越，位居第六。② 所以，总体看来，GDP的世界分布格局已经根本改变，各国经济实力日益均等化。这意味着各经济体给资本提供盈利机会的版图已经发生变化，美国独大的格局已经改变。在更多的经济体能够给国际资本提供盈利机会的

---

① 数据来源：wind资讯。
② 数据来源：wind资讯。

条件下，里根时代的美元大规模回流条件已经不存在，资本逐利本性导致其有了更多地投资场所选择，不必回流美国。这已经并将继续削弱了本轮美元指数上升的动力。

二是美国基于经济实力的市场吸引力也在减弱。如图4所

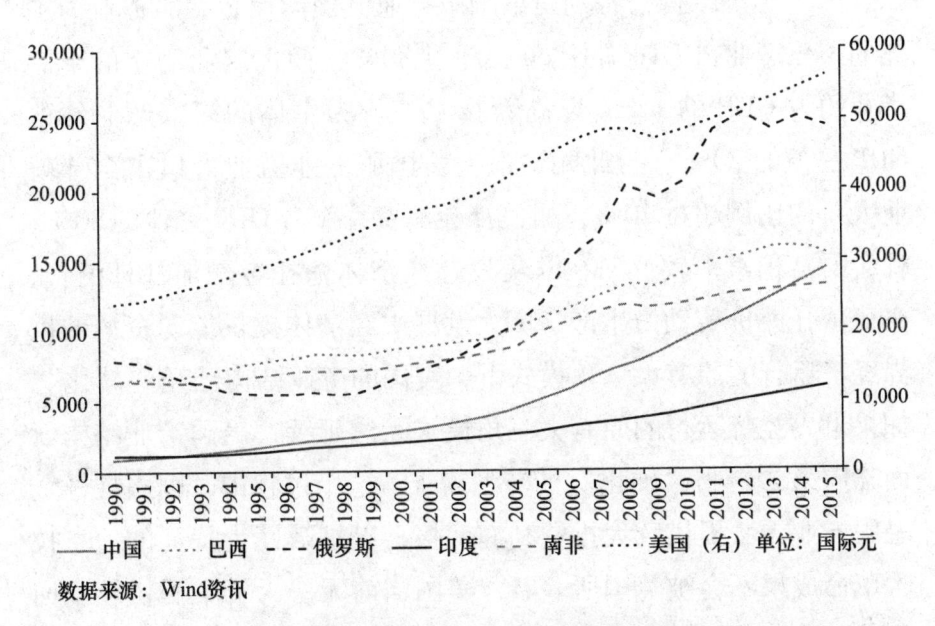

图4 金砖国家与美国人均购买力发展趋势图

示，虽然俄罗斯、巴西、南非等国当前的人均购买力与美国在拉大，但随着世界经济增长的再次启动，大宗商品价格上升，美国与金砖国家的人均购买力的差距就会不断缩小。这意味着，国际市场的吸引力格局也在快速改变。总之，经过金融危机的洗礼，世界经济运行模式正由欧美依靠进入加杠杆消费、东亚依靠廉价劳动力生产、广大发展中国家提供能源资源的大三角模式向欧盟、北美和东亚三足鼎立的模式转化。世界各国经济的差距在进一步缩小，国际经济力量对比扁平化趋势在进一步发展，世界上能为资本提供更高利润回报的提供者增多，对回流美国的资金起

到分流作用。这都侵蚀着美元指数拉升的基础。

三是美国产业结构的"软化"限制了本轮美元指数攀升的高度。国际金融危机之前,美国产业结构呈现出"工业型经济"向"服务型经济"转型的总趋势,形成了以服务业为主体的"三、二、一"经济结构,特别是金融服务业。美国以金融服务业为主体的第三产业占GDP的比重已超过80%,而以农业为主的第一产业约占GDP的1%,以高新技术产业为主体的第二产业约占GDP总值的20%。与此相适应,美国服务业就业人口占全部就业人口的比例超过70%,居民社会消费总额占GDP总值的80%,社会财富积累率较低。在欧美发达经济体依托金融加杠杆消费、东亚依托廉价劳动力生产、广大发展中经济体提供能源资源的世界经济运行的原有大三角模式下,美国的产业结构已经"软化"。如果世界经济运行的原有大三角模式无法延续,美国产业结构就面临向第二产业"硬化"的转型需求。这个过程中,因去杠杆金融服务业无法提供巨大投资利润回报,以扩散性为特征的信息技术革命成果不会被美国所垄断,美国当前无法为资本提供较高回报的经济项目,对资本的吸引力大幅下降。可见,在本轮美元升值周期中,国际资本回流美国的动力机制已经发生了巨大变化,动力已经大幅下降,难以支撑美元指数持续走高。

第三,外围市场可回流资金规模的限制,制约了美元指数的爬升高度。特朗普当选总统之后提出"美国第一"的发展理念,致力于美国经济再次崛起。美国经济的快速发展要求丰富的流动性滋润市场主体。而国际金融危机治理过程中,中南美洲、欧盟、英国和发展中国家的中小经济体货币由于各种原因已经数次崩塌,国际游资已经被驱赶出本经济体。所以,美国经济快速发展的资金外围来源等于已经几近枯竭,只能更多依靠美联储的宽松政策来提供。而且,美国接近20万亿美元的债务也不支持过紧的货币政策。因为如果美国货币政策过紧，就会引发企业经营困难，税收吃紧，引发美国政府关门等债务危机，甚至连带引发全面危机。如果再考虑到特朗普的强军计划对流动性的消耗，美元指数持续走强的态势就更加没有市场基础。

第四，世界各国对美元升值的"免疫力"限制了美元指数的高度。经过五轮的美元周期性变化，外围市场经济体对美国货币政策的变化十分敏感，已经积累起了应对美元升值的经验。特别是，一些大型经济体经过多年的积累已经具备了应对国际市场急剧变化的实力，市场主体普遍把其作为应对经济危机的避风港，难以大规模从这种市场"抽血"。比如，外围经济体普遍实行严厉的宏观调控政策，在本次美元加息之前，各国货币币普遍主动贬值，提前进行了价格"卧倒"，避免美联储加息可能带来的冲击。目前，外围经济体普遍实行稳健的货币政策，跟随美元加息，稳定与美国的利差，使资本外逃动力大减，也为减缓资本外流提供了政策基础。另外，针对国际金融市场的急剧变化，外围经济体普遍临时启动严格的资本管制政策，使其在当前特殊的国际经济环境中有效规避了国际资本的大进大出。

第五，美元指数点位规律的限制。当前，美元指数震荡的上限已经达到102的点位。这个点位已经十分接近上轮美元指数周期的最高点位110左右。美元指数上行的压力巨大，很难进一步突破。所以，尽管美联储推动美元指数走高的热情很稿，但改变美元指数变化规律的难度很大。

（四）对本轮美元指数走势的判断

鉴于美元指数上升的国际环境已经发生了巨大变化，鉴于本轮美元指数震荡的高点已经十分接近上轮指数周期的高点，鉴于美元指数攀升缺少外围市场大规模资金回流美国的支撑，可以推断，本轮美元指数变动的高点难以突破上轮美元指数的高点110左右的点位；在美联储加息和缩表政策的刺激下，美元指数更大的可能是围绕95的中位线呈现箱体震荡走势；美联储如果强制拉升美元指数，没有回流资金的跟进，美元指数的高位也难以维持，甚至可能引发美国金融市场的动荡。

美国振兴实体经济的财税政策评述及启示

（中国国际经济交流中心经济研究部研究员）梁云凤

[摘　要] 本文重点回顾评述奥巴马政府和特朗普政府在运用财税政策振兴实体经济尤其是制造业的经验启示，并结合我国国情分析财税政策支持实体经济的对策建议。包括加快建立现代财政制度；加大费改税的力度，规范非税收入；深入推进结构性减税；加快实施《中国制造2025》；财税与金融等经济政策协同支持小微实体经济发展。

[关键词] 实体经济　财税政策

实体经济是与经济金融化相对而言的。所谓经济金融化表现为：一方面金融部门逐步成为整个国家的经济活动的核心，所占据的地位及发挥的作用越来越大；另一方面非金融部门更多地参与金融活动，与金融活动相关的收入成为其收入的重要部分。美国经济金融化始于20世纪70年代，在80年代里根政府时期进入高速发展阶段，其增长趋势一致持续至今。在此过程中，金融部门（包括金融、保险及房地产部门，英文缩写FIRE）对GDP

增长的贡献率提升，在整个国民经济中占据更重要的地位。非金融部门的金融化程度逐步加深，非金融部门不仅参与越来越多的金融活动，而且金融收入占其总收入的比重提升，生产活动收入比重下降。20世纪80年代以后，美国制造业逐渐向海外转移，美国重点发展房地产、金融等服务业，制造业不断萎缩，产业空心化问题凸显。2008年金融危机暴露了美国经济的脆弱性，国家经济陷入困境使美国重新意识到实体经济尤其是制造业的重要性。

一、奥巴马政府

2009年奥巴马政府提出重振制造业战略，并陆续通过推出"买美国货""制造业促进法案""出口倍增目标""促进就业措施"等一系列政策措施及战略部署，积极推进"实体经济回归"和"制造业回流"美国。

（一）鼓励投资制造业，推动制造业回流

奥巴马政府一再强调制造业对美国的重要性，甚至将重振制造业、发展先进制造业提高到事关国家安全的战略高度。2009年4月，奥巴马在乔治敦大学演讲首次提出将重振制造业作为美国经济长远发展的重要战略。同年9月美国政府推出《美国创新战略：促进可持续增长和提供优良工作机会》，提出了美国发展创新型经济的完整框架；12月发布《重振美国制造业框架》，详细分析了美国重振制造业的理论基础、优势与挑战。为推动制造业回流，奥巴马在2010年1月的《国情咨文》中提出，工作岗位转移到美国以外地区的企业将被取消税收优惠，这些优惠将提供

给为美国人创造就业岗位的公司。同年8月，美国出台《制造业促进法案》，降低部分进口商品关税，以减少需要进口零部件进行生产的企业的成本。2012年2月—2013年3月，奥巴马政府再次推出企业税改革方案，重点对创造本国就业的美国本土制造商加大减税幅度，鼓励在美本土的投资，减少甚至终止对海外投资企业的税收优惠。第二任期之初，奥巴马召集14家大型企业负责人在白宫举行主题为"内包美国就业机会"的圆桌会议，敦促企业将更多海外岗位带回美本土，以推动经济增长和降低失业率。

（二）促进出口，同时加大贸易保护力度

奥巴马认为，美国制造业的不断衰落是美国出现货物贸易逆差的重要原因，因此，要改变美国的贸易逆差国地位，就必须振兴制造业，扩大货物出口。2010年1月，奥巴马在《国情咨文》中提出5年内使美国货物出口量翻一番的"出口倍增"计划。在贸易政策上，奥巴马政府一方面改革出口管制政策，积极为美国企业拓展海外市场；另一方面，推出一系列贸易保护政策，保护国内制造业。2010年8月，奥巴马宣布对出口管制政策进行改革，除一些美国"独有的、高度敏感的"军用技术及其产品仍需重点保护外，许多原本在管制清单之列的军事技术和产品被解除管制。比如，美军现役主战坦克M1A1的刹车板，就完全可以当成"民用产品"直接出口，不再需要事先申请许可证。2012年2月，奥巴马政府成立"跨部门贸易执法中心"，统筹协调美国贸易代表办公室与各联邦政府机构的贸易执法行动，加强对主要贸易伙伴（尤其是中国）"针对美国的不公平贸易行为"的审查和监督。2012年3月13日，奥巴马签字批准《1930年关税法案》修正案，赋予美国贸易执法部门对来自非市场经济国家商品征收

反倾销或反补贴关税的权力,并可追溯到 2006 年,追认此前调查的合法性。2013 年 12 月,美在 WTO 第九次部长级会议上转变立场,支持并达成了 WTO 成立以来首份全球性贸易协定——"巴厘一揽子协定"(即多哈回合"早期收获"协议),打破了多哈回合谈判持续 12 年的僵局。美国还与韩国、哥伦比亚和巴拿马相继签署双边自由贸易协定,启动"跨太平洋伙伴关系协议"(TPP)和"跨大西洋贸易与投资伙伴关系协议"(TTIP)谈判。2014 年 2 月 19 日,奥巴马签署行政命令,提出一系列简化美国企业进出口流程的举措,并要求 2016 年 12 月前建成国际贸易数据系统,以缩短美国企业出口的处理和审批时间。为给"美国制造"拓展更大的海外市场。

(三)加大基础设施投入,为实体经济振兴提供财税支持

奥巴马政府加大了对高速铁路、道路桥梁、智能电网、清洁城市基础设施以及下一代航空管理系统的投资。2010 年 9 月奥巴马公布了一项金额高达 500 亿美元的投资计划,用于道路、铁路和机场跑道的重修与维护。奥巴马还计划 6 年内(2011 - 2016 年)斥资 300 亿美元建立"国家基础设施银行",支持和保障基础设施建设,包括修建铁路、桥梁、航空、公共交通系统,投资建设清洁城市,构建高铁网,发展新一代航空管理系统,研发下一代信息通信技术等美国联邦政府及各州制定了促进投资及企业落户的财税政策。2010 年 9 月,美国出口促进内阁正式公布了推动中小企业出口、联邦政府出口支持、派遣贸易使团、进行商业推广、增加出口信贷、推动宏观经济再平衡、降低贸易壁垒以及促进服务出口等 8 大优先政策措施。美国各州政府也相应采取了积极的招商引资政策,比如,西弗吉尼亚州为吸引企业落户提供了各种税收减免、豁免和特殊估值,为制造商和研发公司提供的信贷最多可抵消100%的该州营业税；在与指定客户供应商关系联系在一起的飞机、高科技、防污染设备和房产方面的特殊估值能够降低房产税；对制造商的豁免能够消除用于制造的商品（包括大楼建筑材料和设备）的营业税；该州经济发展局项目经理将确保投资项目获得通过，并在财务、税务、招聘、培训以及员工子女入学、寻找住所等方面提供帮助。

（四）推进金融改革，加大对中小企业的支持力度

奥巴马是在批判华尔街和承诺进行金融体系改革的竞选政策中走进白宫的。奥巴马认为，金融体系的不健全是引发金融危机的直接原因，在若干导致美国经济虚拟化的因素中，金融行业偏离传统的发展理念以及各种金融工具的出现是非常重要的诱因。因此，必须对其加以改革，让金融行业更好地为实体经济服务。2009年6月，奥巴马政府发表了金融改革倡议。经过一年多的努力，以该倡议为基础的金融监管法案在国会参众两院获得通过，并于2010年7月由奥巴马签署正式成为法律。奥巴马政府把中小企业视为制造业振兴的主要载体和中坚，专门划拨款项解决小企业贷款难问题，协助小企业渡过信贷紧缩难关；对"问题资产救助计划"进行修正，放宽对小企业贷款机构的薪资限制及其他限制。为方便小企业融资，奥巴马政府还要求小企业管理局加强对中小企业的服务职能，并敦促银行为那些有可能增加就业机会的小企业提供更多贷款。

（五）加大对科技创新的投入，促进制造业转型升级

美国更加重视通过科技创新促进经济发展，提高国家竞争力，并从资金、人才、科研体制、知识产权保护等方面着力，建立起充满活力的科技创新体系，有效推动了科技进步，以确保美

国在全球高新技术领域的领导地位。奥巴马政府上台后将2009财年研发预算增加到1471亿美元，将7870亿美元经济刺激计划中的约1200亿美元投向科技领域，并宣布将把美国GDP的3%投入研究和创新。美国坚持将高校作为科技创新基地，大力发展高等教育，美国现有各类高校3400多所，其中国家级大学220多所，拥有全国60%的科学家和工程师。技术创新和智力支撑，成为美国推动实体经济回归、加快制造业发展的坚实基础。奥巴马表示，不希望能够带来巨大就业机会的技术进步出自德国、中国或日本。2011年2月，奥巴马政府发布《美国创新战略：推动可持续增长和高质量就业》，提出四大政府倡议，把发展先进制造业、生物技术、清洁能源等作为优先突破的领域。6月，奥巴马推出"高端制造合作伙伴"计划，重点关注关系国家安全的关键制造产业、新一代机器人、创新型节能制造工艺及先进材料等领域的发展。奥巴马在2012年《国情咨文》中提出，要通过税收优惠"夺回制造业"，并为高科技制造商加倍减税；在2013年《国情咨文》中宣布，政府将新建3个制造业创新中心，同时呼吁国会迅速行动，在全国创设15个制造业创新中心，确保由美来孕育下一场制造业革命。在2014年《国情咨文》中，奥巴马提出将再增设6个高科技制造业中心，强调要借发展先进制造业来增强美竞争优势。2013年4月，奥巴马政府公布《2014财年预算案》，称将投入29亿美元用于先进制造研发，支持创新制造工艺、先进工业材料和机器人技术，将美打造成制造业"磁石"。2014年3月出台的《2015财年预算案》鼓励中小企业创新，发展制造业和清洁能源，提出未来10年将建立45家先进的制造业中心。

二、特朗普政府

(一)特朗普税制改革的目标

面对美国经济遇到的各种问题,特朗普试图从税制改革入手加以解决,计划通过减税、贸易保护、扩大基建投资等方式引导产业回迁本土,未来10年为美国创造2500万个新工作岗位。提出了四个简单的税制改革目标:

一是对中产阶级减税。中产阶级是美国的主体,对中产阶级减税可以让更多人的口袋更加殷实,税后工资增加,从而促进美国梦的实现。二是简化税法,使美国人少受报税难的困扰。美国税制的复杂性难题长期存在。为了各种各样不同的政策目标,具体税制可能被打上了一个又一个的补丁,由此税制变得越来越复杂。这种做法虽然有更加公平合理的一面,也有更加人性化的一面,但是复杂的税制让税收的遵从成本不断提高。为了报税,纳税人或者需要聘请税务代理人员帮忙,或者需要耗去自己更多的时间、精力和财力。三是阻止公司倒置(Corporate Inversion),促进美国经济增长。所谓公司倒置,就是公司总部迁到低税国或避税天堂,与此同时公司的实际业务仍然在高税国的行为。不少美国大企业,包括一些知名的全球化公司,虽然业务主要在美国,但是总部已经迁到海外,其平均实际税率处于较低的水平上,对美国的税收贡献与它们的经济地位严重不相称。在这种情况下,美国的税基受到侵蚀。税基侵蚀和利润转移是全球主要经济体都面临的难题,国际社会正在采取措施共同应对。特朗普希望通过美国自身的税制改革来阻止公司倒置,让为税收贡献的地方得到对应的税收收入,这样可以增加大量新就业岗位,让美国再次具有全球竞争力。四是不增加债务和赤字。在特朗普看来，美国的债务和赤字规模都已经太大。在减税改革的同时，不应增加债务和赤字水平。

从这四个目标来看，特朗普关于美国国内的税收改革具有整体性。减税可以让中产阶级拥有更多的可支配收入，简化税制以降低税收的遵循成本，让税收促进经济增长并提升美国的竞争力。减税政策的提出是简单的，但是如果政策实施之后，税收收入大幅下降，结果或者是政府应该履行的公共职能缺少资金支持，或者是赤字规模扩大和债务继续高筑。因此，减税必须考虑财政的可持续性。特朗普希望阻止公司倒置等实现减税又不增加债务和赤字的目标。

（二）特朗普减税政策的具体措施

1. 个人所得税

（1）把现行的个人所得税累进档位从7个简化为3个，并将最高联邦个人所得税率由目前的39.6%降至33%。（2）简化并提高个人所得税标准扣除额，取消常规扣除、附加扣除以及残疾扣除等类别，统一规定为：单身扣除额度为1.5万美元，夫妻联合申报扣除额度为3万美元，取消户主申报这个纳税类别。（3）取消用来堵住税收优惠漏洞以保证一定收入水平的个人缴纳一定所得税的替代性最低税。替代性最低税（Alternative Minimum Tax）是美国针对个人所得和企业所得征收的一种替代性税收。替代性最低税有一个应纳税收入的下限，且比一般所得税的扣除种类要少，课税的基数要大。所以用替代性最低税计算的所得税通常要高于一般所得缴税，这时就要按照替代性最低税的规则来。这种做法原本是为了防止高收入阶层利用各种扣除来避税，后来由于通胀的因素，越来越多的中产阶级也深受其害。因此，取消替代性最低税将实际减轻纳税人的负担。(4)取消针对净投资收入征收的3.8%的医疗保险税。(5)在保留现有的针对抚养17岁以下儿童的1000美元税收优惠的同时,增加针对13岁儿童抚养和成人照顾的额外的税收优惠。额外增加的税收优惠主要针对的是年收入6.24万美元以下的家庭或者年收入3.12万美元以下的单身人士。

2. 遗产与赠与税

特朗普在其竞选演讲中提出要取消联邦遗产与赠与税,但会一次性征收一笔资本利得税,500万美元以下单身人士和1000万美元以下的夫妇可以免征该税。在特朗普看来,遗产税是重复征税,应该予以取消。

3. 企业所得税

(1)特朗普主张将最高联邦企业所得税的法定税率由现行的35%降至15%,同时取消企业所得税的替代性最低税。(2)取消海外收益的企业所得税递延,对将海外现金利润迁回美国的企业一次性征税10%,其他收益征税4%,可分10年付清。(3)取消除研发优惠之外的大部分企业税收优惠支出,包括取消对国内制造业的税收减免和优惠,对研发的税收优惠进行严格限制。(4)允许国内的制造业企业开展资本投资,但前提是他们的利息支出不再作为成本扣除。目前世界上通用做法是利息可扣除而股息不可扣除,造成了实体企业过度借债和债券类金融机构过度膨胀,影响宏观经济稳定。

4. 边境税收调节计划

边境税收调节计划是由国会众议院议长保罗. 瑞安(Paul Ryan)倡议的,其全称叫做目的地导向的现金流量税(DBCFT)。这项计划在特朗普竞选期间多次被提到,改革的主要内容是改变美国目前按照生产地征收企业所得税的制度。具体包括两个方面：一是改革税基，将税基变为现金收入和现金支出之间的差额。同时，将目前35%的企业所得税率降到20%。对这个差额征收20%的现金流量税。二是将按生产地征收改成按照消费地征收。这就意味着，不管一个企业在何地生产，纳税人来自哪个国家，只要产品卖给美国消费者，就要征税20%；只要卖给外国消费者，就免税。这样一来，美国也可以在类似于增值税的框架下进行边境调节。特朗普此前在推特上表示该税增收效果有限，且操作复杂，不易开展，但前不久又表示会予以考虑。

当前，欧盟和亚洲的大多数国家都是采用以增值税等间接税为主的税收体系。增值税有一个重要的特征就是边境税收调节功能。也就是说，出口到外国的产品可以通过增值税抵扣得到税收减免，而从国外进口的产品却需要缴税。这种边境税收调节功能降低了出口产品的成本，增加了进口产品的成本。如果贸易双方都采用相同的增值税体系，那么这种边境调节功能在两个国家间可以得到抵消。但是，如果美国是贸易中的一方，情况就不同了。因为美国是以企业所得税为主的直接税体系，从美国出口的产品需要交纳美国的所得税，而进口到美国的产品却不需要交纳美国的所得税。这就相当于美国给自己的出口产品增加了单方向的税收惩罚，而给美国的进口产品提供了单方向的税收优惠。一部分美国政策制定者认为该政策削弱了美国国内商品的竞争力，因此主张在美国实行以企业所得税为基础的边境调节计划。

5. 惩罚性关税

特朗普在竞选期间还表示，会对墨西哥和中国商品征收高额的关税。目前，特朗普已经开始对墨西哥商品征收20%的关税用于在墨西哥边界修围墙。如果未来对中国也开始征收惩罚性关税，那么对中国商品出口到美国将造成很大影响。

三、对我国的启示及对策建议

党的十九大报告提出:"必须把发展经济的着力点放在实体经济上,把提高供给体系质量作为主攻方向,显著增强我国经济质量优势。加快建设制造强国,加快发展先进制造业,推动互联网、大数据、人工智能和实体经济深度融合,在中高端消费、创新引领、绿色低碳、共享经济、现代供应链、人力资本服务等领域培育新增长点、形成新动能。""加快建立现代财政制度,建立权责清晰、财力协调、区域均衡的中央和地方财政关系,建立全面规范透明、标准科学、约束有力的预算制度,全面实施绩效管理。深化税收制度改革,健全地方税体系。"

未来我国在深化财税改革中应有利于深化供给侧结构性改革,有利于建设现代化经济体系,有利于实体经济发展,有利于加快发展先进制造业。可借鉴美国财税改革的经验的同时关注两国国情及财税制度的差异。第一,中国税制结构与美国不同。由于中国税制结构以间接税为主,减税的主要任务肯定落在间接税上。由于间接税税负可以转嫁,在营业税改征增值税全面推行后应注意企业实际税负的下降情况。第二,中国企业所得税25%的税率高于特朗普所主张的15%的公司所得税税率,特朗普可能造成的全球资本流动需要我们密切关注。第三,中国将要进行综合与分类相结合的个人所得税制改革,现行工资薪金所得适用45%的最高边际税率,高于特朗普所主张的个人所得税25%的最高边际税率。当然,各国税制选择最后还得立足国情,但中国坚持减税政策与税制改革相互协调的做法不应改变。

对策建议如下:

一是加快建立现代财政制度。找准现有财政制度与实体经济之间的摩擦点。降低工业企业税费负担，调整税制结构。注重流转税对产业结构调整的作用，不断改善流转税，调整税负结构，使流转税税制的累退性减缓。降低个人所得税税率，支持高层次人才引进，通过个人所得税优惠，比如制定投资抵免、亏损、结转、减免所得税等措施，有利于鼓励对中小企业投资，促进中小企业发展。

二是加大费改税的力度，规范非税收入。财政部印发的《2017年政府收支分类科目》显示，占非税收入比重较大的三大类，即政府性基金、专项收入和行政事业性收费，就"款"级科目而言，分别是32项、58项和16项。若再细化到"项"级科目，这三大类非税收入项目将会更多。诸如此类，大量非税收入项目的存在，尤其是在经济下行压力下，无疑加重了企业负担，挤压了企业的盈利空间。而且，由于不同的非税收入的背后都是不同的政府机构部门，企业一对多，疲于应付，加大了制度性交易成本。此外，也是最重要，虽然非税收入属于政府财政收入的重要组成部分，但其法治性远不如税收收入，存在自由裁量权过大的可能性，甚至导致"税不够费来凑"的不正常现象。深入推进供给侧结构性改革，努力降低企业负担，提振实体经济，进一步规范非税收入就成为重点。

三是深入推进结构性减税，促进实体经济的内部结构调整，并实现协调、同步发展。对实体经济中的小微企业、关乎国计民生的行业、偏远山区或革命老区的企业、福利企业等加大支持力度。

四是加快实施《中国制造业2025》。第一，为抢占未来制造业发展的制高点，各国纷纷出台战略规划，制定政策体系，对先进制造业进行战略性、前瞻性布局。如美国"先进制造业国家战略计划"、德国"'工业4.0'战略"、巴西"工业强国计划"、印度"国家制造业政策"等。为实施制造强国战略，在"中国制造业2025"基础上，我国应进一步加快完善国家政策支撑体系，推进制造业全面发展。第二，采取加大对制造业企业的税收扶持力度、技术研发投入强度、金融支持力度以及优化国内能源结构等政策措施，进一步降低制造业企业运营成本。第三，强化对外贸易政策，引导企业积极拓展海外贸易市场，积极参与先进制造业贸易规则和竞争规则的制定，进一步提高制造业产品的国际竞争力。第四，加强国际技术合作，通过积极引进国际先进技术、领军人才和提高自主创新水平等措施，缩小我国与发达国家之间的技术差距，实现技术赶超。

五是财税与金融等经济政策协同支持小微实体经济发展。小微企业在促进就业、科技创新、社会稳定方面的起着重要作用，结合我国当前经济发展需要，支持小微企业发展的财税政策既要有普适性，又要有导向性，支持小微经济体的创业创新。并加强与其他政策间的协调配合，增强政策的系统性、协调性、规范性、稳定性。健全小微企业财税政策体系，加强财税政策与金融政策、与产业政策、区域政策的结合。一方面可以把我国目前针对小微企业的部分税收优惠政策相对固定下来，另一方面也可以修订现有财税政策中的不合理内容，从而保证小微企业发展政策的持续性、规范性和平稳性，为小微企业发展提供合理预期。

人才与创新篇

新时代高水平科技人才队伍建设研究

(中国国际经济交流中心产业规划部副研究员)张瑾

[摘 要] 我国大力实施创新驱动发展战略，科技创新人才队伍不断壮大，创新型国家建设成果丰硕，天宫、蛟龙、天眼、悟空、墨子、大飞机等重大科技成果相继问世。但是目前具有国际水平的战略科技人才、科技领军人才、青年科技人才和高水平创新团队的数量不足。阻碍创新动力的原因主要包括：科研管理体制行政色彩过于浓厚，科研成果评价体系不科学，社会文化氛围不利于创新，科研成果分配激励机制不健全，科研创新人才薪酬体系有待完善等。建议完善科研管理体制，建立以创新成果为导向的人才评价机制，培育激发科技人才创新活力的社会文化，以人为本创新成果转化激励机制，拓宽国际高端人才引进绿色通道，促进体制内外高水平人才流动。

我们要瞄准世界科技前沿，强化基础研究，实现前瞻性基础研究、引领性原创成果重大突破。为建设科技强国、质量强国、航天强国、网络强国、交通强国、数字中国、智慧社会提供有力支撑，需要培养造就一大批具有国际水平的战略科技人才、科技领军人才、青年科技人才和高水平创新团队。这支国际水平的创新人才队伍是实现"两个一百年"奋斗目标、实现中华民族伟大复兴的中国梦和加快建设创新型国家的生力军。

[关键词] 科技人才　人才管理

一、我国高水平科技人才队伍培养现状

改革开放近40年来，随着我国科技人才政策的不断调整、发展和完善，科技人力资源规模逐年增加，我国从科技人力资源相对稀缺的国家，逐步成为科技人力资源大国。清华大学技术创新研究中心发布的《国家创新蓝皮书》指出，我国科技人力资源总量2020年将超过1.6亿人。我国研发人员总量占到世界总量的25.3%，超过美国研发人员总量占世界总量的比例（17%），居世界第一[①]。创新驱动发展战略大力实施，科技创新人才队伍的壮大，创新型国家建设成果丰硕，天宫、蛟龙、天眼、悟空、墨子、大飞机等重大科技成果相继问世。

但是目前具有国际水平的战略科技人才、科技领军人才、青年科技人才和高水平创新团队的数量有限，影响高水平科技人员创新积极性的因素比较复杂多样，总的说来有内外两个方面。内部因素主要是个体受教育的程度和质量、个人成就动机和创新效能感等，但外部影响因素亦不可轻视，如科研管理制度、收益分

---

① 《中国科技人力资源总量和研发人员均已居世界第一》，人民网，2014年9月3日，http://news.ifeng.com/a/20140903/41845549_0.shtml

享制度、科技成果评价制度、传统文化传统等。

二、我国高水平人才队伍培养存在的问题

目前，我国在激发科技人员创新积极性的外在体制和社会氛围方面还存在一定的问题，需要采取针对性的措施。

（一）科研管理体制行政色彩过于浓厚

国有研发机构，如中科院、工程院、国有企业和高校的研发机构，还保留着计划体制下的行政级别，内设机构和人员职位基本参照行政机关设置，官本位思想和作法仍然盛行，各种非技术研发类的学习、评选等占去了研究机构的许多资源。技术开发项目的设立和运作基本是行政领导说了算，技术权威就是摆设。分配制度大锅饭盛行，缺乏相应的激励约束机制，技术开发人员的积极性普遍不高。国有资产考核机制不健全，束缚了技术研究机构的"冒险"进取精神。

（二）科研成果评价体系不科学

评价条件和评价认定机构非学术化因素较多。一方面，过多地依赖论文数量，忽视科研成果质量和影响，导致许多科研人员为评职称而想方设法发表论文。尽管从数量上来讲，这些年我国科研工作者在国际科技刊物上发表的论文数量增长显著，但真正有质量、有影响力，被同行业接受和认可的不够多。另一方面，在市场化大潮的冲击下，国家的许多研究机构被改制成企业，通过推动研究机构和教育机构的市场化，实现科学、技术与经济相结合。在这一方针指引下，许多科研人员把主要精力放在能带来

最大经济效益的短期科研项目上，高校也争相创办企业，大学教授又是企业老板。像我国的知名学府北京大学和清华大学，拥有多家上市公司，资产规模庞大。这些都会给全社会的研究开发活动带来很多不利影响，不但基础科学研究受到削弱，与科学相关的技术发展也受到了抑制。

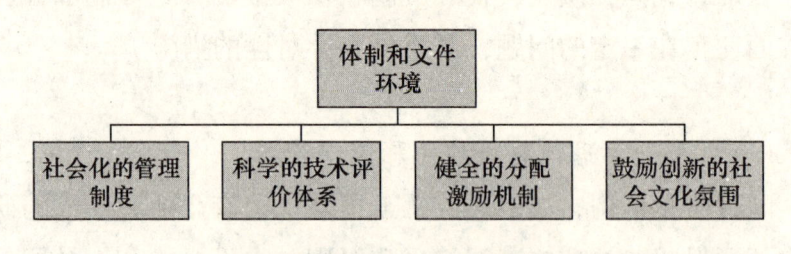

图 1　影响创新的体制和文化环境

（三）社会文化氛围不利于创新

中国具有五千年博大精深的灿烂文明，但传统文化中的某些部分却对人们的创新思维具有负面影响，比如：守祖训、论辈分、不犯上、求中庸，发明创造则被当作雕虫小技，挑战权威被视为对先人、对师长的大不敬，标新立异被认为是离经叛道。在这种传统文化的长期影响和熏陶下，不少人形成了趋同求稳、崇拜权威、崇尚中庸、不敢为天下先的心理和思维定式。我国的学校教育让大家从小就习惯于接受、理解和掌握现成的知识，墨守成规，成年之后不敢想也不敢做前人没有做过的东西，不敢挑战已有的学说或权威观点，缺乏科学的怀疑和批判精神，缺乏独立思考能力，更不用说超越前人，做出突破性创新。

（四）科研成果分配激励机制不健全

美国总统林肯曾有名言："国家要强大，就要为科技成果插上资本的翅膀，给天才之火浇上利益之油。"科研成果的分配激励机制和专利保护制度，是创新成果的收益权如何分配和在一定期限内受法律保护的独享权益，这些制度的完善可以极大地提高创新人才的积极性，激励整个社会的创新创造，推动经济、社会进步。目前科研成果分配激励机制主要表现在两个方面：第一，技术创新成果的权属制度不利于激发科研工作者的积极性。目前，在国有科研机构里，在由单位出资金组织的科研攻关活动中，形成的科研成果一般归单位所有，属于国有资产。科研工作者没有所有权，对科研成果的转化和转移没有发言权。第二，科研人员对科技成果的转化收益缺乏法律保证，人才资本还不被法律承认，造成科研工作者很难从职务发明转化中获得与自身贡献相匹配的稳定收益，积极性受挫也是自然的事情。

（五）科研创新人才薪酬体系有待完善

我国的高校和科研院所的薪酬体系结构中，研究经费成为部分工资收入的直接来源，所以迫使高端创新人才将大量精力投入到争取课题经费中，这造成了科研人才的贫富差距，也导致了一些领军高端人才花费大量时间和精力开展科研公关争取项目经费，大部分时间泡在"迎来送往"的应酬中，无法专心做研究。

（六）人才服务水平有待提高

加快培育发展"未来产业"，打造未来经济增长点，加快培育发展生命健康、海洋经济、航空航天、军工等未来产业，实施未来产业扶持计划，为满足这些未来产业发展，需要大量的创新创业人才。目前人才工作尚存在一些亟待解决的瓶颈问题，例如紧缺急需人才引进和服务的配套政策尚不完善，难以有效解决人才住房、医疗以及配偶就业、子女入学等实际问题。而在人才队伍建设等方面，也不同程度存在配套政策不完善、不统一、可操作性不强，各有关部门和单位之间协调不够有力等问题。"保障性安居工程"、公共租赁住房项目和保障房项目存在资金缺口，"出门难""上学难""看病难""买菜难"等公共配套问题凸显。

三、激励高水平人才创新活力的措施建议

（一）淡化行政色彩完善科研管理体制

取消科研单位的行政级别。加快建设人才公共服务体系，健全科技人才流动机制，鼓励科研院所、高等学校和企业创新人才双向交流。探索实施科研关键岗位和重大科研项目负责人公开招聘制度。规范和完善专业技术职务聘任和岗位聘用制度，扩大用人单位自主权。

（二）建立以创新成果为导向的人才评价标准

改变片面将论文数量、项目和经费数量、专利数量等与科研人员评价和晋升直接挂钩的做法，根据不同类型科技活动特点，注重科技创新质量和实际贡献，制定导向明确、激励约束并重的评价标准和方法。具体说来，基础研究以同行评价为主，特别要加强国际同行评价，着重评价成果的科学价值；应用研究由用户和专家等相关第三方评价，着重评价目标完成情况、成果转化情况以及技术成果的突破性和带动性；产业化开发由市场和用户评价，着重评价对产业发展的实质贡献。

（三）建立合理规范的薪酬体系

积极借鉴国际上的先进做法，在薪酬体系设计方面大胆探索和改革，建立符合不同类型科研创新活动特点、体制创新人才劳

动价值、合理和规范的薪酬体系，使科研创新人才有合理而稳定的收入，从而使他们专心致研，而非迫使他们通过争取项目课题而"挣钱"。

（四）培育激发科技人才创新活力的社会文化氛围

建立特长人才的选拔和培养机制。对于那些在某方面有过人天赋的奇才异禀，国家要建立专门的培养机构和适应这些"天才"人物的教育方式。完善中小学教育课程设置和教育方式，摈弃应试教育，鼓励新想法、新思维，鼓励独立思考。加快大学教育改革，淡化行政色彩，树立学术权威，培育自由独立的学术环境。通过电影、电视剧等社会大众喜闻乐见的方式，充分利用互联网等新兴传媒，加大创新人才及其事迹的宣传，引导社会舆论。培育全社会容忍"失败"的文化，宽容对待创新失败人员，建立开放、鼓励、宽容、尊重、共享和向面需求的创新文化。制定出台一系列鼓励创新的政策法规体系，形成鼓励创新、宽容失败的创新文化氛围，全社会创新动力、创新活力、创新潜力得到激发和挖掘。

（五）提高人才服务水平激发创新创业活力

对于高端人才而言，事业更长远的发展、子女教育、医疗保障都是需要考虑的因素。在高层次人才的去留选择上，薪酬已不是唯一的关键因素，创新、创业、生活的环境很大程度影响着人力资源配置的走向。为解决居高不下的房价将绝大多数高端人才拒之门外的问题。建议：一是建设适用于创新创业人才使用的经济适用房，以低价出租的形式满足高水平人才的需求，高端人才工作满一定年限以上者，可按成本价购买。二是多建设创新创业公寓，为创新创业人才提供优惠房租。三是建设高水平的国际学校，为高端人才的子女提供良好教育条件。

加强知识产权保护，应强调法律制度的不断完善、合同的有效执行和履约、教育投入和科研体制的深化改革、改善信息服务等方面工作。逐渐创新科研经费使用制度，提高人员经费比重，使科研经费真正激励优秀人才出成果，相关机构做好各种支持服务工作，创造良好的科研条件、学术氛围和创新条件，对人才给予充分信任，工作上提供充分支持，生活上给以充分关怀，为高层次人才的工作生活提供相对自由和宽松的环境。

（六）以旋转门机制促进体制内外高水平人才流动

全面深化改革需要发现培养、跟踪储备一批复合型和专业化的优秀干部人才队伍。从当前的情况来看，干部人才主要集中在两大领域。一方面，在市场经济的大潮中，造就了一大批懂经营、善管理、能创新的人才，包括国有企业的管理人员以及非公有制经济组织、新社会组织、自由职业者中的创新创业人才，但他们由于受到体制和身份限制，难以进入党政干部队伍。另一方面，在市场配置起决定作用的大背景下，虽然有市场调节这只无形的手发挥作用，但也离不开政府调控这只有形的手，这就需要在市场经济的大熔炉里，培养和锻造一支政策水平高、专业能力强、实践经验多、善于领导改革的党政干部队伍。在现实工作中，人们常常把党政机关干部看成是体制内的人，而把企业经营人员看成是体制外的人。总体而言，党政机关与企业单位之间的干部交流渠道不够通畅，管理体制具有不兼容性，泾渭分明，互相"封闭式"运行。畅通体制内外人才双向流动的渠道，不仅对干部和人才自身来说，是全方位提高素质的重要方式，也是实现党政机关与企业单位互通有无、实现各项事业互动双赢的重要途径。这就要求深化干部人事制度改革，突破体制"壁垒"和编制

"禁锢",打破干部部门化"坚冰",探索干部跨条块、跨领域、跨层级交流的新举措。

对体制外的优秀人才,通过推行直接引进、竞争选拔、公开招聘等办法,畅通进入体制内的渠道;对体制内的干部,探索交流任职、下派挂职、跟班实习等方法,鼓励党政机关干部向企事业单位流动,实现公务员、事业单位干部、企业人员之间交流任职的常态化、制度化。无论是党政机关干部,还是企事业单位以及各类社会组织的人才,都在党管人才的"大池子"里,都是全面建成小康社会的重要力量。只有进一步拓宽选人用人视野,打通体制内外人才流动的"双向道",构建各类人才互通的"立交桥",才能激活整个干部人才队伍,让人人都有成长成才、脱颖而出的通道,让各类干部人才都有施展才华的广阔天地,为推进"四个全面"战略布局提供坚强的组织保证和人才支撑。

建立政府、学校、企业、社会融合的人才流动"旋转门"机制,借鉴台湾工研院的经验,从制度上为科研人员创业创新解决后顾之忧,有效的支持政府官员、企业管理人才、创新创业人才的双向流动。大胆创新用人机制,不仅是引进高端科技人才,也应该引进科技人才管理团队,比如,可以引进高端人才做创投基金的一把手,可以引进美国、以色列、台湾等地的人才进入科技管理队伍。

(七)拓宽国际高水平人才引进绿色通道

第一,建立高端人才信息库。根据国家发展的中长期规划,定期发布高层次人才岗位需求信息。还应建立高端人才数据库,了解所需要的人才所在国家和区域,非常有针对性地引进人才。如果需要在某领域有关键性的突破而现在国内还缺乏这方面的关键人才,或者是需要新建一个研究领域,这时最需要的是所需岗位学科领域最高水平的5%的尖端人才，相关部门应该了解在这些学科当中，最好的五名科学家是哪些人，可以通过他们来推荐，也可以通过他们来评审，同时也了解他们的学生。建立高层次人才数据库非常重要，牵涉到长远的中青年人才发展和储备问题。

第二，完善高端人才信息服务平台。高端人才信息库建立后，这些个人资料对大学、研究机构（公立和私立）和企业开放，建立和完善国际人才信息服务平台，据此可以在需要时快速锁定目标，以缩短引才单位信息搜集过程，最大限度地发挥相关人才专长。同时建立海外高端人才联络机构，为引才单位和高端人才建立沟通和服务平台。这些组织不仅是未来人才回归的人才库，也是国际联络的联络站，还是科学技术信息的交换场所。

第三，通过国际学术交流与科技合作挖取高端人才。通过企业与高校科研院所建立战略合作关系，参加国际学术交流活动，了解最新的国际学术前沿，并了解企业所关注领域知名学者的情况和活动动态，与国际高端人才建立联系，到高端人才国外的工作单位和家庭居所进行考察，通过不断地沟通、协商和多年追踪，主动出击把所需要的高端人才挖回来。引才单位通过借助国际学术交流、高端人才培训、科技合作等方式建立与高端人才的联系；通过与科技领先的国家科技合作，以"不求所有，但求所用"的方式共享外国科学家智力，并借此培育本土高端人才。

（八）以人为本设计创新成果转化激励机制

1. 探索有利于创新人才发挥作用的多种分配方式

建议国家制定统一的法律，明确规定职务创新成果的权属，按照创新人才的贡献大小，给与一定的股权，享受同等比例的成果转让收益。实施"技术资本化、资本人格化",视高端人才为一项可以量化的资产,对科研成果带来的收益,给予高端人才股份和认股权,激励其工作积极性。制定鼓励知识、技术、管理、技能等生产要素按贡献参与分配办法。明确创新人才分红激励水平的规定,对保障高端科研人才成果收益和激发高端人才创新积极性有重要的作用[1]。高等学校和科研机构以职务科技成果向企业作价入股,可将因该成果所获股权20%—70%的比例奖励有关科技人员;同时允许高等学校、科研机构和企业以转让职务科技成果方式获得的收益,提取净收益的20%—70%,用于一次性分红激励。

2. 明确人的创新劳动而非物质资本是创新成果的源泉

设计新的激励机制应首先在理论上有所突破。人力资源和物质资本是价值创造的两大重要来源,在一般商品时代资本稀缺,物质资本是价值创造的重要来源;在科技创新时代,人力资源越来越成为经济发展的稀缺资源,在创新中人的因素越来越重要,成为创新成果的主要来源和核心贡献者,大量的资本开始追逐创新人力资源,创新劳动有充分权利要求在创新成果收益分配中占主体地位。在一般商品的分配过程中,资本拿大头,劳动者拿小头;在创新成果的分配过程中,创新劳动作为高级、特殊的复杂劳动,所创造的价值远超过其本身的价值,创新劳动必然要求分得更多权益,应是创新者拿大头,资本拿小头。

---

[1] 吴晋娜:《重庆:出台科技成果转化股权和分红激励文件》,《科技日报》2015年11月22日第1版。2015年11月21日《重庆市促进科技成果转化股权和分红激励若干规定》正式实施。相比国内有些城市颁布的关于科技成果转化股权和分红激励的一些引导性文件而言,重庆出台的这一规范性文件,从政策保障、服务措施、规范管理等方面进行创新,具有更强的可操作性。

3. 明确财政资金资助产生的知识产权性质上应归属成果完成人

确立创新成果"谁完成，谁拥有"的原则。明确规定在各类机构（包括高校、非盈利机构和企业）中，创新成果完成人对国家财政资助形成的知识产权拥有所有权，确立创新成果转化收益"谁完成，谁拥有"原则，改变以往"谁资助，谁拥有"原则，将专利归属权从政府和资助者手中转移到完成者手中。政府资助的研究产生的知识产权应授予研究者，这样更有利于识别知识产权的潜在价值及进一步的利用，这也是目前国际上通行的方式。公共财政资金投入到科研活动，目的是激励知识所有者创造、传播知识造福国民。必须以促使技术类无形资产顺利进入社会，发挥功能和价值为主要目标，因此科研活动投入的公共财政资金，不能以保值增值为目的。为了更好促进科技成果转化，应制定科研单位知识产权类无形资产管理规范，在收益归属、收益分享、审批程序、税收等方面制定具体细则。

给创新者知识产权不是国有资产流失。有关部门从国有资产保值增值的角度出发进行管理，主观意图是防止国有资产流失，但在客观上违背了创新的价值规律，同时降低了科研单位从事成果转化的积极性。我国对财政公共资金形成的科技成果知识产权，有的部门仍按照"谁投资、谁受益"的原则管理，与一般国有资产等同管理。但科技成果若不转化，评估价值再高，仅是虚拟数字，对社会是一种巨大浪费，是真正的国有资产流失。对国有资本参与的创新活动，应明确创新人员享有成果所有权，不能以国家资本主义的思维来看待国有资本运作，不能将给予创新者的股权、期权和相应报酬看作国有资产流失。只有明确创新者个人对创新成果的所有权，创新发展才能有突破。

4. 明确成果处置权和分配权归创新团队或创新个人

在法律层面明确财政投资形成的科技成果的处置权和分配权归创新团队或个人。产权包括狭义所有权、占有权、支配权和使用权，我国明确规定将公共财政资助形成的科技成果所有权赋予高校和科研机构，财政资助的科研成果取得的专利，其专利权人为发明人所在单位，只有专利权人（通常不是专利的发明者）才享受专利带来的权益，但是相关法律法规中并未明确处置权（包括占有、支配和使用权）归属，建议法律明确将处置权和分配权赋予科研创新团队或个人，为知识产权流转和发挥效益提供法律保障。

5. 明确成果转化市场价值收益扣除成本归成果完成人

创新成果的产生和转化是由发明人、所在科研单位、政府资助、技术转移机构多方共同努力的结果，但这其中的贡献性质和大小是不同的。发明人贡献的是创新劳动，是成果形成的核心主体，而其他贡献是配套服务，处于从属地位。公共财政的项目资助、科研单位的直接投入和管理服务支出、院系实验室提供的配套服务、专利申请费用、科技成果转移机构转化费用等支出属于成本。因此，对于知识产权产业化的收益，在抵扣成本费用后，应将净收益归创新成果完成人所有。与此同时，还应取消对事业单位技术转移的不合理限制，大学和国家科研机构科技成果转让遵从市场定价，动员各方面力量做技术转移工作。科研项目出资者可享有研究成果的优先有偿使用权，可参股分红，通过这种分配方式，既保障各方的利益，又体现了以创新者为本的原则，提高了创新者的积极性，有助于研发团队、科研单位、技术转移服务机构形成合力。

军民全要素融合中资本要素创新研究

(中国国际经济交流中心博士后)胡颖
(中国船舶重工集团公司第七一四研究所)孟昭群

[摘　要] 军工企业是国防工业的重要支柱,其发展对我国经济建设起到了巨大的推动作用。其中军工资本要素创新问题是当今世界军事大国均关注的重要问题,直接影响到军工企业的发展和国际竞争力。我国一系列关于军工企业改革的政策文件的出台,为军工企业推进国防工业市场化、证券化奠定了基础,尤其是当今军民融合已经被上升到国家战略的高度。在这个背景下如何把握市场机遇,更合理有效的进行军工资本要素创新是我国军工企业应该关注的问题。本文根据大量已有文献,结合学者们的已有研究,以前瞻性和实务性为原则,通过综合运用比较、归纳等逻辑分析方法进行定性分析,得到我国军工企业资本要素创新中面临的问题及成功经验,并提出了我国军工企业资本要素创新的模式,以期对我国军工企业的发展有所参考和帮助。

[关键词] 军工企业　资本创新

一、引言

党的十九大报告深刻把握国际、国内安全环境的深刻变化，在全面建成小康社会决胜阶段、中国特色社会主义进入新时代的关键时期，深刻把握强国强军的时代要求，围绕实现党在新时代的强军目标，提出一系列重要论断，做出一系列重大部署，为实现"两个一百年"奋斗目标、实现中华民族伟大复兴，为国防和军队建设擘画了壮阔蓝图。

近年来，军民融合作为一种国家战略，已经取得了重大成就。党的十九大再次强调改革强军、科技兴军，更加注重创新驱动、更加注重体系建设、更加注重集约高效、更加注重军民融合，十九大报告描绘了实现党在新时代的强军目标的战略布局和发展路径。从报告中可以看到，今后一个时期，军民融合将面临战略机遇期，也是军民融合由初步融合向深度融合过渡、进而实现跨越发展的关键期。要抓住这个战略机遇期，就必须深入学习贯彻习近平主席军民融合发展战略思想，强化顶层设计，加快形成全要素、多领域、高效益的军民融合深度发展格局。其中，资本要素创新是我国实行军民深度融合发展的重要推动力量。当前，随着我国军民融合发展进入全面实施阶段，军民融合实践正由传统领域的"点、线"式发展，逐步向多领域"点、线、面"相结合的网络化布局拓展，迫切需要大量资本、资源和力量向军民融合领域集聚。从这个意义上说，资本要素创新就是以推动军民融合深度发展为目的，本质是通过运用多层次、体系化的现代金融工具，有效聚合政府、军队、企业、市场、社会中介机构等资源主体力量，共同推动军民融合深度发展，在确保国家安全和发展核心利益的基础上，为提升国家资本在军民融合领域的使用效率提供保证，促进社会资本合理合法有效进入军民融合领域，进而为推动经济建设和国防建设融合发展注入新的活力。因此，本文将着重对资本要素创新模式展开研究，希望能够对实现我国经济建设和国防建设协调发展、平衡发展、兼容发展提供参考。

二、资本要素创新是军民融合战略的必然选择

把军民融合发展上升为国家战略，是我们这样一个快速崛起的发展中大国全面参与21世纪综合国力竞争的战略抉择，是中国长期探索经济建设和国防建设协调发展规律的重大成果，是从国家安全和发展战略全局出发做出的重大决策，也是立足中国国情、经济有效地建设现代国防的必由之路，既是兴国之举，又是强军之策。

"十三五"时期，是深入贯彻习近平主席军民融合深度发展重大战略思想，加快推动军民融合发展战略实施的关键时期。适应新形势新任务新要求，构建国家军民融合资本要素创新体系，深化军民融合深度发展体系与资本要素创新的协同、互动作用，对于加快形成全要素、多领域、高效益的军民融合深度发展格局，促进经济建设和国防建设融合发展，具有重要的现实意义。

2017年6月20日，习近平主席在中央军民融合发展委员会第一次全体会议上对军民融合深度发展做出重要指示，在这次重要讲话中对于资本要素创新做出了明确的解答。会议指出："今后一个时期军民融合发展，总的是要加快形成全要素、多领域、高效益的军民融合深度发展格局。""全要素、多领域、高效益"

三位一体，共同构成了军民融合发展的战略目标体系。9月22日习近平主席主持召开中央军民融合发展委员会第二次全体会议并发表重要讲话。这次会议，审议通过了《关于推动国防科技工业军民融合深度发展的意见》等四个重要文件，部署了当前和今后一个时期工作。可以预见，中央军民融合发展战略将进一步加快向深度推进的步伐。

军民融合深度发展，不是简单指产品层面上的"军转民"或"民转军"，更是一种产业链集成层面上具有全价值链体系特征的"军为民用"和"民为军用"。从这个意义上讲，就要求新时代的军工企业从产业链的专业化整合入手，更要创新利用资本要素，使军工或者非军工企业拥有的一切投入再生产过程的有形资本、无形资本、金融资本和人力资本竞相发挥最大作用，提高效率，为实现军民融合产业发展，促进我国国防工业的创新与腾飞提供保障与支持。

三、我国军工企业资本要素创新沿革及启示

在市场经济体制的建立并不断完善的过程中，资本运营、增强资本要素创新能力成为军工企业走出困境的必然选择。通过资本运营、资本要素创新，可以使军工企业从不注重资本投入产出经营转向注重国有资产的保值增值，资本要素的创新可以更加充分地利用多层次的资本市场、提高资金利用效率，助力企业实现跨越式发展，是做大做强军工企业，实现军民融合发展的有效途径。

首先，我国十二大军工集团经历了计划经济时期的军用转民用产业改革，股份制探索阶段。在这一时期，我国的军工企业开

始创办了一些企业，这也成为我国军工企业积极探索资本要素创新、多元投资体制的首次尝试，股份制开始进入我国军工行业的视野。在计划经济向市场经济过度时期，我国十二大军工集团对资本要素的创新模式进行了积极的探索，如利用资本市场，做大做强优势产业、股权增资扩股、兼并重组、买壳上市、借壳上市。通过上述多种途径整合内部和外部资源，使军工企业的主营业务和新兴产业迅速跨上新台阶。进入新时期，中国经济发展步入新常态，在全球经济再平衡和中国经济结构调整的背景下，习近平总书记不断强调，要把国有企业做强做优做大，不断增强国有经济活力、控制力、影响力、抗风险能力。2007年以来，国内的军工集团先后开始立足于证券资本市场进行上市整合，整合重组的领域涉及航空工业、航天工业和船舶工业。2007年至今，军工集团通过IPO、股份改制、资产增发等商业手段基本完成了军工资本上市的任务。根据国家证券年报的统计显示，目前超过90%的军工企业已经注入了军事工业型资产，35家企业开始兼营军品业务。在新常态下，我国军工企业在资本要素创新方面不断进行更高水平的创新尝试，希望借此助推企业改革，推动转型升级，实现"降风险、调结构、促转型、提增速"等宏观目标。如搭建金融平台，加快产融结合、跨国合作，国际并购、整合区域资源，融入区域发展等。通过上述创新模式，我国军工企业可以从全球来寻找资源、统筹和合理利用资本要素，从单纯利用自身资源向整合利用全球资源转变，为中国军工企业融入世界军工产业链奠定了基础。

其次，面对中国经济发展新常态以及国防军队改革日益加速的新形势，我国中小军工企业的发展面临许多新的问题，但同时，随着国家加大对武器装备建设的投入，通过参与配套，中小型军工企业的发展也迎来了战略机遇期：经济规模快速扩张、技术发展快速突破、人才集聚优势日益明显、军民融合发展成效逐步显现。应该看到，我国中小型军工企业在创新利用资本要素助力企业发展方面做出了卓有成效的探索。比如充分利用资本市场，实施军民融合战略，中小军工企业在坚持民融合的发展道路时，进一步调整产业结构，联营并购，扩大企业实力和核心竞争力，通过积极开展强强合作，充分利用资本市场的价值发现和价值实现功能，吸收技术资金，分担风险，扩大市场。同时，中小军工企业采取以"创新产业链+"的资本要素创新模式，配以内源融资（即留存收益）和银行贷款等方式，彻底解决企业军品占用资金严重及短期流动资金不足的问题。

最后，我国民用企业进入国防科技工业（简称"民参军"）企业在资本要素创新实践方面也做出了大量有益的尝试。民间资本通过资本市场，购买股票和企业债券等形式，享受军工行业到来的直接利润，与此同时，军工企业也获取了产品发展所需要的持续、稳定的大量资金，然后利用资本平台发展高新技术军民品项目等投资活动。

通过对上述三类军工企业的资本要素创新实践及历史沿革的介绍，可以得出几点启示：

第一，充分利用资本市场是企业做强做大的必要选择。军工企业通过股份制改造，以上市公司为平台，吸收民间资本，可以取得扩大规模，加速发展的良好效应果。军工资产资本化，使得国有资产存量以资本的形式流动起来，盘活军工企业资产和资本，实现劳动效率向资本效率的转化，把国有资产的保值增值转向国有资本的最大限度增值，以便有效地防止国有资本受到侵害。民间资本通过资本市场，购买股票和企业债券等形式，享受军工行业带来的利润，同时，军工企业获取了产品发展所需持续、稳定的大量资金，利用资本平台发展高新技术军民品项目等投资活动。

第二，逐步实施对军工集团公司股份制改革。西方军工巨头都是利用资本市场的有效运作才发展壮大的，而进行资本运作的一个有效前提就是先进行股份制改革。我国的军工企业进行股份制改造能促使其有效建立现代企业制度，使其更能够适应当今市场经济的需要，与此同时，股份制改造可以促进军工企业有效地实现军民融合。当前我们也发现一个问题，国内的十二大军工集团下属公司，很多都实现了股份制改造并实现了上市，但是集团公司总部的运作模式还处于一种半政府性质的管控，甚至连现代企业制度都没有建立完善。这种现象就造成了集团公司与下属企业之间在思想观念、体制机制、决策程序、业务对接、管理模式等方面存在一定的差距，会影响到这些已上市企业的运作效率，使母子公司之间形成了"代沟"。消除这样的"代沟"，就要深化军工集团公司总部公司制度改革，对军工集团公司整体进行公司制度改造，理顺母公司和已上市公司之间的关系，建立起现代企业制度，为整个军工行业的资本运作打好基础。

第三，推动军工资产证券化，实现资产优化配置。作为资本层面的军民融合，军工集团资产证券化是深度军民融合重资本要素创新的一种形式，也是我国军民融合发展的客观需要。目前，我国十二大军工集团实际控制各类上市公司近80家，但资产证券化率水平大幅低于国外成熟军工企业。当前，多数军工集团尚有大量核心资产没有注入上市公司，潜在资产证券化的空间很大。

第四，建立军民融合产业投资基金，打通军民融合资金通道。在军民融合产业发展过程中，"民参军"的社会资本缺乏政府引导，难以形成规模效应。同时，社会资本参与军民融合热情高涨，但因缺乏合适的参与渠道，极大地制约了军民融合产业发展。而军工企业受原有经济体制束缚,大量尖端核心技术难以转化。在此情况下,通过专业投资机构与政府合作设立军民融合产业投资基金,可以通过多渠道吸纳社会资本,以其资金的规模优势为军工企业提供资金支持,可以利用政府的平台优势以及投资机构的资源优势,充分发挥财政资金杠杆放大效应,增加军民融合产业的资本供给,以专业化市场化手段推动一批有影响的军工高科技和产品向民用领域转化,助推地方经济转型升级。

第五,兼并重组,提高军工企业效率效益。通过并购重组,可以对企业的资产进行补充和调整,达到最佳经济规模,降低企业的生产成本;并购也使企业有条件在保持整体产品结构的前提下,集中在一个工厂中进行单一品种生产,达到专业化水平,提高投资资金的使用效率;并购还能解决专业化生产带来的一系列问题,使各生产过程之间有机地配合以产生规模经济效益。

第六,国际合作,抓住军工企业全球化新机遇。随着经济全球化程度不断加深,全球化给军工企业既带来了新的挑战,又带来了新的机遇。我国军工企业可以通过并购等方式拓展国际市场,寻求国际合作,利用全球资本等要素,壮大自身优势,取长补短,弥补自身不足;吸收引进国际先进经验,提升我国军工企业整体实力和科研水平,借鉴我国中小军工企业进军国际市场的先进经验,通过合资等方式寻求国际间合作,谋求自身发展。

第七,创新产业链融资模式,解决流动资金不足问题。创新"产业链+"融资模式,结合银行贷款、内源融资等融资模式,将融资视角进一步拓展延伸;同时,企业在产业定位中明确自身位置,积极调整企业策略,通过优化升级企业在产业链中地位,在提高自己融资效率的同时转嫁生产成本。创新产业链融资模式的推出进一步降低产业链中小客户投融资成本,拓宽产业链中小客户尤其是"民参军"企业的投融资渠道。企业可以通过合理的风险定价机制,以及高效的审批机制,提出符合自身行业特色的融资方案,解决企业运营过程中的流动资金紧张等问题。军工企业应该紧扣产融结合战略,与金融机构及第三方机构深度携手,以便为产业链中尤其是"民参军"的小微客户的发展,提供良好的金融配套支撑。

四、我国军工企业资本要素创新设计

前文对军工企业资本要素创新的必要性及我国军工企业资本要素创新的历史沿革及经验总结进行了说明,下面将针对我国军工资本要素创新的方式方案进行探索,具体将就资本要素创新设计思路及资本要素创新设计两方面内容进行阐述。

(一)军民全要素融合中资本要素创新设计思路

军民全要素融合中资本要素创新设计,应该充分考虑军工产业结构特殊性。通过分析产业发展特点、企业经营状况、产品技术含量及产品种类特点等因素,有针对性的采取相应创新方案,使资本要素创新方案能够优化企业资本结构,既满足军民全要素融合的发展需要,又适合于企业本身发展战略。因此,在对我国军工企业进行资本要素创新模式设计时,我们主要从以下几点进行考虑:

1. 融资主体多元化

吸引多元化的投资主体,开拓资金来源,改善经营管理结构,吸引民间资本参与军工产业。

2. 发挥市场在资源配置中的基础作用

一方面军工企业通过融入市场经济,自主决定经营战略,有效对资本要素加以创新利用；另一方面，社会资金在市场环境中，充分考虑机会成本，选择投资收益高的军工企业。

3. 考虑军工企业项目发展阶段

我们应该根据不同的项目发展阶段特点，采用不同的资本要素创新方案。以军机技术转民用为例，需要经历技术研究阶段、方案设计规划阶段、生产运营阶段。技术研究阶段投资风险高，且需要资金流稳定，经费来源应以政府财政拨款或企业自筹为主；方案设计规划阶段，涉及市场需求分析和资本运作，可以吸引风险投资者和国外成熟投资机构；生产运营阶段，风险相对降低，资金需求量大，可以引进民间资本、投资机构及发行股票、债券融资。

4. 依据技术含量的差异，资本要素创新模式应有所不同

军工企业需要保证高新技术的垄断优势，这是国防发展战略需要，同时高技术科研生产往往意味着投资的高风险。因此，对于涉及军用高新技术的领域，风险较高，应该以政府直接投资财政拨款方式为主，对于一般军用物资、基础设施建设、后勤保障等技术含量不高的领域可以采用市场化融资方案，发行债券或商业银行贷款等方式吸引民间资本；介于两者之间的可以引入产业基金、风险基金等机构投资者。

5. 关注军工企业涉密程度

国防军工产业涉及国家军事机密，若重要军事机密外泄会直接影响我国的国防安全。因此设计资本要素创新模式时，应充分考虑企业的涉密程度。对于涉密程度高的项目，资本要素创新方式较少；对于涉密程度不高的项目，资本要素创新模式相对较多，如可以通过资本市场发行股票、债券，吸引民间资本和创业基金等。

（二）资本要素创新模式设计

1. 充分利用资本市场

（1）应用范围

股权融资对于企业的盈利能力、财务状况、资产状况和风险承担能力有严格要求，以在上海证券交易所上市为例，企业需要三年盈利且资产超过 5000 万元，因此该模式适合有一定的经营规模和市场竞争力，财务经营状况良好的大型军民产业。该要素创新模式中涉及的主体主要包括：军工集团下属的军工企业和军工集团下属的军工科研院以及军民融合技术成熟的"民参军"企业，如图 1 所示。

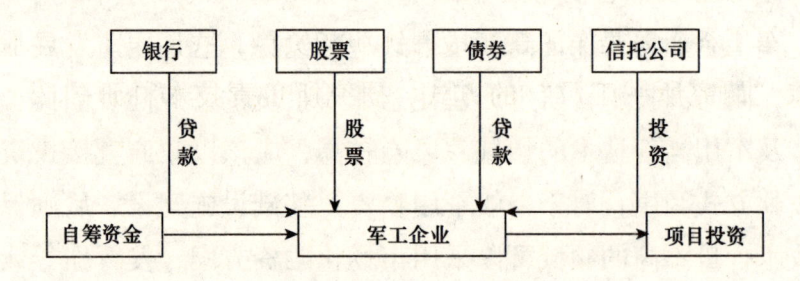

```
   银行       股票       债券      信托公司
    │         │          │          │
   贷款      股票       贷款        投资
    ↓         ↓          ↓          ↓
  自筹资金 ──→      军工企业     ──→  项目投资
```

图 1　依托资本市场的资本要素创新模式

（2）配套建议

A. 继续完善军工企业资产证券化，推进核心军工资产上市

资产证券化是军工集团实施混改的重要手段，也是进行资源优化配置的主要途径之一。全球排名前 100 的军工企业，80% 以上是上市公司，资产证券化率大都保持在 70%—80% 的水平，我国十二大军工集团旗下在上海、深圳和香港上市的子公司总共有 102 家，资产证券化率为 42%，相比之下，仍有很大的提升空间。

我国军工企业应该尝试性的探索重要军工企业上市策略，通过创新运用资本要素，既保证资产证券化又实现国家控股。核心军工企业信息披露有限，其财务状况、投资战略等难以及时披露，因此其市场化瓶颈一直难以突破。但核心军工资产具有典型的科技技术含量高、资金投入大、投资风险高、投资回报高等特点。通过资本市场引入民间资本，既可以减轻财政负担，又能让社会资本分享企业利润。目前，核心军工企业资产证券化可选择的方式主要有：企业IPO、资产并购重组、军工企业跨集团资产置换和借壳上市。由于必须保证国家绝对控股权，可以采用依托集团下属上市公司为资本运作平台，子公司以增资扩股方式实现核也军工企业资产注入，完成间接上市。

B. 军工科研院所改制，推进资产注入

军工科研院是军工领域最为优质的资产，我国军工在体制上采取"研究所+工厂"的方式，研究所负责技术科研和产品设计，军工厂负责产品生产制造，研究所拥有技术、人才等众多优势。从工业产业链角度看，研究所负责研究开发，处于产业链顶端，地位高于工厂；从技术方面看，研究所握有核心高新技术；从人员配置看，研究所聚集优秀的科学专家。因此，军工科研院被认为是最优质的军工资产。

2015年，国防科工局改革办明确了军工科研院所改革分类标准，这为研究所资产注入上市公司提供了可能。研究院要完成上市，首先须转为股份制企业，实现改制过程；随后利用上市军工企业的注资，推进证券化改革，从而让社会资金可以分享投资收益。

C. 军民企业间的并购重组

通过兼并收购经营管理不善、财务资产管理欠佳的企业，可以帮助企业改善资源配置，降低运营成本，形成优势互补。

同时，通过资源整合可扩大企业的经营规模，通过获得另一企业的资产和技术，可以形成规模效应，进而提高市场竞争力。

军工企业通过并购民间企业，可以获得民间企业的市场份额和资产资源，以及相对成熟的市场管理理念，提高经营管理水平；民间企业通过并购重组军工企业可学习军工企业的先进高新技术提高自身竞争力。由此可见，并购重组可以充分发挥各方优势、优化产业结构，是军民企业通用的资本要素创新模式。

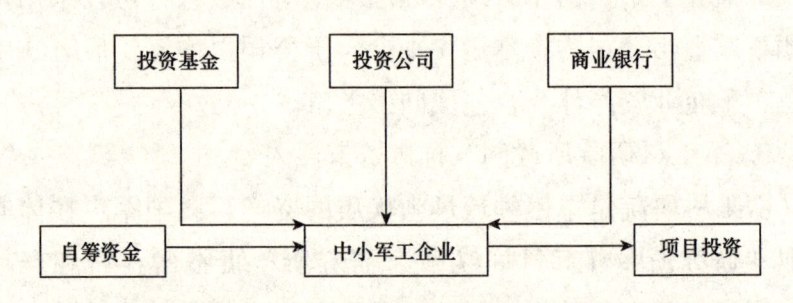

图2　利用投资基金和投资公司的中小军工企业资本要素创新模式

2. 合理利用投资基金及投资公司

（1）应用范围

该模式主体主要包括中小军工企业，大多为处于军民两用技术科研实验阶段的企业、军民融合产业链末端的供应商化及拥有潜在军用高新技术专利的军工企业等。这些企业普遍具有的特征是，财务缺少规范、偿债能力差、缺少承担风险能力，但是这些企业具有发展潜力，要么握有正在研发或已经成功的高新技术，要么有细化的市场份额。因此引入风险偏好的投资基金及投资公司不失为其进行资本要素创新的良好模式，其结构如图2所示。

（2）配套建议

要发挥投资基金引导作用。投资基金，是指通过发行基金债券，将投资者或投资机构的资金集中起来，通过专业的基金管理人员，经过可行性研究和战略规划，将资金有选择性的投资于股票、债券或者其他金融资产，并把资金收益按出资份额分配给投资者的金融中介机构。

利用投资基金，通过多渠道吸引社会投资者，既促进中小军工企业发展，又让社会资金享受到军工产业发展的红利。首先，产业基金可以发挥资金优势和管理优势，满足企业融资需求，同时改善其经营管理机制；其次，投资基金改善了军工企业的资本结构，降低资产负债率，有利于企业的再融资；最后，作为多元化融资平台，投资基金有利于军工企业产权改革，促进现代企业制度的建立。

2012年由北京航天科技科工联合北京市委、国信证券等单位设立的军民融合科技成果转化基金正式成立。该基金目的是为发展航天科技军民融合科技成果转化，规模为10亿元。该基金致力于在政府有关部门的支持下，通过转化航空科技，促进军民融合产业发展，引导社会资本的市场化运营。

3. 国际合作

（1）应用范围

按照《关于推进军工企业股份制改造的指导意见》，中国军工产品分为三类，完全禁止股份制改造、限制类和完全开放类。其中，完全开放类包括了一般武器装备生产企业，可以根据建造装备的重要程度，有条件的选择外资参与企业股份制改造。依据国防科工委数据，目前中外合资涉及的各类军工企业约有上千家，其中主要包含领域是后勤服务、武器零部件和信息设备等行业。另一方面，中国军工集团下的部分军民融合企业，在军转民过程中，存在技术障碍、体制障碍等问题，通过与外国合格企业合作，可以帮助我们从封闭环境到开放市场环境中去，学习先进的技术和管理经验。

(2) 配套建议

A. 合理选择合资项目

在选择合资企业之前,我们应该充分考虑双方的优劣势,通过协作达到共赢,因此我们选择的项目应该具有一下特征:第一,引进先进技术,提高生产效率,完善产品功能,强化产品市场竞争力;第二,依托合作方的海外市场资源,开拓国外市场,促进产品出口贸易;第三,吸引海外投资,扩充资金流动性,完善资本结构;第四,建立现代企业制度,引进国外成熟经营管理经验。

B. 尝试多种形式的合作关系

通过灵活合作关系的选择,提高国际市场利用率。也可通过合资研发项目的形式,共同研究开发高新技术。如2012年中国商飞公司与波音公司进行协作,共建航空节能减排技术中心,进行提高燃油效率和降低温室气体排放的研究项目。还可以利用国外资本市场,利用国外融资工具,如全球存托凭证(GDR)、美国存托凭证(ADR)、特别存托凭证(SDR)等,吸引国际资金流入,改善资本结构。

4. 资产抵押债券

资产抵押债券 ABS(Asset-Backed Security)是以资产的组合作为抵押担保而发行的债券,是以特定资产池所产生的可预期的稳定现金流为支撑,在资本市场上发行的债券工具。

(1) 军工企业 ABS 基础资产选择—以国防专利为例

目前,在我国政策下,可证券化资产的具体形态包括企业应收款、信贷资产、信托受益权、基础设施收益权等财产权利,商业票据、债券、股票等有价证券,商业物业等不动产财产等。

在军工资产证券化工程中,国防专利是国防军工企业的重要资产，把知识产权未来收益作为基础资产，进行资产证券化，是军工企业资本要素创新实践的有效手段。我国国防军工专利具有规模性，军转民技术专利中涉及电子信息系统、新材料、节能环保、先进装备制造等众多领域，满足基础资产的多样性，有效分散风险。国防专利技术具有潜在的产业经济效益，通过高新技术军工技术转民用，可实现其商业价值，带来稳定回报。

近10年来我国国防知识产权申请量年均增长从38%跃升为2011年的55%。而2012年，军工系统共申请专利2.9万件，是2002年的近30倍，其中2/3为发明专利。国防专利的数量和质量的大幅提升，标志着我国国防科技和武器装备自主创新能力的增强，也标志着我国军工企业以科研专利为基础资产开展资产证券化业务已具备一定现实条件：首先，专利规模可观，这在资产证券化过程中可以满足基础资产池构建时对于基础资产数量以及运行成本上的要求；其次，国防专利技术往往具备技术的前沿性和民用转移性，其产业化的潜力较大，因此其优良的资产质量对于投资者来说极富吸引力，有利于专利资产产生稳定的现金流；最后，上市企业可以充分利用军工背景在市场上建立起良好的信用基础，这有利于为投资者树立投资信心。

（2）军工企业ABS模式选择

军工企业资产证券化工程中，涉及SPV（Special Purpose Vehicle）、信用评级机构、投资银行、信用增级机构等众多参与方，其中SPV是资产证券化运作的核心，它是把资产组合作为支持基础，以此来发行证券的特殊实体，主要负责联络项目发起方与投资人，实现基础资产的"真实出售"与"破产隔离"。选择何种形式的SPV是企业资产证券化的关键。目前，有三种模式可供选择：单一军工企业的信托型SPV组织模式，军工集团内联合的公司型SPV组织模式，军工行业联合的公司型SPV组织模式。研究认为，单一组织模式需要企业有独立的资产证券化能力，适合成熟资本市场；军工集团联合模式可以兼顾证券化效率和风险的隔离，适合资本市场过度阶段；行业联合模式可发挥军工行业规模优势，又可以通过国防科技工业领域内部的 SPV（ISPV）和金融市场的 SPV（ESPV）实现风险有效隔离，适合现阶段我国军工行业资产证券化，该创新模式见图 3。

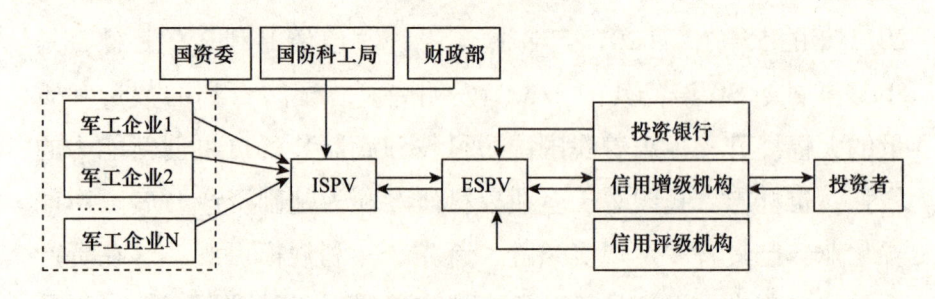

图 3　军工行业内联合的公司型双层 SPV 组织模式

五、结论

军工企业资本要素创新问题是在新的历史时期下，现代企业走向市场化、国际化所面临的一个新的问题。本文在研究中，对我国军工企业资本要素创新的必要性，资本要素创新行为的历史沿革，企业资本要素创设计所要考虑的因素以及设计方案，进行了考察和研究。试图揭示出当前军工企业资本要素创新行为的特点，为我国军工企业的创新行为提供理论和实践上的指导。

本文通过对我国军工企业资本要素创新实践的历史回顾，并借鉴国外军事强国的资本要素创新实践经验，提出中国军工企业多层次的资本要素创新方案。其特征一是市场主导，即市场在资本要素创新中发挥着主导作用；二是多种形式共同发展、自行定位，即创新方式的选择是军工企业的自主行为，是企业在一定的约束下，根据自己的条件、自身的目标选择合适的创新方式助力企业实现企业价值的最大化。

免疫细胞治疗开启精准医疗时代大门

(中国国际经济交流中心博士后)郗永义

[摘 要] 精准医疗（Precision Medicine，PM）是一种将个人基因、环境与生活习惯等因素考虑在内，基于个体健康状况而"量身定制"的医疗模式。2017年，美国FDA批注了2款治疗癌症的免疫细胞治疗产品，这两款产品都是根据患者病因而量身打造的定制产品，其上市标志着精准医疗时代的来临。未来还会有更多细胞治疗、基因治疗产品上市。我国应做好精准医疗战略布局，加快精准医疗发展。

[关键词] 精准医疗 细胞治疗 基因治疗

精准医疗（Precision Medicine，PM）又称为精准医学，是以个体化医疗为基础、随基因组测序技术快速发展以及生物信息与大数据科学的交叉应用而发展起来的新型医疗模式。其本质是通过基因组、蛋白质组等组学技术和医学前沿技术，对大样本人群与特定疾病类型进行生物标记物的分析、鉴定、验证与应用，从而精确寻找到疾病原因和治疗靶点，并对一种疾病不同状态和过程进行精确分类，最终实现根据患者的疾病分子特征进行个体化精准治疗的目的。个体化基因治疗，个体化细胞治疗和基于疾病分子特征的靶向药物治疗都属于精准医疗的范例代表。

2017年8月30日，美国食药监局（FDA）批准了美国境内首款细胞治疗方案——诺华公司的CAR-T治疗产品（Kymriah）在美国上市。随后的10月19日，美国FDA又批准了吉利德制药公司旗下凯特制药（Kite Pharma）的CAR-T细胞治疗产品（Yescarta）上市。同是10月，美国FDA咨询委员会更是以16:0的投票结果，一致认为基因治疗产品Luxturna的疗效大于风险，如果不出意外，美国FDA将在2018年1月宣布美国境内首款基因治疗产品上市。Kymriah，Yescarta，Luxturna产品都是基于病人个体疾病分子特征而"量身定制"的精准医疗产品，其成功上市也意味着精准医疗的时代大门已经开启，精准医疗时代已经来临！

一、精准医疗是基因科技应用于医疗领域的概念提升

精准医疗架构最早是由美国NIH在2011年提出，其下属"发展新疾病分类法框架委员会"发表了题为《迈向精准医学：建立一个生物医学知识网络和一个新疾病分类法框架》的专著，将精准医疗作为"个体化医学"进行了新的表述。2015年年初，美国总统奥巴马在国情咨文演讲中宣布了新的项目计划"精准医疗计划"，希望以此可以引领一个医学新时代，使人们更好地认识肿瘤，治愈肿瘤、糖尿病等疾病，同时能够获得保障个人健康的个性化信息，做好健康管理，并计划投入2.15亿美元启动

"精准医疗计划"（Precision Medicine Initiatative，PMI）。此后，精准医疗开始在全球被广泛重视和关注，各国争相提出各自的"精准医疗计划"，大力推动相关技术研发和产业发展，以期占领未来健康医疗的制高点。

实际上，在美国精准医疗计划提出之前，各国就已经开展精准医疗的相关战略布局。2012年12月，英国首相卡梅隆宣布投入1亿英镑启动针对遗传病、癌症、传染病和罕见病患者的10万人全基因组测序计划，通过该计划，英国政府预期到2017年年底实现以下四个目标：推进基因组医疗整合至英国国家医疗服务体系（NHS），并使英国在该领域引领全球；加速对癌症和罕见病的了解，提升疾病诊断和治疗效果；促进基因组领域的私人投资和商业活动；提升公众对基因组医疗的认识和支持。2015年年底，英国政府宣布将再追加3.75亿美元经费，2016年6月，英国政府宣布已经完成了9892个基因组测序工作。日本政府在2011年的第四个5年计划（2011—2015）中宣布投入1万亿日元启动10万人基因组计划，目的是要找到影响孩子健康成长的相关因素。韩国政府在2014年1月宣布启动耗资5.4亿美元的后基因组计划，以推动新型基因组技术的发展和商业化。该计划包括绘制标准人类基因组图谱、发展本国的人类基因组分析技术，以及实现基于基因组技术的疾病诊治等五大目标。2015年11月，韩国又启动万人基因组计划，主要目标是绘制韩国人基因组图谱、建立韩国标准化的基因数据库和发现罕见遗传疾病突变位点，该计划是对2014年韩国5.4亿美元后基因组计划的一个补充。

中国精准医疗计划于2016年启动，并发布了首批精准医学国家重点研发计划专项，涵盖八大领域，包括构建百万人以上的自然人群国家大型健康队列和重大疾病专病队列，建立生物医学大数据共享平台及大规模研发生物标志物、靶标、制剂的实验和分析技术体系，建设中国人群典型疾病精准医学临床方案的示范、应用和推广体系，和推动一批精准治疗药物和分子检测技术产品进入国家医保目录等。

二、科技与政策助推精准医疗快速发展

本质上讲，精准医疗是基于个人疾病分子特征的个体化治疗，而医疗自诞生之初也是基于个人疾病特征的个体化治疗，但精准医疗与传统个体化治疗的差别就在于精准医疗是基于个体基因、蛋白和代谢物等分子信息诊断基础上的精准治疗。精准医疗之所以能在近年来取得实质性突破，其原因有多个方面：

（一）迅速发展的生命科技是助推精准医疗发展的最强动力

科技是第一生产力，精准医疗是基于一系列前沿技术的快速进步而发展起来的新型医疗模式，其发展的基石包括三个方面：一是基因组学、蛋白质组学、代谢组学等技术的开发和应用。1990年启动的历时16年耗资30亿美元的人类基因组计划目标是解码人类遗传密码，为人类疾病治愈扫清障碍，但基于个体基因组检测的昂贵费用和耗时之长，个体基因诊断和检测只能是纸上谈兵。而随着基因测序技术、设备和方法的不断改进，个体全基因组测序成本已经由当初的30亿美元下降到不足1000美元，且可以在1天内完成。功能强大的质谱检测分析仪器可以快速低成本实现个体间蛋白质组和代谢组学水平的差异分析。基因组、蛋白质组等组学分析技术的成本下降和速度提升为精准医疗的实现奠定了科技基础。二是疾病大型队列研究的开展。疾病分子精准

诊断的前体是要了解疾病发病的分子机理，包括疾病发病前期、疾病发病过程以及疾病治愈过程中的基因分子变化，要弄清楚这一关系必须要大规模的疾病人群和健康人群的对照研究。美、英、法、日、韩等国家早在5—10年前就投巨资开展了大样本生物数据对照研究，如英国和日本的10万人全基因组测序计划、韩国的万人基因组计划、以及美国的百万基因组计划等等，这些计划的实施将为精准医疗提供统计数据参考。三是与疾病表型相关的信息挖掘与数据分析技术。随着高通量技术的快速应用和大队列研究的开展，生物医疗行业的大数据急剧膨胀。这些生物大数据不仅数据量非常庞大、数据结构格式也异常复杂，而且要求数据分析速度要高。如何储存、处理和分析这些数据，明确其与疾病表型的关系，已成为当前生物大数据分析的关键难题。随着更高性能计算机的出现，更科学算法的实现，从海量生物数据中得到的信息也越来越容易，这为精准医疗的实施提供了更多的理论和科学支撑。四是先进技术和设备的发明。基因编辑技术、免疫细胞治疗、干细胞疗法、基因疗法、新一代高通量测序系统、量子检测设备、质子重离子治疗设备等先进技术手段和高端医疗设备的出现，为精准医疗时代到来提供了坚实的硬件设备支撑。

（二）现实医学诊疗技术手段的低效迫使科学家寻找更为颠覆性的诊疗方案

医学的进步在人类社会的繁衍、发展中起着极为重要的作用，在当代科技革命的带动下，医学技术也获得了革命性的进步。20世纪40年代青霉素的大规模临床应用，使人类获得了特效治疗细菌性感染疾病的手段，开辟了抗生素化学治疗的局面。20世纪70年代电子计算机X线断层扫描仪（简称CT）和核磁共振诊断技术（MRT）的发明和应用，被誉为自伦琴发现X射线以后，放射诊断学上最重要的成就，通过放射诊断技术，可以检测出早期肿瘤和其他许多早期病变，使人类疾病诊断首次从体表特征进入到体内组织器官层面。同是70年代后期，科学家应用遗传工程技术先后生产出人胰岛素、细胞因子、结核疫苗、单克隆抗体等多种生物制品，开拓了生物学治疗疾病的新概念。近百年来医疗科技领域取得的巨大成就为人类的疾病诊治和生命延长带来了深远的影响，然而这些医疗手段的出现并没有为消灭人类疾病产生革命性作用，结核疫苗曾保护了许多人免受结核感染，但目前结核病人仍然是我国第二大传染病（第一为肝炎），抗生素挽救了很多感染患者的生命，但抗生素滥用正造成了大量超级耐药细菌的出现，肿瘤治疗药物每年销售数千亿美元，然而大多数肿瘤患者最终仍就是死于肿瘤并发症，遗传病依然没有得到有效治疗。而随着现代生命科技的发展，特别是免疫细胞治疗产品的上市、基因编辑技术的发明、以及基因操控技术的进步，曾经的基因治疗，免疫细胞治疗等精准治疗梦想正成为现实。如美国FDA于2017年8月和10月分别批准上市的Kymriah和Yescarta均属于免疫细胞精准治疗产品，而美国FDA以16∶0全票通过的Luxturna则是基因精准治疗产品。

（三）不断增加的医疗支出促使各国政府寻找新的医疗解决方案

医疗服务是一种关乎民众生命健康的特殊商品，其需求往往随着收入增长、技术进步而增长，近年来各国医疗卫生支出持续增加，很多已超出政府的承担能力。如何摆脱医疗支出不断攀升，解决医疗服务供需矛盾已成为许多国家和政府面对的最复杂问题。以美国为例，其医疗成本居高不下且不断上涨，2013年高达2.9万亿美元，占国内生产总值的17.4%，人均医疗费用高达

9255美元，均远超其他国家，高昂的医疗开支使美国政府和老百姓均难以承受。奥巴马在当选总统后，把推动新医改（即《患者保护与平价健康保险法案》）作为其控制医疗费用、降低医疗成本的关键法宝，然而几年实践证明，奥巴马医保法案让人们得到的精准医疗服务的机会越来越少，而付的钱却越来越多。许多保险机构出于自身利益考虑，要求病人首先要使用便宜的治疗药物（这些药物多数无法有效根治这些疾病），而只有当这些药物被证明无效后，才能使用那些昂贵的、有效的精准化药物，结果是医疗开支不降反升，民众不满情绪日趋激烈，医患双方都不买账，平民医保法案收效甚微。通过实施精准医疗计划，加强病人的个体化用药，减少不必要的医疗开支，就成为包括美国在内的各国政府控制医疗开支的新抓手。

三、精准医疗将对未来医疗格局产生深刻影响

Kymriah和Yescarta的上市，标志着精准医疗时代的开启，而随着基因组、蛋白质组等组学技术的发展，大规模人群队列研究和生物大数据开发，以及精准医疗技术的应用，将对当前的医疗格局产生深远影响。

第一，从病人角度来讲，精准医疗可使患者免受无效治疗，提升疾病诊治疗效。精准医疗是从患者的疾病表征出发，对其基因、蛋白质和代谢物质进行鉴定，寻找其发病的更深层次原因和本质原因，并基于这些病因分析，给予疗效更加确切的精准治疗药物。如乳腺癌治疗药物赫赛汀（Herceptin），其只针对肿瘤细胞表达Her 2蛋白的肿瘤病人有效，而对不表达Her 2的病人无效，如果不检测乳腺癌患者肿瘤细胞Her 2表达情况，势必会造

成一部分病人无效治疗,不仅贻误病人就诊时间,还增加病人家庭负担。而通过精准医学检测,根据基因检测结果进行精准用药,则可以避免这一情况。再如 Kymriah 和 Yescarta 免疫细胞治疗产品,首先会根据病人的肿瘤细胞抗原特征,制备特异性抗体,抗体会引导病人免疫细胞特异性杀死肿瘤细胞,达到精准清除肿瘤病灶,不累及周围正常细胞功能的效果。

第二,从医院来讲,精准医疗将使当前的"医生-患者"二元模式,转变为"医生-药企-患者"三元模式。传统的医疗二元模式为患者来医院就诊,医生凭借实验诊断结果和多年诊疗经验,给患者开具相关用药。这一模式由于实验检查不够充分细致,或药品有效性和适用人群未得到详细验证,导致一部分患者治疗无效并贻误病情,造成医患关系持续紧张。而在精准医疗时代,医生会根据病人病情,结合基因组学、代谢组学和大数据分析等一系列精准医学检查手段,对患者病情、病因和治疗用药进行详细综合评估,对部分无市场用药的患者,会邀请制药企业参与会诊和药品定制,从而将传统的"医生-患者"二元医疗模式,转变为"医生-药企-患者"三元医疗模式,而且随着现代生物技术方法的不断革新和药品定制成本的下降,制药企业在未来三元诊疗模式中的地位会越来越重要。

第三,从医疗发展趋势来讲,精准医疗将使以疾病治疗为主的健康管理模式,转变为以疾病预防为主的健康管理模式。受传统"无病即健康"思想的影响、以及当前诊断方法的限制,患者通常无法在"疾病早期(即基因分子水平已发生病变,而患者尚未出现任何不适表征)"发现疾病,或对"是否完全治愈(即疾病的基因分子水平回归正常)"进行有效评价,导致健康管理只能是以"治病"为主的被动管理。而在精准医疗时代,通过精准诊疗可发现疾病早期基因分子体征,从而实现提前干预和提前预防,健康管理也变成以治"未病"为主的主动管理。

第四,从国家层面来讲,精准医疗将提高整个国家的医疗水平,改善国民生活水平,促进社会更加和谐。受现有诊疗技术手段限制,很多诊疗方案对患者是无效诊疗,据美国医学研究机构测算,美国医疗系统每年因不必要的治疗和没有效果的治疗,造成的浪费高达7500亿美元,相当于医疗总开支的30%,给国民健康维护和国家社会稳定造成很大影响。通过基因检测、分子影像等现代精准医学手段,可以大幅降低无效诊疗开支,促进医疗资源的有效利用,提高国民健康水平,维护社会和谐稳定。

四、中国要加强顶层设计、统筹推进精准医疗战略制定实施

健康是国民的基本需求,"健康梦"是"中国梦"的一部分,没有全民健康,就没有全面小康。当前,在重大疾病方面,中国面临着巨大的挑战:我国有高血压患者2.6亿,超过1亿人数的糖尿病患者以及1.5亿潜在糖尿病人群,每年有310万癌症新增案例,220万癌症死亡案例,医疗开支占GDP比重已达6.2%。实施精准医疗战略,对于提高我国医疗健康水平,减轻医疗负担,维护社会和谐稳定,实现健康梦和中国梦具有重要意义。中国在实施精准医疗过程中,需要注意以下几个方面:

根据我国医疗卫生实际情况,开展发病率高、医疗开支大、目前还没有有效防治手段、危害严重的重大疾病精准防治研究。如高血压、糖尿病、肿瘤、罕见病、乙肝和结核等慢性传染病的研究。

做好顶层设计,制定好短期和中长期发展目标。短期规划应

以疾病治疗为目标，针对肿瘤、高血压、糖尿病等研制相应的精准诊疗方案。中长期规划应以疾病预防和健康管理为目标，实现疾病的早期精准预测和精准预防，促进健康管理从"治病"向"治未病"转变，切实提高国民健康水平。

加强基础研究、技术开发、临床转化、产业培育等方面的统筹衔接。精准医疗战略需要基因组学、蛋白质组学等组学技术、生物大数据收集和分析、关键医疗设备和试剂的开发、临床医生的认可采纳等各个方面，必须要统筹做好基础研究、技术开发、设备研发、临床转化、市场开拓等各方面的协调工作，为精准医疗发展提供良好环境。

集成各方资源，实现资源共享。加强生物大数据等标准化体系建设，推动完善相关法律法规和数据管理机制，破解医院、企业和科研院所各自为阵的"孤岛"式发展局面，建立资源共享和切实可行的利益分配机制，形成对精准医疗数据资源有效整合和开发利用。

印度着力提升国防创新能力

（中国国际经济交流中心博士后）魏博宇

[摘　要] 印度建国后一直坚持国防建设和国民经济发展并重的方针，在大量引进武器装备的同时，努力通过扶持本土军工企业、调整国防科研生产机构等措施，提高国防工业自主化水平，但进展较为缓慢。时至今日，印度仍是世界上唯一拥有体系完整、体量庞大的国防工业，却又是高度依赖武器进口的大国。近年来，随着新一代武器装备的研制与服役，印度国防科研生产能力有明显提升，但仍没有从根本上改变国防创新能力不足的现状。为此，印度通过设立国防创新基金、改革科研管理体制等途径，提升国防科研自主创新能力。

[关键词] 印度　国防科研　自主创新

印度是世界上唯一一个拥有体系完整、规模较大的国防工业，但武器装备却严重依赖进口的国家。根据印度国防研究与分析研究所公布的数据，印度国防工业整体对外依存度超过50%。近年来，随着新一代武器装备的研制与服役，印度国防科研生产能力有明显提升，但仍没有从根本上改变国防创新能力不足的现状。为此，印度通过设立国防创新基金、改革科研管理体制等途径，提升国防科研自主创新能力。

一、印度国防科研力量现状

印度政府负责国防科研的部门包括国防部、航天部和原子能部。其中，国防部下属的国防研究与发展组织是国防科研的核心和骨干力量，集国防科研管理、执行职能于一身；航天部下属的印度航天研究组织主要负责航天工业的科研管理；原子能部下属的原子能委员会负责核工业的科研管理。

国防研究与发展组织在印度各地共拥有52家科研院所，覆盖航空、海军系统、兵器、战斗车辆与工程、导弹、电子与计算机科学、微电子设备、生命科学、材料等领域，承担着印度几乎全部的武器装备研发任务。

据印度官方统计，印度国防部研发总费用大约90%用于国防研究与发展组织。印度其他参与国防科研的力量中，大学、国家科研院所主要承担基础性研究，由国防研究与发展组织以"资助研究"的形式提供经费；军工企业科研机构主要参与国防研究与发展组织的研发项目。

二、印度国防创新存在的问题

（一）国防工业自主化水平低，长期依赖进口

作为印度最重要的国防科研机构，国防研究与发展组织研发的半数以上装备的进口比例都控制在30%以下，但空中预警和控制系统、"布拉莫斯"超音速巡航导弹系统、远程地对空导弹、

"阿琼"主战坦克等重要装备的进口比例超过50%。这些重要装备采用的核心部件多数为进口，如"阿琼"主战坦克的动力系统和火控系统、"光辉"轻型战斗机的引擎都是从国外引进，印度国产航母"维克兰特"号的总体设计以及动力装置、阻拦装置、喷气偏流板、升降机等主要关键设备均依赖国外，表明印度在这些关键领域能力的缺失。

表1 国防研究与发展组织研发的主要装备的进口比例

装备	进口比例（%）	装备	进口比例（%）
"布拉莫斯"超音速巡航导弹	65	远程地对空导弹（LR-SAM）	60
飞机拦阻装置	5	"帕纳卡"多管火箭系统	10
"光辉"轻型战斗机（LCA）	40	"阿琼"主战坦克	55
空中预警与控制（AEW&C）系统	67	雷达	5-10
降落伞	0	电子战系统	5-30
重型空投系统	10	声纳	5-30
"阿格尼"导弹	15	便携式放射线剂量计（PDM）	12
"普里特维"导弹	15	伦琴辐射计	6
"阿卡什"地对空导弹	10	核生化侦察车	5
"纳格"反坦克导弹	30	核生化水净化系统	5

印度的国防能力严重依赖进口，这一点完全不符合国防自主化目标。1992年，印度国防部成立了自主化评估委员会（SR-RV），在经过深入研究后制定了"十年期自主发展计划"，其中提出了自主指数（SRI）的概念，即国产装备在武器装备采购总额中所占的比例，该计划要求到2005年，将自主指数由1992—1993年的30%提高至70%。印度国防研究与分析研究所在充分

考虑数据统计等复杂因素的基础上，计算得出印度国防工业2006—2010年的自主指数分别为47.93%、41.6%、26.4%、37.8%和38.5%。此外，印度国防研究与分析研究所还分析得出印度国有军工企业和兵工厂的进口依存度约为42.6%，其中，最大的军工企业——印度斯坦航空有限公司的进口依存度更是高达70%。

（二）瓶颈技术久攻不克，高端生产能力缺乏

印度长期依赖进口，技术引进消化和再创新较差，关键技术和高端生产能力一直受制于人，几乎所有的重点项目都面临着超期和预算超支等问题。"阿琼"主战坦克原定于1984年投入批量生产，但最终在1995年才完成研发，且项目超支高达1884%，军方订购量也大幅缩减。印度提出在引进法国"鲉鱼"级潜艇后自主设计建造常规潜艇，但由于国产AIP技术久攻不克，该目标至今仍难以实现。印度斯坦航空公司研制生产的"光辉"战斗机，受航空电子设备、起落装置和推进装置等关键系统限制，经过30余年研发才获得作战许可。印度空军决定将"光辉"战斗机部署在远离中国和巴基斯坦边境的印度南部，可以看出印度军方对该型战斗机的作战性能缺乏信心。

（三）国防科研投入不足，创新效率低下

尽管印度的科研创新体系规模不小，但国防研发投入不足且投入方式不当。自2001财年以来印度国防研发预算占国防总预算的比例一直维持在6%左右，远低于美国等超过10%的比例，且投入比例不当。如获科研投资最多的政府机构国防研究与发展组织，其应用研究经费占总经费约90%，影响了国防基础和前沿技术的发展。

国防研究与发展组织创新效率低下，取得的专利数量无法与其获得的巨大投资相匹配。根据印度国防研究与分析研究所2014年公布的数据，国防研究与发展组织2010年获得的科研经费占印度主要科研项目支出的31.6%，远远高于第二名的航天部（15.5%），以及原子能部（14.4%）和科学与工业研究理事会（10%）。然而，与获得5600多项专利（包括2350项国外专利）的科学与工业研究理事会相比，国防研究与发展组织仅获得了约1400项专利、设计版权和商标权。

此外，印度军工企业的研发投入也远低于国际平均水平，在9大国有军工企业中，印度斯坦航空有限公司和巴拉特电子工业有限公司拥有专门的研发中心，每年营业额中的6%—8%用于研发，而法国泰勒斯公司每年在研发上的投入高达营业额的20%，印度其他公司用于研发的经费比例更低。由于自身缺乏研发能力，印度大部分企业还是依赖于国防研究与发展组织或外国公司提供生产技术。而对于39家兵工厂，其自主研发产品创造的价值仅占总营业额的7.5%。

三、印度国防创新能力不足的原因

（一）无顶层管理部门负责国防创新

印度国防创新能力低下的重要原因是缺乏一个能够设定政策目标、将众多利益相关者（用户、研发机构和生产机构）集中在统一平台、审批项目可行性、监督本土项目进展情况和制定责任的顶层管理部门。这一部门的缺失导致了印度国防创新决策的专断独行、重复劳动和资源浪费，各研发机构独立进行科研活动，且大部分科研项目都不是围绕以产品为中心的采购流程进行。作为设计和开发现代武器系统、为各类武器采购提供必要技术建议的国防研究与发展组织，在采购流程中将自身的职责边缘化，仅将自身作为分享国防预算资源的利益竞争者。

此外，印度迄今没有发布针对国防研发的相关规定，仅由国防部定期发布《印度国防技术展望与能力路线图》（最新一版于2013年4月推出），使军工企业了解军事能力发展的长期目标，从而提前进行相关技术开发并投入生产。然而，该"路线图"详细描述了武器装备的特定能力需求，但没有将这些需求进行量化，以指导国防创新的具体方向和制定产品指标。《路线图》存在的最大问题在于它将技术开发和产品生产的所有风险都转嫁给了国防工业，且国防部未做出任何相应承诺。这一点《路线图》的"免责说明"中得到了印证，该免责声明称"印度国防工业部门按照自己的意愿参与印度武装部队的《路线图》，印度政府不为企业在执行该项路线图的损失和由于各种原因造成的军事能力方向转变所带来的风险负责。"印度政府并没有意识到技术开发和本土生产不仅是印度国防工业的责任，同时也是印度政府本身的责任。这一免责声明免除了印度政府确保某种特定技术在国内研发的所有责任，但同时也给国防工业和研发机构在决策未来发展道路时带来了不确定性。

（二）科研人员配置不平衡

印度国防创新体系在科研人员数量与质量、人力资源配置方面存在不足。国防研究与发展组织只有7700名科研人员，但配备的辅助和行政人员比例较高，而印度空间研究组织（ISRO）这一研究领域较少的机构却拥有8000名科研人员。在国防研究与发展组织中，技术骨干的教育背景较低、缺少研发培训，仅有10%的科研人员拥有博士学位（3%为工程学相关学位，7%为科学相关学位），并且43%的科研机构拥有博士学位人员的比例低于2%。

表2 为每名科研人员配置的辅助人员和行政人员数量（2010年）

科研机构	辅助人员	行政人员
国防研究和发展组织	1.3	1.2
其他主要科研机构	0.7	0.7
私营企业	0.6	0.2
所有科研机构总计	0.6	0.6

（三）军工企业研发能力低下

无论从研发投入还是研发产出来看，印度军工企业的创新能力都远低于世界平均水平。除印度斯坦航空有限公司和巴拉特电子工业有限公司外，印度其他军工企业在研发上的投入很低，这很大程度上是因为大多数印度国有企业缺乏所谓的"研发文化"，研发并不是这些企业的强制职能。此外，印度政府对企业研发缺乏相应的激励机制和考核机制，特别是私营部门，它们得不到政府的支持来承担昂贵又有风险的国防研发项目。尽管自2006年以来，国防部承诺将承担企业80%的研发成本，但由于操作程序复杂，该政策在很大程度上仍未奏效。目前国防部正在制定新的采购流程，以简化补偿程序，推动企业的国防研发。

（四）缺乏改革与创新

制约印度国防创新的一个重要因素是：军工企业、兵工厂以及国防研究与发展组织缺乏改革与创新，企业和研发机构的问责制度不健全，影响了预期的创新效果。此外，由多个印度政府委任的专家小组提出的改革建议被推迟或搁置，阻碍了其创新潜力的充分开发。

四、印度提升国防创新能力的举措

（一）国防部设立技术发展基金和国防创新基金

2016年12月，印度国防部设立技术发展基金，为有意参与国防研发的中小企业提供资金，每个项目支持额度约1亿卢比（155万美元）。技术发展基金将优先支持对产品或制造工艺进行"重大"改进、致力于开发"未来技术"或推动"进口零部件替代"的项目。

2017年4月，印度政府批准国防部成立国防创新基金，支持研发机构、学术界和企业开展先进军事技术自主研发，创造一个"促进军事技术创新"的生态系统。国防创新基金初期由印度两家大型国有军工企业印度斯坦航空有限公司和印度电子有限公司出资，启动资金约10亿卢比（1550万美元），后期将通过政府拨款和公私部门组织捐款等措施筹集更多经费。

（二）启动国防科研管理体制改革

印度改革最大的国防科研机构国防研究与发展组织的呼声和探讨已持续较长时间，2006年印度议会常设国防委员会就提交报告要求改革。2009年6月，印度国防部长安东尼指示成立委员会，制定改革措施。印度国防科研改革目前仍在进行，提出的主要举措如下。

分散决策权，加强监管。筹建国防技术委员会，由国防部长直接领导，包括三军高层、国家安全顾问、内阁部长、其他相关部门高层领导，削弱国防研究与发展组织主任的决策权，加强制约；在国防研究与发展组织总部设立秘书处，监控正在进行的项目，设定目标和时间限制。

改革组织管理架构。下放管理权，将地方科研院所按技术领域划分为7个技术中心（或联盟），使每个中心拥有更大的自主性，对项目负责。改革总部管理机构，国防研究与发展组织主任改称主席，总部另设四个主管，总部主管和中心主管向主席汇报工作。

集中精力，加强核心能力建设。剥离非核心科研院所，将11家院所转移到农业部、原子能部、科技部。收缩研究范围，将精力集中到10个左右关键领域，如导弹、反导系统、航空发动机、电子战、无人机，集中力量做出成果；并针对未来项目建设能力。

强化需求-研发-生产各环节的联系。加强工业部门和军方的参与，强调国防研究与发展组织的研发活动要满足三军需求，在开展研究项目和制定战略时，须与各军种协调。

扩充技术进步途径，加强技术转化。加强从国外引进先进技术，推动与国外公司成立合资企业，以在尽量短的时间内提高印度的技术水平；加强与私营企业的接触，充分利用私营企业的研发力量；充分利用贸易补偿的方式进行技术采办；加强技术成果向民用转化。

（三）鼓励和支持私有企业参与国防创新

莫迪政府希望通过鼓励私有企业参与国防创新，弥补印度武器装备科研生产基础能力薄弱、严重依赖进口等问题。

重点支持私有企业承担武器装备小型项目和进口替代产品生产。印度政府2016年4月出台的新版《国防采办规程》明确提出，由政府出资且开发成本不超过1亿卢比的制造项目，首先选择私有企业。同年 5 月，印度国防部制定了允许私有企业生产的 23 种平台和武器系统清单，所列物项此前均依赖进口。

修订许可清单，放宽许可限制，延长许可年限。2014 年 6 月，印度国防部修订了许可清单，移除其中 60% 的项目，放开对非关键领域的元器件、部件、子系统、测试设备、生产设备的限制，允许私有企业生产；取消了对私有企业申请许可证的年度产能限制。2016 年 2 月，首次允许私有企业生产多种类型弹药，打破了国有企业的垄断。与此同时，延长许可期限，2015 年 4 月从 3 年延长至 7 年，同年 9 月又修改为 15 年，最长可到 18 年。

建立国有企业同私有企业的长期战略合作伙伴关系。2017 年 6 月 8 日，印度国防部发布了《国防采办规程 2016》的第七章"通过战略合作伙伴关系改造国防工业生态系统"，计划在潜艇、直升机、战斗机等高端国防项目中，建立国有企业同私有企业的长期战略合作伙伴关系，希望借助私有企业吸收国外先进技术，解决印度国内技术瓶颈。

放宽外资投资限制，促进外商向私有企业技术转让。2016 年 7 月，印度国防部透露，正在研究的新贸易补偿政策，将允许外商投资国防部认可的风险投资基金，用于发展国防工业，并优先支持私有企业。此外，允许外商投资占比可超过 49%，但必须为印度引入高新技术并通过政策审查，旨在促进外商对印度私有企业的技术转让。

给予私有企业与国有企业同等的税费和汇率优惠。2015 年印度调整相关政策，规定参与国防生产的私有企业享受与国有企业同等的税费优惠。涉及进口比例大且交货周期长的项目，私有企业同国有企业一样享受不变汇率的政策，以抵御卢比贬值风险。

乡村振兴篇

中国农村电子商务发展形势分析与展望

（农业部信息中心）康春鹏

[摘 要] 近年来，中国农村电子商务发展迅速，为农村经济社会实现跨越式发展和城乡一体化发展提供了历史机遇。本文分析了农村电子商务在中国快速发展的原因和给农村带来的重大变革，以及农村电子商务的发展现状，并对未来农村电子商务的发展趋势进行了展望。

[关键词] 农村 电子商务 变革 现状 趋势

随着互联网技术的迅猛发展，电子商务蓬勃兴起，作为一种新兴业态、新商业模式，给企业和经济发展带来了新革命。近年来，党中央、国务院高度重视农村电子商务发展。2016年习近平总书记在网络安全和信息化工作座谈会上指出，要提高农业经营网络化水平，让更多困难群众用上互联网，让农产品通过互联网走出乡村，让山沟里的孩子也能接受优质教育。李克强总理在2015年4月1日国务院常务会上指出，现在大的电子商务企业都在向农村发展拓展，大大带动农产品流通，也带动农村就业，一些地方的农民，就地当起了销售员，因而要加大对农村电商的支持力度。经过几年的快速发展，我国农村电商发展迎来了井喷期，进入了快速发展阶段，为农村经济社会跨越式发展和城乡一体化发展带来了历史机遇。

一、农村电子商务在我国快速发展的原因

（一）农村网络基础设施不断完善是农村电子商务快速发展的基础条件

随着"高速畅通，覆盖城乡，质优价廉，服务便捷"的宽带网络和移动互联网的不断普及，为农村电子商务的快速发展奠定了基础条件，壮大了信息消费，促进了新型工业化、信息化、新型城镇化和农业现代化的融合发展，为农村经济社会发展和脱贫攻坚打下了坚实的基础。截止2017年6月，中国网民规模达7.51亿、手机网民规模达7.24亿，其中农村网民规模为2.01亿，农村互联网普及率上升至34.0%。到2017年底，80%以上的行政村将要实现光纤到村，4G网络全面覆盖城市和乡村，手机流量和固定宽带平均资费水平将大幅下降。

（二）传统商业体系不完善是农村电子商务快速发展的先天条件

与发达国家相比，城乡之间、中东西部之间经济发展不平衡，农村地区传统流通业、物流业等商业体系不发达，为农村电子商务的快速发展提供了难得的发展机遇。近几年，随着农村网络、物流、交通等基础设施的不断完善，在网购方面，中国广大农村地区和中小城市显现出了巨大潜力，通过电子商务这一流通新模式弥补了乡镇实体和中小城市零售相对落后的局面，让农民

享受到了与大城市消费者"无差别消费"的待遇。

（三）互联网企业抢占农村蓝海是农村电子商务快速发展的驱动力量

各大互联网企业纷纷进入农村，拓展农村互联网这片蓝海，电子商务正成为改变农民消费方式和传统流通模式的重要手段。阿里巴巴、京东、苏宁等电商平台企业已经成为农村电子商务发展的重要市场驱动力量。根据商务部监测，2017年1—8月，全国农村实现网络零售额7290亿元人民币，同比增长38.1%，高出城市网络零售销售额的5.6个百分点。从消费结构看，农村地区服装鞋帽、家装家饰、家居用品等实物型网络零售额为4415亿元，同比增长34.1%，在线旅游、在线餐饮、生活服务等服务型网络零售额为2875亿元，同比增长44.7%。从区域情况看，中西部地区实现网络零售额2498亿元，同比增长51.9%，高出东部地区增速21个百分点。

（四）大众创业万众创新是农村电子商务快速发展的内生动力

创业和创新水平是一个国家经济社会活跃程度的重要标志。电子商务让返乡下乡人员创业创新变得更为便捷。随着国家"大众创业、万众创新"战略的深入推进，在互联网的带动下，继90年代初下海潮之后，新一轮大规模集体创业浪潮已经在电子商务领域出现。据农业部监测，各类返乡下乡人员已达700万人，其中返乡农民工比例为68.5%，涉农创业占比为60.0%。农村"双创"人员82%以上创办的都是农村产业融合类项目，广泛涵盖特色种养业、农产品加工业、休闲农业和乡村旅游、信息服务、电子商务、绿色农产品、特色工艺产业等农村一、二、三产业，并呈现交叉融合、竞相迸发的态势。

二、电子商务为农村发展带来变革

中国社科院信息化研究中心汪向东教授曾指出，农村电商是农村经济社会发展的"转基因工程"，通过电商"赋能"，激活农村地区创业创新潜力，让电子商务驱动农业、农村和农民变革转型，助力贫困地区农民增收致富。

（一）提高农村公共服务供给能力

近年来，以工业品下行电子商务为牵引，带动农村网络、物流等基础设施不断完善。自2014年以来，财政部、商务部、农业部、国务院扶贫办等部门相继开展了电子商务进农村综合示范县创建工作和信息进村入户工程，通过财政资金和社会资本投入，前者主要建设县乡村电子商务服务网点网络，后者主要建设覆盖每个行政村的益农信息社，着力解决制约农村电商发展中农产品上行"最初一公里"和工业品下行"最后一公里"问题。同时，各大互联网企业也纷纷布局农村电子商务市场，通过市场的力量不断提升农村公共服务水平和供给能力。截止2016年底，农村淘宝业务在全国遍地铺开，"千县万村计划"已覆盖约500个县2.2万个村，合伙人超过2万名。京东在1700余个县建立了县级服务中心和京东帮扶店，培育了30万名乡村推广员，覆盖44万个建制村，其物流计划覆盖40万至45万个村，并试点用无人机在农村地区配送快递。苏宁在1000余个县建立了1770家直营店和超过1万家授权服务点。中国邮政集团的"邮掌柜"系统已覆盖20多万个农村邮政服务站点。菜鸟网络农村物流搭起了一张覆盖460多个县、2.1万个村的农村物流网络。

（二）改变农业生产方式

农村电子商务的蓬勃发展，已成为农业供给侧结构性改革的突破点和重要抓手，正在引领农业从"生产什么卖什么"向"市场需求什么生产什么"转变。通过电子商务对接产销，建立以消费需求为导向的生产经营体系。突破时空限制，实现农村小生产与城市大需求之间的有效对接，延长农产品销售时间，生产者可以与消费者直接联系，及时了解消费者需求，带动农业市场化、倒逼标准化、促进规模化、提升组织化、引领品牌化，提高农业的质量效益和竞争力。通过电子商务连接农业生产、流通、消费、库存等全链条，是农业大数据的重要来源，利用数据可以预测和调节生产、消费，提高基于数据的宏观决策和管理水平，指导农民合理安排生产、调整品种和销售时机，促进农产品供求总量和结构平衡。

位于新疆喀什市的维吉达尼电子商务公司（以下简称"维吉达尼"），为了满足消费者对品质和安全的需求，通过发起组织农民合作社，制定绿色生产种植标准规范，让农民和消费者参与到生产标准和产品标准的建立当中，提升产品种植标准和产品品质，然后以高于市场10%—15%的价格收购所有签约农户种植的农产品。维吉达尼用C2B订单农业的方式，帮助维族农民推出符合欧盟果蔬标准的新疆无核白葡萄，单次活动成交1.5万笔，为合作社的100户农户每户带来1万元增收。同时，利用电商平台打造了"巴楚留香瓜"地域品牌，为特色林果产品大量销往内地市场打开了一条极为有效的通道。

（三）提升农民生活水平

农村电子商务有利于加快信息流引领技术流、资金流、人才流和物资流向农村集聚，既可以帮助企业拓展农村消费市场，又可以带动农产品进城，帮助农民增收致富，促进农村经济转型升级。通过电子商务开展特色乡村旅游景区推介、文化遗产展示、食宿预定、土特产网购、地理定位、移动支付等资源和服务的在线化，可以深度挖掘农村的生态价值和文化价值，促进农村一、二、三产业融合发展，带动农民工等返乡下乡人员创业创新，实现农村劳动力就地转移，促进新型城镇化建设。据西南财经大学调查显示，在家庭特征类似的条件下，与无电商的农村家庭比较，农村电商提高家庭平均收入2.05万元，提高家庭财富21.3万元；有农村电商的村庄留守老人比重低于无电商的村庄；与类似村庄相比，有电商的村庄外出务工人数平均比无电商的村庄少133人，全国农村电商发展减少外出务工人口约1200万人。由于农村电商发展，带动当地交通、物流等基础设施配套的不断完善，使得农村民生环境得到改善，生活条件也越来越便利，农民的人均幸福指数也大大得到提升。

三、我国农村电子商务发展的现状

（一）农村网购市场快速增长

近年来，农村网购市场增长速度超过了全部网购增长速度与城镇网购增长速度，是电商领域增长最快的，为电子商务的各类应用打下了良好的基础。从网购用户看，据统计，2014年农村网购用户为7714万户，2015年为9239万户，到2016年将突破1

亿户，年均增长速度超过15%，而城镇网购用户的增长速度大约为10%。从网购市场规模来看，2014年约为1800亿元，2015年增长到3530亿元，2016年达4823亿元，预计2017年全年将达6000亿元，年平均增长速度超过65%，农村网购市场增长率远高于全部网购市场增长率。

（二）农村电商步入快速成长期

农村电子商务已经形成了东中西部竞相发展，农产品、农业生产资料、休闲观光农业电子商务协调发展的局面。据统计，2014年农产品电商交易额首次突破1000亿元，2015年突破1500亿元，2016年达到2200亿元，年均增长率达到50%。2015年年开始，大量农资电商平台上线，同时，集乡村旅游、农事体验等于一体的休闲农业电商也迅速起步。2016年，我国农村网络零售额达8945.4亿元，2017年1—8月，全国农村实现网络零售额7290亿元人民币，农村网店超过800万家，占全网1/4强，带动就业超过2000万人。

（三）农村电商形成集聚发展态势

由于互联网的泛在性和去中心化，电子商务可以打破时空壁垒，使消费者不再需要在城镇区域内集聚，在农村地区也能够集聚资源、吸引网商集聚，为资源要素在农村地区集聚发展、带动当地居民收入提升和地方经济发展提供了条件。据《中国淘宝村研究报告2016》数据显示，截至2016年8月底，全国已有1311个淘宝村，以及135个淘宝镇，全国淘宝村活跃网店超过30万个，给农村地区带来了84万个就业岗位。全国淘宝村销售额排名前十的商品依次为服装、家具、鞋、箱包皮具、汽车用品、化妆品、户外用品、玩具、居家日用品和床上用品。这说明通过电子商务使农村不再是商业的洼地，也有可能成为商业集散中心。

（四）电商扶贫取得突破性进展

电子商务可以使小生产与大市场对接，帮助小农拓展农产品销售市场，实现优质优价，对精准扶贫精准脱贫具有着重要作用与意义。2015年初，国务院扶贫办将电商扶贫工程列为精准扶贫十大工程之一。随后，中央网信办、商务部、国务院扶贫办等部门就网络扶贫、电商扶贫相继出台了相关政策文件。自2014年以来商务部会同财政部、国务院扶贫办累计支持的756个电子商务进农村示范县中，国家级贫困县共有498个，占65.9%。2017年，云南省大理州、贵州省铜仁市等8个地级市成为电子商务进农村综合示范整体推进市。商务部政府网站首页正式开通电商扶贫频道汇总信息平台，汇总国内代表性电商企业的扶贫频道链接，以及221个国家级贫困县在各大电商平台开设的地方特色馆链接，集中反映了电商扶贫的最新进展情况。目前，已有15家电商企业在网站首页和手机客户端的显著位置建立扶贫专区，与贫困地区政府、企业和农户等对接，对贫困地区产品（包括农产品、手工艺品、旅游等）网络销售给予流量支持、减免网店经营费用等优惠措施。国务院扶贫办先后与苏宁、京东等大型电商企业签订电商精准扶贫战略合作框架协议，借助市场力量，助推电商扶贫。

（五）农村电商政策体系基本形成

农村电子商务发展的顶层设计基本形成，支持中国农村电子商务发展的政策支持系已经建立，"四梁八柱"不断加固，为农村电子商务的持续健康快速发展创造了良好的环境，释放了政策红利。2015年5月，国务院印发《关于大力发展电子商务加快培育经济新动力的意见》(国发〔2015〕24号),提出"积极发展农村电子商务";7月,印发《关于积极推进"互联网+"行动的指导意见》(国发〔2015〕40号),将"互联网+"电子商务行动作为11项行动之一;8月,商务部等19个部门联合发布《关于加快发展农村电子商务的意见》,提出了促进农村电子商务发展的系列政策。11月,国务院办公厅《关于促进农村电子商务加快发展的指导意见》(国办发〔2015〕78号)成为了加快农村电子商务发展的纲领性文件。2016年中央1号文件《关于落实发展新理念加快农业现代化实现全面小康目标的若干意见》明确指出,"促进农村电子商务加快发展,形成线上线下融合、农产品进城与农资和消费品下乡双向流通格局。""实施'快递下乡'工程。鼓励大型电商平台企业开展农村电商服务,支持地方和行业健全农村电商服务体系。建立健全适应农村电商发展的农产品质量分级、采后处理、包装配送等标准体系。"4月,农业部等8部委发布《"互联网+"现代农业三年行动实施方案》(农市发〔2016〕2号)中,将"互联网+"农业电子商务作为11项主要任务之一,也将"农业电子商务示范工程"作为六项重大工程之一。12月,商务部发布的《"十三五"电子商务规划》提出了"电子商务促进县域经济行动、'电商扶贫'专项行动"等与农村电商直接相关的行动计划。农业部和商业部相继开展"农商互联"工作以来,农商协作进一步深入,2017年共同推出农产品电商出村试点等10项重点工作。

(六)农村电商开始与各类服务渗透融合

以农村电子商务发展为主要载体,逐步加载和集聚涉农公益服务、便民服务和培训体验等各类服务,为农民提供灵活便捷的"一站式"服务,解决农业公益服务和农村社会化服务供给不足、资源分散、渠道不畅、针对性不强、便捷性不够等问题，为开展扶贫、实现脱贫打造了提供新路径，还为农村青年和返乡农民工扎根农村、从事农业、服务农民提供广阔的创业创新平台。农业部"益农信息社"、中国邮政"村邮站"以及农村淘宝"村淘点"都是集农村网络消费服务、农产品网络销售服务、农产品信息服务、综合便民服务、农村物流服务、农村普惠金融服务等功能于一身，可谓"麻雀虽小，五脏俱全"，让老百姓"进一家门，办百样事"。

随着农村电子商务的快速发展，问题和挑战也逐步显现。一是发展不均衡，中东西部之间、城乡之间发展差距较大。二是城乡之间的数字鸿沟仍然较大，乡村信用、物流、支付等服务业发育滞后，制约了西部农村电子的发展。三是农产品上行电商发展缓慢，农产品上行主要停留在低价销售初级农产品阶段，品牌意识不强、产品附加值低、标准化滞后，低价竞争等因素制约农产品电商发展。四是农村电商支撑服务体系不健全，农产品电子商务的包装配送、标准体系、质量保障等方面有待进一步加强。五是农村电商人才匮乏，日益壮大的农村电子商务规模与人才缺乏之间的矛盾越来越突出，农村电商人才缺乏难以支撑农村电商做大做强。

四、农村电子商务发展新形势新趋势

（一）农村电商正实现由"客厅"到"厨房"的变革

移动互联网、云计算、大数据、物联网等现代信息技术已经开始与农业生产、农民生活、农村生态广泛渗透融合，同时，也赋予了农产品电商发展新动能，帮助解决农产品上行电商中遇到的质量、标准和产业化等难题。通过农村电商，首先可以整合农产品供应链，包括采购、仓储、包装、物流、运输、配送、售后等；其次可以延长产业链，从农产品的选地、选种、播种、施肥、灌溉、收获一直延伸到餐桌；最后是可以提升价值链，通过打造适合网络营销的农业品牌，实现优质优价。阿里研究院对比分析2015年、2016年阿里平台上的数据发现，粮、油、米、面、菜、蛋等必需品初具规模，且高速增长，而坚果、茶、水果、果干等规模较大、但增速放缓。这标志着以厨房为消费场景的农产品正成为新增点，农产品电商正从"客厅革命"扩展到"厨房革命"，改变传统的消费方式。农产品跨境电商开始起步，2016年天猫生鲜商品数量已超12.5万，涵盖了全球147多个国家和地区，商品大类包括优质水果、水产等，如新西兰红梨、厄瓜多尔白虾、澳大利亚牛肉等。

（二）农村电商"星火"点亮扶贫新路

电子商务在助扶贫的过程中，帮助贫困主体对接广域大市场，以此促进贫困地区经济发展、产业转型升级和增收脱贫。电商扶贫未来将会与产业扶贫结合的更加紧密，利用电商平台帮扶农户推广和销售农特产品，将农产品引进城市，探索走出一条适合乡镇农村发展的电商之路，打造农村经济发展的新模式，以农村电商的快速发展促进农产品流通，促进农业的产业升级和产业融合，带动农民创业致富，助力精准扶贫。陇南市作为甘肃省乃至全国最贫困的地区之一，近年来，把发展农产品电子商务作为扩大农产品销售、培育农产品品牌、提高经济效益、助农增收的主渠道和突破口，积极建立农产品网销体系，在网络上搭建起陇南名优特产和优势资源走向市场的快车道，在全国探索出扶贫开发的新模式——"电商扶贫"，并摸索出了以政府引导、市场推进、社会参与、协会运作、微媒助力"五位一体"的陇南电商扶贫模式。

(三)农村电商正实现线上线下融合发展

农村电子商务与旅游产业的结合正在使农村地区的绿水青山变为金山银山，旅游业发展带动了电商向本地化发展，从游客的"吃、住、行、游、购、娱"六大体验出发，借助电商平台在更大范围内整合配置资源，打造符合地方特色的精品旅游产品，旅游和电商之间相互促进，协同发展，将为农村发展带来更多火花。未来以农产品为推手，以旅游作为增收方向的农旅结合趋势将进一步加强。通过电子商务平台，可以预售农产品，参与预售者可获得不同的回报，并全程参与、管理和了解动植物的生长过程、收获过程，待收获后将产品采用邮寄的方式寄给消费者。除获得产品外，消费者还可以获得免费到当地旅游和住宿的附加体验，实现线上下单、线下体验的融合互动。

(四)农村电商成为新型城镇化的新引擎

依托电子商务实现由工业化带动跃迁至信息化带动的新型城镇化建设，缩小城乡数字鸿沟，推动城乡一体化发展。通过农村电子商务实现资源的去中心化资源，使大城市不再是资源首选集聚地，而是由物流配送实现货物从厂家直达家门，推动农村地区依托特色农产品或产业优势资源形成特色产业集群，进一步带动本地区商业、公共服务等发展，带来产业集聚以及产业转型升级，促进城乡产城融合发展，形成特色小城镇。农村电子商务在其网状结构和去中心化的分布式配合下，改变传统的城市空间布局，让广大农村有机会以较低的成本，参与到大型的协同价值网络中来，使大量农民、返乡人员等在本地就可实现就业和创业，实现就地城镇化，分担大城市的压力，使得城镇空间分布和规模结构更加合理。发展农村电子商务，可以提高农村的消费水平和生活质量，给农村人口带来发展理念和基本素质的改变，改变农村的生产和生活方式，解决"农村空心化""城市病"等经济社会生态问题，找回农村发展的道路自信和文化自信，能够保存农村已有的自然历史文化遗产与民俗风情，打造各具特色的小城镇。江苏睢宁的"沙集模式"和海南的互联网农业小镇都是电子商务助力新型城镇化的典型，未来发展潜力无限。

参考文献

1.《中国互联网络发展状况统计报告》，北京：中国互联网络信息中心（CNNIC），2017年8月。

2. 商务部：《前8月全国农村网络零售额7290亿同比增38.1%》，http：//financd.peopld.com.cn/n1/2017/0921/c1004-29550208.html.2017-9-21

3.《推进农村创业创新加快培育农村发展新动能》，http：//www.moa.gov.cn/zwllm/zwdt/201709/t20170915_5817682.htm.2017-9-15

4.《2016年农村网商发展研究报告》，北京：阿里研究院 & 西南财经大学。

5.《农村电商发展远高预期农产品上行有待"商品化"和"标准化"》，http：//www.mofcom.gov.cn/article/zt_dzswjnc/lanmufour/201704/20170402565911.shtml，2017年4月25日。

6.《2016年农村实现网络零售额8945亿元》，http：//www.ec.com.cn/article/ncds/201703/14794_1.html.2017-10-13

7.《中国淘宝村研究报告2016》，北京：阿里研究院。

基于"三农"视角的县域城镇化研究

(河南省工业和信息化委员会)陈维忠

[摘 要]党的十九大报告强调,必须把解决好"三农"问题作为全党工作重中之重。县域城镇化是新型城镇化的内在要求,是最经济的城镇化和最乡土的城镇化,是统筹城乡发展、破解"三农"问题的重要平台和载体。农村人口城镇化是县域城镇化的核心,产业发展是促进县域城镇化的强大动力,农民工市民化、农业规模化、新农村建设是县域城镇化的关键。站在"三农"的视角,按照不同的产业发展动力机制,把县域城镇分为四种范式:工业化推动型城镇化、龙头企业融合性城镇化、返乡创业带动型城镇化、产业转移拉动型城镇化。

[关键词]三农 县域 城镇化 研究

党的十九大报告强调,实施乡村振兴战略,农业、农村、农民问题是关系国计民生的根本性问题,必须把解决好"三农"问题作为全党工作重中之重。随着2014年国家新型城镇化规划出台,对特大城市的规模控制和中小城市、小城镇的重点支持,把加快发展中小城市作为优化城镇规模结构的主攻方向，有重点地发展小城镇，推动小城镇发展与疏解大城市中心城区功能相结合、与特色产业发展相结合、与服务"三农"相结合，使县域内人口流动日益成为未来人口流动的主要模式，也推进县域就地城镇化发展成为新型城镇化的重要路径。

一、县域城镇化是传统农区推进新型城镇化的基本路径

（一）县域是统筹城乡发展的重要平台

推动县域就地城镇化发展，统筹推进农民工市民化、农业规模化和新农村建设，不仅实现农业转移人口顺利融入城镇，这样的发展模式使得资源不至于过高地集中于少数地区，农村人口能够享受城镇化的公共服务，有助于带动县城、小城镇和乡村的发展；而且在操作上比较容易，会缩短迁徙的距离，更容易实现社会稳定，对于减轻人口长距离流动导致的农村问题也有重要意义。"就近城镇化"与"就地城镇化"的方式，更容易实现主动城镇化，避免被动城镇化：一是农民工市民化是最大的内需所在。我国城镇化率2015年为56.1%，而按城镇户籍人口统计户籍城镇化率为39.9%，不仅低于发达国家近80%的平均水平，而且低于一些与我国发展阶段相近的发展中国家60%左右的平均水平。联合国关于世界城市化展望的最新研究报告预计，中国城镇化从现在到2030年还会保持一个较快的速度，届时城镇化率将提高到65%—70%左右。未来较长一段时期我国城镇人口还将增加3亿左右，相当于美国的人口总量。城镇化的过程是农民转

为市民的过程，这意味着消费观念的更新和消费结构的升级，意味着巨大消费潜力的释放。2015年我国城镇居民人均收入是农村居民人均收入的2.73倍，人均消费是农村居民的2.3倍。如果一个农民真正成为城市居民，收入和消费至少将扩大到3倍以上。按照2015年城镇居民人均消费水平21392元计算，增加的3亿城镇人口，扩大需求达6.3万亿。二是农业规模化能提供最基本的供给。城镇化过程中农村富余劳动力向城镇转移，还意味着劳动生产率的提高，意味着经济发展质量和效益的提升。与世界各国相比，我国农业土地生产率很高，但劳动生产率较低，虽然先进面临这样那样的"用工荒"，但仅仅说明劳动力是结构性短缺，或者说农民就业是不充分的，必须通过提高农村劳动生产率减少农民，通过城乡一体化、农村土地的流转形成规模化经营，吸引高素质的劳动力来从事农业，把农业变成一个体面的职业。据测算，东北一个劳动力种100—120亩，中部、南方种50—60亩，劳动生产率赶上社会平均劳动生产率，种粮食的收益比外出打工收入高。只有农业规模经营、吸引优秀的劳动力就业，才能解决农产品绿色安全生产问题，解决粮食安全的大难题，为民生福祉打牢最基础的供给。三是新农村建设是最大的民生。城镇化的过程也是新农村建设的过程，从农村人口转移、变化的形势出发，在村庄整治、土地整理等方面做一些工作，引导农民向城镇、中心村适度集中，不仅能够提高城乡建设用地效率，还可以为建材、家电、家居等提供巨大的需求，更重要的是改善农村生活生产环境，使农村过上城里人的生活，家庭完全按照城镇居民一样生活，自来水、管道煤气、抽水马桶、现代化的厨房应有尽有，实现生活城镇化。

（二）县域城镇化是传统农区最乡土的城镇化

广大农民渴望过上城里人的生活，是城镇化的根本动力所在。正如费孝通先生所讲的：中国社会是以血缘关系维系的乡土社会，"家"是维系乡土社会的基本纽带，也是维持社会稳定的基本单元。就传统农区的发展环境、发展阶段来看，县域城镇化既有利于快速健康地推进城镇化，推向传统农区加速向现代社会迈进，更有利于传统农区维持乡土社会的相对稳定性，保持传统文化和生活的延续性，推动现代生活和传统文明的和谐共生。一是传统农区正处于城镇化加速推进阶段。目前我国大城市人口承载能力已接近饱和，住房问题的不易解决，工作、生活成本的提高，能稳定留下来的是少数。县域恰恰相反，特别是随着中西部地区工业化的快速发展，城镇化发展将进入加速时期。一般认为，城镇化率在50%—70%时，城镇化处于一个减速推进时期。2015年，我国的城镇化率达到56.1%，整体上越过了拐点，进入由加速向减速转型推进的时期。东部地区城镇化率超过60%，进入到城镇化减速推进时期。相比较而言，目前中西部地区城镇化率尚未超过50%的拐点，传统农区的县域城镇化率更低。可以预见，今后一段时间城镇化进程将会保持较高的速度。二是县域城镇化是容纳农民工"回流"的有效载体。传统农区经过30年的经济长足发展，具备了就地就业的基础，对农民工回流起到了较好的支撑作用；农区也经过30年劳务输出，最先一批打工者已经有了很好的积累、有的成长为"老板"，返乡创业的日趋增多。在传统农区，呈现出外出务工和返乡回流并行的局面，"回流"的趋势越来越明显，这为推进县域城镇化提供了契机。如到2015年底，河南转移就业总人数为2814万，河南省内转移1653万人、省外输出1161万人。三是县域城镇化是推动农区经济发展的有效载体。现在我国2.2亿劳动力在种18亿亩耕地。2015年农业劳动生产率只有第二、三产业的28%，而传统农区的劳动生产率更低，如2015年河南第二产业劳动生产率为88744元/年·人、农业劳动生产率仅为16071元/年·人，农业劳动生产率只有工业的18.1%。对于这种选择家乡附近的城镇化，家门口就业、家门口创业，既可以促进当地经济发展、社会进步，也可以通过持续推进农民工市民化、新农村建设和农业规模化，缩小城乡发展的差距、城乡居民收入的差距，从而大幅提高农业劳动生产率低下问题。四是县域城镇化是重构"乡土中国"、维系社会稳定的有效载体。截止到现在的第一代农民工，往往是最有活力的年龄外出打工，而超过一定年龄的农民工，往往无法融入大城市，不得不返回家乡，将庞大的社会保障责任留给相对不发达地区，加剧了社会和家庭负担。在县域内谋求城乡相接，一方面能有效解决困扰很多沿海企业的节日农民工返乡潮、春节用工难等问题，另一方面可以破解"离土离乡"难题，解决留守老人、留守儿童问题，也为重建以"家"为核心、以"血缘"为纽带的乡土中国提供了契机，有利于社会稳定和重构文化自信。

（三）县域城镇化是传统农区最经济的城镇化

相较大中城市，传统农区县域城镇化水平不高，提升空间更大，发展成本更低，发展效益较大，是最大的潜力所在。一是县域城镇化发展空间更大。2015年全国城镇化水平为56.1%，而我省城镇化水平为46.8%，到2015年，作为传统农区典型的黄淮四市，34个县中有21个县城镇化率低于36%，最低的县城镇化率仅29.74%，加上农村劳动力进大中城市的阻力、稳定留下来的难度不断加大，推进县域新型城镇化、大幅提升县域城镇化率正当其时。二是县域城镇的融入成本更低。全国一线城市房价上升趋势未减，二线城市房价正在跟进，这对农民居民来说可谓压力巨大。基本保持在2000—3000元/平方米的县城房价，对于农民转化为城镇居民显然阻力更小。如果组建住房合作社，让住户在城镇统一规划条件下自己建房，价格会更容易为老百姓接受。此外，相较大中城市而言，县域内城镇与乡村发展差距相对较小，联系更加紧密，乡情更加浓厚，也具有更直接带动农村发展的意义。三是县域城镇经济对接性更好。目前，尽管许多县城人口已达到小城市人口规模水平，也还只是放大了的集镇，城镇户籍捆绑的社会福利相对较少，县域内农民转市民能较好对接。我国城乡居民人均可支配收入倍差虽在缩小，但绝对数仍在扩大，2015年达到19773元。以我省黄淮四市的商丘为例，2015年县城城镇居民人均可支配收入23572元，农民人均可支配收入为8885元，绝对数只相差14687元。从这个角度看，县域内城乡差距显然较小，农民就近融入城市的基础较好。四是县域城镇化要素红利更丰。相较发达地区劳动力供给趋紧、工资水平不断上升的情况，县域具有相当大的劳动力价格优势，有些县域还拥有丰富的矿产和土地资源优势，对于企业发展也具有极大吸引力，为县域加快新型城镇化提供了产业发展空间。对于农业相关产业来说，比较效益更加突出，在接纳农村剩余劳动力的同时，也可有效提升县域农业现代化水平。

二、站位"三农"、不同范式下的县域城镇化

关于城镇化道路的研究，学者们都做了很多富有成效的研究，总结出了许多城镇化发展模式和发展道路。从城镇化的落脚或者从城镇化的载体来说，就有四种不同的模式：小城镇化、中等城

市化、大城市化和城市群，如费孝通先生主张通过小城镇实现农村和农民城镇化。从城镇化的时序来说，也有四种模式：同步城镇化模式、过度城镇化模式、滞后城镇化模式和逆城镇化模式。从城镇化的主导力量来看，分为政府主导型和市场主导型，拉美模式属于政府主导型城镇化，欧美模式则是市场主导型城镇化。

无论哪种模式、道路，根本在于围绕农民工市民化这一核心任务，坚持以产业为基、就业为本，激发县域就地城镇化的强大动力，努力实现三大转型：一是就业转型，也就是生产方式的转变，这不仅是指从农业生产转为工业、服务业等非农产业，也包括农业本身从传统的自然经济、小农经营方式转变为现代产业运营方式；二是市民化转型，也就是生活方式的转变，推动农民、农民工以及广大农村的生活方式城市化、市民化，形成现代文明的生活方式与生活理念，包括将现代文明的生活方式引入到新农村的建设之中；三是空间转型，也就是从居住方式的社区化、城镇化，在生产和生活方式之上，形成城市居住方式或向城市居住方式转变，推动城乡要素一体的转变，以及一系列权利公平、机会公平、规则公平的社会体制、机制，进而统筹推进农民工市民化、农业规模化和新农村建设。近年来，我国城镇化进程不断加快，但也面临着产业和城镇各自盲目发展、没有形成协同合力等问题，导致一方面城镇没有产业支撑，另一方面产业没有高质量的城镇化基础支撑，由此出现一系列问题：一是难以持续创造更多的就业岗位和更好的发展机会；二是"土地城镇化"快于人口城镇化，建设用地错放低效；三是尽管城镇人口总量上增加，但不同人群之间的分离程度也在增加，大量农业转移人口难以融合城市社会，市民化程度滞后，城镇内部出现新的二元矛盾。当人们的生存和发展无法得到保障和提升，就不会有意愿留下来为产业和城镇发展贡献一分力量。

基于此，站在"三农"的视角，按照不同产业发展的动力机制，笔者将县域城镇化分为四种范式：工业化推动型城镇化、龙头企业融合性城镇化、返乡创业带动型城镇化、产业转移拉动型城镇化。其中，工业化推动型、龙头企业融合型城镇化是内力驱动，返乡创业带动型、产业转移拉动型城镇化是外力驱动，在不同的动力机制下政府和市场的作用机理不同，由于机制机理的差异，四种模式在推动就业转型、市民化转型、空间转型等方面具有不同特点和路径。

表1 四种范式县域城镇化比较分析

类型	名称	主导力量	动力机制	核心载体	推进方式	农民工进城度	发生区位	规模特征
内力驱动	工业化推动型城镇化	地方政府	工业化先行	农村社区+政府规划	自上而下	空间转型+身份城镇化	城镇近郊和特定区域	整体
	龙头企业融合型城镇化	农业龙头企业	龙头企业	龙头企业+农业规模化	自下而上	就业转型+生活城镇化	城镇、乡村	整体碎片
外力驱动	返乡创业带动型城镇化	外出打工者	返乡创业	能人创业+带动就业	自下而上	市民化转型+身体城镇化	城镇、乡村	碎片
	产业转移拉动型城镇化	转移企业+地方政府	产业转移	转移企业+产业集聚	自上而下	就业转型+身体城镇化	产城融合	整体

三、因地制宜、分类推进县域城镇化

（一）工业化推动型城镇化

适应于工业化基础较好的地区，产业先行、充分就业基础上的农村新型社区建设。近年来，一些工业化基础较好的县域，把新型农村社区作为统筹城乡发展的结合点，如河南的长垣、舞钢等地。

从推进模式看，工业化推动型城镇化属于典型的内力驱动的县域城镇化方式，即由政府主导和牵头，自上而下地行政化方式推进，大多情况下是由政府先行规划，通过拆村并点、让农民上楼，建设农村新型社区。

从动力机制看，主要是工业化推动，在产业发展较好的县域，由于产业快速健康发展和产业对劳动力的旺盛需求，既有产业发展创造的财富，也有产业发展创造的就业。在这个前提下，从政府和市场的关系上看，主要依靠政府作用和积极引导，县域政府按照新型农村社区与城镇规划、土地规划、产业集聚区规划"四规合一"，按照城镇社区标准规划建设社区，一般做法是将若干个行政村整体整合为一个社区，一个社区人口几千人乃至上万人，注重功能提升，完善公共服务设施，推动生活方式改变。

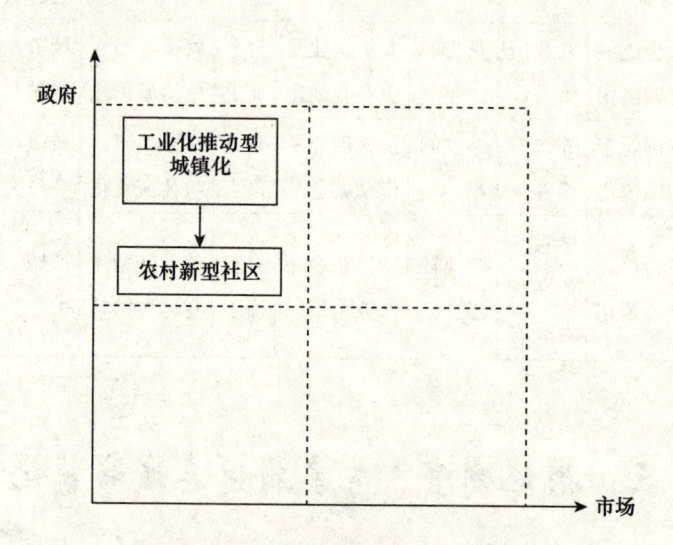

图1 工业化推动型城镇化动力机制

从农民工进城程度看，工业化推动型城镇化主要是农民工的空间转型,由乡村居住方式向城镇居住方式转变,属于典型的身份城镇化。但农村新型社区要注重循序渐进,避免脱离产业支撑、脱离就业支撑盲目推进,避免在农村新型社区建设中存在的问题,一方面,虽然"身份城镇化",但产业支撑不足,生产方式也没有改变,很多地方存在农民"被上楼"的情况;另一方面,也存在着土地拆旧复垦和增减挂钩指标使用困难,农民补贴不能及时到位,出现"建不起"、财政财力有限、跟不上、"补不起"、社区维护缺口大、"养不起"等不可持续等问题。在农村新型社区建设中,要注重将农村土地集中起来进行规模化经营、农村宅基地置换与促进农村产业发展、解决农民就业、做好土地补偿等方面结合起来,并通过完善村庄规划,让农民过上现代文明的生活;如果处理不好,将会带来很多问题。

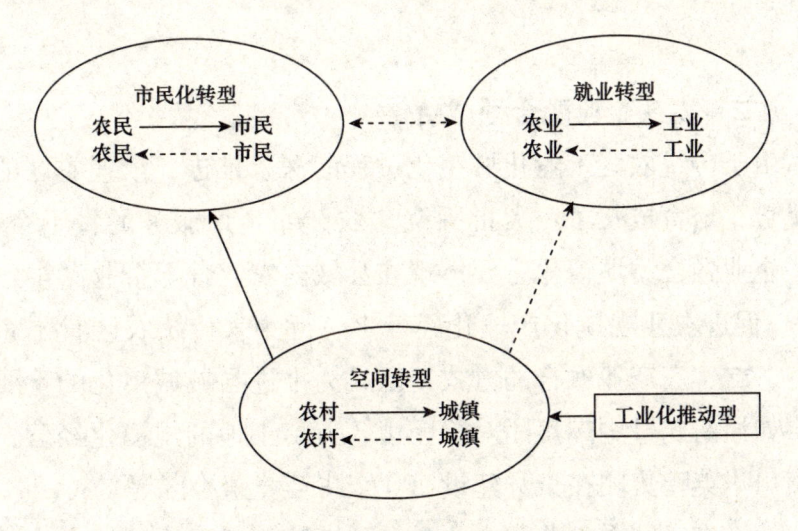

图 2 政府主导推动型城镇化农民工进城程度

(备注:虚线代表弱连接、实线代表强连接,下同)

从空间维度上看,对于新型农村社区的推进,要依据各地的经济社会发展水平,充分考虑农民的承受力,重点从工业化程度较高的地区、从城镇近郊和特定区域渐次推进，尊重群众意愿，不搞强迫命令、不搞一哄而上、一刀切。对于经济社会发达的全域城镇化地区、对于大中城市城中村和产业集聚内村庄，按照城市规划积极推进集中布局建设城市社区，变村庄为社区、农民为市民，但社区建设要注重保持特色风貌、保留文化遗存；对于中小城市和较大城镇近郊区，要根据产业发展和当地实际，因地制宜地推动村庄合并，统筹规划建设新型农村社区，推动土地适度规模经营，引导农民就地就业；对深山区、滩区和地质塌陷区、威胁区，结合国家政策实施整村搬迁，在县域周边围绕产业脱贫、就业移民，建设新型农村社区。而对经济社会发展基础薄弱的乡村，结合土地综合整治、农村危房改造，加强基础设施和公共服务设施建设，开展"美丽乡村"建设，不断改善生产生活条件。

（二）龙头企业融合型城镇化

由于传统农区工业化城镇化过程的深入推进，依托农区的比较优势，培育成长了一大批围绕"农"字生产服务的骨干企业。龙头企业融合型城镇化主要体现在县域内农业骨干企业深耕"三农"、促进农业规模化产业化经营上，近年来传统农区骨干企业以一、二、三产业融合的方式，已成为推进县域城镇化的重要力量，如河南鹤壁中鹤集团对王庄镇3万亩土地的规模化经营，信阳潢川华英鸭集团在全县建设200个华英养殖小区等。

从推进机制看，龙头企业融合型城镇化属于典型的内力驱动的县域城镇化方式，即由龙头企业进行主导和牵头，自下而上地带有较多的市场化方式进行推进，传统农区农业产业化龙头企业和食品工业以"公司+基地+农户"、"订单农业"的模式，通过带动农业规模化生产、推动农村以工业的方式发展农业，开展连片规模生产，建设绿色食品基地，政府给予必要的支持和引导，但主要以农业龙头企业产业化为主力来有效带动农业规模化，把小城镇建设成为农副产品加工和销售中心、农业产业化的信息和技术服务中心、农业生产的金融保险服务中心。

从动力机制看，龙头企业融合型城镇化是以龙头企业带动的农业规模化产业化经营，进而带动传统农区工业化和城镇化的路子。从政府和市场的关系上看，主要通过市场化的运作机制，以农业龙头带基地、基地联系农户的方式，将千家万户的分散经营与购销、加工企业粘合在一条主链上，涵盖农业产供销的全过程，包含龙头企业、基地、农户全方位的有机结合，具有区域化布局、专业化生产、一体化经营、企业化管理、社会化服务的突出特征。

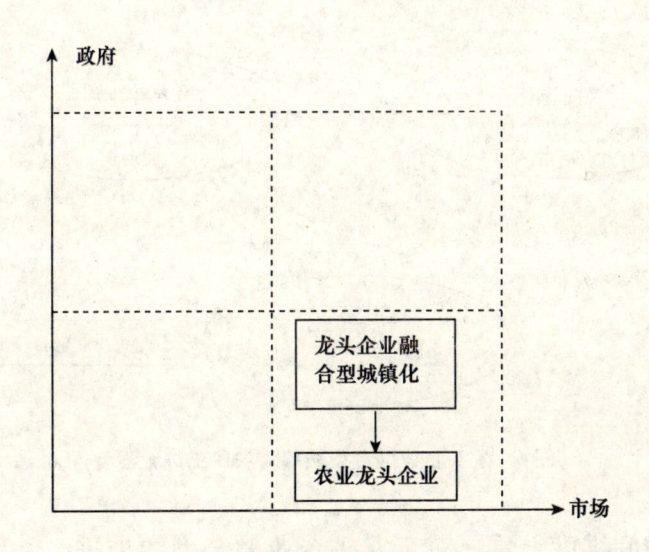

图3 龙头企业融合型城镇化动力机制

从农民工进城程度看，龙头企业融合型城镇化主要是农民工的就业转型，包括两种方式：一方面随着农业规模化经营，大量的农民被解放出来，他们开始从事第二产业和第三产业；另一方面，也有一小部分农民继续从事农业，但生产方式发生了转变，属于工业化的规模化生产，这种方式是值得提倡的生活城镇化方式。在此过程中也存在一些问题，由于农业是大投入、高风险的产业，龙头企业的实力、融资能力和可持续发展能力十分重要，土地的整治需要过程，农民工业化理念的培训需要时间，高水平人才获得的难度很大等等，在这个链条上无论哪个环节稍有闪失，可以说对龙头企业都将是灾难，但现实中龙头企业一旦遇到困难，农业规模化、就地城镇化都将停滞，造成的影响不仅是经济、更重要的是社会和民生，所以还需要政府配合、政策引导和营造环境的问题，企业和政府在此过程中，必须同心戮力，稍微不一致就可能出现问题。

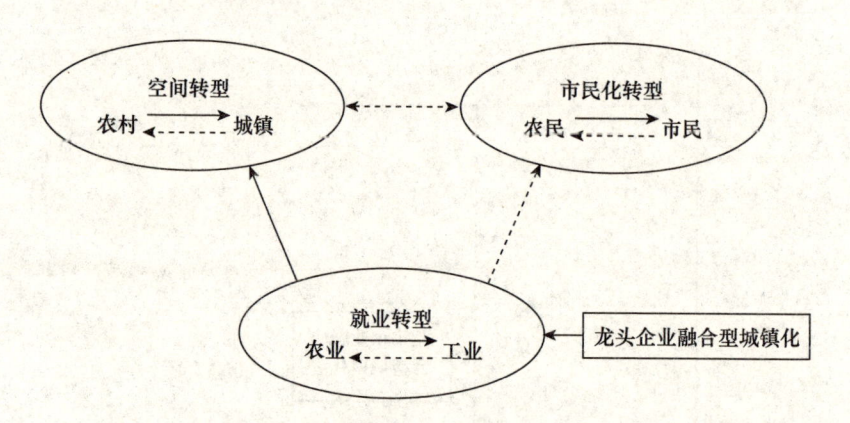

图4 龙头企业融合型城镇化农民工进城程度

从空间维度上看，对于龙头企业融合型的推进，从区域上讲可以在县域适宜地区扎实推进，但一个核心是龙头企业，一个核心是农业种植的比较优势，两者要很好地结合起来，按照农业产业化经营模式生产、加工、销售要有机结合，农业、工业、商业要一体化经营。前提是实现农业规模经营。在农业产业化生产中，通过产生规模经济和集聚经济效益，大规模、机械化、集约化生产，形成经营规模，有利于推广应用最新技术成果，提高土地利用率和劳动生产率，实现规模经营和集聚经济。进而有序推进新农村建设。同时，有效推动县域城镇化，农业现代化发展引发生产基地集中化，基地以工业化的生产手段推动务工农民生产方式的转变，进而推动生活方式的转变，加快并村整村建设新型社区的步伐，腾出土地持续投入规模经营。最终推动县域城镇化。龙头企业的工业化生产，需要推动加工工业和社会服务业的集中，推动农村劳动力向城镇转移从事工业化生产，进一步推动就地城镇化，促进新型城镇化和农业现代化良性联动发展。

（三）返乡创业带动型城镇化

农民工是我国快速工业化的生力军，是连接乡村与城市、农业文明与工业文明的桥梁，解决了农民工问题，就是解决我国工业化、城市化、现代化进程中的关键问题。作为全国人口和劳动力大省的河南，农村富余劳动力达3200万人，2011年农村劳动力省内转移1268万人，省外输出1190万人，省内转移就业人数首次超过省外；2015年河南省内转移1653万人，省外输出1161万人，省内转移超过省外492万人，固始、鹿邑等农区县在返乡创业方面走在了前列。

从推进机制看，属于外力驱动的县域城镇化方式，由人口迁徙、劳动力"回流"形成的民间动力，自下而上带有较多的市场化方式推进，政府给予必要的支持和引导。传统农区县域往往是外出务工大县，鼓励农民工返乡创业是一条符合我国工业化、现代化进程和农民工切切身利益的出路。

从动力机制看，主要是传统农区劳务输出到一定阶段、由于生产力发展而自发需求促进的，农民工返乡创业带回来了先进的工业化生产理念、具有"一技之长"的产业和依托乡土情结的良好根植性。从政府和市场的关系上看，首先是农民工的自愿自发，乡土情结是重要推动因素。在改革开放至金融危机30年的时间跨度内，劳务输出成为劳动力大省、传统农区的典型特征，"孔雀东南飞"，农民工、大学生等群体就业呈现单向流动态势，跳出农门到大中城市、沿海发达地区去务工、经商，解决温饱、寻求发展、自我实现。农民工在城市打工的过程中，在人口红利促进城市繁荣的同时，农民工也获得了大量的工资性收入，接受了工业化的洗礼，靠自己的勤劳与汗水改变了农村落后面貌，也给农民个人自我实现带来了机会，许多人通过经验积累和个人努力，实现从打工者向管理者或老板的嬗变。以金融危机为时间节点，随着沿海地区加工贸易增速回落、刚性用工需求减少、以及向产业向中西部地区转移加速的态势，加之中国人固有的乡土情结，国家和各地出台的不少返乡创业的扶持政策，农民工选择在家乡找工作或创业趋势已不断增强。

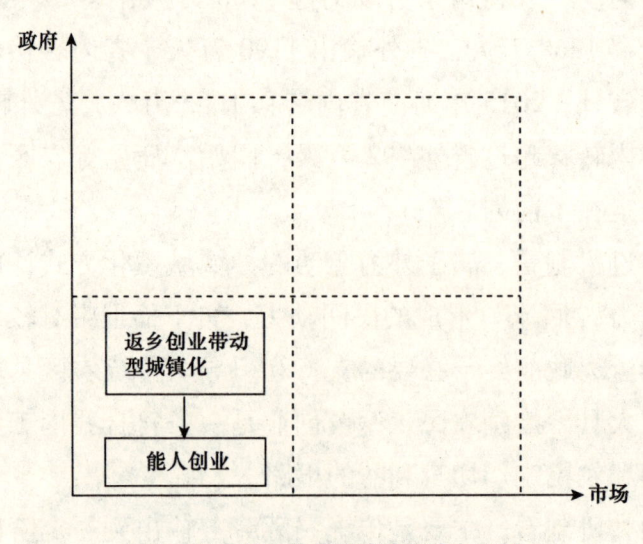

图5 返乡创业带动型城镇化动力机制

从农民工进城程度看，主要是农民工的市民化转型，但这种市民化转型是以最乡土的方式完成，虽然是一种身体城镇化的方式，如引导得当，能尽快融入城镇实现生活城镇化。但在返乡创业过程中，也存在着市场信息不畅、缺乏较大额度后续资金支持、经营模式单一、营商环境不容乐观等问题，"回得来"但创业前景不明、创业环境不优，缺乏与之匹配的资源、市场和商机，也是让农民工不敢创业的重要原因。鼓励农民工返乡创业，关键在于政策扶持，包括支持"三农"的政策、促进就业的政策、鼓励创业的政策、开放城镇户口的政策、推进城镇化发展的政策，以及各种产业扶持政策等，均应当直接惠及返乡创业的农民工，加速农民工返乡直接融入输出地工业化、城镇化进程，成为传统农区快速工业化、城镇化、现代化的重要力量。

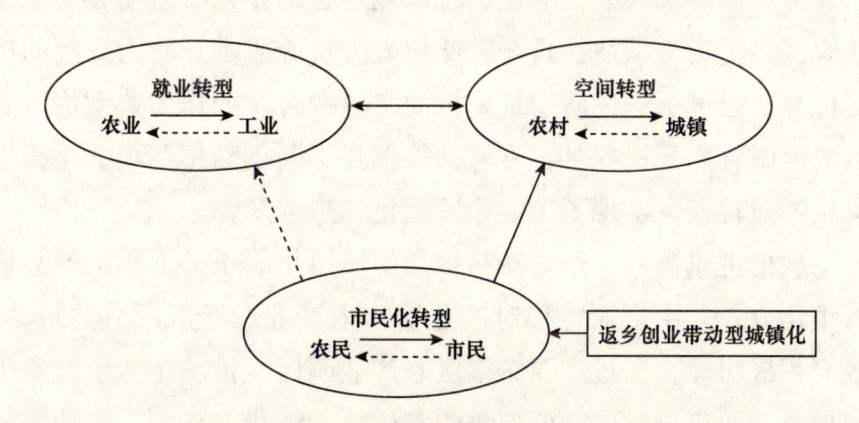

图6 返乡创业带动型城镇化农民工进城程度

从空间维度上看，对于返乡创业带动型的推进，从区域上讲，可以在县域适宜地区扎实推进，鼓励带有"一技之长"的能人反哺乡里、带动乡邻。伴随着产业转移和传统农区工业化进程的不断加快，农民工返乡创业可以达到一举多得的效果。一方面，通过返乡创业可以把人力资本、资金等资源引入输出地，促进工业化向中西部扩散、向县域和乡镇延伸，弥补区域、城乡发展的短板，促进产业结构调整、适度规模经营、向现代农业转变，推动传统农区县域城镇化进程；另一方面，通过农民工或带有"一技之长"的能人返乡创业、创办实体，创业带动就业，开拓农民就近转移就业的新空间，重建家庭和谐，重构乡土中国，解决留守老人、留守儿童等社会问题，走出一条离土不离乡的创业之路。

（四）产业转移拉动型城镇化

大国经济的特征之一就是各地区之间的异质性，梯次发展的特征十分明显。在新常态下，我国中西部省份纷纷把承接产业转移作为促进区域经济发展的战略举措，实践证明承接专业转移也已成为加速传统农区工业化、城镇化进程的一条有效途径。在传统农区，附近县域往往具有较低的人力资源成本、较为广阔的市场优势，通过引进优质增量、推动产城融合，如作为典型传统农区的河南省商丘民权县、夏邑县等都在不断创新招商模式，积极承接产业转移，实现了工业化城镇化的跨越发展。

从推进机制看，产业转移拉动型城镇化属于外力驱动的县域城镇化方式，由产业转移对产业输出地产业、经济形成的拉动，政府积极引导，通过产业集聚区、产业园区，推动企业项目集中布局、产业集群发展、资源集约利用、功能集合构建，加快农村人口向城镇转移，推进产城融合，切实加快工业化城镇化进程。

从动力机制看，金融危机之后，由于内需市场的扩大和升级，以及用工、资源等综合成本的增加，大量以劳动密集型或兼具劳动技术密集型的企业为代表的、以消费品工业为重点的产业和企业，加速向中西部地区转移。而输入地政府依托规划建设的产业集聚区或专业园区，完善政策措施，针对沿海地区相关产业开展产业链定向招商，围绕县域主导产业集群式、链式承接，千方百计承接产业转移，打造特色鲜明的产业集聚区。从政府和市场的关系看，企业转移动力和政府承接转移，双重动力共同推进。从产城融合的角度讲，企业迁入、产业转移会带来大量的就业岗位，产生人口吸纳效应，由于产业发展会催生大量的生产性服务业和现代服务业；企业员工由于收入增加、条件改善和降低生活成本（交通、时间等）的需要，会选择就近安居，带来大量的派生需求，促进生活性服务业的发展，带来就业乘数效应，以工业化的快速推进、加快产城融合促进县域城镇化进程。

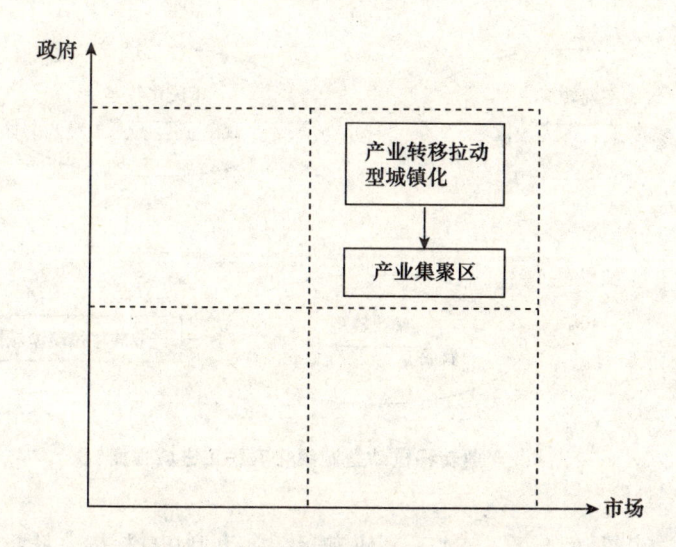

图 7 产业转移拉动型城镇化动力机制

从农民工进城程度看，主要是农民工的就业转型，这种就业转型，一方面是以农民工"回流"的方式完成，另一方面则是通过挖掘当地的就业潜力如"4050"人员、留守人员来完成的，明显带有政府引导的性质，虽然是一种身体城镇化的方式，如引导得当、加速产城融合，就能实现以产促城、产城融合的效应。但在产业转移推动城镇化的过程中，存在两个方面的问题：一个是

"产",主要表现在重招商数量、轻招商质量,重单个项目招商、轻产业链招商,重优惠政策、轻产业培植,导致"产业转移陷阱"、"候鸟型漂移型产业(企业)",无法形成具有自我发展能力的优势产业;一个是"城",主要表现在重产业功能、轻城市功能,重硬件投入、轻软环境营造,重产业发展、轻生态环境,无法形成宜业宜居甚至宜游的城市生态。这不仅需要配套的基础设施支持,而且需要通过市场化运作形成集聚经济,通过以产促城、以城兴产、产城互动,加快传统农区工业化城镇化的跨越式发展。

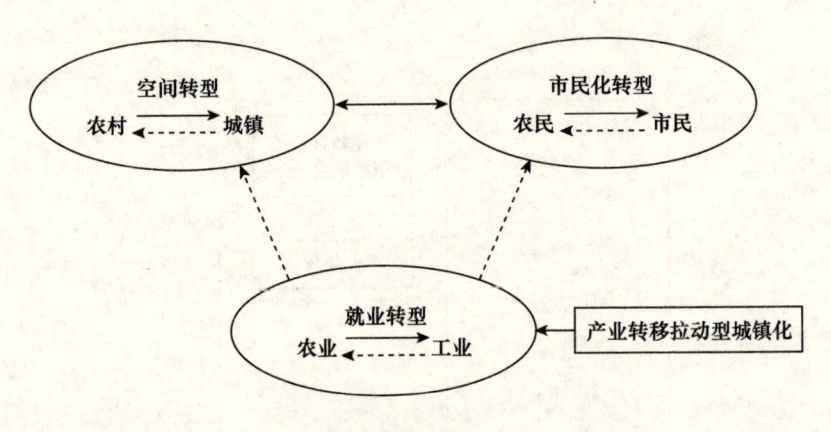

图8 产业转移拉动型城镇化农民工进城程度

从空间维度上看,对于产业转移拉动型的推进,从区域上讲可以通过制定相关规划,建设产业集聚区或专业园区,以产城融合的方式逐步推进。伴随着东部沿海地区和其他发达地区转移企业的集聚和务工人员的增加,产城融合需要发挥政府和市场的双重力量。作为政府,除加大招商引资、促进产业集聚、不断做大产业总量之外,一个重要的问题就是如何实现农业人口的非农化和市民化,促进就业、资源利用更加充分,挖掘潜在的剩余劳动力,这不仅是职业的转换,还涉及土地、户籍、社会保障等制度层面的问题，一定要全力加快解决，当前可以和教育资源、解决县域房地产库存结合起来，可以说农民工市民化是产业集聚的动力之源；另一个就是需要建立多层次园区城市化功能配套投资体系，注重引进社会资本，用市场力量来配置商业、零售、酒店、餐饮等城市化功能，方便园区员工生活，加强园区生态建设，使园区的水更清、天更蓝、草更绿、人更美，创造宜业宜居的生态家园。

参考文献

[1] 马宏伟：《城镇化：怎样做到以人为核心》，《人民日报》2013年6月13日。

[2] 郑新立：《城乡一体化是最大的新动能》，《学习时报》2016年12月15日。

[3] 倪鹏飞：《新型城镇化的基本模式、具体路径与推进对策》，《江海学刊》2013年第1期。

[46] 孙正林：《新农村建设与工业化、城镇化关系研究——日本工业化和城镇化的发展对我国的启示》，《求是学刊》2008年第35卷第1期。

[50] 张培刚：《农业与工业化》，武汉：华中工学院出版社，1984年版。

[53] 王景全：《中西部欠发达地区就近城镇化研究——以河南省民权县为例》，《中州学刊》2014年第11期。

[54] 毛小明：《产业承接地工业园区产城融合问题探析》，《中州学刊》2015年第12期。

[69] 王景新：《中国农村发展新阶段：村域城镇化》，《中国农村经济》（京），2015年第10期。

实施乡村振兴战略
促进中国现代化转型

(中国国际经济交流中心博士后、中国社会科学院财经战略研究院副研究员) 蒋震

[摘 要] 实施乡村振兴战略,要放之在中国现代化转型的全局,以新型工业化、信息化、城镇化和农业现代化"四化同步"为理念,用新型工业化解决给农业人口提供非农就业机会并以此推动城镇化,用信息化积极推进高科技农业发展,优化农业生产要素配置,让农业人口离开土地,从而对土地资源进行集中经营,建立规模化、分工化、技术化的现代农业体系,全面增强中国农业产业竞争力。

[关键词] 乡村振兴 现代化转型 现代农业 四化同步

十九大报告提出,"要坚持农业农村优先发展,按照产业兴旺、生态宜居、乡风文明、治理有效、生活富裕的总要求,建立健全城乡融合发展体制机制和政策体系,加快推进农业农村现代化"。解决好"三农问题"的核心是通过改革激发制度红利,积

极推进农业现代化，培育新型职业农民，全面实现农业的可持续发展。推动新型工业化、信息化、城镇化、农业现代化同步发展，用工业化给农业人口提供非农就业机会并以此推动城镇化，用信息化积极推进高科技农业发展，优化农业生产要素配置，让农业人口离开土地，从而对土地资源进行集中经营，建立规模化、分工化、技术化、标准化的现代农业体系，调整农业生产结构，提高农产品供给的质量和效率，实现"营养安全"目标，推进以人为核心的新型城镇化，是适应和引领经济发展新常态的重大创新，也是推进农村改革又一次突破的重大契机。

一、我国"三农问题"的突出表现

当前和今后一个时期，"三农问题"主要表现为结构性矛盾，农产品供给没有很好适应需求变化，营养安全没有得到充分保障，农业发展面临乡土铁器文明向知识信息文明升级的重要挑战。

第一，农产品"营养安全"、非均质化问题较为突出，农业战略目标亟待从粮食安全转向"营养安全"。长期以来，农产品生产注重"量"的满足，忽视"质"的保障，铁、锌、维生素等人体必需微量营养素摄入不足。例如，小麦平均铁锌含量仅为每千克20毫克，大大低于成人每天所需45毫克标准。另据，国家卫计委《中国居民营养与慢性病状况报告（2015年）》显示，中国居民的脂肪摄入量过多，平均膳食脂肪供能比超过30%。蔬菜、水果摄入量略有下降，钙、铁、维生素A、D等部分营养素缺乏依然存在。2012年居民平均每天烹调用盐10.5克，较2002年下降1.5克。全国18岁及以上成人超重率为30.1%，肥胖率为11.9%，比2002年上升了7.3和4.8个百分点[①]。农业生产方式分散化，农业非均质化问题十分突出，耕种、用种、灌溉、施肥、植保、收割标准不统一，不利于集中监管，农业战略亟需从保障"吃饱"向"吃得安全、吃得有营养"转变。

第二，农业生产率、收益率水平较低，农业可持续发展能力亟待提高。我国人均耕地面积大大低于世界平均水平，农村土地呈现"马赛克化"特点，各个地块各自为政，难以形成规模效应，无法大规模应用高科技农业技术，专业化水平较低，生产成本居高不下，难以构建现代农业产业体系。承包土地的单户农民即使通过精耕细作将耕地的农作物单产水平提升到最高，也无法大幅度提高家庭收入。农业与工业、服务业割裂开来，强化了城乡分割二元经济结构，阻滞了乡土铁器文明向知识信息文明的升级。小且分散的土地经营模式制约了中国农业的抗风险能力和国际竞争力。伴随农业现代化过程的是农业从业者风险管理能力的提升。由于农业对外界自然环境的依赖较强，自然风险对其影响也更大。由于农业生产收入难以满足农业人口的生存需要，农业人口大量外出打工，农业生产的兼业化、副业化、老龄化，高达数亿人的农业人口外出打工，"谁来种地""如何种地"的问题日益突出。据国家统计局统计数据显示，2013年全国农民工总量26894万人，比上年增加633万人，增长2.4%。其中，外出农民工16610万人，增加274万人，增长1.7%；本地农民工10284万人，增加359万人，增长3.6%。在外出农民工中，住户中外出农民工13085万人，增加124万人，增长1.0%，举家外出农

[①] 卫生计生委等介绍《中国居民营养与慢性病状况报告（2015）》有关情况，中央政府门户网站，http://www.gov.cn/xinwen/2015-06/30/content_2887030.htm。

民工3525万人，增加150万人，增长4.4%[①]。而且，伴随着老一代的农民工逐步进入老龄阶段，新生代农民工缺乏农业从业经验，农业劳动力缺口问题十分突出，严重影响中国的农业安全。因此，必须把改善农业供给侧结构作为主攻方向，由农产品的低水平供需平衡向高水平供需平衡跃升。

第三，农村土地发挥社会保障功能，农民的能动性和创造力被牢牢束缚在土地之中，被排除在现代市场体系之外。农村土地成为农民得以依赖的生产工具，是保障农民生活的主要手段。农业"靠天吃饭"，农村土地权能十分有限，农民收入水平非常低，农民之间缺乏互助纽带。传统的小农生产难以融入现代市场经济体系之中，导致小农经营部门"缺融资、缺信用、缺市场、缺分工"。以河南浚县为例，人均耕地只有1.5亩，种粮年收入仅有800元/亩。70%左右的青壮年农民不得不外出打工，农业从业人口老龄化、农业空心化问题较为严重。然而，由于农业人口没有充分融入城市，导致农民"离乡不离土"，在打工和回乡之间形成钟摆式的运动轨迹，阻碍城镇化的推进。

第四，农民尚未享受与城镇完全均等化的公共服务。农民没有享受与城市居民完全平等的公共服务和市民权利，城乡投入差距、农民生产生活分散化导致公共服务规模不经济是关键因素。农民分散化居住占用大量耕地，直接威胁到18亿亩耕地红线。

第五，城乡的社会融合问题较为突出，直接影响贫困人口脱贫目标的实现。贫困问题往往归结于两个方面：一是贫困群体由于自身劳动条件限制，导致无劳动能力或者劳动能力缺乏所引起的贫困；二是有些贫困是因为缺乏社会融合而导致的起点不公

[①] "2013年全国农民工监测调查报告"，国家统计局网站，http：//www.stats.gov.cn/tjsj/zxfb/201405/t20140512_551585.html。

平，例如一个长期封闭在大山深处的贫困户，很少接触现代文明和现代生活方式，显然无法融入到现代社会，这会增强贫困的脆弱性。一些贫困地区的很多人祖祖辈辈在"没路、没水、没电"的深山面对贫困，基本与外界"隔绝"，随着交通条件的不断好转，"道路的修通，更是人心的修复"，交通设施的改善，进一步增强贫困地区老百姓自我学习和发展能力，促进了他们与外部市场的融合，让他们更有热情和信心创新创收。但从整体来看，城乡社会融合的问题还需要从根本上全面解决。

简言之，乡村振兴不是简单地固定原有的小农生产发展格局，而是要对产业、人、土地要素进行重新组合，从新型工业化、信息化、城镇化和农业现代化四化同步的格局下推动现代农业发展，增强社会经济发展的后劲和民生保障能力，从顺应人类文明发展趋势的高度，来推进改革。解决"三农"问题，要坚持工业反哺农业、城市支持农村和多予少取放活方针，通过体制机制创新，充分调动广大农民参与改革的积极性、主动性、创造性，把最广大人民的智慧力量凝聚到改革上来，加大统筹城乡发展力度，努力缩小城乡区域发展，推进公共服务均等化，有效实现农业强、农村美、农民富的目标。

二、以现代化转型的高度来推进乡村振兴战略

乡村振兴战略是实现农业改革的再次突破的重大战略。坚持新型工业化、信息化、城镇化和农业现代化四化同步，这四个方面之间搭建互相借力、相互影响、相互促进的内在机制。新型工业化就是发挥市场在资源配置中的决定性作用，通过推动产业结构升级，提高产业质量、做大产业规模，为人民群众提供就业和

创业机会，让产业发展为广大农业人口提供生存发展保障，帮助他们真正融入城市。信息化是充分运用先进技术工具来提高社会经济运行的效率，打造技术化的现代工业和农业体系。城镇化是通过机制创新推动农业人口向城市和小城镇聚集、发挥规模经济效应，让人民群众充分享受现代文明的阳光。农业现代化是奠定规模化、分工化、技术化、标准化的农业生产方式，提高农业生产效率，打造新型职业农民，让农业部门成为中国现代化社会的有机组成部分，以"四化同步"作为核心理念和模式，增强创新动力、厚植发展优势，坚持土地公有制性质不改变、耕地红线不突破、农民利益不受损三条底限，实现乡土铁器文明向知识信息文明的成功转型。按照新型工业化提供创业和就业、信息化增强效率、土地流转推动城镇化集聚、农业现代化支撑营养安全的思路，从中国现代化转型的角度，实施现代农业体系的布局。

第一，产业先行打通工业化、城镇化和农业现代化的链条，构建一、二、三产业相互依存、相互促进的闭环发展格局，显著提高分工效率，有效推进了农业供给侧结构性改革、提高了农业综合效益和竞争力，实现了农业均质化和营养安全目标。把工业和农业、城市和乡村作为一个整体统筹谋划，促进城乡在规划布局、要素配置、产业发展、公共服务、生态保护等方面相互融合和共同发展。笔者曾经到河南中鹤集团调研，结果发现，这个企业农业，以产业引导为导入手段，走出了乡村振兴的典型之路。该集团规划建设5.8平方千米粮食精深加工产业园区，吸引大批农村青壮年劳动力离开土地来园区务工。2015年，该园区实现年加工原粮180万吨，入驻企业25家，员工就业人数达到2万人，年产值169亿元，利税17亿元。农民离开土地之后，中鹤盘活闲置农村土地，规划整合所在镇100平方千米内42个行政村、4个居委会、7万人口和9万亩耕地，净增3万亩耕地。中鹤利用现代农业技术，创建高产示范区，实现了粮食原料的清洁化、规划化和集约化经营，引入农业观光旅游，保障了粮源的质量和产量，实现了用先进设施装备农业和现代科技武装农业同步推进，激发第三产业大发展。

第二，通过农村土地经营权流转，以土地集中规模化来推进农业现代化，有效实现农村土地集体所有制。落实集体所有权、稳定农户承包权、放活土地经营权，尊重农民意愿，通过土地经营权流转将土地集中，构建土地经营规模化的基础。中鹤所在地的平原优势使得集中土地适应于农业大型机械作业要求，统一规划、统一经营，全面布局农业综合开发体系，显著提高了农业生产率。截至目前，中鹤已建成3万亩现代农业示范区，年产值超过3亿元，实现综合增收3700多万元；已规划建设清洁粮源基地12万亩，在建设良种繁育基地和种养示范基地，有效辐射周围200至300万亩土地，能够提供3000多个就业岗位。农业生产成本大幅降低，传统农业生产每天浇地5亩，成本为40元/亩，每亩播种需要5小时，大型喷灌机每天灌溉400亩，成本为13元/亩，播种每天1500亩，中鹤灌溉节水达到50%，节约成本20%。政府通过集中监管确保农产品质量，为农业补贴找到了精准"靶向"，减少农业补贴对粮食市场机制的扭曲，转变农业发展方式，加快农业技术创新步伐，走出产出高效、产品安全、资源节约、环境友好的农业现代化道路。

第三，农民转变为新型职业农民，解决了"地谁来种、新农村谁来建"的问题，构建了城乡融合的体制机制，实现了富裕农民、提高农民、扶持农民的目标。用工业化农民获得稳定职业，提高农民素质，培养造就有文化、懂技术、会经营的新型农民，让农业成为有奔头的产业，让农民成为体面的职业，让农村成为安居乐业的美丽家园。中鹤以土地流转置换、免费或超低价住宅为手段，推动农村人口向小城镇聚集，构建"以产兴城、以城促产、产城一体"的新模式。中鹤分三期规划建成 11 平方公里、可容纳 8 到 10 万人居住的小城镇"中鹤新城"，对群众旧宅按照房屋结构进行补偿，大大低于实际成本价。农民向小城镇聚集后，为城乡公共服务均等化提供了得天独厚的条件和优势。政府和中鹤共同建设商业中心、中小学工程、行政服务中心、城区道路、自来水厂、污水处理厂和住宅楼，创造了 500 多个绿化、保洁、保安、物业、餐饮、商业等岗位。中鹤新城中小学设施非常完备，甚至县城有些居民想方设法地进入就读。

总之，"四化同步"理念助推乡村振兴，破解了长期以来城乡发展不平衡的根本症结，让农业生产更加有效率，营养安全得到保障，解决了城乡人民群众生存、发展权利不均等问题，用工业化提供的创业、就业机会让农民从土地中解放出来，剥离了农村土地的社会保障功能，培育农民成为独立、自由的市场主体，激发了农民的积极性，获得了财产收益，收入水平大大提高，生活环境大为改善。我们看到，四化之间不是简单的"此消彼长"过程，而是构建城乡融合的新利益格局，让各利益主体相互融合、相互借力、各取其利。

三、实施乡村振兴战略、进一步推进农业改革的政策建议

农业是全面建成小康社会、实现国家现代化的基础。要把推进农业供给侧结构性改革，构建农业现代化，提高农业可持续发展能力作为当前和今后一个时期我国农业改革的主要方向。深入推进农村各项改革，破解"三农"难题，始终把"三农"工作

牢牢抓在手上，构建新型工业化、信息化、城镇化和农业现代化之间相互借力、相互促进的机制，打造稳固的农业综合竞争力。

第一，农业战略与政策体系目标亟待从"粮食安全"转向"营养安全"。从营养健康角度重新考虑中国农业问题，坚持食物生产与消费协调、食物生产与营养需求协调、食物生产与节约资源协调的原则。以营养健康为目标重构农业结构布局，建立以营养为导向的食物消费模式，以营养健康为目标调整农业产业结构、调整产量结构、提升产品结构。以营养健康为目标加强科学基础研究，加强食物营养与健康粮食消费知识的宣传。

第二，不断探索农村土地集体所有权的有效实现形式，创新农村土地财产权利的实现方式，推进土地流转、发展适度规模经营，促进农民主动向新型小城镇聚集。坚持家庭经营基础性地位，无论承包经营权如何流转，集体土地承包权都属于农民家庭，完善农民承包土地的权能体系，通过土地流转促使农民向小城镇聚集。然而，目前农民承包土地经营权的权能非常有限，仅能实现用益权收益，而所有权权能下的所有权收益。例如，农村土地经营权无法用于抵押融资，农民宅基地与城镇住房之间尚未建立挂钩置换的制度体系。所以说，完善农民承包土地的权能体系，让农民享受与土地所有权相当的财产权利，是破解这一难题的核心和关键。一旦农民能够自由处置承包土地的权能关系，可能就不是"让农民进城"的局面，而是出现"农民要进城"的结果。让农民享受与土地所有权相当的财产权利，让农村土地经营权能够用于抵押融资，建立农民宅基地与城镇住房之间挂钩置换的制度体系，推进土地流转，增强农民向小城镇聚集的内在动力。对于自然条件不允许的地区，应在转移农业人口的基础上，逐步退出农业生产活动，加速自然村和自耕农职业的消亡，恢复自然生态系统的健康运行环境。

第三，政府构建充分社会普遍服务体系，彻底剥离农村土地的社会保障功能，让农民毫无后顾之忧地成为新型职业农民和市场经营主体。政府提供具有均等化、全覆盖、可获得、公正性和可持续性的公共服务，彻底解决农民的后顾之忧，推进城乡发展一体化，加快完善社会治理机制，提升乡村治理水平。无能力者，社会普遍服务能够保障基本生存发展；有能力者，成为市场主体，彻底释放创业和就业的活力。政府要构建以解决民生问题为主的人文社会普遍服务体系，建立以提升技术创新和产业创新水平为主的产业社会普遍服务体系以及构筑以保障社会发展所需信息和知识不断积累为主的信息知识社会普遍服务体系。

第四，优化、调整农业补贴的支持方向。农业补贴政策的着眼点是要考虑农业发展的全局，统筹国家粮食安全和农业综合竞争力之间的关系。强化政府对农业的支持和保护，农业补贴的支持方向要适应于"四化同步"的格局，在鼓励企业提高产业竞争力、降低企业社会交易成本的同时，农业补贴政策的目标更要推动农业生产结构由规模扩张向质量提升转变，大力推进农业产业化经营和农业科技创新，建立农业产业链条各环节的利益共享机制，拓展农业的产业增值空间。减少农业补贴对粮食市场机制的扭曲作用，实现价格和补贴适当分离。农业补贴也要符合 WTO 通行规则。对粮食安全的认识须深化，并不意味着粮食产量越高越好，而是要将农业可持续发展与粮食安全相结合，运用农业补贴政策强化资源保护，加强生态建设。农业补贴还要服务于我国实施全球农业战略，促进统筹国内和国际两个市场，积极开发和配置国际农业市场资源，推动中国粮食企业走出去，构建符合我国粮食安全战略的全球粮食供需网络。因此，统筹使用财政资金，鼓励推动农民向城镇聚集，促进有能力在城镇稳定就业和生活的农业转移人口进城落户。农业补贴的支持对象由补贴农产品价格，转向支持农业生产要素体系建设，特别是农业规模化经营、农业综合开发、基础设施、人才、信息、技术、流通体系等。

第五，按照现代城市文明布局公共服务投入。中国现代化转型的过程就是人民生产、生活方式的转变，由传统以血缘关系、熟人社会的分散化农业生产生活方式，转变为以业缘关系、生人社会的城市文明。公共服务体系不仅仅是个技术系统，也是社会系统和经济系统的重要组成部分，更是一个连接社会系统和经济系统不同板块的纽带，例如交通投入。从城乡协同发展和城市群的培育来看，建立基于城乡协同发展的公共服务体系，以中心城市为节点城市，以配套城市为城市节点，促进区域间的协同分工合作，将所有的生产要素都被整合进现代产业体系，推动自然村和自耕农逐步消亡，被现代社会和产业体系所吸收，充分汇聚城乡资源，将城乡资源一体化。

第六，实施农业全球战略布局，建立市场导向、企业主导、政府支持的农业投资与合作机制。统筹国内和国际"两个市场、两种资源"，加快农业"走出去"步伐，努力推动成为"一个市场、一种资源"，打造工业和农业资本全球自由流动的体系，建立面向全球农业资源的生产、交换、分配、消费体系，让全球资本为我所用。鼓励和支持中国企业，按照市场规律，实行市场化运作，采取引进投资与合作等方式，形成政府-企业共同建立全球农业高科技技术、优质农产品的运作机制。梳理与境外农业投资合作相关的管理与审批制度，创新体制机制，减少政府干预，放宽对境外农业投资和合作的各种限制，简化各类审批程序和手续。

网络与大数据篇

网络空间数据安全治理面临的挑战和对策

(国家信息中心办公室副主任、博士、研究员)吕欣

[摘 要] 全球信息技术的日新月异以及大数据、云计算、物联网、量子计算等新兴技术的迅猛发展，为网络空间提供了前所未有的机遇以及未来广阔的发展空间。各国均在网络空间中互联互通，利益交融。网络空间的核心是产生、处理、传输、存储大量重要的信息数据。作为网络空间的"灵魂"，数据在经济社会发展中的价值日益突出，但与此同时也对网络空间发展提出了诸多新的挑战。本文针对网络空间数据治理面临的挑战进行了多角度论述和分析，进而就应对挑战的网络空间数据安全治理途径提出相关建议，以加强数据安全与数据治理，从而为推动全球数字经济发展、维护网络空间和平安全稳定提供重要保证。

[关键词] 网络空间 大数据 数据治理 数据安全

---

① 本文是国家社科基金重大项目（11&ZD061）阶段性研究成果。

一、引言

在当今信息爆炸的时代，"大数据"被越来越多的人提及，其重要性也日益凸显。全球知名的咨询公司麦肯锡公司指出："数据，已经渗透到当今各个行业和业务职能的领域，成为了非常重要的生产因素。人们对于大数据的挖掘和运用，预示着新一波生产率增长和消费者盈余浪潮的到来。"

数据作为一种新兴的生产要素和生产力，促进着技术的发展和创新，影响着政治、经济、军事、文化的方方面面。但同时，一系列数据安全问题也随之而来，如：数字基础设施面临安全威胁、个人信息泄露问题日益严重、跨境数据管理难以执行、公共数据共享和开发程度不高、网络支付安全状况令人堪忧、数据安全技术不成熟等。世界上没有绝对安全的系统，更没有绝对安全的网络。为了让信息网络发展成果惠及全球，我国必须高度重视网络空间数据安全，对数据治理面临的挑战与问题进行有效地应对和治理。

二、大数据时代中的网络空间数据安全问题

（一）数字基础设施面临的问题及挑战

数据的价值来自于对数据的开发利用，数字基础设施存在的目的就是让重要的数据可以尽可能地被人们获取和使用，它是发展数字经济、提供公共服务、支持业务创新的基础。数字基础设施一旦遭遇破坏或攻击，不仅可能导致大规模的财产、数据损

失,甚至可能威胁相关产业的生命。

例如,2015年乌克兰电力部门遭受到恶意代码的持续攻击,造成了约22.5万名用户电力中断;2016年和2017年,金融关键信息基础设施成为网络攻击主要目标,大量针对金融机构的攻击给全球各国的金融机构造成了巨大的财产损失,多国银行损失惨重。2017年5月12日,英国、意大利、俄罗斯等全球99个国家和地区爆发勒索病毒"永恒之蓝"的攻击,总供给次数超过7.5万次,用户、教育机构、医疗机构、政府机构纷纷中招,全球互联网陷入一场"网络战争"。6月27日,新一轮勒索病毒Petya(中文音译彼佳)再度肆虐,乌克兰切尔诺贝利核设施辐射监测系统、俄罗斯最大的石油公司及欧美多国企业纷纷面临攻击风险。根据华盛顿战略和国际研究中心发布的报告,每年计算机网络犯罪活动给世界经济带来的损失超过4450亿美元[①]。大规模、连续性的网络攻击事件,为当前的网络空间安全敲响了警钟。

(二)个人信息保护面临的问题及挑战

网络经济、信息经济和虚拟经济的市场化程度加深,使得个人信息呈现出网络化、透明化、商品化的趋势。许多企业或组织受到大数据所隐含的巨大利益驱动,无限制地收集、处理、使用和发布个人信息,用户的个人信息保护面临挑战。

近年来,国内外个人信息泄露的事件数量持续增加,涉及用户规模庞大,成为影响社会治安的重要因素之一。例如,2016年6月入职的某京东网络安全部员工,利用职务之便,为黑客攻入网站提供约50亿条重要敏感信息。国际安全分析机构Risk Based

---

① 美智库:"网络犯罪每年造成4450亿美元损失",http://www.chinanews.com/gj/2014/06-10/6264059.shtml. 2014-06-10.

Security 发布报告显示，2017年上半年全球发生了2227起数据泄露事件，黑客从中窃取了60亿条记录[①]。

社交网络因涉及数据量大且系统安全防护难，已成为个人信息泄露重灾区。著名社交网站 FACEBOOK、TWITTER、腾讯QQ、微博网站近年均发生过重大数据泄露事件。

大数据已上升为我国的国家发展战略，贵阳、上海、北京、武汉等全国各地的大数据交易中心/平台陆续上线，各大互联网公司如百度、阿里、京东均在部署大数据战略。然而，大数据行业却被贴上灰色标签，非法交易高发，呈现数据价格暴力、多环节调配资金、频繁变换交易方式、内外串通共同实施犯罪的特征，隐秘性强，涉嫌金额巨大，黑色产业链已形成，其对于网络空间安全的影响不容小觑。

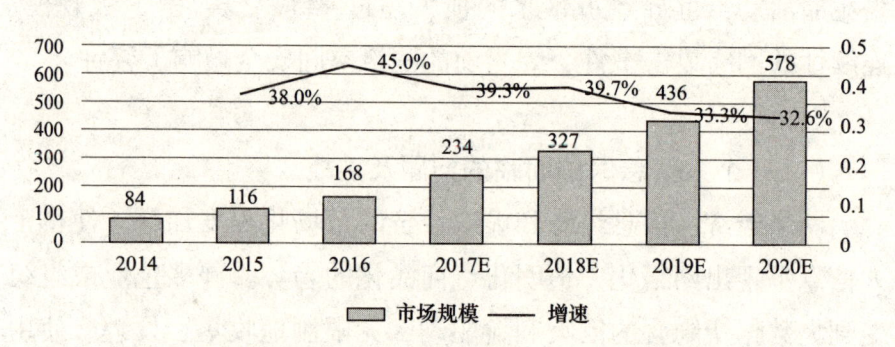

图1 中国大数据市场规模及增速（单位：亿元）
资料来源：中国大数据发展调查报告（2017年）。

此外，网络钓鱼、诈骗短信等也是个人信息安全的主要威胁之一。据艾媒咨询（iiMedia Research，全球领先的移动互联网第三方

[①] "E安全：2017年上半年：2227起安全事件泄露60亿条数据"，https://www.easyaq.com/news/984336269.shtml. 2017-07-29.

网络空间数据安全治理面临的挑战和对策

数据挖掘与整合营销机构）发布的《2016 年中国电信诈骗事件分析报告》显示，近七成的受访用户表示被窃取过银行账户、密码和手机号等隐私信息；22.0%的用户表示收到过仿冒银行的短信。在手机用户中，43.2%的用户表示曾经历过电信诈骗[①]。

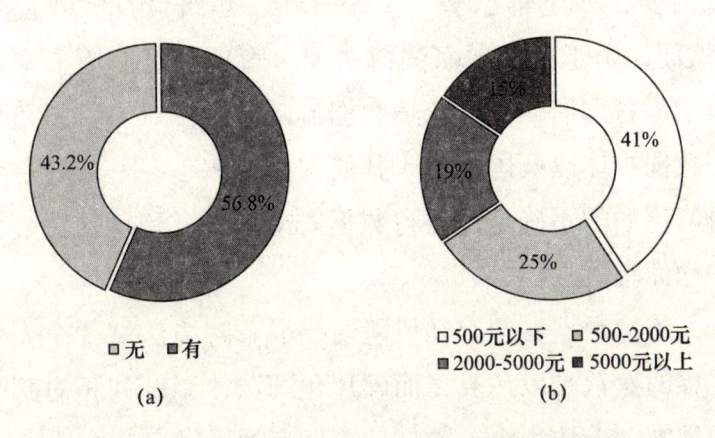

图 2　（a）2016 年中国手机用户遭遇电信诈骗情况；
（b）2016 年中国手机用户经历电信诈骗金额分布

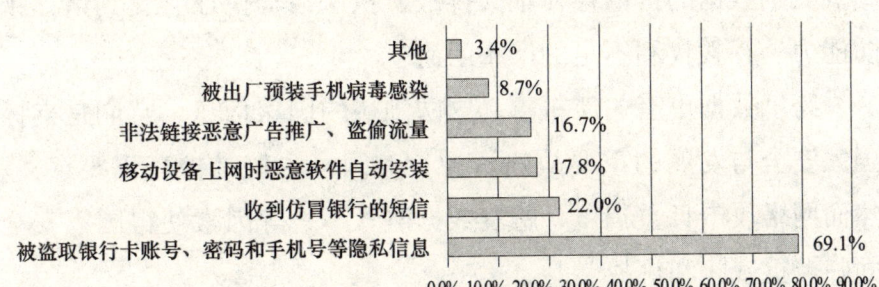

图 3　2016Q2 中国手机用户遭遇移动安全问题情况调查
资料来源：艾媒报告：2016 年中国电信诈骗事件分析报告。

---

① "艾媒报告：2016 年中国电信诈骗事件分析报告"，http://www.iimedia.cn/45172.html. 2016 - 09 - 30.

（三）跨境数据流动面临的问题及挑战

目前，世界各国均在推动数字贸易规则制定，全球近一半的跨境贸易都通过信息网络进行，依靠数据的跨境流动以满足基本的商业需要，如电信服务、金融分析、建筑设计、教育和医疗等[1]。然而，由于各个国家法律法规、管理制度、历史文化的差异，形成为各国所认同的跨境数据流动制度困难。数据跨境流动削弱了数据主体以及国家对于其的"控制权"。很多国家认识到，数据跨境流动的不确定性使得数据安全保护、跨境执法、国家主权维护均面临挑战。

个人跨境数据安全存在风险与挑战。跨境法域中个人数据流动和转移的次数难以估算，而碎片化的法律制度和相对割裂的数据管理规则，无法为个人数据的跨境流动提供安全的环境保障。

数据离境使得执法成本增加。随着大量跨境数据流向国外，执法机关提取相关证据的过程需要耗费昂贵的时间和人力成本，高效甄别数据的价值存在很大挑战，执法活动往往会受到诸如预防能力、补救权利不足的严重阻碍[2]。

跨境数据更有关涉军事、国防领域的国家信息，它们是支撑国家安全与发展的重要战略资源，对国家主权维护有重要意义。然而网络攻击日益猖獗、跨境数据监管不力等因素使得国家安全面临严重威胁和挑战[3]。

---

[1] 韩静雅：《跨境数据流动国际规制的焦点问题分析》，《河北法学》2016年第34卷第10期。

[2] 黄道丽、何治乐：《欧美数据跨境流动监管立法的"大数据现象"及中国策略》，《情报杂志》2017年第36卷第4期。

[3] 高山行，刘伟奇：《数据跨境流动规制及其应对——对《网络安全法》第三十七条的讨论》，《西安交通大学学报（社会科学版）》2017年第37卷第2期。

(四) 数据开放和共享面临的问题及挑战

随着社会经济的快速发展，数据信息已成为全社会的宝贵资源和财富，信息共享的需求日益增多。2017年5月，国务院办公厅印发了《政务信息系统整合共享实施方案》，各地政府正在积极研究制定数据开放共享有关措施，建立政府数据开放网站（如表1）。

表1 部分已建立政府数据开放网站的省市

序号	省市	名称	上线时间	开放部门（个）	数据领域（个）	数据集（项）
1	北京市	北京政务数据服务网	2012	39	17	400
2	上海市	上海市政府数据服务网	2014.6	40	12	470
3	浙江省	浙江政务服务网	2014.6.25	39	8	350
4	无锡市	无锡政府数据服务网	2014.7.28	37	15	100
5	武汉市	武汉市政府公开数据网	2015.4.29	94	12	642
6	青岛市	青岛市政府数据开放网	2015.9.23	58	19	532
7	重庆市	重庆政府大数据平台	2015	9	10	77
8	贵州省	贵州省政府数据开放平台	2016.9.30	65	8	178
9	广州市	广州市政府数据统一开放平台	2016.10.20	46	14	310
10	广东省	开放广东	2016.10.26	41	7	104
11	深圳市	深圳市政府数据开放平台	2016.11.21	28	12	459
12	哈尔滨市	哈尔滨政府数据开放	2016.12.27	18	10	75
13	贵阳市	贵阳市政府数据开放平台	2017.1.18	50	14	735

备注：①表格中所列政府数据开放省市为不完全统计。
②根据上线运行时间进行排序。
③表格中数据根据各地政府数据开放网站显示内容的不完全统计。
资料来源：数据观，http://www.cbdio.com/BigData/2017-02/21/content_5454376.htm

但是，各地政府部门仍存在数据共享制度不统一、不健全等问题，激励机制还需进一步完善，数据开放的优先级还需进一步明确[①]。部门自建数据中心的现象仍然存在，"信息孤岛"现象突出。开放和共享的数据存在质量不高、时效性差等问题。各行业的数据标准缺乏统一规定，不利于数据的关联分析和价值发现。

究其原因，信息不能实现充分共享一方面是由于数据信息的采集、归属等相关管理规则不明确，资源归属存在着"部门私有"的现象；另一方面是由于缺乏对数据信息资源的协调管理以及对数据库的开发维护，数据资源量不足、内容更新不及时，使得数据信息交流不畅，资源利用率低，阻碍了信息化建设的发展。

（五）在线交易面临的问题及挑战

中国互联网络信息中心（CNNIC）发布的报告显示，截至2016年我国使用网上支付的用户规模达到4.75亿。网络空间的开放性和互动性，使得我国在线交易面临更新、更复杂的问题和挑战。

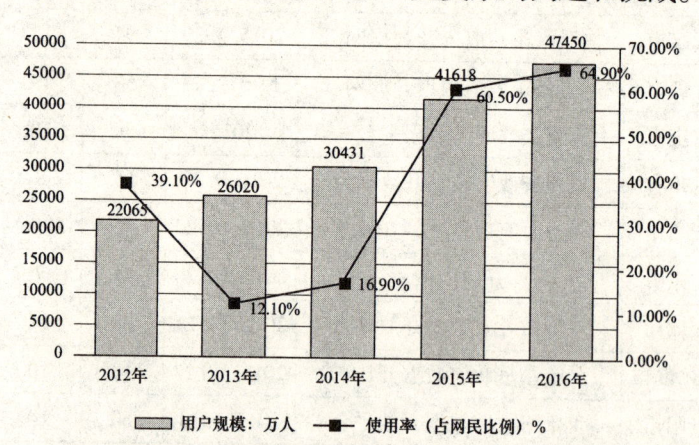

图4 2012—2016年中国网上支付用户规模及使用率

---

① 万如意：《公共资源交易平台建设与政府采购数据开放共享》，《中国政府采购》2016年第8期。

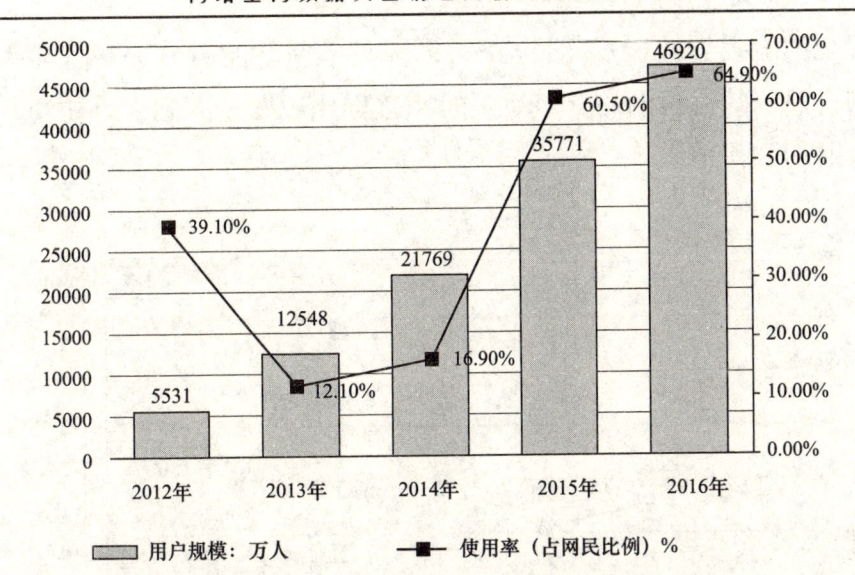

图5　2012—2016年中国手机网上支付用户规模及使用率

数据来源：智研咨询发布的《2017—2022年中国第三方支付市场评估及投资前景评估报告》

在线交易的风险防控方面我国出台的政策法规还不足，例如针对跨境支付业务支付机构的门槛设置问题、第三方支付平台的监管问题、真实性交易的审核问题等，急需进一步规范完善。

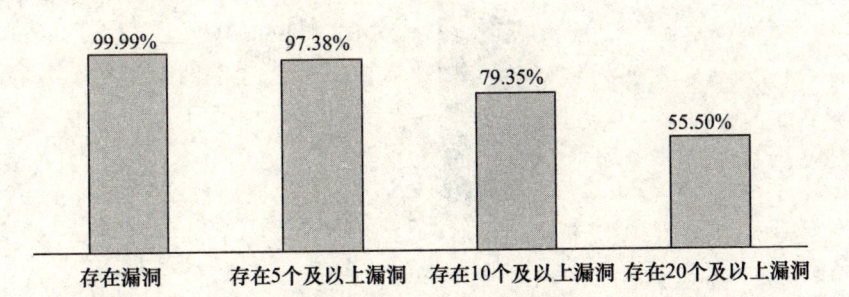

图6　手机存在漏洞个数占比分布

数据来源：360发布的《2017年中国手机安全风险报告》

移动支付安全现状堪忧。根据360发布的《2017年中国手机安全风险报告》显示，目前99.99%的安卓手机存在系统安全漏洞；93%的钓鱼网站、34.8%的恶意程序威胁个人财产，手机或成财产"黑洞"。

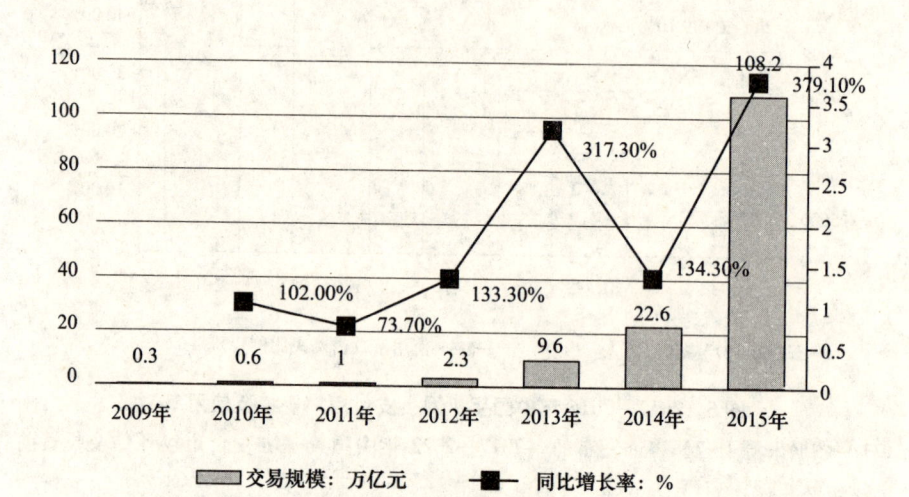

图7 2009—2015年中国移动支付交易规模

资料来源：中国产业信息网，http://www.chyxx.com/industry/201608/440760.html

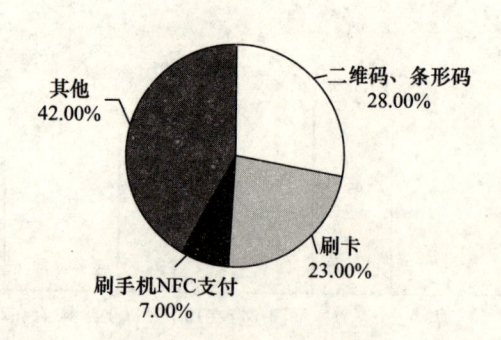

图8 各类支付手段比重

资料来源：中国产业信息网，http://www.chyxx.com/industry/201702/492816.html

互联网和金融的碰撞和融合产生了新的商业模式以及更加灵活的业务架构，需进一步加强电子认证和信任体系建设。例如，在 P2P 网贷中信用卡套现和洗钱交易频繁出现，"跑路"事件也频繁发生。

（六）数据安全技术面临的问题及挑战

信息技术自身存在安全隐患。例如，许多路由器都存在着一定的安全隐患，同时路由器的病毒传播也会因为 Wi-Fi 的使用而变得更加"危险"，而很多用户并不了解与路由器相关的安全知识[1]。

缺少数据安全防护技术策略。黑客技术不断地升级，但很多信息系统目前缺少数据安全方面的规范和相关的执行策略，致使这些系统和终端处于"数据不设防"状态。

数据保密技术措施缺失。在数据保密方面，只有政府和少数企业对系统中的重要数据明确了数据脱敏的要求，并在数据库中进行了加密处理，能力比较弱，而且缺乏统一规划。

缺少安全审计技术能力支撑。在安全审计方面，大部分企业都没有开展相关工作。部分领先的企业目前主要采用旁路审计的方式，整个过程还没有完善的技术能力进行全面支撑，需要投入大量的人力，数据丢失的风险较大。

---

[1] 冯泽奇：《大数据时代网络隐私问题研究：从权利保护到个人选择——以移动社交网络用户为例》，吉林大学，2016 年。

三、我国网络空间数据安全和治理的路径

针对网络空间数据安全面临的问题和挑战，我国需从完善数据治理体系建设、加强数据安全监管和个人隐私保护、加强大数据行业管理制度建设、加强跨境数据流动的监管、建立在线交易安全保障机制等方面加强网络空间数据安全和数据治理，以推动数字经济健康发展，确保网络空间的安全、稳定与繁荣。

（一）完善数据治理体系

做好数据治理的法制化和管理规划。建立完善数据治理体系应以数据管理战略为总体导向，从产业功能、数据类型和信息治理准则等维度搭建数治理框架、制定相关法律制度，针对各行业的不同功能需求提出针对性的数据治理内容[①]。

推进数据资产运营和应用创新。数据资产运营是指对数据资产的所有权、使用权和收益权等权益及相关活动进行管理的过程。数据资产的应用创新是数据资产管理的价值体现，通过进一步发现和利用数据的价值，推动产业的优化升级。

加强数据资产安全保障。基础资源及技术支撑是数据资产管理的支撑基础，要在自主可控的前提下，掌握数据资产管理的关键技术和核心算法，从而确保自身业务开展的安全可靠，掌握行业竞争先机。

---

① 邓若伊、余梦珑、丁艺等：《以法制保障网络空间安全构筑网络强国——〈网络安全法〉和〈国家网络空间安全战略〉解读》，《电子政务》2017年第2期。

（二）加强数据安全监管

完善数据安全管理规范，制定实用可执行的安全策略。明确数据的分级分类管理，明确数据的合规使用，实现对数据安全风险的统一监控管理和未知风险预警处理。充分考虑业务发展的需求，确保最终制定的数据安全策略具备长效性。

采用多种安全防护措施确保数据安全。构建可靠的大数据安全体系架构和数据服务，从网络安全、数据安全、安全风险管理、安全运营管理、安全事件管理等各个角度考虑，部署整体的安全解决方案。

提升数据安全审计的能力。一方面要完善安全审计规则，形成企业级数据安全审计规则库；另一方面要提升数据安全审计的技术能力，依托数据资源管理系统建立数据安全自动化审计功能，根据配置的审计规则定期进行自动化审计。

（三）加强个人信息保护

建立可控的个人信息保护机制，防范个人隐私泄露。明确在网络空间中的个人隐私范畴和个人隐私权，建立覆盖数据采集、数据共享和发布、数据分析处理、数据使用、数据销毁等整个数据生命周期的隐私保护机制。

积极构建个人信息保护的法律体系。国家可成立相应的监督机构，对一些行业督促其制定相应的规范来保护公民个人隐私，确保行业按照法律制度办事。另外还可以对隐私保护方面进行宣传，提高公民的隐私保护意识。

推广网络实名制。网络实名制会对网民进行约束，让网民更加理性地发言，进行独立并且认真的思考。对于网络环境的净化，网络实名制可以起到很大的作用，使网络的违法犯罪的行为大大减少，有效地维护了互联网的秩序。

使用技术手段规避风险。加快新技术的研发，更进一步地完善信息安全系统的性能，减少隐私泄露的风险[1]。利用匿名技术和加密技术，有效防止用户隐私信息的泄露[2]。

（四）加强大数据行业管理制度建设

设立大数据监督管理机构，避免"多头监管"。建立专门监管大数据交易的机构，既可以提高管理效率，又可以加大监管力度，促进大数据交易的健康发展。

建立健全大数据交易标准体系，完善大数据交易平台的法律法规。研制大数据交易程序管理、定价机制、安全保障等标准，规范大数据交易平台和交易行为。

建立行业性的自律规则。在确立自律规则时，要全面考虑不同行业大数据交易时可能出现的问题，针对不同情况采取不同的奖罚措施。

增加规范性交易平台，确定合理的数据使用价格，为数据的提供者和使用者创建一个健康、良好的交易平台，提高数据的使用效率。

增强企业对内部数据的安全意识，建立企业信息泄露问责机制。企业是进行大数据交易的微观主体，只有抓好基层，才能保证大数据交易的合法性和合规性。

（五）加强跨境数据流动的安全监管

面对跨境数据流动的内外部形势，借鉴国外管理经验，完善

---

[1] 孔玲慧：《大数据时代的公民隐私保护》，上海交通大学，2015年。
[2] 闫晓丽：《大数据分析与个人隐私保护》，《中国信息安全》2014年第3期。

我国跨境数据流动监管的法律制度。明确数据主体、数据转移方以及数据接收方在数据保护上的责任与义务，完善跨境数据流动安全审查和评估认证相关法律和制度。

建立统一的数据保护标准。从保护与利用的角度出发，研究制定适合跨境数据流动管理的数据分类方案。推动行业自律，明确数据收集、转移、存储、使用等各环节的具体安全管理要求。

加强跨境数据流动方面的国际合作。推动建立跨境数据流动规则，增加国际话语权，与主要贸易伙伴国家建立跨境数据流动信任机制，加强在跨境数据流动方面与其他国家的调查合作与司法协助。

（六）建立在线交易安全保障机制

为互联网金融建立一个健康有序的发展环境。加快建立互联网金融客户身份识别、资金存管、投资管理、反洗钱等制度，切实地提升在线交易安全保障水平。

建立起法律约束、行政监管、企业内控、行业自律、社会监督有机结合的在线交易风险治理体系，确保在线交易的安全性和可靠性。

打造安全可信的互联网金融信用体系。加快推进信用信息一体化进程，建立科学、统一的信用评价标准，提高信用系统使用的便利性与快捷性。

开发安全认证平台保证用户交易的机密性、完整性和不可否认性，通过安全检测手段保障用户交易环境安全等。

加强用户电子银行安全知识教育与宣传，让用户妥善保管账户密码，拒绝按照恶意软件，拒绝接听电信诈骗电话、短信等，对自身财产进行保护。

四、总结

随着数据量急剧上升，数据在经济社会发展中的价值日益突出，加强数据安全与数据治理，是推动全球数字经济发展，维护网络空间和平安全稳定的重要保证。目前，我国仍需借鉴国外先进的数据安全保护经验，并且从自身的国情出发，制定出适合我们国情的数据保护规范；加强网络空间数据安全与数据治理的法规建设，全力保障关键信息基础设施、重要信息网络和核心大数据安全；制定有关关键信息基础设施保护、数据开放和共享、数据安全监管、跨境数据流动管理、个人信息保护、金融交易安全风险防控的法律，依法推进国家数据安全和数据治理的工作。同时，随着全球化进程的加速，对于网络空间数据保护，任何一个国家都应积极参与国际网络空间规则的制定，加强各国之间的合作，各国之间也应该相互监督，依法打击国际网络违法犯罪行为，为营造一个良好的网络空间环境而共同努力。

加快大数据融合发展推动数字中国、智慧社会建设

（中国国际经济交流中心博士后）武锋

[摘　要] 近年来，随着大数据的快速发展和广泛应用，世界主要国家已认识到了大数据的重要战略意义，纷纷开始在国家层面进行战略部署。今后，国际竞争的焦点将从对资本、土地、资源的争夺转向对大数据的争夺。谁掌握数据的主动权和主导权，谁就能赢得未来。在此情况下，我国适时提出实施国家大数据战略，加快建设"数据强国"。事实上，经过最近几年的快速发展，中国已成为名副其实的数据大国，但与建成数据强国还有一定的距离。为此，我们应该结合我国国情，借鉴美国等发达国家和地区的先进经验，加快大数据融合发展，推动数字中国、智慧社会的建设，从而实现全面小康社会乃至中华民族伟大复兴的中国梦。

[关键词] 大数据　数字中国　智慧社会

近年来，随着大数据的快速发展及在经济社会各领域的广泛应用，世界各主要国家已认识到了大数据所蕴含的重要战略意

义，纷纷开始在国家层面进行战略部署。今后，国际竞争的焦点将从对资本、土地、资源的争夺转向对大数据的争夺，重点体现为一国拥有数据的规模以及解析、处置、运用数据的能力，数字主权将成为继边防、海防、空防之后又一个大国博弈领域。谁掌握数据的主动权和主导权，谁就能赢得未来。以美国为代表的发达国家在推进大数据上已经形成了从发展战略、法律框架到行动计划的完整布局。其他国家也不甘落后，先后实施了相应的战略，如英国"数据权"运动、日本"面向2020年的ICT综合战略"、韩国大数据中心战略等。

在中国，党中央国务院高度重视大数据在经济社会发展中的作用，习近平等国家领导人多次就大数据发表重要讲话。2013年7月，习近平视察中国科学院时指出："大数据是工业社会的'自由'资源，谁掌握了数据，谁就掌握了主动权。"此后，我国在中共十八届五中全会提出实施国家大数据战略，并先后制订颁布了《促进大数据发展行动纲要》《大数据产业发展规划（2016—2020年）》等重要文件，用以指导我国全面推进大数据发展，加快建设"数据强国"。在刚刚闭幕的中共十九大上，习近平总书记高瞻远瞩，提出推动大数据等和实体经济深度融合，在中高端消费、创新引领、绿色低碳、共享经济、现代供应链、人力资本服务等领域培育新增长点、形成新动能。

未来的几年时间，是"两个一百年"奋斗目标的历史交汇期，是实现中国梦的重要战略机遇期，是全面建成小康社会决胜期，也是我国从"数据大国"走向"数据强国"的关键时期。国家大数据战略的顺利推进，将直接对数字中国、智慧社会的建成，实现全面小康社会乃至中华民族伟大复兴的中国梦提供巨大的推动和坚实的支撑。

一、我国已成为名副其实的数据大国

（一）信息基础设施明显改善

1. 信息通讯能力快速发展

一是行业转型步伐加快，用户和收入结构日趋优化。2016年，电信业务收入结构继续向互联网接入和移动流量业务倾斜。非话音业务收入占比由上年的69.5%提高至75.0；移动数据及互联网业务收入占电信业务收入的比重从上年的26.9%提高至36.4%。移动宽带（3G/4G）用户占比大幅提高。2016年，4G用户数呈爆发式增长，全年新增3.4亿户，总数达到7.7亿户，在移动电话用户中的渗透率达到58.2%。移动宽带用户在移动用户中的渗透率达到71.2%，比上年提高15.6个百分点；8M以上宽带用户占比达91.0%，光纤接入（FTTH/0）用户占宽带用户

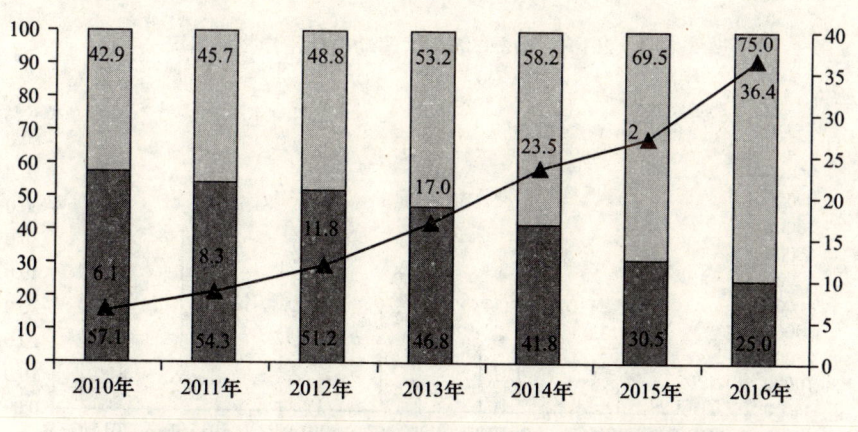

图1 2010—2016年话音业务和非话音业务收入占比变化情况

的比重超过 3/4。融合业务发展渐成规模，截至 12 月末，IPTV 用户达 8673 万户。2016 年，三家基础电信企业固定互联网宽带接入用户净增 3774 万户，总数达到 2.97 亿户。宽带城市建设继续推动光纤接入的普及，光纤接入（FTTH/0）用户净增 7941 万户，总数达 2.28 亿户，占宽带用户总数的比重达到 76.6%，比上年提高 19.5 个百分点。8M 以上、20M 以上宽带用户总数占宽带用户总数的比重分别达 91.0%、77.8%，比上年提高 21.3、46.6 个百分点（图 1、2、3、4）。

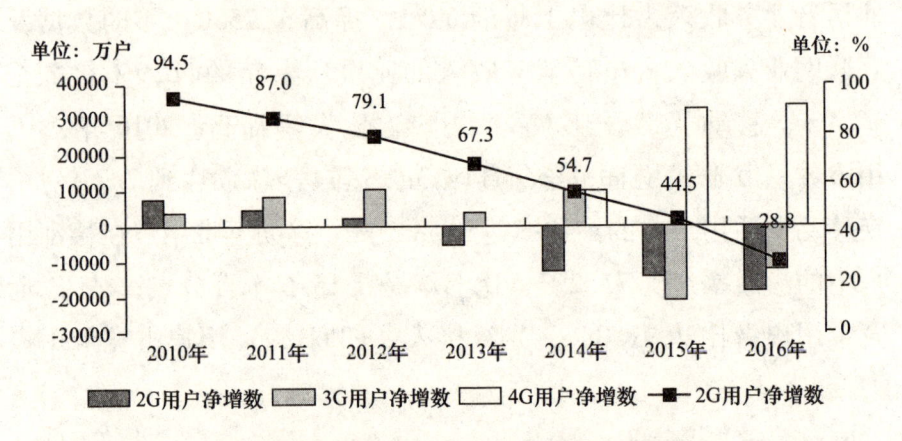

图 2　2010—2016 年各制式移动电话用户发展情况

图 3　2010—2016 年 3G/4G 用户发展情况

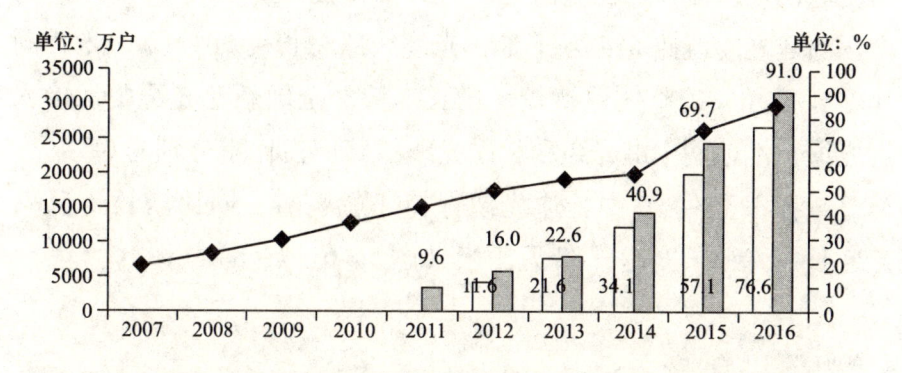

加快大数据融合发展推动数字中国、智慧社会建设

图4 2006—2016年互联网宽带接入用户发展和高速率用户占比情况

二是宽带"光进铜退"趋势明显，传输网设施不断完善。2016年，互联网宽带接入端口数量达到6.9亿个，比上年净增1.14亿个，同比增长19.8%。互联网宽带接入端口"光进铜退"趋势更加明显，xDSL端口比上年减少6259万个，总数降至3733万个，占互联网接入端口的比重由上年的17.3%下降至5.4%。光纤接入（FTTH/0）端口比上年净增1.81亿个，达到5.22亿个，

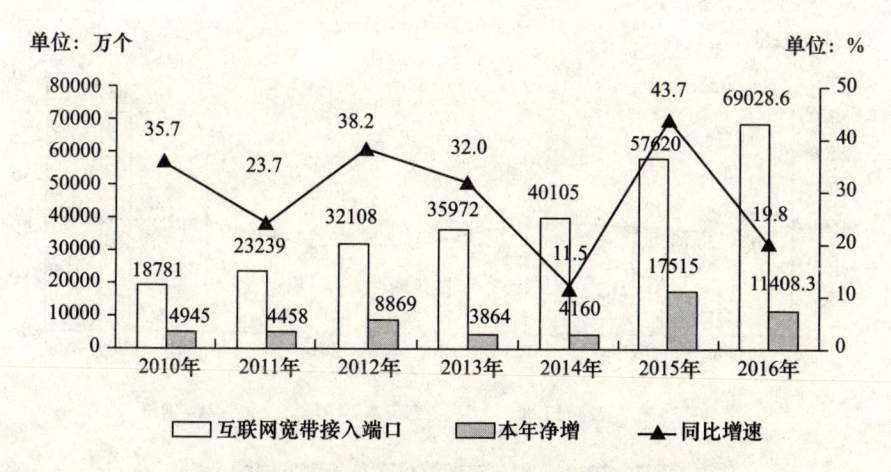

图5 2010—2016年互联网宽带接入端口发展情况

占互联网接入端口的比重由上年的 59.3% 提升至 75.6%。2016 年，全国新建光缆线路 554 万千米，光缆线路总长度 3041 万千米，同比增长 22.3%，整体保持较快增长态势。全国新建光缆中，接入网光缆、本地网中继光缆和长途光缆线路所占比重分别为 62.4%、34.3% 和 3.3%。其中长途光缆保持小幅扩容，同比增长 3.5%，新建长途光缆长度达 3.32 万千米（图 5、6、7、8）。

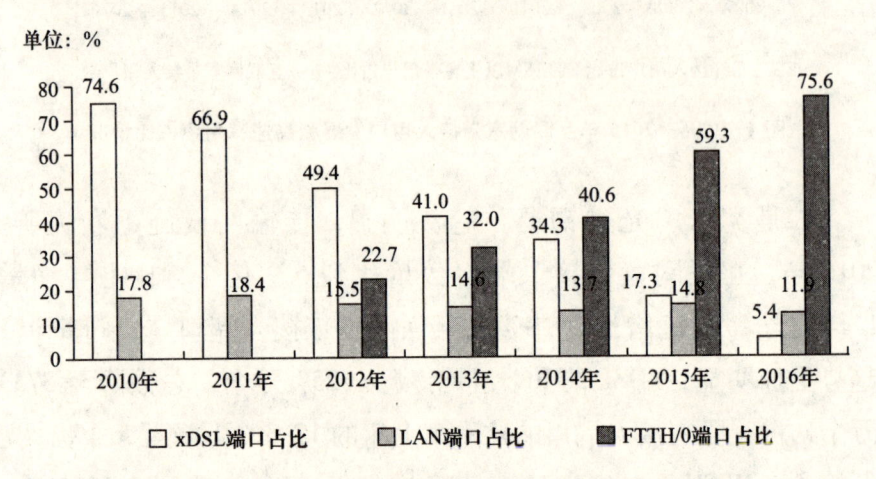

图 6　2010—2016 年互联网宽带接入端口按技术类型占比情况

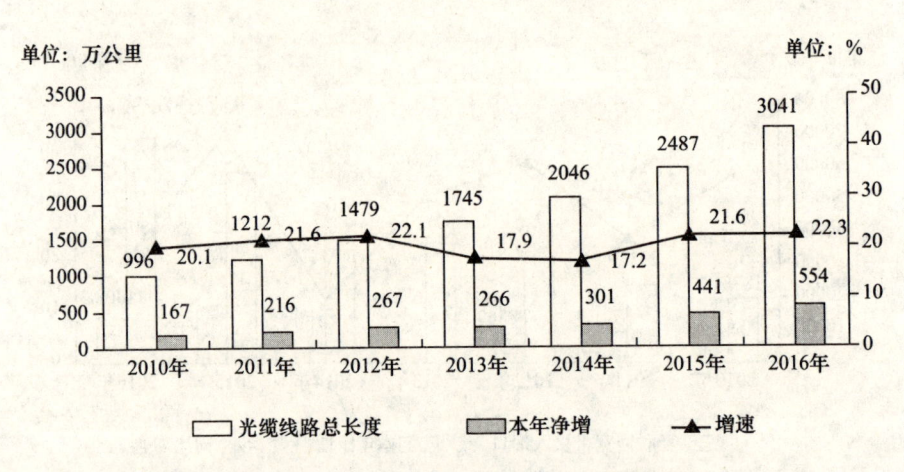

图 7　2010—2016 年光缆线路总长度发展情况

单位：万公里

图8 2010—2016年各种光缆线路长度对比情况

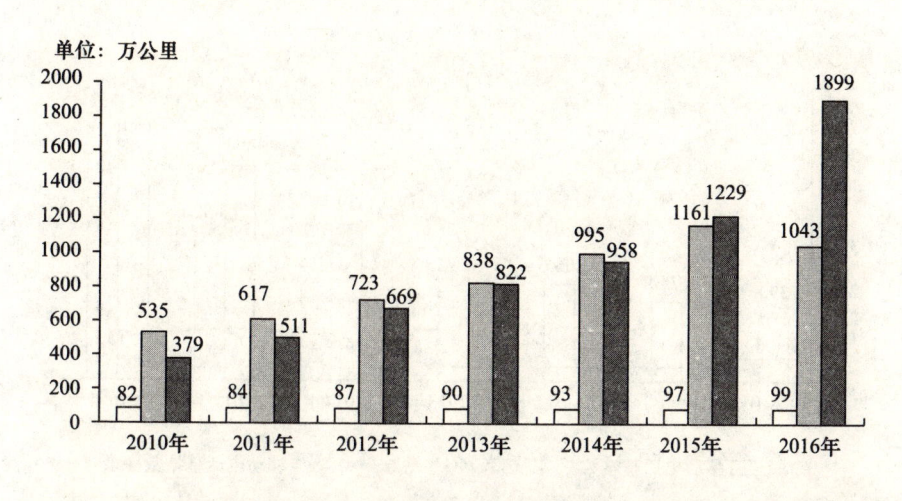

三是移动通信设施建设步伐加快，移动互联网流量增速翻倍。2016年，基础电信企业加快了移动网络建设，新增移动通信基站92.6万个，总数达559万个。其中4G基站新增86.1万个，总数达到263万个，移动网络覆盖范围和服务能力继续提升。在4G移动电话用户大幅增长、移动互联网应用加快普及的带动下，移动互联网接入流量消费达93.6亿G，同比增长123.7%，比上年提高20.7个百分点。全年月户均移动互联网接入流量达到772M，同比增长98.3%。其中，通过手机上网的流量达到84.2亿G，同比增长124.1%，在总流量中的比重达到90.0%。固定互联网使用量同期保持较快增长，固定宽带接入时长达57.5万亿分钟，同比增长15.0%（图9、10）。

单位：万个

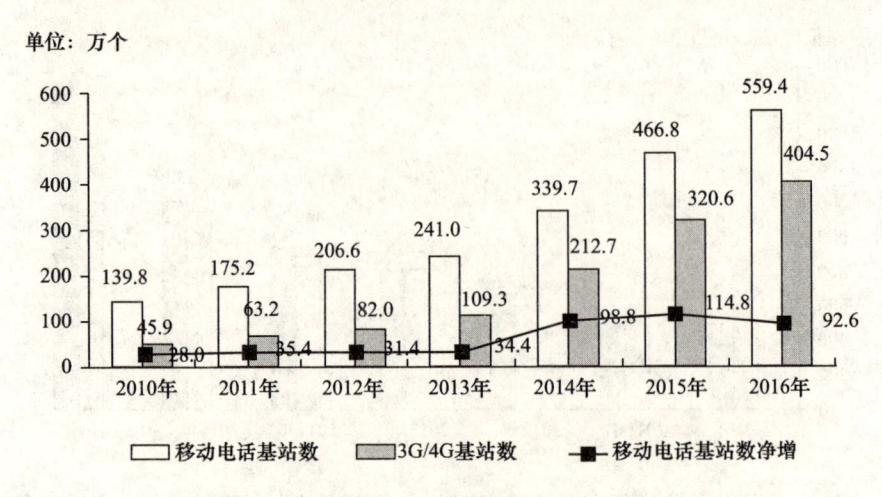

图9　2010—2016年移动电话基站发展情况

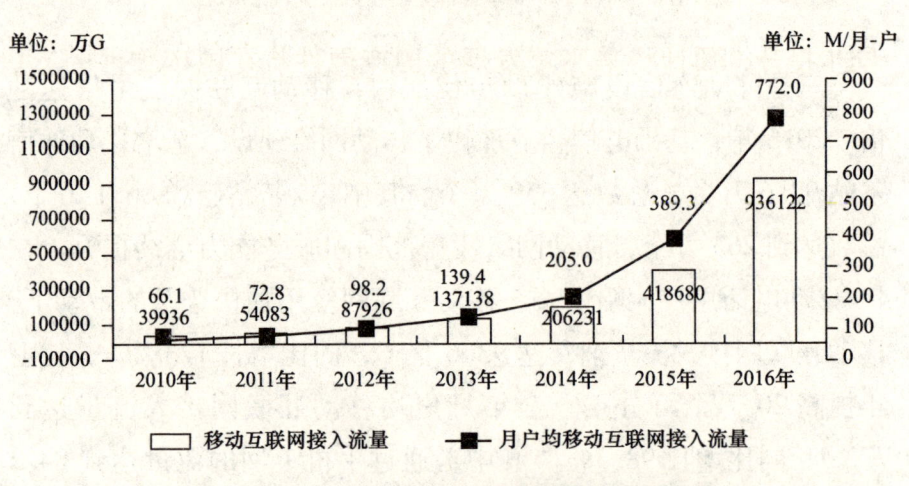

（柱状图数据：
移动电话基站数：2010年139.8，2011年175.2，2012年206.6，2013年241.0，2014年339.7，2015年466.8，2016年559.4；
3G/4G基站数：2010年45.9，2011年63.2，2012年82.0，2013年109.3，2014年212.7，2015年320.6，2016年404.5；
移动电话基站数净增：2010年28.0，2011年35.4，2012年31.4，2013年34.4，2014年98.8，2015年114.8，2016年92.6）

单位：万G　　　　　　　　　　　　　　　　单位：M/月-户

图10　2010—2016年移动互联网流量发展情况比较

（柱状图数据：
移动互联网接入流量：2010年39936，2011年54083，2012年87926，2013年137138，2014年206231，2015年418680，2016年936122；
月户均移动互联网接入流量：2010年66.1，2011年72.8，2012年98.2，2013年139.4，2014年205.0，2015年389.3，2016年772.0）

2. 计算能力全球领先

根据国际"TOP500"组织公布的超级计算机榜单，中国已连续数年摘取全球超级计算机排行榜桂冠，且运算速度呈现出数量级加快的趋势。2010年10月，经过技术升级之后的中国首台千万亿次超级计算机"天河一号"性能实现飞跃，运算速度达到当前国际领先水平,峰值性能和实测性能分别达到每秒4700万亿次和每秒2507万亿次。与当时已知的全球最快计算机——美国"美洲虎"超级计算机相比,"天河一号"的实测性能是它的1.425倍。2016年19日,国际"TOP500"组织发布了最新一期的全球超级计算机500强榜单,中国超算"神威·太湖之光"与"天河二号"占据榜单前两位。其中,基于国产众核处理器的"神威·太湖之光"早在一年前就被榜单编撰人形容为"毋庸置疑是这个星球上最强大的数字运算机器"。今年更是以每秒12.5亿亿次的峰值计算能力以及每秒9.3亿亿次的持续计算能力,再次斩获世界超级计算机排名榜单第一名,实现"三连冠"。

中国国产系统连续多次获得世界第一,凸显了中国在超算领域的自主研发能力。目前,中国超算在硬件和软件研发两方面正同步提升,预计将来飞速发展的国产硬件将在国产软件的支撑下,为各领域带来更为强大的科学研究能力和工程试验能力。在大数据应用方面,与数据收集相比,数据的分析和挖掘更具实际的价值,而数据的分析和挖掘离不开高速的、准确的计算能力的保障。

3. 基础数据库日益完善

政府掌握着大量的数据资源。随着大数据技术的发展和各级政府对大数据认识的日益深化,各地都开始意识到建设完善并开放共享各种数据库尤其是基础数据库的重要性,尝试用大数据来决策、管理、服务,也涌现出了一批既务实管用、又令人耳目一新的做法和应用。以贵阳为例,贵阳市以政府数据资源目录体系建设为主线,以"一网四平台一企一基地"为载体,构建一体化的政府数据共享开放管理体系和标准体系,以共享开放推动块数据集聚。在此基础上,贵阳市数据政务共享开放形成了五大成果:一是"云上贵州·贵阳平台",已有服务器511台,到2017

年底将达 800 台服务器规模。推进政府部门应用系统与数据统一向云平台进行迁移，同时引导和鼓励其他社会数据资源和应用向"云上贵州·贵阳平台"汇聚，整合形成区域内的"块数据"；二是政府数据共享交换平台，市大数据委为各部门开展数据目录梳理工作提供技术支持和服务工作，用 11 天的时间完成全市 53 家单位、315 个系统、2290 个功能项的梳理工作，形成 1026 个数据目录字典，完成了 47 个功能项的接口开发，建成了贵阳市全量数据资源目录管理系统；三是五大基础数据库，基于自流程化的数据共享，按照市政府数据共享应用主题（基础）库建设的方法、流程，依据国家标准建设具有贵阳特色的人口、法人、自然资源和空间地理、宏观经济、电子证照等五大基础库，并以需求为导向打造各类业务主题库。通过共享平台对外提供自定义封装、自动格式匹配、云服务总线、可视化数据图谱、API（接口）调用等多种个性化数据服务，实现需求与应用的精准对接；四是政府数据开放平台，国内率先提出"领域、行业、主题、部门、服务" 5 种数据分类，极大提升了数据检索、定位、发现的便捷性与精准性，在全国处于领先水平同时开放数据 1139 个数据集，API 116 个，497 万条数据，覆盖 51 家政府单位，访问量达到 3.8 万人次，下载量达到 3 万人次；五是数据安全监管平台，贵阳政府数据共享开放的安全防护，在总体思路上综合考虑数据、业务、威胁与运营四个方面，同时兼顾安全标准与合规、技术理论与模型，在安全工具建设的基础上构建大数据共享交换平台安全与运营态势感知平台，突出运营，在工具和平台的建设、运营过程中逐步实现安全能力的构建与落地。

（二）我国已成为数据资源大国

随着网络和信息技术的不断普及，人类产生的数据量正在呈指数级增长。大约每两年翻一番，根据监测，这个速度在2020年之前会继续保持下去。这意味着人类在最近两年产生的数据量相当于之前产生的全部数据量。据《2016—2021年大数据行业深度分析及"十三五"发展规划指导报告》显示，2014年全球数据总量为6.2ZB，2015年全球数据总量达8.6ZB。（图11）目前全球数据的增长速度在每年40%左右，以此推算，到2020年，全球的数据总量将达到40ZB。

全球数据量（ZB）

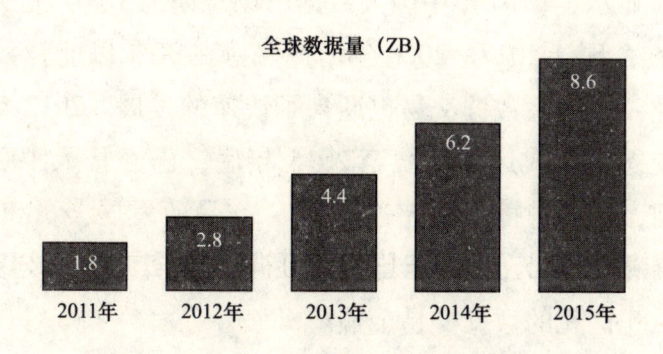

年份	数据量
2011年	1.8
2012年	2.8
2013年	4.4
2014年	6.2
2015年	8.6

图11 2011—2015年全球数据量增长趋势图

毋庸置疑，中国拥有丰富的数据资源和应用市场优势，拥有全球第一的人口数、互联网用户数和移动互联网用户数，国土面积广、经济体量大，拥有其他国家难以企及的海量数据资源和应用需求潜力。有资料显示，淘宝网站每天有超过数千万笔交易，单日数据产生量超过50TB（1TB等于1000GB），存储量40PB（1PB等于1000TB）。百度公司目前数据总量接近1000PB，存储网页数量接近1万亿页，每天大约要处理60亿次搜索请求，几十PB数据。联通的用户上网记录每秒83万条，对应数据量为每年3.6PB。

因此，在2016年中国大数据产业峰会暨中国电子商务创新发展峰会上，国家发展和改革委员会副主任林念修称，"2020年中国将成为全球数据中心。"未来 5 年，中国大数据产业规模年均增长率将超过 50%，到 2020 年中国的数据总量将占全球数据总量比例的 20%，成为世界第一数据资源大国和全球数据中心。IDC 调查的研究报告显示，目前美国的数据产量最大，约占全球数据量的 32%，西欧占 19%，中国占 13%。但到 2020 年，全球数据总量将达到 40ZB。其中，我国数据量将达到 8.6ZB，占全球的 21% 左右。中国信息通信研究院发布的《中国大数据发展调查报告》显示，2016 年中国大数据市场规模为 168.0 亿元，增速达到 45%；预计 2017—2020 年增速保持在 30% 以上。

此外，中国大数据交易也迎来了快速的发展。2015 年，贵阳大数据交易所正式运营，截至 2015 年底，已经接入 100 多家大数据公司，接入数据总量超过 10PB，交易所发展会员 300 多家，交易额突破 6000 万元。预计到 2020 年，贵阳大数据交易所将形成日均 100 亿元的数据交易金额。

（三）大数据应用日益丰富

近年来，随着大数据技术的日益进步和人们对大数据重要性的认识不断深化，大数据在我国的应用也越来越普及，尤其是在工业、金融、医疗、教育、电商、交通、政务等领域。

1. 工业大数据成果显著

近年来，我国两化融合工作取得了积极进展，全国企业信息化水平得到极大改善，互联网已广泛融入研发设计各环节，关键产品和装备智能化步伐加快。一批基于新应用、新模式的融合发展新业态加快涌现。我国工业企业信息化已经从单项业务信息技术应用向多业务多技术综合集成转变，从内部信息系统集成向跨企业互联互通转变，从单一企业信息技术应用向产业链上下游协同应用转变，并正在拓展出工业云、工业大数据等新型商业模式和产业形态。在工业信息系统大型化、集成化和互联互通的基础上，工业生产出现了网络化、虚拟化和协同化的新特点，融合信息网络和生产设施的信息物理系统（CPS）开始形成，发展智能制造和建设自主可控工业互联网条件趋于成熟。在工业互联网时代，我国企业与国外企业处于同一起跑线，三一重工、航天科工、海尔等一批大型制造企业已经开始将自己积累的智能制造能力向广大中小企业输出解决方案，通过云的方式为广大中小企业提供运维服务、智能制造、协同制造、云制造的底层软件开发，制造化的改造，工业大数据机械应用等。比如，三一重工推出了自己的工业互联网服务平台项目——树根互联，打造了开放的工业互联网生态系统，为成千上万的中小企业赋能。目前，树根互联已接入23万多台设备，已有5000多个维度、每天2亿条、超过40TB的大数据资源，基于这些工业大数据已经开展了丰富的应用，为众多客户提供精准的大数据分析、预测、运营支持及商业模式创新服务。我国自主可控的工业互联网平台将为我国工业互联网发展"弯道超车"提供坚实的基础。

2. 金融大数据需求旺盛

中国经济进入新常态以来，大数据在金融领域的应用，已成为中国金融业的新增长点和新动能。大数据能够充分利用金融市场形成的海量数据来挖掘用户需求、评价用户信用、管理融资风险等。它改变了金融业的发展取向、释放了被压抑的金融需求，一开始就具有强大的生命力。据贵阳大数据交易所统计，2015年中国金融大数据应用市场规模达到16亿元，预计这一数字在2020年将突破1300亿元，金融行业有望进入大数据的快车道时代。（图12）

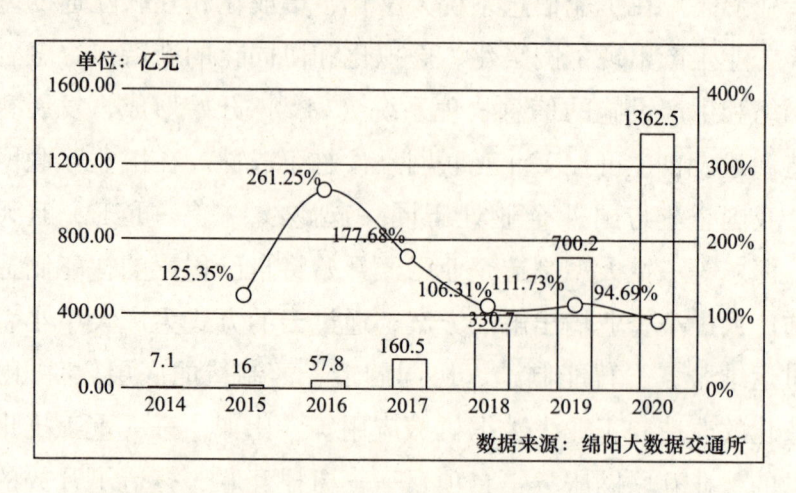

图12　2014—2020年中国金融大数据应用市场规模及增长率

随着大数据在中国的快速发展，无论是以工商银行为代表的国有大型银行还是以蚂蚁金服为代表的新兴金融机构，都开始利用大数据技术进行客户甄别，一方面可以为优质客户提供更好的服务，另一方面还可以有效防范金融风险。

近年来工行积极推进大数据建设，依托其强大的数据仓库平台，建设精准营销管理系统集群，充分运用数据挖掘以及大数据分析等现代化的信息技术手段，通过客户信息的全面采集、高度集成、深度挖掘与高效运用等措施建立"以客户为中心"的精准营销管理体系。并且通过这一体系，工行构建起了客户营销统一视图，打破信息孤岛，深度挖掘客户需求，实现目标客户精准定位，推进客户分层分类服务。通过搭建智能营销信息服务平台，实现精准营销信息的智能化、自动化、制度化、流程化管理，推进营销管理模式再造和制度完善，加强与客户之间的沟通和良性互动，提升客户满意度和忠诚度。与此同时，也显著提高了营销效率，降低了营销成本。

蚂蚁金服则通过引入风控策略的技术，结合大数据和人工智能等，更及时、更精准地通过各种渠道做好欺诈风险预警及防范布控。在反欺诈方面，蚂蚁安全已经研发了一整套信息贩卖及黑灰产行为的研究挖掘机制，通过日常风险监控模型对电信诈骗、买卖个人信息黑产进行持续监控，然后锁定最新诈骗手法、区域、高危人群，导入支付宝智能实时风控系统，对欺诈嫌疑人作进一步监控或直接拦截支付。最新数据显示，支付宝已与全国34个省（直辖市、区）和香港行政特区等超过100多家公安机关的案件打击合作。2017年1月至7月，支付宝主动推送线索并协同公安机关破获涉及公民个人信息的各类型案件已达260起，摧毁犯罪团伙372个，抓获犯罪嫌疑人2051名。与此同时，为了让更多用户提高安全防范意识及能力，蚂蚁神盾局在2016年9月正式推出国内互联网界首个面向公众的"反欺诈网络风险预警智库"（支付宝App-搜索"安全课堂"）。一年多来，该预警智库已定向发送风险预警62个，累计覆盖人群2亿人次。

3. 医疗大数据作用明显

健康医疗大数据是国家重要的基础性战略资源。健康医疗大数据应用发展将带来健康医疗模式的深刻变化，有利于激发深化医药卫生体制改革的动力和活力，提升健康医疗服务效率和质量，扩大资源供给，不断满足人民群众多层次、多样化的健康需求，有利于培育新的业态和经济增长点。当前，健康医疗大数据应用已体现在挂号、预约等服务上。从已有实践来看，在互联网健康咨询、预约就诊、预约挂号、诊间结算、医保联网异地结算以及移动支付方面，大数据的应用可以让信息"多跑路"，让群众"少跑腿"。

虽然目前医疗大数据应用并未形成一定规模，但随着市场的发展和政策的引导，预计未来几年将是医疗大数据应用市场快速发展的时期。根据前瞻产业研究院发布的《2017—2022年全球健康医疗大数据行业发展前景预测与投资战略规划分析报告》显示，2010年我国健康医疗大数据行业市场规模约为171亿元，到2015年市场规模快速增长到466亿元，年均复合增长率超过20%，行业增速较快，发展势头较为迅猛（图13）。

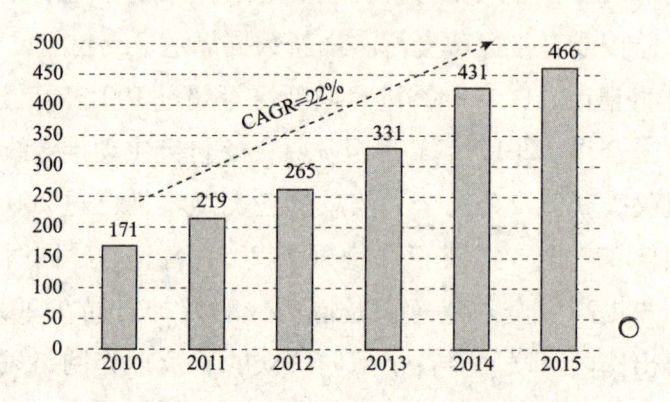

图13 2010—2015年中国健康医疗大数据市场规模情况（亿元）

随着应用领域的不断深入与增加，我国健康医疗大数据行业市场规模将会实现快速增长。前瞻产业研究院预计，到2020年我国健康医疗大数据行业市场规模将突破800亿元（图14）。

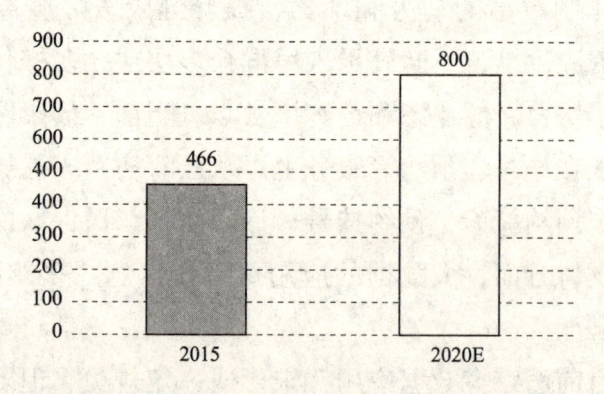

图14 2020年中国健康医疗大数据行业市场规模预测（亿元）

4. 教育大数据前景广阔

近年来，国内尤其是北京、上海、广州等城市，大数据在教育领域有了越来越多的应用，像在线课程、翻转课堂等，已经有越来越多的学生加入到网上学习的行列中来。目前，国内已有一些大中院校开始了大数据应用的探索，如复旦、浙大、东华大学等都进行了较为成功的初步应用。

据估算，教育大数据应用市场规模将会翻数倍的增长。其中，在线教育是教育大数据应用的主战场。一方面中国网民规模稳步扩大，给在线教育用户数量的快速增长提供了发展空间和稳定基础。另一方面，国内在线教育产品数量快速增长，教育方式通过互联网推陈出新，给予用户差异化体验，吸引更多用户参与其中。2013 年在线教育用户人数达 6720 万人，同比增长 13.8%。随着网民规模的不断扩大、在线教育用户网络学习习惯的养成，用户规模还将有持续增长。更为重要的是，大数据技术应用的日趋成熟，使得在线教育市场不论是市场定位、课程设计，还是学生跟踪与学习效果都更为精准、高效，显示出比传统教育更具个性化、更高效的教学体验。

5. 电商大数据发展迅速

近年来，中国电商企业均已逐步认识到大数据应用对于电商发展的重要性，并开始积极在大数据领域进行布局和深耕。借助大数据分析，电商企业可以探索个人化、个性化、精确化和智能化地广告推送和推广服务，创立比现有广告和产品推广形式性价比更高的全新商业模式。同时，电商企业还可以针对不同的用户，开发出更多更好的新产品和新服务，降低运营成本的方法和途径，从而帮助企业提升竞争力。目前，数据服务已逐步成为我国电商的发展趋势，出售数据和相关服务成为新的利益增长点。目前，国内的电商巨头，如阿里巴巴、京东等凭借多年的电商实战基础，已经积累了一定的用户数据，在大数据分析战中掌握了先机。随着大数据交易所的不断建立，电商大数据的交易也是越发的火爆，同行业不同类型公司之间的交易，不同行业数据的交易，未来同行业和不同行业在大数据的交易将为各企业、行业带来质的飞跃。根据贵阳大数据交易所整理分析，2014年电商大数据应用市场规模为6.33亿元，预计到2020年将增至402.57亿元。

6. 交通大数据效果显著

在交通领域，大数据一直被视作缓解交通压力的技术利器。应用大数据有助于了解城市交通拥堵问题中人的出行规律和原因，实现交通和生活的和谐，提高城市的宜居性，为政府精准管理提供基于数据证据的综合决策。随着手机网络、全球定位系统（global positioning system，GPS）/北斗车载导航、车联网、交通物联网的发展，交通要素的人、车、路等的信息都能够实时采集，城市交通大数据来源日益丰富。在日益成熟的物联网和云计算平台技术支持下，通过城市交通大数据的采集、传输、存储、挖掘和分析等，有望实现城市交通一体化，即在一个平台上实现交通行政监管、交通企业运营、交通市民服务的集成和优化。近年来，国内各大中型城市均已开始或酝酿与交通大数据相关的项目建设，如公交都市、城市交通数据中心、智慧交通、交通运行协调指挥中心等，大量项目的上马对大数据技术的需求量也不断加大。2015年7月，我国政府已经发出了明确提出，将便捷出行纳入互联网+的十一项目标之一。互联网大力加速在智慧交通领域的布局，不仅是响应政府的号召，同时也是抢占智慧生活的入口。目前，高德地图和滴滴出行可谓是我国在交通大数据领域的佼佼者。

作为国内领先的数字地图、导航和位置服务解决方案提供商，高德地图拥有7亿多用户数据和交通行业浮动车的海量数据，一直致力于交通大数据的研究和开发。在交通大数据领域，高德地图先后推出了交通信息公共服务平台、交警平台，依托交通大数据云，为相关交通机构提供"城市堵点排行""热点商圈路况""权威交通事件""堵点异常监测"等交通信息分析，不仅提高了公众的出行效率，还辅助了政府出台管理政策，制定更合理的改善措施，助力城市治堵缓堵。

作为中国移动出行市场的领军者，滴滴正在大数据领域进行前瞻性的探索，加强对海量出行数据的分析和应用。每天，滴滴平台会产生2000万订单，这意味着这个平台处理的数据达到了数千TB的量级。目前，滴滴正在专注于挖掘和分析交通大数据。2016年，滴滴在车主端APP上线了"安全驾驶"功能，根据手机GPS信息来监督车主在每段行程中的驾驶行为，如果出现超速、急加速等行为，APP会及时发出提醒。这样的创新技术有助于预防与减少危险驾驶行为。作为一个开放的平台，滴滴还与地铁公司、公交集团等第三方合作，纳入第三方数据。一方面这将有助于提高滴滴的数据质量，另一方面，将公共交通方式纳入滴滴的路径规划系统，可以使其路径规划方案更加贴合市民出行需求。

7. 政务大数据备受关注

作为掌握着大量数据资源的各级地方政府，也日益认识到了政务大数据的重要性，都开始尝试用大数据来决策、管理、服务，各地也涌现出了一批既务实管用、又令人耳目一新的做法和应用。实践证明大数据必将有效助力政府职能的转变，促进服务性政府的快速建立，特别在决策科学化、管理精细化和服务精准化等方面发挥前所未有的作用。我国2015年发布的《促进大数据发展行动纲要》明确提出，加快政府数据开放共享，推动资源整合，提升治理能力，实施政府数据资源共享开放工程，2017年年底前形成跨部门数据资源共享共用格局。目前，我国一些经济发达地区如北京、上海、广州等地，先后出台数据开放相关政策，梳理数据开放目录，搭建政府数据开放平台。

表1　我国地方政府的大数据发展计划

时间	省/市	政策名称
2012年12月	广东	《广东省实施大数据战略工作方案》
2013年6月	重庆	《重庆市大数据行动计划》
2013年7月	上海	《上海推进大数据研究和发展三年行动计划（2013—2015）》
2013年11月	天津	《滨海新区大数据行动方案（2013—2015）》
2013年12月	江苏	《南京市关于加快大数据产业发展的意见》
2014年3月	贵州	《关于加快大数据产业发展应用若干政策的意见》《贵州省大数据产业发展应用规划纲要（2014—2020年）》
2015年11月	陕西	《陕西省大数据与云计算产业发展五年行动计划》《陕西省大数据与云计算产业示范工程实施方案》
2014年7月	湖北	《武汉市大数据产业发展行动计划（2014—2018年）》
2015年8月	青海	《青海省关于印发促进云计算发展培育大数据产业实施意见的通知》
2015年8月	甘肃	《甘肃省关于印发加快大数据、云平台建设促进信息产业发展实施方案的通知》
2015年10月	河南	《推进云计算大数据开放合作指导意见》
2016年1月	贵州	《贵州省大数据发展应用促进条例》
2016年1月	广西	《关于印发脱贫攻坚大数据平台建设等实施方案的通知》
2016年2月	浙江	《浙江省促进大数据发展实施计划》
2016年2月	福建	《福建省促进大数据发展实施方案（2016—2020年）》
2016年4月	广东	《广东省促进大数据发展行动计划（2016—2020年）》
2016年5月	吉林	《吉林省人民政府办公厅关于运用大数据加强对市场主体服务和监管的实施意见》
2016年5月	北京	《北京市大数据和云计算发展行动计划（2016-2020年）》

其中，率先推行大数据战略的是广东省。2012年年底，广东省制定了《广东省实施大数据战略工作方案》，在政府各部门开展数据开放试点，通过部门网站向社会提供下载和分析使用的数据；深圳市通过"织网工程"，首次实现了我国特大城市政府数据的大集中和大共享，基于全市统一的公共信息资源库，对存量和新增数据进行分析，并以此制定公共政策。

随着大数据的发展和人们认识的深化，政务大数据必将会渗透到我国政府管理的各个方面，为公众提供更好的公共服务。具体表现在下述"五个政府"：

（1）透明政府

大数据能促进政府和公众互动，让政务更加透明。在大数据环境下，政府是一个整合开放的大数据共享平台，它建立了公众与政府间的沟通渠道，政府可以利用其开展民意调查，通过在线交互让民众成为政务流程的节点，并参与到政策制定与执行、效果评估和监督之中，从而使民众参政议政成为可能。

（2）效率政府

随着政务大数据的广泛应用，政府的工作效率大幅提高，政府运行成本也显著降低。随着统一的政府大数据共享平台的建成，一方面，可以实现对政务数据资源的统一管理和利用，避免重复建设、降低维护成本。另一方面，可以实现数据的标准、格式的统一和共享，数据获取、处理及分析响应时间大幅减少，工作效率明显提高。

（3）科学政府

把大数据技术与思维运用到政府决策中，可以优化政府决策并跟踪其实施，使之更加精准。因此，越来越多的政府部门意识到政务大数据的重要性，从而开始逐渐摒弃传统的靠统计分析或抽样调查甚至是经验和直觉拍脑袋决策的做法，从而最大限度地避免抽样调查的这些天然弊病。

(4) 精准政府

政务大数据的深入运用，能够不断提高政府公共服务能力和服务的精准性，更好地满足人民群众日益多样化、个性化的需求。借助政务大数据，政府部门可以更加准确地掌握社情及舆情，深入了解大到整个社会、小到一个家庭甚至是某个人对公共服务的需求，并提供精确、高效、及时、周到和个性化的服务，提高人民群众的幸福指数。

(5) 廉洁政府

加快政务大数据的建设，将极大地促进政府在管理过程中的信息公开，增强政府治理的透明化，政府收支、项目招投标、公共资源交易等信息都将得到更好的公开。在实现数据资源共享的同时，政务大数据可以使政府受到更广泛有力的公众监督，从而有效约束和规范权力运行和政府行为，大大减少"寻租"行为和腐败现象的发生。

(四) 技术创新取得了显著进展

2016年，我国大数据骨干企业研发投入不断加大，技术融合创新取得重要进展。科技部发布云计算和大数据重点专项，推动了云计算和大数据基础研究和技术规范。国家发改委组织实施了大数据领域创新能力建设专项，重点围绕提升大数据应用支撑水平，推动构建了支撑国家大数据战略实施的创新网络。各部门依托相应平台对大数据关键技术研究、重大项目应用等方面加强引导和支撑，推动我国大数据创新能力建设和重大项目应用，初步形成了"政产研学用"协同联动的格局。国内骨干软硬件企业陆续推出自主研发的大数据基础平台产品，一批信息服务企业面向特定领域研发数据分析工具。国内互联网龙头企业，单服务器集群规模达到了上万台，部分企业在深度学习人工智能等领域，我国企业对国际主流大数据技术基础开元软件逐步增加。阿里巴巴电子商务交易系统实现了"双十一"每秒钟 17.5 万笔的订单交易和每秒钟 12 万笔的订单支付，主要归因于飞天技术平台（飞天是由阿里云自主研发、服务全球的超大规模通用计算操作系统。）的重要支撑，而该平台本身就是大数据和云计算融合创新的成果，其调度能力实现单集群 1 万台规模。

此外，百度大脑、讯飞超脑等重大科技项目，其本身也是超大规模计算（云计算）、先进算法（人工智能）和海量数据分析（大数据）融合创新的成果。百度大脑已建成超大规模的神经网络，拥有万亿级的参数、千亿样本、千亿特征训练，能模拟人脑的工作机制。相比三年前 2—3 岁孩子的智力水平，百度大脑如今智商已经有了超前的发展，在一些能力上甚至超越了人类。百度大脑计划是对人工智能的重要举措，目前已取得一定成就，其中，在语音方面，识别成功率达 97%；图像方面，人脸识别准确率达 99.7%。

（五）大数据企业快速成长

大批具有核心竞争力的互联网公司快速成长，有力推动着大数据战略的实施，国内做大数据的公司分为三类：一是现在已经有获取大数据能力的公司，如百度、腾讯、阿里巴巴等互联网巨头；二是以华为、浪潮、中兴、曙光、用友等为代表的传统厂商；三是以亿赞普、拓尔思、海量数据、九次方等为代表的大数据新兴企业。上述三类企业涵盖了数据采集，数据存储，数据分析，数据可视化以及数据安全等领域。目前中国的互联网企业、产业应用规模在世界上获得了举足轻重的地位，全球 10 大互联网公司中国占4家，前30位企业我国占40%以上，这些企业基本都是利用了中国超大规模的市场优势，得到了迅猛的发展。

在国内，大数据发展应用各方面都处于领先地位的毋庸质疑是BAT三家。目前，百度、腾讯、阿里等骨干互联网企业已建立了世界上规模最大的大数据平台，单集群规模达到上万台，在分布式系统、超大规模数据仓库、深度学习等关键技术上有所突破。我国企业有一整套在世界上都不逊色的大数据技术，包括数据存储、数据管理、人工智能等方面。

二、我国大数据存在的问题与挑战

综上所述，我国打造"数据强国"的基础条件已经基本具备。然而与此同时，我国发展大数据还存在着一些问题与挑战。

（一）数据权属不清晰

大数据带来了复杂的权责关系，产生数据的个人、私营部门、非政府组织和政府机构，拥有数据存取实际管理权的云服务提供商和拥有数据法律和行政管辖权的各级政府，在大数据问题上的法律权责不明确，"数据产权"承认和保护存在盲点。数据权属不清晰，致使数据无法作为生产要素有效交易和流通，数据交易的市场机制缺失，地下数据交易黑市的规模不断壮大。针对用户信息的非法收集、窃取、贩卖和利用行为猖獗，甚至形成一条龙式的产业链形态，对个人隐私带来安全隐患。

（二）数据甄选难度加大

大数据时代面临的问题不是数据缺乏，而是数据快速增长与数据有效存储和利用间矛盾日益突出。移动互联网和物联网时代，数据呈爆炸式增长。目前全球大约有30—50亿个传感器，到2020年将达到1000亿个之多。这些传感器24小时都在产生数据，导致了信息爆炸。据IDC的研究报告表明，2020年全球数据总量将超过40ZB，是2012年的12倍。信息技术的摩尔定律已接近极限，硬件性能提升难以应对海量数据增长。当我们接收的数据和信息越多，面临的选择就越多，如若不善于过滤、挖掘和处理，对各种决策就可能会造成负面影响，当然也会放大我们对未来不确定性的恐惧。然而，所有数据存储和计算需要消耗巨额的存储设备和电力资源，大数据经济价值不可持续。若实行数据有限收集和处理，大数据潜在价值难以实现。

（三）数据共享推进缓慢

近两年，"数据垄断"已成为当前我国大数据发展的新问题。一般认为，我国政府掌握的直接和间接数据占了总数据量的70%，尤其是在公共基础设施、公共服务等领域。在现行制度下，由于部门利益、条块分割和绩效考核等多方面的原因，公共数据的开放共享已提倡多年，但实际效果并不理想。此外，我国三大通信运营商以及日益成长起来的世界级互联网公司，如阿里巴巴、腾讯、百度等互联网公司凭借其技术优势，积累了海量用户数据。数据是企业的核心资源，不愿将自己掌握的数据与社会和政府共享，从而形成新的数据"孤岛"和"壁垒"，导致大量有价值的数据处于"休眠"状态，造成大量的重复建设和资源浪费。近日菜鸟顺丰事件的曝光，更是使得"数据垄断"备受关注。

（四）各地大数据发展一哄而上，各级政府恶性竞争趋势明显

近些年，全国各地兴起了大数据建设热潮。不少地方政府将大数据作为抢占未来产业制高点，以能源和土地要素作为大数据发展新优势，进行新一轮大数据园区建设和招商引资，形成新的重复建设和产能过剩。目前，全国各省（市）基本出台了大数据发展规划或相关的指导意见、行动纲要，其中90%提出要统筹建设政府和行业数据中心，有12个省市提出建设面向全国的大数据产业中心，14个地产值目标过2.8万亿元，远远超过工信部提出到2020年1万亿元大数据产值发展目标。各地政府发展大数据，也存在恶性竞争。有些省市都提出要集聚资源，建设大数据产业集聚区。但现实情况是，我国有实力的大数据公司和人才资源有限，腾讯、华为、百度、三大通信运营商等企业成为各地发展大数据优先引进的标杆企业，一些地方通过无偿给地和3年免税等优惠政策吸引大公司入驻，各地恶性竞争情况凸显。尤其是少数西部地区，不考虑本地资源和人才状况，草率提出发展大数据产业，并盲目建设了高标准的大数据产业园，但园区大数据企业寥寥无几，未来生存和发展堪忧。

（五）大数据意识薄弱

首先，政府缺乏对数据的精确管理理念。中国自古以来缺乏对精确数据的意识，"重定性、轻定量"，习惯使用"大概""差不多""若干"等模糊性词语。人们潜意识地去追求含糊的相关性，追求通过较少数据获得似乎可信的结论，而不愿意接受和运用大数据的理念。其次，政府官员和民众目前仍普遍缺乏大数据观念与意识。在我国，大数据的应用多局限于商业领域，阿里巴巴、腾讯等国内网络巨头在2010年就制定了大数据的应对策略，

而与之相比，政府官员和民众的数据意识则普遍相对滞后。各级政府特别是地方政府没有意识到大数据时代将会给政府管理带来的根本性变革，加之缺乏精通大数据分析工具和分析技能的专业人才，导致我国政府应用大数据技术改进国家治理的潜力无法实现，并造成我国在数据的开放性、流动性和交互性上的不足。

（六）核心关键技术自主性差

目前，中国大数据发展形态比较单一，而且核心技术仍受制于人，首先，我国的网络基础设施、PC端、移动终端及其操作系统均由国外开发引进，缺少我国自主"控股、控牌、控技"的制造商；其次，我国大数据平台的基础软硬件系统也尚未实现自主研发，许多关系到国民经济命脉的战略性行业的大数据服务器、数据库皆由美国等少数几个国家企业占据。这无疑对我国的大数据安全乃至国家安全带来了较大的威胁。与信息技术其他细分领域人才相比，大数据发展对人才的复合型能力要求更高，需要掌握计算机软件技术，并具备数学、统计学等方面知识以及应用领域的专业知识。目前我国可承担分析和挖掘的复合型人才、高端数据科学家以及管理人才存在很大缺口。

（七）大数据安全问题日益凸显

网络和数字化生活使得犯罪分子更容易获得关于人的信息，也有了更多不易被追踪和防范的犯罪手段。自2017年3月公安部部署开展打击整治黑客攻击破坏和网络侵犯公民个人信息犯罪专项行动以来，截至目前，全国共侦破侵犯公民个人信息案件和黑客攻击破坏案件1800余起，抓获犯罪嫌疑人4800余名，查获各类公民个人信息500多亿条。当前我国工业互联网数据安全也面临严重威胁，安全危害不可小觑。根据奇虎360公司监测数据显示，工业互联网联盟成员中 82 家工业企业，近 3 年来，28.05% 都出现过漏洞，23.2% 是高危漏洞，存在着较大的遭遇网络攻击的风险。

三、打造"数据强国"的主要任务

（一）建设一体化国家大数据中心

以数据集中和共享为途径，建设全国一体化的国家大数据中心，提供公共技术支撑，推进"三融五跨"，即技术融合、业务融合、数据融合，实现跨层级、跨地域、跨系统、跨部门、跨业务的协同管理和服务，避免新一轮的行业割据和重复建设。国家大数据中心将分别和各地区、各部门乃至一些重要的龙头企业的大数据中心互联互通，各数据中心所保存的数据需进行碎片化、脱敏性处理，相关数据目录将存入国家大数据中心。包括政府、企业、个人在内的各类用户，将根据不同的权限，得到各自需要的分类分级的数据信息。全国一体化国家大数据中心的建成，将为我国中央及各级地方政府、各地企业和全国人民的科学决策、发展战略和便捷生活提供最理性的数据支撑。

（二）推动基础性技术突破

发挥政府引导和企业创新主体作用，整合政产学研用资源优势联合攻关，研发大数据采集、存储、管理、计算、分析、应用和可视化等关键技术。一是重点突破面向大数据的操作系统、集群资源调度系统、分布式文件系统、内存计算等底层基础技术。二是研发面向多任务的通用计算框架技术，突破流计算、图计算技术、联机数据分析处理（OLAP）等计算引擎技术。三是结合行业应用特点，研发大数据分析、预测及决策支持等智能数据应用技术。四是突破面向大数据的新型计算、存储、传感、通信等芯片及融合架构、内存计算、高速互连、亿级并发、EB级存储、绿色计算等技术，加强软硬件协同发展。

（三）推广自主可控基础设施

加大自主创新力度，突破存储设备、服务器等关键设备，操作系统、数据库等基础软件的核心关键技术。加快推动国产软硬件的应用推广，提升我国数据基础设施的安全可控水平。尽快实现对关键装备、核心领域与人才的自主可控。一要加快自主研发关键装备。对技术成熟的国产设备，建议在国计民生、国家安全等关键领域推广使用，加快国产化替代步伐。对尚不成熟的设备领域，要集中力量和资源进行重点攻关。二要尽快切入核心领域。对于一时无法完全用国产设备替代的关键核心领域，坚持以应用促发展，在使用中完善，在完善中替代。三要尽快形成中国标准。通过试点示范，从各地、各企业在长期形成的先进做法中选出公认的、普适的部分，作为全国大数据标准，并迅速向国内外推广。

（四）推进大数据社会治理

政府及公共服务部门带头，加强大数据分析和应用，提升政府决策管理水平和公共服务能力。选择关系国计民生的主要行业和重点领域，以应用模式创新和商业模式创新为重点，开展试点示范，重点在财税、金融、统计等经济管理领域，教育、医疗、交通等民生服务领域，以及信息安全、自然灾害、各类突发事件的预警处置及环境监测保护等社会管理领域开展大数据应用，完善数据采集和监测体系，加强大数据分析和利用。支持和鼓励企业在市场需求明确、商业模式清晰，具备一定基础的领域如电子商务、金融、能源等开展大数据应用和推广。

（五）培育壮大新业态

大力支持大数据产业及其衍生的新业态发展，重点支持初创期、种子期及成长期的科技型中小微企业创新创业。加大财政资金支持和统筹力度。各级财政要根据创业创新需要，统筹安排各类支持小微企业和创业创新的资金，加大对创业创新支持力度，支持有条件的地方政府设立创业基金，扶持创业创新发展。支持企业进入资本市场，鼓励企业在主板（含中小板、创业板）上市和全国中小企业股份转让系统（"新三板"）、区域性股权交易市场（四板）挂牌融资；落实财税优惠政策。企业用于创新、研发的投入和引进高端人才并直接从事创新与研发工作的人员工资薪金，可按规定实行加计扣除。对符合条件的企业直接用于科学研究、科学试验和教学的进口仪器、设备，依法免征增值税；深化商事制度改革。对于创新型大数据企业，进一步简化工商注册流程，推行"一址多照""一照多址""三证合一"登记。建立电子营业执照制度，实现网上申请、网上受理、网上审核、网上发照和网上公示，做到工商登记一窗受理、限时办理、规范办理、透明办理。

（六）大力发展数字经济

一是制定数字经济优惠政策。政府在用地、税收、社会保障等方面给数字经济创业者予以政策支持，支持专业的服务机构在人力资源、办公软件、财务和法律等专业知识、信息化等方面提供专业服务，帮助创业者降低创业成本。鼓励金融机构为数字经济创业者提供资金支持，提供减免利息税等优惠政策。加快制定电子商务税费优惠政策。二是提高制度和政策灵活性。着力提高数字经济时代税收、社会保障等政策的灵活性，探索按小时缴纳社会保险的办法；调整数字经济模式下的财税政策，规范交易行为，保护交易双方和政府的合法权益；健全数字经济就业统计指标体系，完善统计口径和调查方法，建立数字经济就业新形态和创业情况的统计监测指标。三是重点发展平台型经济。建立健全平台经济社会信用体系和信用评价制度，降低企业信用认证成本。创新平台型组织的管理模式，积极采用和推广"政府管平台，平台管企业"的模式。制定平台企业统计分类和标准，开展平台经济统计监测。四是培训数字化工作技能，提高重点人群新的就业能力。试点推广"慕课"等"互联网+"创业培训新模式，大规模开展开放式在线培训。针对农村劳动力、困难群体等重点人群，提供有针对性的新技能培训，提高重点人群适应数字经济的就业能力。创新职业培训方式，实行国家基本职业培训制度；创新培训补助方式，由政府安排培训转为由个人提出培训需求，再申请补贴的方式，提高培训补助的效果。

（七）提升大数据应用能力

中央财政资金要强化引导，集中力量支持大数据核心关键技术攻关、产业链构建、重大应用示范和公共服务平台建设等。当前，我国在金融、交通、气象、电子商务、社交、地理位置等领域积累了海量数据，基于这些领域的大数据应用，能迅速提升企业大数据应用能力。要以管理体制创新为重点，以重大应用为突破口，推动大数据重大工程进行。开展社会治理大数据应用。在企业监管、环境治理、食品安全、信用体系等领域，推动政府部门、公共机构和社会企业有关市场监管数据、检验监测数据、违法失信数据、企业生产经营数据、物流销售数据、投诉举报数据的汇聚整合和关联分析，感知、洞察企业行为，预警企业不正当行为，提升政府决策支持和风险防范能力。开展公共服务大数据应用。在健康医疗、社保就业、教育文化、交通旅游等领域，推动传统公共服务数据与互联网、移动互联网、移动穿戴设备数据的汇聚整合，鼓励社会机构开展应用研究，开发便民服务应用，优化公共资源配置，提升公共服务水平。开展产业发展大数据应用。在工业制造、新型材料、航空航天、生物工程、金融服务、现代农业、商贸物流等领域，提升大数据资源采集获取能力和分析利用能力，充分发掘数据资源的创新支撑潜力，带动传统产业技术研发体系创新、生产管理方式变革、商业模式创新和产业价值链体系重构，推动跨领域、跨行业的数据融合和协同创新，促进新兴产业发展和传统产业转型升级，探索形成协同发展的新业态、新模式，形成新的经济增长点。开展创业创新大数据应用。实施大数据开放行动计划，优先推进与民生保障服务相关的政府数据集向社会开放。组织开展大数据全民创新竞赛。依托政府开放大数据，引导和鼓励全社会企业、公众进行挖掘分析，开发应用，激发创新创业活力，推动万众创新、开放创新。

（八）建设工业互联网平台

大力推动两化深度融合，协同推进"中国制造2025"、"互联网+"和"双创"国家战略，积极推动工业互联网平台建设，并实现上下互动、左右联通、公开共享。调动各类社会资源，整合各级各类政策资源，为中小企业提供各类优质服务资源，将平台服务覆盖到全国，辐射到东、中、西部各地区，推进实现均衡化服务供给。通过数字化、信息化、智能化的手段优化整合工业企业的各个制造环节，推进工厂内互联互通、工厂间智能协作，不断提升基于互联互通的智能制造能力、基于组织创新的资源动态配置能力、基于数据驱动的创新发展能力。

四、实施国家大数据战略的政策建议

在借鉴美国、日本等发达国家的先进经验的基础上，考虑我国现有国情，我们应该做好以下几项工作确保"数据强国"的顺利实现。

（一）成立国家大数据战略高级领导小组

基于美日等发达国家的先进经验，建立国家一体化的大数据领导机构统筹效率更高。它们都有专门的大数据管理机构和执行机构，其共同特点是凌驾于传统政府机构之上，突破了传统的政府管理模式，实现了行之有效的统领模式。如美国由白宫科学和技术政策办公室牵头建立的大数据高级监督组和日本政府内阁和总务省 ICT 基本战略委员会。建议设立由国务院领导担任组长的国家大数据战略领导小组，领导小组下设办公室，办公室设在国家发改委。国家大数据战略领导小组副组长由网信办、发改委、工信部主要领导担任，领导小组成员包括发展改革委、工业和信息化部、中央网信办、中央编办、教育部、科技部、公安部等国家促进大数据发展部际联席会议43个部门组成。国家大数据战略领导小组是组织领导、统筹协调全国大数据发展；理顺网信办、发改委和工信部大数据职能，形成合力；充分发挥大数据专家咨询委员会，审定大数据发展规划和实施方案；审定全国大数据发展重要政策措施；研究解决全国大数据发展全局性、方向性的重大问题和事项。领导小组办公室责具体日常工作。各成员单位将结合自身工作职能，承担大数据具体推进工作，并牵头抓好本系统、本领域大数据发展工作。

（二）完善大数据国家法律体系

大数据技术普及应用的今天，数据成为越来越重要的社会资源和企业资产，对经济、社会、企业经营和个人生活的影响越来越大，也是以互联网为代表的新经济的重要基础。数据的产生、权属、使用、开放、交易、保护、治理等问题也越来越突出，涉及数据方面的纠纷和案件也在迅猛增多。应像劳动、土地等生产要素一样启动《数据法》的立法工作。《数据法》包括总则、数据产生、数据权属、数据使用、数据公开、数据交易、数据保护、数据治理、数据取证、法律责任、附则等内容。此外，加快制定完善《中华人民共和国政府信息公开法》《中华人民共和国保守国家秘密法》《中华人民共和国个人隐私法》等法律法规及其实施细则，针对大数据尽快修改完善《反垄断法》《物权法》等相关法规。

（三）构建一体化的国家大数据体系

为适应社会治理模式转变，发挥互联网在国家管理和社会治理中的作用，必须以数据集中和共享为途径，建设全国一体化的国家大数据中心体系：以政府数据中心为主线分级互联社会数据中心，形成数据中心与云计算平台层，增强全国计算存储资源的一体化调配能力；以国家数据共享交换平台为核心，对接全国共享平台体系，形成全国公共数据资源共享交换平台层，汇聚共享政务信息资源，加强中央及各级政府部门对公共数据资源的统筹管理能力；以国家数据开放平台为中心，采用政府购买服务方式，推动政务信息与行业数据、社会化大数据的融合，形成全国大数据资源服务平台，提供大数据创新应用与深度知识服务。借鉴西方国家大数据领域发展经验中，充分发挥政府营造环境作用与企业市场主体地位，加强平行部门之间、政府与企业之间的通力合作。

（四）着力改善大数据发展环境

一是提升信息基础设施。紧紧围绕完善新一代高速光纤网络、加快建设先进移动宽带网、积极构建全球化网络设施、强化应用支撑能力建设四项重点任务，全面提升宽带骨干网、城域网、接入网、国际通信和应用设施能力，重点加快农村宽带网络建设步伐，突破国际出入口、网间互联等薄弱环节，加快我国信息基础设施优化升级。二是简政放权，提升治理水平。制定政府大数据开发与利用的"负面清单""权力清单"和"责任清单"，提高政府监督市场，建立公平竞争的市场环境。三是建立统计和评估指标体系。依托第三方咨询机构、行业协会和大数据联盟等机构开展大数据统计理论和大数据产业评估理论研究，研究建立大数据产业统计体系和全国、区域产业发展指数，监测大数据产业发展情况及对国家、地方经济贡献度，为国家和地方发展大数据产业提供支撑。国家统计局牵头研究建立关于数据资源、产业分类和规模等方面的统计分析体系，开展产业发展统计监测。建立全国大数据发展评估体系，对全国及各地大数据资源建设状况、开放共享程度、产业发展能力、应用水平等进行分析评估，引导各地有序发展大数据，防止出现新一轮"产能过剩"。编制发布大数据产业发展指数，引导和评估全国大数据发展。四是大力发展大数据公共服务平台。围绕产品和服务测试验证、知识产权保护、数据估值和交易，建设一批大数据技术与产业公共服务平台，开放式的为产业各环节提供支撑服务，构建和繁荣大数据产业生态。支持建设大数据产品测试验证平台，依托第三方提供大数据新技术、新应用、新产品的评测认证和推广。支持第三方机构开展大数据服务可用性、可靠性、安全性和规模质量等方面的评估、评测、检测认证服务。培育一批大数据咨询研究、知识产权保护、投融资服务、产权交易、人才服务、企业孵化和品牌推广等专业服务机构。四是大力发展数据评估、数据估值和数据交易审计等第三方服务。

（五）推进数据有序合理流通

探索建立数据交易流通的监督管理机制和信息披露制度，组织制定数据交易流通规则，开展试点示范，推动大数据交易市场逐步完善：一是研究制定数据交易监督管理政策，实现对数据资源的采集、传输、存储、利用以及流通的规范管理。二是建立大规模个人信息泄露报告制度，健全网络数据和用户信息的防泄露、防篡改和数据备份等安全防护措施及相关的管理机制，加强数据交易流通中的个人信息安全保护。三是依托行业组织制定数据交易流通规则，支持在线、离线、托管等形态的交易模式，完善数据上线、数据审核、交易实施、交易确认、数据下线、交易结算等交易流程，探索数据定价机制和数据交易交割模式，推进大数据供需有效对接，引导和规范数据资源合法有序进入流通环节。四是坚决打击各种非法收集、窃取、贩卖数据的行为，尤其是涉及国家机密、商业秘密、个人隐私的违法犯罪活动，对于情节严重的行为，要给予必要的刑事处罚。

（六）平衡好大数据安全与发展的关系

加快《中华人民共和国网络安全法》落实进程，建立完善的国家关键基础设施保护制度。主要包括：一是要建立国家关键基础设施信息安全保护制度。明确国家关键基础设施分类，制定国家关键基础设施信息安全认定标准、等级和程序；全面评估我国国家关键基础设施信息安全现状，建立国家关键基础设施信息安全测评制度；建立国家关键基础设施信息安全负责人制度、保密管理和境外数据处理禁则。二是建立国家关键基础设施信息安全事件的监测通报、预警制度和处置机制。从预警级别、预警启动、不同级别预警的应对机制以及预警解除等方面，完善国家关键基础设施信息安全事件的预警机制。成立专门的监管机构，负责国家关键基础设施信息安全风险监测工作，制定国家关键基础设施信息安全事件监测通报规划和方案。制定国家关键基础设施信息安全事件的分级处置标准、信息发布机制、数据恢复制度，责任追究机制，对于特大、重大信息安全事件要做好专项预案。三是要明确专门监管机构的信息安全监督管理职责，明确各个国家关键基础设施行业主管部门的信息安全监督管理职责；实施国家关键基础设施信息安全保护的行业主管和安全主管分离的制度。

（七）推进大数据军民融合

以军民融合战略为契机，统筹网信行政力量、网信军事力量、网信科技力量、网信社会力量，提升信息战能力，有效确保获得制信息权。借助大数据平台，建立综合互联网络系统，从而实时获取、交换和使用数字化信息，及时满足各级指挥官、战斗人员和保障人员的信息需要，通过提高战场态势感知能力来加强作战效能；利用大数据安全技术的研发，部署纵深防护、多层配置的安全保密措施，来对抗敌方的信息渗透和情报窃取。建立军地合作、攻防一体的数据安全应用和应急管理响应体系。坚持自主创新与开源合作相结合，开展数据科学的基础理论研究。支持相关企业、高校和科研机构产学研结合，加强大数据协同融合创新平台建设，实施专项计划，突破关键技术。面向重点行业领域应用需求，大力发展数据采集、数据表示、数据融合、数据汇聚、数据传输、数据整理、数据存储、数据平台、数据挖掘、数据服务等核心技术，探索大数据复杂性、不确定性特征描述的刻画方法和大数据系统建模，攻关数据管理、数据仓库、数据挖掘和知识发现等关键数据技术，重点突破海量数据分布式存储、非关系型数据库、数据智能分析与可视化等核心关键技术，提升大数据知识发现与管理决策能力以及处理非结构化和半结构化数据的能力。

（八）加强大数据专业人才的引进与培养

尽快引进、培养具备多层次、高素质的大数据专业人才。一方面，要充分发挥政府的主动引领作用，实施人才引进战略，以大数据领域研发和产业化项目为载体，积极引进高端人才，重点引进一批活跃在大数据技术发展前沿、国际领先水平的高端专业人才和团队。另一方面，要培养和造就高素质的大数据应用人才。可以采取多元化培养方式，即：支持国内高等院校设置大数据相关学科、专业，培养大数据技术和管理人才；支持职业学校开展大数据相关职业教育，培育专业技能人才；鼓励高校和科研院所针对大数据产业相关技能对在职人员进行专业培训，缩短大学培养人才周期来满足数据产业对人才的需求。

全球大数据发展现状及先进经验分析

(中国国际经济交流中心博士后) 张大璐

[摘 要] 大数据的深度价值已经被社会认可,将会为行业和企业带来巨大的商业价值,实现各种高附加值的增值服务,进一步提升行业和企业的经济效益和社会效益。因此,一个国家拥有数据的规模和运用数据的能力将成为综合国力的重要组成部分,对数据的占有、控制和运用也将成为国家间和企业间新的争夺焦点。本文分析了目前全球大数据领域发展现状,并对于西方先进国家发展经验进行了借鉴。

[关键词] 大数据 发展现状 先进经验

大数据概念自提出到目前的广泛应用不过是短短3—5年。在这几年间,大数据正在日益深入地影响着我们的生活。从政府、企业到民间都深刻认识到大数据在推动经济发展方式转变、提高资源配置效率、加快转型升级步伐上前景远大,意义深远。

一、全球大数据发展态势

（一）大数据成为各国重要的战略资源

大数据时代，世界各国对数据的依赖快速上升，国家竞争焦点已经从资本、土地、人口、资源的争夺转向了对大数据的争夺，对大数据的开发、利用与保护的争夺日趋激烈，制信（数）权成为继制陆权、制海权、制空权滞后的新制权。大数据使得数据强国与数据弱国的区分不再以经济规模经和济实力论英雄，而是决定于一国大数据能力的优劣。毫无疑问，大数据是当前一个事关经济社会发展全局的战略性产业，已经成为全球高科技产业竞争的前沿领域，以美、日、欧为代表的全球发达国家已经展开以大数据为核心的新一轮信息战略以及新一轮的人才竞争、技术竞争、产业竞争、企业竞争和国家竞争。

（二）数据跨境流动问题已成为全球面临的共同挑战

在大数据环境下，信息创造者、接收者和使用者，信息发送地、输送地及目的地，信息基础设施的所在地，信息服务提供商的国籍及经营所在地等由于信息传输的同步，导致数据不同利益主体交互重叠、甚至有冲突。随着移动互联网的发展、高性能计算的突破和云计算基础设施的普及，数据的产生、存储、处理和使用已经突破了传统物理空间限制，互联网数据流动已经实现了全球同步，几乎没有时间延滞。在网络空间中数据的创造者、接收者和使用者均主张对己方有利的数据主权，这将会造成主权的交互重叠甚至冲突。这就使得数据的跨境流动与现行的法律存在空白或冲突，迫切需要国际上的协调合作，共同制定数据跨境流动的相关规则，避免数据管控的无序状态。

（三）大数据应用能力已经成为未来国家竞争的新制高点

大数据将改变国家间的竞争模式。世界各国对数据的依赖快速上升，国际竞争焦点将从对资本、土地、资源的争夺转向对大数据的争夺，重点体现为一国拥有数据的规模、活跃程度以及解析、处置、运用数据的能力，数字主权将成为继边防、海防、空防之后又一个大国博弈领域。各主要国家已认识到大数据对于国家的战略意义，谁掌握数据的主动权和主导权，谁就能赢得未来。新一轮大国竞争，在很大程度上是通过大数据增强对世界局势的影响力和主导权。

（四）"数字鸿沟"日益成为人类新的不平等

根据目前的统计，预计截至 2016 年底，有 39 亿人——世界上 53% 的人口没有使用互联网。在美国和独联体地区，大约 1/3 的人口是不使用互联网的。而几乎 75% 的不使用互联网的人口在非洲，只有 21% 的欧洲人不使用。在亚太地区和阿拉伯国家，不使用互联网的人口比例非常相似，分别为 58.1% 和 58.4%。不懂得使用电脑进入网络空间或者没有条件进入网络空间的群体，慢慢会成为网络空间的遗弃者。处在信息社会边缘的他们将被社会抛入数字鸿沟的最底层。世界信息资源和知识资源分布严重差异的现状，将形成新一轮的人类不平等。

（五）"数字经济"成为各国大数据发展的驱动力

近年来，全球经济复苏乏力，寻求发展新增长点已经成为世界诸多国家和地区的首要课题。随着信息技术的快速发展,数字经济异军突起,其强劲发展势头相对传统产业需求不振、危机四伏的低迷现状,显得异常璀璨。抓住机遇,加速向以网络信息技术产业为重要内容的经济活动转变,已成为各国经济发展的关键之举。据埃森哲公司今年发布的《数字颠覆:增长倍增器》报告测算,2015年美国数字经济总量已经占国内生产总值(GDP)的33%。该报告同时预测,数字化程度的优化将在2020年使美国GDP增加2.1%,对应增加4210亿美元。还有统计显示,未来几年,数字经济在全球经济的占比将达到22.5%。数字时代,数据是重要的原材料和生产要素,决定着经济转型的质量和效率。为此,不少国家纷纷开始了一轮新"淘金热"。德国发布"数字战略2025",明确了德国制造转型和构建未来数字社会的思路;英国出台《数字经济战略(2015—2018)》,旨在建设数字化强国;日本提出建设"超智能社会",最大限度地将网络空间与现实空间融合。

(六)大数据安全日益凸显

大数据的安全令人担忧,大数据的保护越来越重要。大数据的不断增加,对数据存储的物理安全性要求会越来越高,从而对数据的多副本与容灾机制提出更高的要求。网络和数字化生活使得犯罪分子更容易获得关于人的信息,也有了更多不易被追踪和防范的犯罪手段,可能会出现更高明的骗局。

二、我国保持大数据发展总体良好态势

(一)"数据"与"大数据"概念混淆不清

国务院总理李克强在出席"2016数博会"时指出,贵州发展大数据是开了一个"钻石矿"。大家纷纷将目光关注到"钻石"二字上,这可是比"金"矿更加诱人的字眼,意味着更高的价值、更多的财富。殊不知,"钻石矿"相比于"金矿"将淘出更多的矿渣,即将要花费更多的努力、产生更多的信息废料,才能有所收获。

问题又聚焦到大数据的概念上来,大数据的实质是什么?不光是数据量大就叫大数据。现在社会上流行的每家每户都是大数据源,数据源大了就叫大数据吗?答案是否定的。大数据不光是数据大,而且不是一个单元,是多元异构的数据量大,来自多方面多单位,多行业的数据集合才叫大数据。其次,数据种类非常之多,而且就这一块因此构成了非结构化的这样的结构。结构破坏了,因为来自多方异构的。再次,这些数据几乎各家各户都不需要,数据作为各单位已经没有价值了,是垃圾,因此它本身的价值的密度很低,但是垃圾里面可以梳理出很有用的东西来。最后就是我们要做的,处理快、实时处理,不要让垃圾堆山,把有用的知识,有用的规律归纳出来就够了。简单比喻一下综合处理各家各户不需要的数据,没有价值的数据,收集起来重新处理再深度挖掘,发现一些规律性东西、事实性的东西,战略性的传播,通俗解释就是数据垃圾的综合处理,这才是大数据真正的含义。

目前社会上大部分所谓的大数据应用,只是将原有数据整合

分析，加强了信息共享，打通了一些原有独立部门的信息化通道，并不是真正意义上的大数据应用。但即便如此，这也是大数据概念感染下，社会各部门领域信息化、电子化的进步，应该给予足够肯定，并且鼓励继续向纵深发展。并且，在开放共享的过程中，人民群众已经切身感受到信息化带来的方便，这也进一步强化了国民的大数据意识。

（二）我国政府高度重视大数据发展，大力投资建设大数据基础设施

我国高度重视大数据发展，已陆续出台 10 余项与大数据发展相关的国家级文件。目前，国家大数据战略正在得到有力落实，大数据在各行业领域应用不断深入，加速融入经济社会各个领域。为贯彻落实《促进大数据发展行动纲要》和国家大数据战略，目前我国有 37 个省市专门出台大数据的发展规划、行动计划和指导意见等文件。超过 20 个部门制定了大数据应用相关文件，涉及大数据产业创新、市场监管、医疗健康、农业农村等方面。已经建立了由国家发改委、工信部、网信办等 46 个部门促进大数据发展部际联席会议制度，共同促进大数据建设健康快速发展，审议通过了《促进大数据发展三年工作方案（2016—2018）》和《促进大数据发展 2016 年工作要点》，对促进我国大数据发展进行了部署，明确了相关工作的时间表和路线图。

我国关于大数据发展相关文件

序号	时间	文件名称	文件要点
1	2015.5	国务院印发中国制造2025的通知	把握住新一轮科技革命和产业变革与我国加快转变经济发展发生的机遇,作为我国实施制造强国战略第一个十年的行动纲领,推进工业化和信息化深度融合。
2	2015.6	国务院关于推进大众创业万众创新若干政策措施的意见	依托大数据,加强创业创新公共服务资源开放共享。
3	2015.7	国务院办公厅关于运用大数据加强对市场主体服务和监管的若干意见	充分运用大数据先进理念、技术和资源,加强对市场主体的服务和监管,推进简政放权和政府职能转变,提高政府治理能力,推进政府和社会信息资源开放共享。
4	2015.7	国务院关于积极推进"互联网+"行动的指导意见	首次提出研究出台国家大数据战略。
5	2015.9	促进大数据发展行动纲要	全面推进我国大数据发展和应用,加快建设数据强国。
6	2015.10	十八届五中全会	第二次提出实施大数据战略。
7	2016.3	十三五规划纲要	要进一步实施大数据战略。
8	2016.11	国务院关于印发"十三五"国家战略性新兴产业发展规划的通知	提出由国家发改委牵头实施国家大数据战略,组织实施大数据发展工程。
9	2016.7	国家信息化发展战略纲要	统筹建设国家互联网大数据平台。
10	2016.12	"十三五"国家信息化规划	建立统一开放的大数据体系,布局国家大数据发展工程,实施大数据安全保障工程。
11	2017.1	大数据产业发展规划(2016-2020)	加快实施国家大数据战略,推动大数据产业健康快速发展,以企业为主体集中攻克大数据关键技术,加快产品研发,发展壮大新兴大数据服务业态。

我国政府十分重视在大数据基础建设上的投入。在相关国际机构公布5G正式标准后，网络建设进入新阶段，最快于2020年正式商用5G网络。如果各项工作进展顺利，三大运营商有望于2019年启动5G网络建设，网络建设总规模将和现有4G网络规模相当，预计整体投入超过5000亿元。

三、主要发达国家推进大数据战略的经验与启示

随着互联网的普及、网络技术的发展、硬件性价比的提高以及软件技术的进步，信息技术与经济社会交融发展，文字、数字、图像、视频等数据变得可接触、可积累、可计算。分布式系统基础架构Hadoop使得用户可以在不了解分布式底层细节的情况下开发分布式程序，HDFS为海量的数据提供了存储，MapReduce为海量的数据提供了并行计算，这些都为大数据的迅猛发展提供了必要的技术支持。大数据的深度价值已经被社会认可，将会为行业和企业带来巨大的商业价值，实现各种高附加值的增值服务，进一步提升行业和企业的经济效益和社会效益。因此，在未来，一个国家拥有数据的规模和运用数据的能力将成为综合国力的重要组成部分，对数据的占有、控制和运用也将成为国家间和企业间新的争夺焦点。

通过对于主要发达国家在大数据领域方面的战略和经验分析，世界大数据技术发展及应用格局还是十分清晰的。美国在大数据领域的技术研发和应用方面仍是毫无疑问的世界第一，大有带动整个行业、制定整套标准、引领全球发展方向之势，而除美

国之外的其他国家都处于"跟跑"状态，都是模仿、使用和追随。美国在大数据领域能造出今天之势，是与美国政府战略布局、资金投入、社会各领域积极参与等多方面原因密不可分。

第一，美国树立雄霸全球的大数据发展战略目标，充分显示了美国政府对于发展大数据的信心和决心。

美国自政府到企业各界认为随着大数据技术的成熟，社会将越来越依赖于数据驱动的科学研究，引领新的发现以及数据驱动决策。作为"大数据"概念的发起国，美国政府推动大数据发展的战略目的主要包括：

（1）全球范围内成为"大数据"技术和产业的领导者，以便下一步向全球推行自己的"大数据"策略，进而控制全球的"大数据"；

（2）让"大数据"成为美国经济新的增长点，以政府的投资促进相关产业的发展，吸引更多的企业和个人参与其中，提升社会就业率等相关经济指数；

（3）利用"大数据"所带来的"信息开放度的提高"和"统计数据的优化"优势，完善社会保障机制和提高政府行政效率、提高社会稳定度。

制定这样的战略目标，源于美国政府对于大数据的重要意义的深刻认识已经显著高于其他参与国；制定这样的战略目标更加彰显了美国政府对于发展大数据的信心和决心。

第二，相对于其他国家，美国已步入大数据发展应用的高级阶段，大数据作为超级工具已经在多个领域实现了非常规路径的技术突破。

在其他国家还在大数据领域进行"基础设施建设"和"就事论事的分析"时，美国已经进入大数据应用的高级阶段，即利用大数据作为"超级工具"，做超越传统技术路线的"超常规"

研究，大数据技术的应用能够为人类的科技发展及管理方法提供新的路径以实现突破进展。

例如在肿瘤生物学方面，通过对科学论文进行机器阅读来识别信号通路中的分子相互作用，建立语言并将知识片段集成到大型模型中去，再通过相应算法来识别可能的药物标靶。这样所开发出来的系统工具就是有别于传统基础医学研究的，运用这个工具，科学家将能建立和理解整个分子系统，从而制造出更有效率、更高效益的靶向药物，突破以往靶向药物发现的常规路径。还比如2007—2009年的金融危机清楚地表明我们在很多方面对金融系统的了解还是匮乏的。随着金融危机对经济造成严重的后果，市场参与者和监管机构低估了混乱在相关企业和市场出现和蔓延的快速性。2010年，美国国会创建了金融研究办公室以满足金融稳定监督委员会及其成员机构的需求。为了完成它们的目标，金融研究办公室（OFR）与美国国家科学基金会合作，共同支持大数据金融稳定性的研究、政策制定和决策。这个项目涉及到计算机科学家、统计学家、经济学家、社会学家和金融专家在运用大数据工具和技术对美国金融稳定性进行识别和风险评估的合作。这项研究将有助于支持一个更透明、高效、稳定的金融体系。这也有别于以往传统规避金融风险的手段，这是把经济、金融问题归位于社会现象的本源，从基本表现上防微杜渐，建立了一张最严密的"警戒网"，突破了常规的经济监测模式。

第三，美国已经积极开展大数据应用，支持数据参与决策过程。

人类一直梦想能够站在巨人的肩膀上，在应对不可知的未来时能做出最科学的决策。如果人类能够善用历史几千年的知识和经验积累，让大数据辅佐我们未来的决策，人类社会的发展速度不可估量。

通过大数据技术处理，在将来可能有很多的决策会被调整。通过大数据知识将使人们整理出他们在各行各业作出的决策过程以及后续影响，为之后的相关决策提供了科学保障。关于知识是如何产生的、如何从知识分析中获得的结论，这类问题的清晰沟通，对于专业人士和非专业人士都是有价值的。大数据技术就是帮助明确"数据到知识再到行为"的过程。为了能够更好地获知人类的选择，提高他们决策和行为的速度，在数据驱动决策方案中，还需要对技术如何最大化提高人类的判断力这一问题再进行研究。下一代数据驱动的决策系统必须具备自适应性，具备对实时数据流和历史数据进行集成分析的能力。

例如在国土安全高级研究计划局（HSARPA）与联邦紧急事务管理署（FEMA）和美国消防管理局（USFA）合作，利用大数据开发了一种分析模型，并与4个地区的消防部门共同研究了2.25亿件由全国火灾事故报告系统（NFIRS）收集的国家、州、地方层面的火灾事故。地理空间和图像分析等大数据技术被运用在确定不同事故类型的趋势和模式、设备故障和消防队员伤亡等方面，提供关于提高培训水平、减少损失及科学决策的新方法。

第四，大数据性质决定了跨领域合作的必要性，政府部门之间、政府和企业之间的合作经验值得学习和思考。

在西方国家大数据领域发展经验中，经常会有平行部门之间、政府企业之间合作的介绍，这样的跨界合作值得我们思考。如之前提到的美国金融研究办公室与美国国家科学基金会合作，共同支持大数据金融的稳定性研究。美国金融研究办公室是一个虚拟的数据和研究组织，如何与美国国家科学基金会建立的合作？合作机制是怎样的？合作是如何发起的？为了达到目标，这种体制内的合作高能并且高效，值得我们效仿。

英国政府更是大胆选择一家公司作为国家政府大数据化的全

权代理，这里面彰显了英国政府迈向大数据时代的决心。英国政府直接与全球规模最大、知名度最高的 Cloudera 公司开展合作，开展与英国政府在 gadoop 系统开发和应用方面的合作，为英国政府的大数据战略提供技术保障。让商业公司参与到政府机构运作中是否是强制政府走向大数据化的捷径？商业公司在政府运行过程中进行的大数据改造会不会是池塘里新来的"泥鳅"，搅起原本沉默的数据？这种大胆合作模式的结果我们拭目以待。

第五，数据开放共享是大数据战略的重要组成部分，也是发展大数据所需迈出的第一步。

千里之行，始于开放，打破数据领域壁垒，实现更广意义上的数据共享是发展大数据必须迈出的第一步。各国大数据开放政策都具备两个共性特征：一是数据开放政策均建立在开放政府行动之下，使得数据开放有了更高的战略支撑；二是建立数据开放门户成为普遍趋势，有力地保证政策得以落地。

美国是政府数据开放与共享的领头者，从其政策制定脉络来看，数据开放共享分为两个层面：一是对公众和社会，大力推动政府数据开放，制定一系列确保公众平等获取数据、开发利用数据的政策法规；二是对政府自身业务管理，积极制定信息共享战略法规，特别是在国家安全等方面，要确保在正确的时间将正确的信息分享给正确的人。英国政府数据开放强调政策的执行力度。美国《开放政府白皮书》明确要求各政府部门每隔 2—3 年就要制定详细的数据开放策略，阐述他们将要对外开放的数据内容、首次开放时间、数据更新频率，以及促进市场使用这些数据的政策、原则，并定期进行数据开放总结汇报。

第六，发展大数据需要根据大数据特点，突破传统政府管理模式，建立国家一体化的大数据领导机构统筹效率更高。

数据的属性、大数据的特质决定了促进和管理大数据必将有别于传统模式，运用大数据所进行的社会治理，也必将是全新的模式和策略。基于各国现有的实战经验，建立国家一体化的大数据领导机构呼之欲出：各国的战略规划都指定了专门的管理机构和执行机构，这些机构共同的特点都是凌驾于传统政府机构之上，突破了传统的政府管理模式，实现了行之有效的统领模式。

美国由白宫科学和技术政策办公室牵头建立了大数据高级监督组，通过协调和扩大政府对大数据的投资，提供合作机遇，促进核心技术研发和劳动力发展等工作，促进大数据战略目标的实现。日本政府内阁和总务省ICT基本战略委员会是日本大数据战略的制定和执行部门。总务省ICT基本战略委员会是在2016年成立的一个专家组，肩负制定面向2020年日本新ICT战略的任务。信息通信审议会在2011年初设立过各个专业委员会，旨在促进ICT的"新型产业培育"与"研究开发"，但不久后遭遇大地震。由于研讨会议一直处于搁置状态，所以才设立了这么一个紧急制定新战略的委员会。英国战略分别针对技术能力、基础设施和软硬件建设、推进合作、数据开放与共享等指定具体的负责机构，同时，由信息经济委员会负责根据战略进一步制定具体战略实施路径。

第七，大数据人才和"有大数据意识"的人才培养是关键，大数据课程要迅速渗透至国民基础教育之中。

目前许多研究和调查已经证明了大数据人才的短缺。大数据人才分为两个部分：一是数据科学家；二是具有大数据思想的专业科学家。此外对于社会民众的普适性教育中也要加大对于大数据思想的宣传。日本就大数据时代所需要的人才也做了专门的研究。

大数据的核心专家包括数据科学研究人员、信息科学家、统计学家、计算机科学家、数据库和软件编程人员、图书馆馆长、图书管理员和数据科学相关的档案管理员。这些专家是对于数字化数据收集的成功管理和分析的核心人员。基于目前的学科分类，可以从统计学、机器学习、数据挖掘、可视化和伦理等传统专业上进行延伸，培养出掌握核心技术的大数据领域专家。

"有大数据意识"的科学家队伍建设也很关键。在美国大数据高级指导组甚至已经参与了数据科学课程的制定，专供其他专业的人才教学。一个核心数据科学课程的教材包括计算机科学、统计学、伦理学、社会科学和政策，这是以数据科学为基础，训练其他学科专业人才的项目，旨在培养未来各行业专业人士的大数据意识。由于大数据本身的包容和跨界性质，这样的具有大数据意识的各领域专业人才就显得十分宝贵。美国大数据指导组都已经迅速将需求反映在教育设置当中，这点也十分值得中国大数据主导部门及教育界借鉴。

此外，美国大数据高级指导组将数据科学最基本的课程已经推向高中，并在2014年已经完成了试点，即让普通公民获取处理数据的基本技能，包括对于数据的读写能力，并将此作为大学数学和统计学课程入学前要求。这就对于提高全民的数据意识，保证公民基本的数据读写做出了指导，同样值得我国借鉴。

第八，数据安全与隐私保护等相应法规和条例制定应及时跟进。

大数据所带来的一个全新挑战就是对个人隐私与数据安全的威胁。因此，需要通过法规政策强化大数据应用过程中对个人隐私与数据安全的保障。当前大数据应用所适用的隐私与数据安全保护法规政策大多沿用多年前的法规文件。个别国家已经开始针对大数据特点制定专门的隐私与数据安全政策。在个人隐私保护方面，英国《开放数据白皮书》明确将在公共部门透明度委员会（监督各部门数据开放的核心机构）中设立一名隐私保护专家，确保数据开放过程中及时掌握和普及最新的隐私保护措施，同时还将为各个部门配备隐私专家；二是内阁办公室强制要求所有政府部门在处理涉及到个人数据时都要执行个人隐私影响评估工作（Privacy Impact Assessments），为此还专门制定了非常详细的《个人隐私影响评估手册》，三是各政府部门开放数据策略中均明确将开放数据划分为大数据（big data）和个人数据（my data），大数据是政府日常业务过程中收集到的数据，可以对所有人开放，而个人数据仅仅对某条数据所涉及到的个人自己开放。

"数字中国"：新时代的国家信息化发展战略思考

（国家信息中心副研究员）刘绿茵

[摘　要]"数字中国"成为我国进入新时代的重要课题。本文在分析世界主要国家与地区数字战略的基础上，归纳总结了世界各国数字战略的特点与趋势，并提出我国"数字中国"发展的战略思路、战略重点。

[关键词] 数字中国　发展战略　新时代

近年来，各国聚焦数字化发展，纷纷制定数字经济战略，推动数字化转型，政策范围覆盖了商业创新、生产制造、公共治理、居民就业、教育医疗等各领域，旨在提升国家竞争力、促进经济发展和社会进步。

习近平总书记在中国共产党第十九次全国代表大会上所做的《决胜全面建成小康社会夺取新时代中国特色社会主义伟大胜利》的报告中提出，加快建设创新型国家，"为建设科技强国、质量强国、航天强国、网络强国、交通强国、数字中国、智慧社会提供有力支撑"，"数字中国"成为我国进入新时代的重要课题。

一、数字战略成为世界各国和地区战略布局的重点

许多国家和地区都将数字战略提升到国家和地区发展的战略核心层面，作为重点发展和着力投入的焦点领域。全球各地区各国纷纷出台数字战略，强化产业的高端高效，提高竞争力。

（一）美国注重数字经济的战略管理和度量

为应对数字经济发展的挑战，2016 年美国在商务部设立数字经济顾问委员会（DEBA），由大企业 CEO 等担任顾问以便充分听取产业界意见。DEBA 认为美国的数字化是其历史上最快速和最波澜壮阔的经济和社会变迁，数字科技正在改变人们的消费、交易、互动、组织和工作方式，但是由于缺乏对数字经济的度量，数字科技变化带来的经济影响无法得知。随着数字化进一步主导经济，决策者和企业家需要更多的数据来了解数字经济，以便制定合理的政策和投资决策。

DEBA 提出了一个四步框架，用于测量数据经济。该框架的四个部分包括：（1）诸如公司、行业和家庭等经济不同领域的数字化程度；（2）数字化的效果或产出，诸如搜索成本、消费者盈余和供应链效率；（3）对于诸如实际 GDP 和生产率等经济指标的综合影响；（4）监控新出现的数字化领域。

（二）欧盟注重数字战略发展的环境营造

欧盟一直以来都非常注重数字战略发展环境的营造。欧盟委员会 2012 年发布的"互联世界下的隐私保护——21 世纪的欧洲

数据保护框架"以及 2014 年发布的"数据推动的经济繁荣"公告中指出，欧盟需要建立统一的现代化数据保护规则，推动数据在成员国之间的自由流动。公告认为，与美国相比，欧盟数字经济在数字革命的浪潮中起步已晚，行业能力相对缺失。故此，欧盟委员会认为，欧盟缺乏数据交易所需的法律环境，将可能导致无法充分利用大数据、给新兴市场主体造成阻碍，并扼杀创新。

数据经济的构建，需要欧盟制定相应的政策框架，推动数据在整个价值链中的应用，实现其科研、社会与产业价值。2017 年 1 月，欧盟发布《构建欧洲数据经济》报告，从数据的自由流动、访问与传输、法律责任及可移植性、互通性和标准化等四个方面做了论述，并提出了在真实环境下验证通用监管方案的具体建议，旨在制定和实施适用于数据经济的政策与法律框架，改善数据经济发展环境，推动欧盟数据分析产业的发展。《通用数据保护条例》（GDPR）就是其中最重要的法律规定。

《通用数据保护条例》（GDPR）将于 2018 年 5 月正式生效，结束目前欧盟 28 国各自为政的局面，成为管辖欧洲数据经济的统一规则。同时，欧盟还将建立一站式管理机制，由统一的数据保护机构（DPA）负责监督管理欧盟企业的跨国数据处理业务，从而保证对新规的统一解释。特别对涉及多国数据保护机构的跨境业务，要采取统一决策，确保相同问题统一解决。

（三）英国注重数字战略的创新发展

2015 年 2 月 16 日，英国政府出台《英国 2015—2018 年数字经济战略》，倡导通过数字化创新来驱动经济社会发展，促进英国的各个企业通过采用数字技术进行创新渗透到英国的各个传统行业，为把英国建设成为未来的数字化强国部署战略方向。

英国 2015—2018 年数字经济战略具有五大具体目标：

1. 鼓励/扶持所有的数字化创新者

帮助各个处于初创阶段的公司中的数字化创新者们实现其创新性想法、建立商业化运作模式；帮助传统企业研发并部署各项数字化解决方案。

2. 建设以用户需求为中心的数字化社会

英国政府大力扶持那些以用户需求（主要集中在可信度、接入以及使用的便利性这三大方面）为中心的数字化创新方式，以确保相关的解决方案能很好地解决相关的市场问题。

3. 为个人创新者提供一切可能的帮助

为所有的个人创新者提供专业的技术指导、业务发展指导以及各类相关的商务资源，并在必要时，为其提高数字化创新能力提供各种技术支持。

4. 促进基础设施建设

发展并巩固跨行业的数字发展基础架构，并鼓励数字发展方面的投资，对新进入市场的创新者给予指导。鼓励并支持基础设施的互联互通以及各个相关软件平台的互联互通，建立并逐步发展数字化的生态系统。

5. 确保数字经济创新的可持续性发展

需要评估相关创新的社会影响、商业环境、法律环境以及政府政策环境，确保各项技术创新得到良好的应用并获得持续性发展。

（四）法国注重加强数字战略的组织管理

法国多年来持续注重加强数字战略的组织管理。2008年，法国成立专门负责数字经济发展的国家秘书处。2011年初成立了部际信息和通讯系统处（Direction Interministérielle des Systèmes d'Information et de Communication，简称DISIC），由其引导和协调政府部门的行动，提高信息和通讯系统的质量和效率，推动政府部门创新。法国也加强了国家信息系统安全局（Agence Nationale de la Sécurité des Systèmes d'information，简称ANSSI）的职权，以保证政府部门及重要机构的信息系统安全。

为了更好地发展数字产业，法国在2011年4月成立了国家数字委员会（Conseil National du Numérique，简称CNN），其主要职能是代表政府参与到数字领域的公共讨论，同时也为政府提供数字产业治理的相关建议。另外，法国政府还成立了信息与通信技术服务战略委员会（Comité Stratégique de la Filière des Services et Technologies de l'Information et de la Communication，简称CSF STIC）以加强该产业的竞争力。

二、全球数字战略发展的特点与趋势

数字战略成为世界各国关注的重点，围绕数字经济创新的竞争与合作不断加强，这既为我国带来了重大机遇，也给我国提出了严峻挑战，必须紧紧地把握机遇，应对挑战，以数字战略为引领，为加快转变经济发展方式、调整产业结构、提高社会生产力开辟新的空间，以数字战略发展的新突破实现经济社会发展质的提升。

（一）中美两国数字战略发展处于世界前沿

当前，信息技术创新日新月异，推动生产方式、生活方式、政府治理模式和经济社会发生着前所未有的深刻变革。信息技术与经济、社会融合发展的活跃程度已成为衡量一个国家和地区综合实力的重要尺度。

从现有信息技术创新演进速度看，信息技术创新演进可分为三类：第一类，其自身技术体系较为成熟，产业格局基本形成，但新一代信息技术对其有一定的冲击力，存在一定的转型压力。第二类，其技术体系相对成熟但仍有拓展空间，随着互联网等关联产业的产业、产品形态正处在变革之中，包括了信息安全、云计算、行业应用软件、虚拟现实等。第三类，其核心技术仍处在不断创新演进中，行业应用并未全面展开，属于信息技术发展的前沿方向，市场应用具有大量的拓展空间，人工智能、物联网、区块链等新兴信息技术的发展与行业应用紧密结合，融合创新成为主流。

综合来看，世界各国在"大智物云移"等信息技术推动下，全球数字战略发展进入快车道。现阶段，世界数字战略的发展是以移动互联网应用为主，以平台为载体，以数据为驱动，表现为"互联网+"。尤其是从2016年起，进入后移动互联网时代，以云网端新一代基础设施为基础，逐步走向万物互联，开始全面数字化转型，人工智能、智能制造为代表方向。全球10大市值最高的上市公司有6家是互联网企业，包括美国苹果、谷歌母公司Alphabet、微软、亚马逊、脸书和中国阿里巴巴和腾讯。在移动互联网阶段，中美引领了全球数字经济发展。

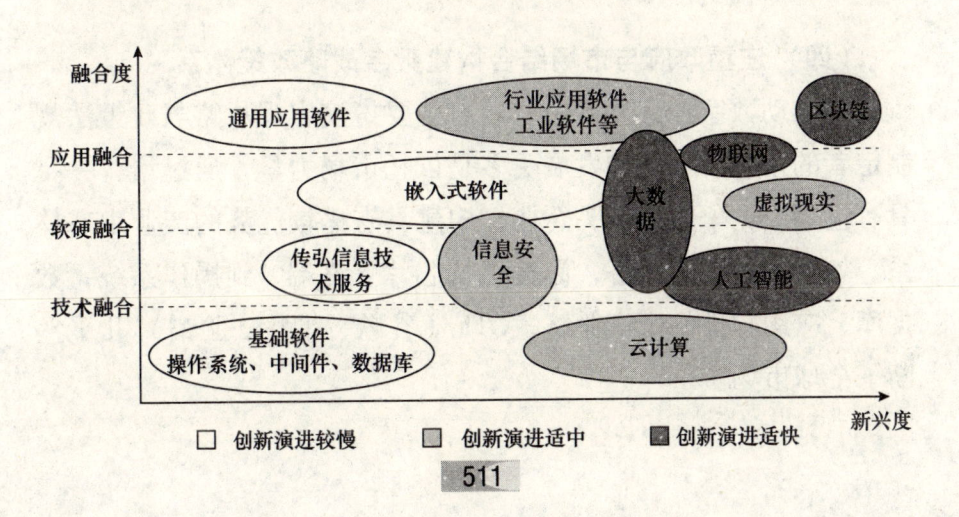

（二）技术和商业模式创新驱动产业格局发生重大变革

从全球产业发展方式来看，数字技术引发的模式创新日益重要。技术引发的商业模式、服务模式的创新拓展成为市场竞争的关键要素。虚拟化、云计算、物联网、移动互联网等新技术不断涌现，外包、SaaS、云服务等成为热门服务创新，个性化定制、基于广告、应用商店、社交网络等商业模式创新不断涌现，成为推动经济发展的新动力。

（三）跨界融合开拓产业发展新空间

数字战略正在成为全球共识，信息技术和产品成为支撑经济社会各领域业务运行的基本工具。一方面，信息化加速向工业生产、电力、金融、交通、旅游、医疗、家居、电子商务、物流等各行业、各领域渗透融合，引发了多领域、多维度、深层次变革，拓展了大量新的市场需求；另一方面，信息技术加速与经济社会各领域业务深度融合，催生了云计算、大数据、移动互联网、物联网、人工智能、虚拟现实、区块链等一批新技术、新产品和新服务，形成新的经济增长点。

（四）注重政府与市场结合构建数字战略政策体系

在推动数字经济发展中，政府主要扮演宏观战略与政策法规制定者的角色。创新和发展更多是依托市场力量，通过培育一批具有世界级竞争力的龙头企业，构建具有比较优势的产业生态体系。如美国的数字经济，涵盖了从芯片、终端、到操作系统，数据库、应用软件的全产业链，GTF（谷歌、推特、脸谱）几乎垄断了全球市场。

（五）世界各国力争抓住数字发展战略带来的新机遇

发达国家继续强化在信息技术领域的领先优势，技术换代速度加快，不断创造颠覆性的技术创新，为经济发展提供新的动力。2015年10底由美国国家经济委员会与美国国家科学与技术政策办公室发布的《美国创新新战略》提出九大战略领域，其中计算机新领域是重要组成部分，要保持美国在软件技术方面的前沿领先地位，开发新型系统，确保计算机新领域的有效利用，发展先进的信息技术生态系统。日本发布的《面向2020年的ICT综合战略》，提出应站在"智能化""系统化""全球化"的战略视角上推动科学技术创新。以"全球化"的视野，通过在各领域应用信息技术实现"智能化"，"系统化"地解决经济社会发展中出现的问题。

新兴经济体和广大发展中国家利用信息产业对全球化的积极影响，获得了参与全球产品和服务市场竞争的契机。韩国抓住信息化引发的产业转移与重组的历史机遇，培育形成了全球领先的半导体、平板显示、智能终端等信息技术产业，实现了追赶和超越。印度、巴西、俄罗斯等金砖国家利用信息技术推动经济发展及提升竞争力的成效显著，其信息化水平和经济全球竞争力同步提升。

三、"数字中国"发展的战略思路和战略重点

（一）战略思路

在"第二届世界互联网大会"上，习近平总书记特别提出，"要推进数字中国的建设"，"数字中国"不是数据中国，更不仅

仅是指"大数据之国",而是中国的国家信息化。"宽带中国""互联网+""大数据""云计算"等应该都是"数字中国"的内容。

中国特色社会主义进入新时代,当前和今后一个时期,"数字中国"建设过程中,要深入贯彻十九大报告精神,按照"四个全面"战略布局和"五位一体"总体布局,鼓励创新,坚持协调,瞄准绿色,坚持可持续开放,促进共享,满足人民日益增长的对数字化生活的需要,解决不同地区、不同人群数字发展不平衡不充分的问题,提升国民经济和社会发展的内生动力和质量。

(二)战略重点

1. 建设数字经济强国,构建国家竞争新优势

要形成结构合理活力迸发的数字经济,拥有一批创新型的数字通讯技术企业,创新智能制造的技术和中国品牌,推动数字技术各行各业的深度融合,在需求、商贸等等的活动中创新产品、业态、服务、管理和商业模式,实现产业升级,提高质量效益,使数字经济成为经济增长的重要的驱动力。

推动"互联网+"协同制造、现代农业、智慧能源等,充分发挥互联网在促进产业升级以及信息化和工业化深度融合中的平台作用,引导要素资源向实体经济集聚,推动生产方式和发展模式变革。重点推动"互联网+"普惠金融、益民服务、高效物流、电子商务、便捷交通、绿色生态等,创新网络化公共服务模式,最大限度优化资源配置,将互联网作为生产生活要素共享的重要平台,加快形成以开放、共享为特征的经济社会运行新模式。推动"互联网+"创新创业、人工智能等,以互联网融合创新为突破口,加强重点领域前瞻性布局,释放发展潜力和活力,培育壮大新兴产业,引领新一轮科技革命和产业变革,实现跨越式发展。

2. 打造高效数字政府，提升新经济治理能力

打造管理精细，服务高效的数字政府，完善政务信息共享集成和部门间的业务协同的体系建设，不断的提升政府治国理政的信息化统筹协调能力和网络信息的安全保护能力。充分的利用移动互联，云计算、大数据等技术，形成覆盖城乡的电子政务公共服务体系。为全体的城乡居民和经济实体，使他们能够享受到基本的信息公共服务。

将大数据、人工智能等新技术引入政府治理，建立"用数据说话、用数据决策、用数据管理、用数据创新"的管理机制，实现基于数据的科学决策，深化"简政放权、放管结合、优化服务"政策，推动政府管理理念和社会治理模式进步。

3. 培育可持续发展数字生态，加快智慧社会建设

培育节能环保可持续发展的数字生态，有效的利用大数据内容和数字技术手段，开展生态文明和绿色经济，提升全民环境保护的素质和水平，创造数字节能环保技术和生态保护管理系统，提升信息化的环境监测和决策管理水平，形成人和自然和谐发展的现代化建设新格局。筑牢生态安全屏障，为子孙后代保护天然美丽的中国。

加快智慧社会建设，构建智能型的城市社区、乡村，提高社会和家庭的智能化程度。通过建设丰富多彩的信息化民生应用功能，提升县乡数字教育、远程医疗、数字家庭、数字社区和养老等等的民生服务的能力，改变社会供给和民众的生活方式，让每一个人都能通过网络认识世界，寻找机会，享有幸福，构建数字生活的美好途径。

4. 创造优质数字化生活，满足人民不断增长的美好需要

创造方便快捷优质高效的数字化生活，引导人的全面发展和

消费模式变革。通信、计算机、消费电子和数字内容的4C融合，所有智能设备可以便捷、实时控制，各种数字媒体可以实现声音、文字、图像的综合集成和共享，形成新的数字家庭形态。

建设内容健康形式新颖的数字文化，利用大数据和网络技术，提高数字文化的供给能力和有效服务，创新数字文化的服务方式和机制，满足人民群众不断增强的精神文化需求。提高全民文化素质和信息化水平。推动中华文化的有效传承和走向世界，提升国家文化软实力和影响力。

5. 完善数字战略政策法规体系，优化发展环境

放宽政策服务创业创新。从破除制约创业创新的制度障碍入手，营造适应创业创新的体制机制，支持技术更新和成果转化更加便捷。优化财税政策，强化创业扶持。包括加大财政资金支持和统筹力度、探索发行创业券和创新券等具体政策。放开市场助力创业创新。要搞活金融市场，实现便捷融资。为创业创新者提供更加低成本、便利化的金融服务。要扩大创业投资，支持创业起步成长。要发展创业服务业，构建创业生态。通过市场方式对创业全链条的支持，实现创业服务资本化、产业化，引导更多资源服务创业创新。放活主体激发创业创新。要激发创造活力，发展创新型创业。主要是针对创新型人才的创业需求，从激发创造活力的角度，提出更有效、更具可操作性的支持政策。

参考文献

1、庄荣文：《"数字中国"是中国的国家信息化》，第二届世界互联网大会"数字中国"论坛之乌镇论道·数字中国议题，2015年12月17日。

2、王钦敏：《数字中国应有五大着力点》，第二届世界互联网大会"数字中国"论坛之乌镇论道·数字中国议题，2015年12月17日。

3、Innovate UK. Digital economy strategy 2015 - 2018，https://www.gov.uk/government/uploads/system/uploads/attachment_data/file/404743/Digital_Economy_Strategy_

2015 -18_ Web_ Final2. pdf, 2015 -02 -16.

4、张晓:《数字经济发展的重要意义》,http: //baijiahao. baidu. com/s? id = 1577520708787133256&wfr = spider&for = pc

5、王滢波:《美国商务部数字经济咨询委员会:数字经济的度量》,《网络空间治理创新》,2017 年 7 月 31 日。

6、赛迪智库:《构建欧洲数据经济》2017 年 9 月 25 日。

7、联合国:《2017 年信息经济报告》,"人工智能学家公众号",2017 年 10 月 26 日。

加强数据安全促进智慧城市平台可持续运营

(中国国际经济交流中心博士后)胡华

[摘　要] 随着我国智慧城市建设的不断推进，智慧城市平台作为智慧城市运行的"大脑"，其地位和作用愈加重要。同时，智慧城市平台的数据安全面临日益严重的挑战。未来，促进我国智慧城市平台的可持续运营需要完善数据安全规则、加强数据安全人才培养、引导民众积极参与等。

[关键词] 智慧城市　数据安全

2017年5月，Wanna Cry勒索病毒通过微软视窗系统高危漏洞"永恒之蓝"（EternalBlue）在世界范围内爆发，美国、英国、中国、俄罗斯、西班牙、意大利等百余个国家均遭受大规模攻击。在全球造成的经济损失大约为80亿美元。6月，Petya电脑病毒袭击了包括英国、荷兰、西班牙、丹麦等在内的多个欧洲国家，亚洲的印度也受到一定程度的攻击。

目前我国已有超过一半的人口居住在城市，到2030年预计将有约10亿人生活在城市，约占总人口的七成。我国"十三五规划"提出"建设一批新型示范性智慧城市",十九大召开之际,全国有超过600个城市进行智慧城市建设。数据显示,2017年,我国智慧城市IT投资规模将达到3752亿元,未来5年(2017—2021)年均复合增长率预计约为31.12%,2021年IT投资规模将达到12341亿元[①]。

智慧城市旨在运用信息和通信技术手段感测、分析、整合城市运行核心系统的各项关键信息,对包括民生、环保、公共安全、城市服务、工商业活动在内的各种需求做出智能响应,实现城市智慧式管理和运行,实质是"以人为本",促进人和城市的可持续发展。达成这一目标的基础是智慧城市平台的可持续运营,关键是数据的安全。

一、数据安全与智慧城市平台的数据建设

(一)智慧城市平台的数据种类

目前,智慧城市平台中主要有六类数据,这些数据为优化政府公共服务与社会管理职能提供广泛的技术支持。

第一,地图与兴趣点类数据。地图数据是城市构架的集合(包括街道与建筑),兴趣点数据反映城市各功能单元基本信息。地图和兴趣点数据共同构成智慧城市平台最基本的数据资料。第二,北斗与GPS数据。移动设备收集人、车等的移动信息,通过芯片与北斗和GPS相连,并将数据传输至智慧城市平台。第三,客流数据。客流数据是居民使用不同交通工具通勤时产生的数据,一卡通、市民卡、手机支付宝等可以通过刷卡记录收集公交

---

① 数据来源:http://www.chyxx.com/industry/201701/490623.html。

车与地铁的客流数据。客流数据主要用于城区功能分析、人口流动监测、城市交通系统评估、多交通工具人类行为研究、城市交通经济学研究等领域。第四，手机数据与视频监控数据。随着手机功能的不断扩展，反映居民活动兴趣偏好、活动范围、规模频率、社交关系等内容的数据不断增多，集中体现在手机通讯录、通话记录、上网记录、GPS定位信息等方面。视频监控数据则集中了交通管理、社区安保、室内安防、娱乐通讯等城市生活的各个方面的海量视频数据。第五，社会活动数据。社会活动数据反映了城市人口户籍、金融物价、医疗卫生、能源消耗等社会生活领域的动态数据。第六，环境与气象数据，主要反映自然环境的变化。

（二）智慧城市平台的经济特性

第一，垄断性。智慧城市平台发展初期，研发和运营智慧平台和智慧应用的企业众多，但随着智慧城市建设的不断发展，相当一部分企业由于资质问题被淘汰出局，加之为实现规模经济和资源节约，从事和参与智慧城市数据平台建设和运维的企业数量更加有限，但个体实力得到显著增强。这会导致智慧城市数据平台的建设和运维企业拥有垄断优势，对产品价格和服务拥有支配权，致使消费者选择范围有限，进而与公共通信产品和公共通信服务要满足社会公众利益的公共目标背道而驰。

第二，网络经济性。智慧城市平台对于政府的协调和规划能力提出了更高要求。首先，智慧城市的基础设施属于信息网络，即时传递海量数据，对互联互通的要求更高。其次，全球化的信息网络是智慧城市基础设施建设的基础，网络的维护、数字平台的安全保障，以及整个系统的技术结构体系都处于复杂的无国界竞争中，风险与机遇并存。信息基础设施建设、智慧公用平台建设以及智能应用体系建设，依旧依赖于传统公共基础设施的要素提升上，包括智慧医疗、智慧旅游、智慧交通、智慧水利等。

第三，准公共产品性。智慧城市数据平台属于居民共享，开放性强，有助于提升居民整体的生活品质，没有使用人数的限制，边际成本极低，生产和运营成本可控。同时，居民对网络、数据、智慧应用的使用是私人的，付费的。智慧城市借助于新一代信息技术，为社会各领域提供更智能、便捷的产品和服务，以实现城市运行智能化、市民生活数字化。

（三）智慧城市数据平台风险的社会影响

智慧城市建设提高了政府治理的效能，但在综合集成物联网、云计算、大数据的时代中，智慧城市运营所面临的复杂网络环境，使个人信息缺乏系统的安全防护体系。网络承载了公民几乎所有的个人信息，包括身份证号、出生年月、工作单位、家庭住址、户口所在地，以及纳税、参保缴费、违法违纪等信息。由于利益的驱使，公民个人信息数据成为越来越多潜在和实际的窃取目标，智慧城市社会管理应用平台一旦发生安全漏洞，将引发大量个人信息的泄露，严重影响公民人身财产安全。

随着电子商务、网络银行、互联网金融等的兴起，人们的生活、消费方式出现了极大改变，个人的生活轨迹被各种移动终端和监视器所记录。这些轨迹反映了公民个人的日常生活状态，包括日常活动时间和范围、社会关系、行为偏好等，这些个人信息的泄露将导致极大的社会风险。近日，马来西亚约有4620万个手机号码及相关用户资料遭到外泄，包括用户地址、身份证号码及 SIM 卡信息等，而马来西亚人口仅有约 3200 万，因而每个马来西亚人都可能面对"社交工程攻击"的风险。

智慧城市建设中的安全机制不仅要应对系统漏洞和网络恶意

攻击，也要防范设备物理故障和不可抗力的自然灾害等对信息基础设施造成的影响。与上述影响不同的是，信息基础设施的风险更加具有深层次特征，将影响整个社会信息网络、居民生活的正常开展。

二、智慧城市数据平台运营的主要模式

（一）政府独资建网运营模式

政府独资建设模式是政府投入全部资金，不依赖运营商，独立运营整个智慧城市数据平台的规划、建设及后期运维。这一模式下，政府对智慧城市数据平台的建设拥有主动权，结合自身需要进行规划设计并能够有效落到实处，不足之处在于政府经济负担重，网络运营和维护成本高，需要组建新的部门负责建设和具体运营。

（二）政府投资，运营商建网运营模式

政府投资，运营商建网运营模式是政府主导并负责主要投资，运营商提供建设支持，并由运营商负责网络的运营和维护工作。这一模式同样保证了政府对网络的监管力度、主动权以及投资建网的安全性，同时能够充分利用运营商丰富的建设与运营经验，降低智慧城市数据平台的建设与运营成本。但该模式下政府的资金压力和风险依然巨大，运营商对智慧城市项目和产品的话语权较小，特别是投资与运营分离，容易出现产权及责任关系不明晰等问题，导致政府与运营商之间发生分歧。

（三）政府、运营商合资建网运营模式

政府、运营商合资建网运营模式是政府在智慧城市建设的前期投入必要资金，制定相关政策和法律法规，引入运营商进入项目；在保证项目建设和良好运营的基础上，运营商对智慧城市数据平台进行后期的建设运营和维护工作。这一模式的优势是政府和运营商可以发挥各自优势，政府仅需以购买公共服务的形式支付部分资金，财政资金压力较小；同时，运营商享有政府配套政策扶持，可以通过灵活配置投资实现政府监管和企业运营的平衡，商业风险较小，投资回报期较长。

（四）政府牵头，运营商建网的模式

政府牵头，运营商建网的模式是政府向私人机构颁布特殊许可，允许自筹资金建设智慧城市数据平台，并在一定时期内管理和经营，在经营期满后，政府将无偿收回项目设施及配套的所有权利。这一模式的优势是政府不参与具体事务的管理，只提供前期建设所需的部分咨询费用，承担的投资和风险均较小；缺点是运营商在有限的项目专营期中，难以保证投资盈利，从而影响项目发展升级。

（五）运营商独资建网运营模式

运营商独资建网的模式是由运营商自行承担智慧城市数据平台从项目建设到运维的所有任务和负担项目的全部费用，拥有完全的项目使用和经营权。运营商向政府和个人用户收费，建设与运营积极性较高，有助于项目的长远发展，但由于政府在项目建设与运营中不承担责任，因而存在一定的监管困难。

三、智慧城市平台数据安全面临的主要风险

（一）通信操作风险

智慧城市基础设施建设，要最大程度保障正常通信。互联网在对数据进行感知采集时，主要利用无线网进行传播，而无线网的安全难以得到完全保证，往往存在窃取或损坏数据信息的行为。此外，传感器节点的部署仍缺少监管，节点的计算资源较少，难以适应复杂的安全机制，存在不少安全漏洞。

（二）系统风险

系统的设计和使用在现实中往往会出现缺陷和漏洞，特定情形下达不到设计要求，从而出现系统风险。例如，近几年双十一购物节期间，由于海量的网络访问量，造成网络的严重堵塞并引发身份认证等方面的诸多问题。因此，预防恶意攻击者进入网络，需要建立健全身份认证机制。

（三）信息保密性风险

企业和个人在管理和使用计算设备或存储设备时，数据的集中化处理方式和数据可靠性存在安全隐患。数据的集中处理可能对用户储存和传输数据造成影响，制约用户对数据的开发和使用，特别是用户在使用云服务时，云服务商所提供的云平台服务数据系统保留了用户的相关数据和商业应用，由于云平台集中程度较高，数据价值大，容易受到网络攻击。

（四）第三方合作风险

随着信息技术的不断发展，智慧城市数据平台越来越多地引入运营商，但运营商自身运营能力弱、服务意识较低、项目支持失效等等问题难免出现，这就要求政府在选择运营商时，对运营商的资质有预设的标准，并在合同谈判过程中加强风险管理。

智慧城市建设在克服城市病的同时还要着力解决民生热点问题，为市民提供最优质的生活体验，世界各大城市都有自己的发展优势，比如，丹麦阿姆斯特丹市的重点集中在解决交通拥堵问题。每个城市在数字化转型中都要优先考虑不同的民生问题和人口数量，特别是一些大城市拥有资金，但小城市缺乏资金，因此优先次序将是关键。

四、加强数据安全促进智慧城市平台可持续运营的政策建议

（一）审慎选择数据开放等级和开放方式

2015年推出的"迪拜数据倡议"作为全球范围内城市数据共享倡议，平衡了政府和企业之间的利益问题。政府通过开放和分享自己的城市数据为市民进行城市指引。政府的目标旨在从数据中释放最大的价值并为每个人创造更多的机会和更好的体验。根据不同数据的特征选择相应的开放等级及开放方式，对于涉及泄露个人隐私的数据，个人、企业或者政府部门需要提交数据调阅申请，并签署严格的具有法律意义的保密协议；对于政府部门内部共享的数据，仅限于对政府部门内部进行开放；对于适合面向公众公开共享的数据，在数据备案后即可向数据使用者开放。

（二）制定并完善数据平台安全规则

在智慧城市数据平台中，公开数据来源不同，且有被共享的社会需要，但只有经过授权和批准的平台和个人才能共享，且需要身份验证和可信的 ID 管理解决方案。对政府、企业、公民、软件提供商、设备制造商、能源供应商来说，确保数据仅与授权方共享，不被随意滥用和窃取，是保护后台系统不受入侵和攻击的预防规则。2016 年美国国土安全部发布《物联网安全指导原则》，通过建立连接设备的最低安全要求来应对威胁和潜在的市场失灵，对我国引导网络安全运行有重要的实际意义。

为保证智慧城市数据平台建设的安全性，需要制定针对性标准与规则，保证产品安全。智慧城市数据平台建设需要互联网以及物联网的支持，平台中存储的大量国家机密和敏感的个人信息，需要进行脱敏或保密处理以防止信息泄露，做好风险预防和管理，对国家和个人的财产安全提供有效保护。我国亟需统一智慧城市数据平台安全评估标准和规定；针对智慧城市数据平台建设中多种投资、融资模式，对相关主体进行有针对性的筛选和安全管理；设立网络安全组织结构，促进智慧城市数据平台之间的协同发展。

（三）注重数据安全人才的培养和选拔，激发创新创业浪潮

智慧城市数据平台中的海量数据需要引导公众、企业、高校、社会资本等来共同发掘，为下一步数据开放提供参考。根据"数据开放创造价值服务大众"的原则，实现数据开放的巨大商业价值。

对数据平台的海量数据进行深度分析，是数据挖掘的前提。通过建立城市数据实验室与研究院等机构，整合智慧城市数据平

台各系统的数据，将静态的、物质性、阶段性的智慧城市数据平台建设转变为动态的、全周期的智慧城市数据平台运营，协调各方面社会关系，完善智慧城市数据平台运行机制，实现可持续发展的良性循环。全球范围内科研机构、高等院校、企业及政府已经广泛开展城市数据运营的合作，成立各种类型的城市数据实验室。例如，美国麻省理工学院（MIT）建筑系成立了跨学科的感知城市实验室（Senseable City Lab），旨在研究当代数字科技如何影响人们日常生活及改变城市面貌，其在海量数据的可视化和实时展示上进行了深入探索；美国哥伦比亚大学的建筑、规划与历史保护学院（GSAPP）成立了空间信息设计实验室（Spatial Information Design Lab），以数据可视化为主要研究目标，通过多方数据合作对城市数据和空间信息进行了深度分析[①]。

（四）引导社会积极参与智慧城市数据平台运营

智慧城市数据平台的运营涉及城市治理体系的改革，需要多方协同参与，共同解决。城市问题解决机制的构建需要利益相关方共同寻求解决办法、建设城市数据集成与动态分析平台、推动城市数据运营。众多利益相关主体参与能够改变政府主导的单一建设模式，促进政府与公众之间的有效合作，群策群力，发挥社会主义民主政治的优越性。

开放协同的多元参与是发达国家智慧城市数据平台建设的普遍模式。美国商务部国家电信与信息管理局（NTIA）针对社区发布工具包，服务当地各类公民团体，促进构建公私合营的伙伴关系；合理评估各利益相关方在社区智慧化发展中的贡献，推动多方合作协议的达成。波士顿的智慧城市数据平台计划中包含一

---

① 李昊、王鹏：《新型智慧城市七大发展原则探讨》，《规划师》2017年第5期。

个名为Street Bump的App，手机上下载App后，能够获得街道的相关数据，甚至可以找到需要修复的下水道井盖并上报。

  国内智慧城市建设方兴未艾，数字鸿沟造成的差别正在成为中国"第四大差别"。无线网络和有线网络的普及和应用主要发生在城市，数字化程度相对较高的东部沿海城市使用移动终端设备的比例较高，而中西部地区数字化程度和持有移动终端设备的比例都比较低。无论是实际上网人数，还是上网人数所占人口比例，东部省区都大大超过中西部地区。除了东西部的差别，同区域城乡之间的差别显著，将乡村居民纳入智慧城市数据平台是未来发展的一大趋势。

全球大数据安全态势及我国战略选择

（中国国际经济交流中心博士后）梁鹏

[摘　要] 人类走进大数据时代，数据已经成为经济增长的新生产要素。除数据资源自身蕴含的丰富价值外，元数据资源经挖掘分析可创造出更为巨大的经济和社会价值。十九大报告在谈到新发展理念时提出推动互联网、大数据、人工智能和实体经济深度融合，与此同时，大数据安全威胁也将全面辐射到各行各业。2017年5月勒索病毒在全球范围内集中爆发，再次给我们敲响警钟，数据资源安全正面临严峻挑战。

[关键词] 大数据安全　全国一体化大数据中心　数字经济

大数据（Big Data）是一场革命，它将改变我们的生活、工作和思维方式。在大数据应用推广过程中，必须坚持安全与发展并重的方针，为大数据发展构建安全保障体系，在充分发挥大数据价值的同时，解决面临的数据安全和个人信息保护问题。党中央、国务院高度重视大数据安全，2016年12月，国家互联网信息办公室发布《国家网络空间安全战略》，在夯实网络安全基础的战略任务中，提出实施国家大数据战略、建立大数据安全管理制度、支持大数据信息技术创新和应用要求。刚刚闭幕的十九大报告中谈到网络强国和信息安全，也再次将大数据安全上升为国家战略。

一、大数据时代全球网络空间安全图景

为更好地反映全球大数据安全图景，本部分重点阐述了国外主要发达国家和地区的大数据安全相关的政策与措施、网络安全领域技术动向、产业发展状况、重大安全事件等。

（一）美国大事件

1. 网络空间安全顶层设计

奥巴马在离任前集中发布了《美国联邦政府网络空间安全研发战略规划（2016版）》《美国网络安全国家行动计划》《美国联邦政府网络安全事件协调机制》《美国网络安全国家行动计划》《美国联邦政府网络安全事件协调机制》《网络安全人力资源战略规划》《保护商业秘密法案》《高级研究伙伴关系法案》等战略规划和法案。美国经历了政府更迭，但网络安全产业政策方向未变。

美国自特朗普政府上台以来，网络安全政策整体趋于保守，2017年5月11日才签署通过《增强联邦政府网络与关键性基础设施网络安全》行政令，根据该行政令，美国联邦政府将已知但未得到处理的安全漏洞视为行政部门面临的最严重的网络风险之一，并将使用供应商不再支持的过时操作系统或硬件、未及时安装安全补丁或落实特定安全配置的软硬件视为安全漏洞和隐患的主要来源。该行政令同时要求政府建立一个"现代、安全、更有韧性"行政部门信息技术架构，统筹联邦政府信息技术设施的现代化建设，促进联邦政府的网络防御系统向一体化的云安全技术转移，并要求商务部和国土安全部联合提交加强网络人才培养的计划。此外，为了落实该行政令，美联邦政府将增加15亿美元的网络安全总预算。

2. 大举收购欧洲基础半导体产业

2017年2月3日，美国安靠（Amkor）收购了位于葡萄牙波尔图欧洲最大的半导体封装与测试外包服务商NANIUM S. A.，增强了自己的半导体封装和测试外包业务实力。2016年10月美国高通（Qualcomm）公司收购荷兰NXP，加强了在物联网、智慧城市等快速成长的新兴领域的实力。

3. 强化针对中国的安全审查

2016年12月3日，美国总统奥巴马同意了美国外国投资委员会的建议，签署行政命令，宣布叫停中国企业收购德国半导体企业爱思强。2017年9月13日，美国总统特朗普签署行政令，禁止具有中国背景的私募公司Canyon Bridge Capital Partners Inc.（"Canyon Bridge"）以13亿美元收购位于俄勒冈州希尔斯伯勒市的Lattice半导体公司的交易。这也是逾25年来美国总统为数不多几次以国家安全风险为由否决商业交易。

4. 网络武器扩散

美国国家安全局（NSA）、美国中央情报局（CIA）等机构的网络武器相继外泄。席卷全球的勒索病毒Petya与WannaCry都利用中情局（NSA）外泄兵器库中的"永恒之蓝"。WannaCry蠕虫，于2017年5月12日爆发，通过MS17-010漏洞在全球范围大爆发，感染了大量的计算机，受害者电脑被黑客锁定后，病毒会提示支付赎金才可解锁，目前已经波及99个国家。2017年3月以来，维基解密陆续公开了美国中央情报局的网络武器"拱顶7"项目中的恶意程序。其中，"残忍的袋鼠"恶意程序工具集手册还是在国际上引起了很大的震动。因为这个网络武器针对的对象是所谓的物理隔绝的网络，也就是不连接互联网的内网。通常这些采取物理隔绝的内网就是具有极高价值的"关键信息基础设施"。

5. 网络攻击干扰政治大选

扰乱投票进程，在大选正式开始前，美国有10个州都表示它们的投票系统受到过黑客的袭扰。因此人们担心大选时投票系统的安全会受到黑客的威胁，黑客此举可能并不会动摇此次美国大选，但会让大选背上"舞弊"的骂名，美国政坛将迎来一场风暴。选前或选中再曝猛料，对本总统大选杀伤力最大的就是选前突然放出的竞选者黑料，起因正是美国民主党全国委员会（简称DNC）的计算机系统遭到了黑客入侵，而在DNC服务器上发现了具有俄罗斯背景的Cozy Bear和Fancy Bear恶意软件。

大量"水军"、假新闻充斥互联网，影响选举舆情。这些信息虽未经证实，但它却可能毁掉一位竞选者的命运，如果大选失败后再证明这是虚假信息也于事无补了。美国Buzz Feed News的调查还显示，在总统竞选的最后三个月里，Facebook上的假新闻比真新闻更受欢迎，也吸引了更多互动。许多网民搜索谷歌，希望能够获得最终的选举票数等信息。不过当网民搜索"最终选举数据""最终选民票数"等关键词时，人们发现谷歌却给出了一个虚假网站的链接。这家网站宣称特朗普除了选举人票之外，在选民票数上也领先。但事实是在选民最终票数上，希拉里超过了特朗普。

6. 对境内外数据"管辖权"诉求增强

2016年尝试对加密进行立法是美国立法工作的重头戏，显示两院议员拟就法案成立加密委员会，之后推出新加密信息访问法案，美国国家标准与技术研究所发布新指南简化加密模式，随后参议院情报委员会发布官方加密法草案，这项颇具争议的法案草案将会赋予法院权利，使其能够强制要求苹果这样的公司协助政府去破解加密设备或通信，从而满足情报或执法的需要。此外，2016年7月，针对司法部为搜查某涉毒人员的电子邮件信息向微软公司索要相关数据（该数据存放在位于爱尔兰的数据中心），美国第二巡回法院裁定微软公司胜诉，判决司法部无权要求微软提供存储在美国境外的数据。这一判决进一步缓和了跨境数据流动的规制冲突，但美国司法部门在此案中所表达出的强硬态度，却反映出美国国内规制部门越来越多地表达了其对境外数据"管辖权"的兴趣。

7. "一波三折"移交互联数字分配机构（IANA）管辖权

美国于2016年10月1日将互联网数字分配机构（IANA）智能管理权移交给互联网名称与数字地址分配机构，但是并没有移交给联合国、国际电信联盟或者其他政府间机构，而是移交给"全球互联网多利益攸关社区"，美国依然将通过比其他国家强大得多的企业、硬件和软件技术、人才等优势继续保持其对全球互联网管理的至高影响力。

8. 大规模个人隐私数据泄露事件频发

美国知名信用机构Equifax，2017年5月中旬到7月份之间曾遭到黑客袭击，大约1.43亿名用户数据泄露，黑客窃取的信息包括社保号码、生日、地址、信用卡信息等。2016年美国大选期间，黑客伪装成Google的官方客服，给竞选团队成员威廉·莱因哈特（William Rinehart）发了一封钓鱼邮件。邮件内容也很简单：有人已经破解了你的邮箱密码，请尽快登录修改。黑客不费吹灰之力就拿到了团队核心成员的邮箱密码，进而利用这个邮箱在邮件系统内部扩大攻击，最终完全控制了邮件服务器。包含个人身份信息（PH）、民主党财务记录、与希拉里·克林顿相关的文件档案材料等大量隐私信息。

9. 关键基础设施风险加大

2016年10月21日，mirai僵尸网络攻击导致美国大面积断网。在该事件中，Twitter、亚马逊、《华尔街日报》等数百个重要网站无法访问，美国主要公共服务、社交平台、民众网络服务瘫痪。2017年2月，纽约斯图尔特国际机场被曝750G数据遭泄露，大量敏感数据被恶意人士所随意窃取，此次泄露事件标志着纽约机场的网络完整性"彻底崩溃"。2017年4月，美国达拉斯紧急警报器系统被黑客入侵。导致该城市的156个紧急警报器被激活，警笛声持续一个小时，引发市民恐慌。在警报系统被黑之后，当局被迫基本上拔掉整个系统，完全停用警报系统。

（二）欧洲和日本大事件

1. 欧盟大事件

通过网络空间安全法案。欧洲议会全体会议2016年7月6日通过《欧盟网络与信息系统安全指令》，以加强欧盟各成员国之间在网络与信息安全方面的合作，提高欧盟应对处理网络信息技术故障的能力，提升欧盟打击黑客恶意攻击特别是跨国网络犯罪的力度。这是欧盟出台的第一个关于网络与信息安全的指导性法规，其主要内容是，要求欧盟各成员国加强跨境管理与合作，制定本国的网络信息安全战略，建立事故应急机制，对各自在能源、银行、交通运输和饮用水供应等公共服务重点领域的企业进行梳理，强制这些企业加强其网络信息系统的安全，增强防范风险和处理事故的能力。此外，该指令还明确要求在线市场、搜索引擎和云计算等数字服务提供商必须采取确保其设施安全的必要措施，在发现和发生重大事故后，及时向本国相关管理机构汇报。

通过数据保护法案。2018年5月正式生效的欧盟《通用数据保护条例》（GDPR），作为一个数据隐私权标准法规，旨在取代1995年发布的《数据保护指令》。GDPR主要为了保护欧盟公民个人数据的隐私权，并对数据保护规则进行了改革和更新。如GDPR引入了新型的数据主体权利，包括"数据可携带权"和"被遗忘权"，为个人有效行使权利提供了坚实的法律保障。GDPR要点包括个人拥有管理自己个人数据的权利、数据泄露获得通知的权利以及"被遗忘权"。GDPR由两部分组成：通用数据保护条例，这"将让人们更好地控制其个人数据"；数据保护指令，对于警察和刑事司法领域，这"可确保数据受害人、证人和犯罪嫌疑人在刑事调查或执法行动中受到应有的保护。"这些明确的法规特别适合数字时代，能提供强有力的保护，同时在欧洲数字单一市场创造机会和鼓励创新，将让公民和企业都受益。

推动数据跨境流动。2016年8月1日，美国和欧盟签署的"隐私盾"协议已正式生效，替代了之前的"安全港"协议。新协议明确了三个方面：一是从欧洲传送至美国的大规模数据收集必须提前获得许可，且必须尽量明确目标和限定范围；二是当最初的收集目的改变时，相关公司应删除数据；三是要求对相关数据问题进行监管的监察员必须独立于美国家安全局。至此，欧盟最终对欧美跨境数据流动的新协议开了绿灯。

2. 法国大事件

组建网络空间作战部队。法国在2016年年底宣布将组建网军部队的同时决定在网络安全防御和研发方面投入10亿欧元，主要用来雇佣高水平研究人员和工程师。法国网络部队代号为"Cybercom"，2017年1月投入正式运行。该网络部队将把任何针对法国发起网络攻击的国家视为战斗目标，具备通过网络攻击摧毁敌方信息系统的能力。该部队主要用于以抵御外部网络攻击，提升该国的网络攻防能力，追查外国黑客，发现其身份并对黑客网络进行攻击渗透。

网络攻击干扰政府大选。2017年5月5日，法国总统马克龙的竞选团队遭到了"大规模"电脑黑客袭击，竞选邮件被黑客盗窃，上传到了网上。虽然这些文件只体现了总统竞选活动的正常运作，那些上传这些资料的人，将很多虚假资料掺杂在真实的材料中，目的是散播怀疑情绪和虚假信息。幸好，马克龙并未因此受影响，最终仍击败对手，成为法国新一任总统。

关键基础设施风险加大。2016年10月，总部位于法国的施耐德生产的一款专业工业防火墙发现一个安全漏洞，该漏洞允许远程执行代码，攻击者可以利用该漏洞实现修改防火墙规则，窃听网络流量，注入恶意数据包，扰乱通讯等攻击。

3. 德国大事件

发布新的网络空间安全战略。德国政府也于2016年底发布了新的网络安全战略，提出加强同欧洲及全球的网络安全信息共享和协作，使用安全可靠的信息技术以及培养联邦政府的网络安全人才等。德国在新战略中还呼吁公共与私营机构之间共享网络威胁与攻击相关信息，并鼓励企业逐步提高安全意识，更为积极地应对各类网络威胁，保护关键基础设施。

网络攻击干扰政府大选。距离德国2017年大选日不到一周出现了类似的干预大选的迹象。这次干预者不是俄罗斯，而是美国的"另类右翼"——一股帮助特朗普当选的、以种族主义和白人至上主义为核心的松散右翼势力。慕尼黑科技大学政治学教授 Simon Hegelich 和其他研究人员发现，最近 YouTube、Facebook、reddit 等社交媒体上涌现出了很多抹黑德国总理默克尔与中左翼候选人舒尔茨的内容，这些帖子与美国的"另类右翼"运动有直接关联。

关键基础设施风险加大。2016 年 4 月，德国 Gundremmingen 核电站的计算机系统，在常规安全检测中发现了 Conficker 和 Ramnit 恶意软件，核电站被迫关闭了发电厂。

4. 英国大事件

发布新的网络空间战略。2016 年 11 月 1 日，英国发布的新版《国家网络安全战略（2016—2021）》重新勾勒英国未来网络发展路线图，意在打造一个繁荣、可靠、安全和韧性的网络空间，确保网空优势地位。该报告点明了网络威胁来源、确定了主要原则、明确了战略目标，继续推动全球网络空间会议"伦敦进程"，支持多利益攸关方模式，开展网络安全能力援建，加深对"负责任国家行为"的共识，加强与北约、欧盟、G20 等组织的网络安全合作。与 2009 年、2011 年版战略相比，新战略更新和细化了战略目标与实施方案，反映出英政府对网络空间与网络行动理念与实践的具体演进，是一份战略与战术并重的行动指南，其中所蕴含的一些新信息成为此次战略的最大看点，包括突出积极防御、亮出网络威胁以及拓宽网络安全建设渠道。

即将通过新的数据保护法案。2017 年 8 月 7 日，英国数字、文化媒体和体育部发布了一份名为《新的数据保护法案：我们的改革》的报告（以下简称"报告"），将通过一部新的数据保护法案（New Data Protection Law）以更新和强化数字经济时代的个人数据保护。根据英国的立法体系，该法案目前还是一项新的法律计划（Bill），但在议会两院通过并经女王御准后就会正式成为具有强制力的议会法令（Act），预计将取代实施了近20年的《1998年数据保护法》。从内容上来看，新的法案计划在保留原有《数据保护法》框架的基础上进一步提升个人数据保护水平，主要包括了四大方面的变化：一是进一步强化了对个人的保护，新法案将给予公民更多的个人信息控制权。二是完善了对企业利益的保护。三是增加对监管机构ICO（英国个人数据保护机构信息专员办公室）的授权。四是为刑事司法机构设定了专门的数据保护框架。

通过调查力利法案。2016年11月，英国通过了《调查权力法案》，赋予政府调查人员更大的权力访问加密数据。法案要求互联公司保留客户网络活动信息长达一年，并迫使他们帮助调查人员访问该数据，旨在更新和强化警察、情报人员及其他机构收集在线资料的权力。英国国内对该法案发出了不同的声音：政府坚称新法案需要跟上罪犯日益使用网络实施犯罪的趋势，但批评人士警告称该法案过多地入侵了民众的生活。

供应链安全风险加大。2017年6月，伦敦智库英美安全信息委员会（BASIC）发布调查报告《Hacking UK Trident, A Growing Threat》称，核潜艇关键设施存在供应链安全，即英国"三叉戟"核潜艇存在严重网络安全隐患，易遭受灾难性网络攻击。报告表示：成功的网络攻击可能会完全抵消潜艇操作指令，造成人员伤亡，甚至有可能直接或间接地引起核弹头发射。这种日益发展的针对战略导弹核潜艇的网络攻击威胁，可能会对国家间战略稳定状态和核战二次打击能力造成严重影响。

关键基础设施风险加大。2017年6月，英国议会遭遇大规模网络攻击，该次网络攻击"规模空前"，持续超过12个小时，受影响的网络主要由包括英国首相及内阁官员在内的议员使用，共计有约 9000 个电子邮件账户受到影响。英国情报机构人员称，伊朗应为此次网络攻击负责。报道称，这意味着伊朗首次对英国发动大型网络攻击。

个人隐私泄露严重。2017 年 2 月初，一份关于世界名人贝克汉姆的秘密文件被欧洲调查合作组获取，随着秘密被公诸于世，贝克汉姆的高大形象轰然倒塌。国外媒体爆料称：欧洲新闻调查协作组织截获了贝克汉姆与其亲信的诸多邮件。邮件中，贝克汉姆被曝光做慈善的主要目的是为了获得爵士头衔，他还在邮件中大爆粗口，这对小贝热心公益的好名声无疑是一次沉痛打击。

5. 日本大事件

通过网络安全法修正案。通过 2016 年 3 月 31 日，日本政府在首相官邸召开"网络安全战略总部"（总部长：官方长官菅义伟）会议，阁僚及专家出席，确定通过《网络安全战略》修订法案。新战略提出，为减少黑客入侵途径，政府机构重要政务系统将与网络隔离；日本政府将积极参与网络空间相关国际准则的制定工作。新战略从网络空间相关认知、目标、基本原则、主要对策、推进实施及未来计划 6 个方面进行详细部署，共 5 万余字，充分表明日本政府对网络空间战略规划的高度重视。此外，该会议还正式确定了网络安全对策重要计划之一——人才培养计划。根据计划，2017 年起提高网络安全人才的福利待遇、制定人才培养计划、设立"网络安全与信息化"审议官一职以统管人才培养工作。计划提出尽量将优秀人才输出至"内阁网络安全中心"（NISC）或民营企业以提升网络攻击应对能力。

增强半导体产业控制力。2016 年 7 月，软银宣布将以 243 亿英镑（约合 320 亿美元）的现金收购英国芯片公司 ARM。全世界超过 95% 的智能手机和平板电脑 CPU 都采用 ARM 架构，且

ARM 设计了大量高性价比、低功耗的 RISC 处理器以及相关的技术及软件。2017 年 3 月 28 日，日本 TDK 全资子公司 TDK – Micronas 已与位于比利时鲁汶欧洲 ASIC 大厂 ICsense 签订全资收购协议。该收购使得公司在传感器业务方面迈出重要一步，强化公司在汽车和工业市场的地位，为客户提供更多价值和服务。此外，TDK 成为法国 MEMS 和惯性传感器大厂 Tronics Microsystems 的大股东。

关键基础实施风险加大。日本共同社 2016 年 11 月 28 日报道，防卫省和日本陆上自卫队的信息基础设施、把驻地和基地相连的高速大容量通信网络最近受到网络攻击，陆上自卫队的系统遭到黑客入侵。

二、全球大数据安全新趋势

在跟踪世界主要发达国家大数据时代网络空间安全动态基础上，从历史发展的角度，进行纵向比较分析，以便全面把握全球大数据安全发展态势与特征。

（一）注重政府、企业、社会团体和个人的协同安全机制

2013 年 2 月，美国第 21 号总统政策指令《提高关键基础设施的安全性和恢复力》，该总统令阐明了关键基础设施中联邦政府的角色和职能，确立了联邦、州、地方政府部门之间，以及政府与关键基础设施所有者和运营者之间的信息共享和责任共担机制。《2014 年国家网络安全保护法》具体规定在私营部门和联邦机构共享网络安全信息方面国土安全部国家网络安全和通信集成中心的作用。2015 年 10 月 27 日，美国通过了《网络安全信息共

享法案》，该法案旨在鼓励私企与美国政府实时共享网络安全威胁信息，达到改善美国网络空间安全的目的。2016年以来美国集中发布的网络安全政策、欧盟发布的网络空间法案、德国发布的网络空间法案以及日本的网络安全法修正案，表明以美国为首的发达国家，通过体制机制改革打破数据割据与封锁，整合安全大数据处理资源，协调大数据处理和分析机制，推动重点数据平台（如国家信息安全漏洞库、国家信息安全威胁情报中心）之间的数据共享，加快对高级可持续攻击的建模进程，消除和控制高级可持续攻击的危害。

（二）更多国家组建网络部队，军民融合增强威慑能力

自2010年美国网络战司令部正式成立以来，美国在2011年《网络空间国际战略》中规定了数据安全保护政策，特别强调了对于侵犯数据主权行为的反击方式。美国白宫于2015年12月向国会提交了《网络威慑战略》，明确了美政府必须要采取措施予以回应的四类网络威胁，提出了"阻止式威慑"和"以强加成本的方式实现威慑"两类威胁手段，以及支持网络威慑实施的五项能力。2016年底法国宣布将组建网军部队的同时决定在网络安全防御和研发方面投入10亿欧元，主要用来雇佣高水平研究人员和工程师。2017年德国成立"网络军"，主要任务包括：确保联邦国防军信息系统在国内外的安全运作、加强在网络信息空间的侦察和影响力、支援国防军其他部门完成任务、数字化背景下与其他机构合作维护国家安全、加强网络安全设施建设等。美国、法国、德国等在强化传统安全监测的基础上，纷纷组建网络部队积极实施反制网络攻击的新举措，对我国的网络安全发展规划具有极强的借鉴价值。

(三）借助网络攻击的新"颜色革命"干扰政治活动全球化

2005年以来，"颜色革命"成了国际政治资讯中最常见的关键词之一。自从"颜色革命"在格鲁吉亚、乌克兰得手后，乌兹别克斯坦就发生了暴乱，吉尔吉斯斯坦"三月事变"后，缅甸的"藏红花革命"就上演，"颜色革命"之锋芒呈多米诺骨牌效应。近年以来，网络攻击和黑客入侵给全球政治圈带来了不小的影响。2016年美国总统选举爆发的一系列网络黑客攻击事件，从维基解密曝光"邮件门"事件，到俄罗斯等国被美国指责发动网络袭击，再到网络黑客公开叫嚣干扰总统选举，相关事件受到世界各国政客媒体的持续报道，背后的变局引发关注。2017年法国总统选举、德国总理选举类似情况层出不穷。这些都表明，随着网络攻击门槛降低，当前网络攻击已经延伸到西方主要发达国家的政治领域。如果说十年前网络"颜色革命"攻击者主要来源于美国等西方发达国家，那么当今新的"颜色革命"攻击者则不限于少数发达国家。

（四）更加重视供应链安全

长期以来，美国等主要发达国家非常注重ICT供应链安全。2008年布什政府提出国家网络安全综合计划（CNCI），提出建立全方位的措施来实施全球供应链风险管理。2012年2月，美国总统奥巴马签发了《全球供应链安全国家战略》，美国通过加强全球供应链，以维护美国人民的福祉和利益，保障美国的经济繁荣。近年来随着云计算、机器人、物联网、车联网技术和人工智能等技术兴起，ICT供应链的长度、复杂性和脆弱性逐渐增加。全球范围内的政府部门都开始考虑ICT硬件供应链对ICT系统产生的威胁。2016年以来，各国重点主要集中在基础半导体产业和关键基础设施的供应链安全。比如，从2016年和2017年，美国、日本为首的半导体科技强国，大举收购欧洲半导体企业，保障硬件供应链安全。2017年6月，伦敦智库英美安全信息委员会（BASIC）发布关于核潜艇关键设施存在供应链安全调查报告，指出英国"三叉戟"核潜艇供应链存在严重网络安全隐患，易遭受灾难性网络攻击。

（五）西方国家信任恢复合作加强，中国参与合作困难重重

2000年签署的《安全港协议》，受"斯诺登事件"的影响，在运营长达15年之后于2015年寿终正寝。随着欧盟2016年通过"隐私盾"协议，欧美终于再次对跨境数据流动达成政策共识，美欧新的国际合作再次形成。德国2016年新版"网络空间安全战略"也强调希望建立和保持欧盟与世界其他国家的广泛合作、联邦政府内部的合作、联邦政府信息技术特派员负责的公共和私营部门之间的合作。2016年"美国联邦政府网络空间安全研发战略规划"中指出，目前在科学外交以及与国际伙伴合作方面的努力，为联邦政府和私营单位网络空间研发方面提供了补充。网络空间安全是一个全球议题，美国应利用其他国家的网络空间安全研发投资，反过来其他国家也应该利用美国的网络空间安全研发投资，并于2016年底与以色列签署了《高级研究伙伴关系法案》，促进以色列与美国各企业、大学以及非营利性组织之间的联合研究与开发工作。在"后斯诺登"时代，西方发达国家间信任日渐恢复合作日益加强之时，中国却不到一年之内连续两次遭到美国总统对相关半导体公司并购案的否决，这都表明美国政府在积极推动国际合作背景下，依然防范并打压中国。

（六）美国数据单边主义抬头，各国加强数据管辖权

2013年，斯诺登曝光美国"棱镜计划"（PRISM）后，为缓和国际社会的舆论谴责，2016年美国虽然象征性地移交互联数字分配机构（IANA）管辖权，但通过制度设计美国控制着IP地址分配、管理着国际互联网的根域名，主导着网络产业链的关键环节，这使美国在网络空间上依然拥有了绝对的压倒性优势，依然存在不受节制的对世界进行大范围窃听和监控威胁，随着"棱镜门"事件渐渐淡出，美国数据单边主义又开始抬头。具体表现在，2016年美国司法部强硬向微软要求提供存储于爱尔兰的涉案人员信息，表明美国建制派仍未放弃互联网霸权，且对境外数据管辖权的单边主义不断抬头。此外，为加强对本国数据监管，各国加紧出台法案，赋予政府调查人员更大的权利访问加密数据增强政府数据管辖权成为各国立法趋势。比如，2016年以来美国参众两院在国会一直尝试对加密进行立法；英国2016年11月则通过了《调查权力法案》。

（七）大数据吸引网络攻击，数据保护法纷纷出台

2017年美国知名信用机构Equifax，1.43亿名用户数据泄露，英国贝克汉姆、美国总统助理特朗普女婿邮件泄露事件等；频频发生，进一步说明网络空间中的数据的大量汇集、集中存储不可避免地增加了数据泄露风险。目前各国数据保护法主要集中在商业秘密保护和个人信息保护上。商业秘密保护上，主要发达国家纷纷制定适应新形式的商业数据保护法案，比如欧盟于2015年通过了"欧盟商业秘密保护法草案"，美国于2016年出台"商业秘密保护法"。在个人信息保护上，大规模个人隐私泄露严重，引起各国政府高度重视，纷纷推出数据保护法案。比如，欧盟于

2018年5月正式生效的欧盟《通用数据保护条例》（GDPR），英国于2017年8开始全力推动的新的数据保护法案（New Data Protection Law）出台。

（八）国家、地区间冲突以及恐怖主义在网络空间蔓延愈演愈烈

当今时代，基于信息网络的技术创新、变革突破、融合应用空前活跃，网络已渗透到政治、经济、文化、社会、军事等领域，网络空间已经成为继陆地、海洋、天空、太空之外的"第五空间"，信息资源与关键信息基础设施已经成为国家发展最重要的"战略资产"和"核心要素"，也是冲突和恐怖主义攻击的重点。例如，2016年美国和德国网络相继崩溃、德国Gundremmingen核电站被迫关闭事件，2017年美国纽约机场信息系统信息泄露以及美国达拉斯交通系统紧急警报系统被黑客操纵事件。此外，2017年美国国家安全局（NSA）武器级网络工具"永恒之蓝"、"拱七"（vault 7）泄露，降低了攻击门槛，导致传统的基于物理隔离静态防御体系失效，也进一步加速冲突和恐怖主义在网络空间蔓延。

三、我国保障一体化大数据中心安全的战略选择

各国政府高度重视数据中心发展，美国、欧洲、日本等发达国家和地区相继推出政策计划，将数据中心的整合升级作为战略实施的关键基础。发达国家基于资源分布和服务需求，加快数据中心全球布局，呈现出两个趋势：一是将直接面向用户的部分数

据中心向靠近用户的地区布局，增强竞争优势；二是基于数据中心加快提升面向全球的云计算服务能力，进一步掌控信息资源，力图抢占数字经济新领域。

中国政府也高度重视数据中心的整合发展，2016年10月9日，中共中央政治局就实施网络强国战略进行第三十六次集体学习，习近平总书记在组织学习时指出，随着互联网特别是移动互联网的发展，社会治理模式正在从单向管理转向双向互动，从线下转向线上线下融合，从单纯的政府监管向更加注重社会协同治理转变。习近平总书记指出，我们要深刻认识互联网在国家管理和社会治理中的作用，以推行电子政务、建设新型智慧城市等为抓手，以数据集中和共享为途径，建设全国一体化的国家大数据中心，推进技术融合、业务融合、数据融合，实现跨层级、跨地域、跨系统、跨部门、跨业务的协同管理和服务。

全国一体化大数据中心的建设是数字经济发展的基础，是如期全面建成小康社会的必然要求，是实现社会主义现代化的重要保障，结合国外经验，坚持问题导向、强化问题意识，提出了保障全国一体化大数据中心安全的政策建议。

（一）落实党对一体化大数据中心安全工作的领导

发挥中国特色社会主义的领导优势，顺着中国的行政体制、党政关系抓一体化数据中心安全工作，强化"一把手工程"。当前中国各个行业、各个城市的各种安全大数据大多被条块管理体制分割，需要将它们打通与汇聚，并合理地共享与应用。建议顺着我们国家的体制来抓大数据安全，即中央抓省，省抓市，关系很明确，每一级都有一个领导管在那里，我国的安全大数据一体化可顺势而为。同时，启动"一把手"工程，即在中央政府和省政府的统筹领导下，由市委市政府主要领导亲自挂帅组成大数据安全领导小组，全面负责本市大数据安全的建设工作，成效纳入各级政府政绩考核中；由市政府各相关职能部门主要领导亲自牵头组成工作组，保障大数据安全建设顺利推进；成立由知名科研院所、领军企业等相关领域专家组成的专家委员会，为大数据安全建设提供智力支持和决策支撑；同时发挥社会主义国家强大的动员能力积极争取民众参与，进一步探索和完善大数据安全发展的内涵和外延，不断总结经验，确保数字经济安全。

（二）构建全国一体化的大数据安全中心

在推动国家一体化大数据中心建设的同时，要加快全国一体化大数据安全保障中心的建设。统筹各个行业、各个地方分散的安全保障中心，以政府数据安全中心为主线分级互联社会数据安全中心，增强全国信息安全服务能力的一体化调配能力；以国家威胁情报共享交换平台为核心，对接全国共享平台体系，形成全国威胁情报共享交换平台层，汇聚共享安全大数据信息资源，加强中央及各级政府部门对公共威胁情报的统筹管理能力；以国家数据开放平台为中心，采用政府购买服务方式，推动政务安全大数据与行业安全大数据、社会化安全大数据的融合，形成全国大数据安全服务平台，提供大数据安全创新应用与深度知识服务。借鉴西方国家大数据领域发展经验，充分发挥政府营造环境作用与企业市场主体地位，加强平行部门之间、政府、企业、社会团体、开源社区之间的通力合作。

（三）巩固和加强已有非对称优势

如果考虑到信息安全的对抗性质，来自国外的产品供应商完全有可能、有条件在产品中设置恶意功能，如在软硬件中嵌入恶意程序、突然中断关键ICT产品或后续服务等。虽然，我国在大数据市场规模世界领先，但是还要清醒地看到，在存储设备、服务器、操作系统、数据库等基础软件的核心关键领域受制于人的问题还没有从根本上得到解决，因此，大力实施非对称赶超战略。对于一时无法完全用国产设备替代的关键核心领域，利用我国在密码技术和可信计算技术研究上的优势，加快推动国产密码和可信计算的应用推广，提升我国数据基础设施的安全可控水平，坚持以应用促发展，在使用中完善，在完善中替代。

（四）加快构建"一带一路"国家间的数据跨境流动规则

目前，各国对数据跨境流动监管并未形成统一框架，短期内很难达成一致。在西方主要发达国家意图在国际规则制定不利于我国的跨境流动的情况下，我国应抓住"一带一路"建设机遇，"一带一路"办公室牵头，会同网信、国务院有关部门加快研究数据出境安全评估的主要风险指标、数据属性特征指标，判断出境数据的重要性，设计出境活动评估指标，综合评判出境活动的风险性。为国家开展数据出境安全评估审查的工作机制和有关制度落地提供标准支撑，为企业开展数据跨境安全风险自评估提供规范指南。研究美国、欧盟、俄罗斯、澳大利亚等国家的跨境数据流动监管动态并借鉴合理模式，尽快出台类似"安全盾"等数据跨境流动的协议，与"一带一路"沿线国家通过认证、谈判等渠道建立跨境数据流动信任机制，充分主导一带一路跨境数据流动规则，增加我国的国际话语权，形成中国方案，抢占数字经济先机，形成发展中国家的事实标准。

（五）国有独资和混改并重增强控制力

拥有海量数据资源和强大技术优势的中国互联网"三巨头"企业——百度、阿里巴巴、腾讯，皆是股权结构复杂的 VIE 公司，这给国家大数据安全监管带来了较大难度。随着国家"互联网+"等一系列政策出台，互联网巨头引领的互联网正加速与传统实体经济深度融合发展，在全国一体化大数据中心建设中，国家网信部门要加强和改善对非公有制具有 VIE 股权结构大数据企业的引导和管理。将国家数据资源划分为基础类数据资源和应用类数据资源。基础类数据资源包括人口基础信息库、法人单位基础信息库、自然资源和空间地理基础信息库和宏观经济信息数据库等国家数据资源库，主要是执行国家安全和公益类职能，非公有制 VIE 类企业不能涉足。应用类数据资源包括通信、医疗、气象、社保、就业、教育、交通、旅游等垂直应用领域，这部分数据具有巨大的商业和社会应用价值。可探索推动相应领域国企混改，成立若干个国家级数据资源公司，比如国家通信大数据公司、国家医疗资源大数据公司、国家气象大数据公司等。既以信息流带动技术流、资金流、人才流、物资流，促进资源配置优化，又保障国家级数据资源不落入外国之手。

（六）抓好大数据供应链安全

大数据产业供应链包括硬件供应链和软件供应链，通常涵盖采购、开发、外包、集成等环节。其中基于半导体产业是整个供应链的基础，而半导体产业自身的设计、制造、测试等供应链环节则是"供应链的供应链"。2016 年以来，欧洲基础半导产业呈现被美、日控制的趋势，同时我国半导体产业海外并购不断受挫，使得我国上游半导体企业供应链风险增大，这一现象应引起高度重视，引导国内半导体企业丢掉并购幻想，走自主研发道路。另外，为提高大数据产品和服务的安全可控水平，防范大数据应用中的各种数据安全和隐私安全风险，维护国家安全和公众利益，依据《网络安全法》和《网络安全产品和服务审查办法》，针对当前大数据安全审查缺乏的支撑性相关标准，加快制定相关国家标准，对大数据服务提供者的数据管理能力、服务安全能力、组织安全能力、安全合规程度等进行审查，为第三方审查机构的安全审查工作提供重要支撑，推动对影响国家安全和公众利益的大数据系统和服务安全审查工作尽快落地。

（七）加强个人信息保护

要强化政府综合管理，同时由政府牵头，重点行业共享整合安全能力，推动形成社会共治的全新模式；对新型网络犯罪加大打击力度，同时加快法制建设步伐，推进法律适用和落实执行等配套机制，提升犯罪成本；加强行业自律，对个人信息的采集、保管、运用等环节均应依法合理完善，同时在政府牵头下，加速行业统一标准的制定，构建分级分类保护体系；对重点群体、重点行业的个人信息数据施加重点保护，同时开展广泛宣传，不断提升全民的网络素养和安全防范意识。

（八）军民融合创新发展

充分发挥制度优势和数据大国的优势，积极推动基于大数据作战力量的军民融合发展，充分吸纳军队、地方专业技术力量以及孕育在民间的网络攻防人才，形成国家统一指挥体制下的各方"主力军"和"游击队"相结合的力量体系；推动军民两用大数据安全技术的发展，优化军民两用大数据安全产业布局，加快形成"既能驰骋市场又能决战沙场"的大数据安全产业基础；建立完善军民融合大数据安全国防动员体系，明确大数据安全军民联动体制和运行机制，推动军民融合的大数据安全行动联合演习，积极探索如何在大数据安全中发挥人民战争威力，凝聚制衡强敌、反对霸权的巨大能量，全方位保障我国一体化大数据中心安全。

可持续发展篇

水安全问题、成因及应对措施

(中国国际经济交流中心信息部副研究员) 綦鲁明

[**摘 要**] 目前,我国面临水资源供需矛盾突出,水污染仍较重且呈不断蔓延之势,用水低效、浪费严重,水利工程建设管理仍相对不足,生态需水正在遭到侵占,"一带一路"建设中的水安全问题突出等问题,成因包括水资源区域分布严重不均,经济发展压力不可逆转,洪水管理严重不足,国际水资源开发管理不足,体制机制仍不完善等,应从战略规划上高度重视,加大工程建设与生态保护并重,实施科技引领,以项目推动国际合作,完善水管理体制机制,提高水安全水平。

[**关键词**] 水安全 生态 "一带一路"

水安全问题是生态文明建设的重要前提,是践行"绿水青山就是金山银山"理念的基本条件。水作为生命之源、生产之要,当前仍面临各方面的巨大需求。在供给侧结构性改革的背景下,加强推进水安全建设,不仅是促进经济社会持续健康发展、推动生态文明建设的重要抓手,也是实现建设美丽中国的重要基础。

一、当前水安全突出问题

当前，我国水安全问题突出表现在以下几个方面。

（一）水资源供需矛盾突出

尽管我国水资源总量不小，但我国人均水资源量仅占世界人均水平的1/4，在全球192个国家中排127位。当前我国年缺水量530多亿立方米，其中国民经济缺水400余亿立方米。我国600多座城市中，400多座城市缺水，130多座城市严重缺水。经济的持续中高速增长，人口增长及人均消费水平的持续提高，使得水资源供需矛盾突出，且这种矛盾在短时间内是难以解决的。

（二）水污染仍较重，且呈不断蔓延之势

水利部发布的《2016年中国水资源公报》数据显示，河流水质方面，2016年，对全国23.5万千米的河流水质进行评价，全年Ⅰ-Ⅲ类水河长占评价河长的76.9%，比2015年上升3.5个百分点，劣Ⅴ类水河长占9.8%，比2015年下降1.7个百分点。湖泊水质方面，2016年，对全国118个主要湖泊共3.1万平方千米水面进行了水质评价。全年总体水质为Ⅰ-Ⅲ类的湖泊有28个，Ⅳ-Ⅴ类湖泊69个，劣Ⅴ类湖泊21个，分别占评价湖泊总数的23.7%、58.5%和17.8%。对上述湖泊进行营养状态评价，处于中营养状态的湖泊占21.4%，处于富营养状态的湖泊占38.0%，大部分湖泊处于富营养状态。浅层地下水水质方面，2016年，监测数据地下水质量的2104个测站中，水质优良的测站比例为2.9%，良好的测站比例为21.1%，无较好测站，较差

的测站比例为 56.2%，极差的测站比例为 19.8%。

总体上看，我国水污染情况局部有好转，但总体形势仍较严峻，部分在恶化，与此同时，大范围受污染的地表水、地下水通过大气污染、渗透等方式不断蔓延，从河流支流污染到干流污染，从地表污染到地下污染，从城市污染蔓延向农村，从陆地向海洋污染的趋势仍未遏制，有的甚至影响到饮用水水源，威胁到了人们的饮水安全。

（三）用水低效，浪费严重

以农业用水为例，目前农业灌溉用水约占全社会用水量的六成多，但每单位净耗水的粮食生产效率不足 $1 kg m^3$，和一些发达国家单位净耗水 $2-3 kg/m^3$ 的水平相比差距很大。目前黄河流域农业用水占总用水量的九成，大约有 4/5 的面积是大水漫灌，农业用水浪费严重。据统计，我国仅管道漏失即导致每年流失自来水 70 多亿立方米，相当于一年漏掉一个太湖，足够 1 亿城市人口使用。

（四）水利工程建设管理仍相对不足

水利工程属公共产品。尽管我国已初步形成了以蓄引提调为主要内容的水资源配置格局和基于大江大河干流的防洪减灾体系，但相对发展需要而言，工程性缺水和洪灾水患问题仍普遍存在，水利投入仍存在较大缺口。在水利工程管理中，管理层管理意识不强，部分人员不按照相关规定开展工作。在施工过程中，质量不过关、工艺粗糙等问题依然存在。农田水利、中小河流治理、农村饮水安全工程、小型水库病险率高等问题突出，亟待加强专项治理。

（五）生态蓄水正在遭到侵占

自20世纪50年代以来，我国湖泊出现大面积萎缩甚至消失，贮水量发生骤减，湖泊生态系统严重退化。据统计，1950—2000年期间，我国平原湖泊总面积萎缩率高达31.07%，高原湖泊面积萎缩率虽然不高，仅4.23%，但水位下降明显。湖泊面积萎缩与我国经济发展迅速有关，是在自然和人为活动双重胁迫的共同作用产生的。

（六）"一带一路"建设中的水安全问题突出

当前，"一带一路"建设中，沿线国家和地区间的涉水事件、水事纠纷不断增加，严重威胁了人民的生命健康，影响区域稳定甚至国家国土安全。例如，中越边境水口口岸多次发生水污染事件。中俄边境黑龙江水质污染及因河流改道而引起的国土流失等问题引人重视。中国和哈萨克斯坦之间因为伊犁河与额尔齐斯河的水资源分配问题也未完全解决，水资源安全问题一直是影响中亚地区稳定与可持续发展的一个重大问题。印度和尼泊尔、巴基斯坦、孟加拉因为马哈卡利河、印度河和恒河的用水权矛盾尖锐，争夺不断。水安全问题已成为西亚地区和平与可持续发展的最大障碍。"一带一路"建设的基础条件就是国家环境和地区秩序的稳定，而水资源问题所引发的地区安全问题，是"一带一路"建设过程中必须正视的重大挑战。

二、水安全问题的主要成因

水安全问题的成因是多方面的，总结起来，主要有以下几个方面。

（一）水资源区域分布严重不均

从总量看，我国水资源量不算少，位居世界第六，排在巴西、俄罗斯、加拿大、美国、印度尼西亚之后。但我国地域空间广阔，水资源的空间分布却极度不平衡，呈现东南多、西北少的鲜明特征。长江以北水系流域面积占全国国土面积的64%，而水资源量仅占19%。近些年华北地区缺水情况日益严重，其中，北京、天津、河北、山东、辽中南等地是严重缺水区，这些地区的水资源开发程度已达70%。东三省、内蒙古自治区、新疆维吾尔族自治区、河南、陕西等地是缺水区，淮河－秦岭以南大部分地区属于水资源较为丰富的地区。

（二）经济发展对水资源的压力在相当长的时间内不可逆转

过去几年，虽然全国上下在新发展理念的指导下，坚决端正发展观念、转变发展方式，使发展质量和效益不断提升，经济增长的耗水强度不断下降。但经济结构仍不合理，特别是过剩产能、落后产能仍有较大比例，高耗水、高污染的产业基本特征尚未根本改善，水资源超载、污染严重难得到根本扭转。另外，人口持续增长，农田灌溉系数仍较低，城市人口舒适性需求持续提升，使得水资源缺口依然很大。

（三）洪水管理严重不足

洪水也是重要的水资源来源之一。新中国成立以来，我国兴建了大量堤防工程，其中水库8万多座，加高培厚江河大堤20多万千米，特别是1998年以后，国家加大了对七大江河堤防建设的投资，大江大河防洪标准得到巩固和提高。这些措施显著提高了防御洪涝灾害的能力，也为水资源蓄积作出了重大贡献。但与此同时，小江小河上水利设施由于重视程度不够，年久失修，防洪标准降低，极易发生决堤溃坝事件。另外，城市洪水管理严重不足。在全国具有防洪任务的数百多座城市中，约70%的城市防洪标准低于国家规定的标准。如，2016年7月武汉遭遇的内涝几乎让城市瘫痪，这明确显示了我国城市防洪设施和措施的严重不足，对洪水的管理更是难以谈及。再有，对山洪、泥石流等灾害认识不足。由于缺乏对山洪形成、运动、转移机制的研究和认识，导致对山洪灾害的预测预防难以适应实际情况的需要。这诸多情况下，大量经济损失发生的同时，大量宝贵的水资源也消失了。

（四）国际水资源开发管理不足

我国是世界上国际河流最多的国家之一，仅次于俄罗斯、阿根廷，与智利并列第三。据不完全统计，我国国际河流和湖泊主要有42条（个），包括东北的鸭绿江、图们江、绥芬河、黑龙江；西北的额尔齐斯河、伊犁河，以及西南的雅鲁藏布江（布拉马普特河）、澜沧江（湄公河）、怒江（萨尔温江）、森哥藏布河（印度河）等等。东北国际河流以边界河为主，西北国际河流以跨界河流为主，兼有出入境，西南国际河流以出境河流为主。这些国际河流大部分发源地在我国，水资源丰富，每年从我国流出境外的水资源数量达4000亿立方米，占我国所有水资源总量的近1/6，甚至超过了长江的年水资源量。而这些国际河流在中国境内的部分产生的年水资源量达1万亿立方米，约占全国水资源总量的近40%。

尽管近两年中国已在周边主动地构建可持续发展型的区域合作机制。例如2015年11月，在中国的推动下，澜沧江－湄公河合作机制正式建立，在政治安全、经济和可持续发展、社会人文三个重点领域开展合作，合理有效开发利用资源能源，实现绿色和可持续发展。澜湄合作机制首次将水资源合作纳入优先推进方向。但是，长期以来，我国水资源管理中，对丰富的国际水资源开发利用并没有引起应有的重视，常常以国内河流的开发模式或思想规划管理国际河流，在国际合作中仅是相关环境协议中的某些原则性规定，缺乏具体有效的国际合作措施。这种情况大大制约了对国际水资源的开发，不适应我国对水资源迫切需要的形势，也使得我在国际关系问题上让该有的利益拱手让人。"一带一路"建设中，我国政府所追求的那种通过合作共同保护和利用好水资源，通过合作加强水资源开发管理能力建设，从而促发展、惠民生，合力打造水合作旗舰领域的应有状况尚未实现。

（五）体制机制仍不完善

体制方面，多头管理、部门分割、政出多门的管理现状仍然存在，如，我国水利部管地表水，国土资源部管地下水，环保部管水污染，气象部门管大气水，林业部门管保护区内的水，农业部门管灌溉用水，江河大坝用水国家管，用水小的地方管。分管部门从部门利益出发，本着有利可图的目的，往往互相争夺管理、处罚、解释等权限。由于各主管部门平行，以致在环境管理过程中遇到阻力时需要位阶更高、权力更大的机构出面协调，这增加了行政成本，降低了行政效率。

机制方面，虽然目前最严格的水资源管理制度正在贯彻落实，饮用水安全正在纳入政府考核体系，水权初始分配的一级市场基本建立，水资源节约、保护和合理利用的制度不断建设和完善之中。但水价形成机制仍不健全，水资源核算制度还未真正建立，水资源有偿使用制度实施广度和深度还需要推进，有关水安全的考核、审计、监管的诸多基本难题有待破解，水利部门重建轻管，水权交易二级市场亟待建立。此外，水利投入稳定增长机制尚未建立，长期存在较大投资缺口，水利资金配置合理性有待论证。节水、污水回用技术水平与发达国家尚有较大差距，技术创新机制尚远未建立，不能满足现实需求。

三、水安全策略

水安全问题事关重大，不容忽视。需采用积极态度、科学思路和有效举措，既做长远考虑，又兼顾当前，予以认真对待。

一是高度重视，从战略视角看待水安全问题。树立生态观念和创新观念，认清水安全问题，既是危险同时也是机遇。对解决水安全问题进行辩证性、系统性思考，秉持动态发展思想，统筹考虑涉及到水安全问题的国家间、地区间、人与自然、人与社会、人与人、自然生态链条之间的关系，整体协调、系统安排、长远打算，从事关国家安危的高度认识和处理水安全问题。

二是规划先行，加快推进顶层设计和整体部署。重点研究制定国家层面的包括总体目标、路线图、重点任务和保障措施在内的水安全建设总体规划。其中，要重点研究解决三方面的问题，首先是水安全评估与风险分析方面，要研究水安全发展目标及评估指标、水安全测算方法和评估方法、水安全风险分析与管理等。其次是水安全调控对策制定的理论方法方面，要研究水安全调控目标和对策制定的理论，水安全保障体系构建与调控对策，保障水安全的关键问题和技术方法等。

同时，制定并完善区域性和专题性规划，使之与总体规划相衔接、相配套、相协调，形成科学的水安全规划体系。重视产业发展，加大扶持力度，做好与水安全规划相辅相成的产业发展规划，引导产业走绿色发展的道路。

三是加大工程建设与生态保护并重。通过工程建设改变水资源天然时空分布与生产力布局不相适应的局面，着重加强生态保护。(1) 大力推进重点水源工程建设。在水源条件有保障、生态环境承载力强的前提下，选择在西南、西北、东北地区跨界河流与东南沿海的独流入海河流，长江、珠江以及淮河上中游干支流等地区建设一批大中型骨干水源调蓄工程，增强对天然径流的控制能力，改善重点地区供水结构，提高供水安全保障程度。加强老少边穷等地区城镇和农村的水源建设，改善饮水安全状况，发展和改善灌溉面积，提高城乡供水和工农业供水保证率。(2) 大力推动重点区域水资源调配工程。对水资源紧缺地区、目前水资源开发利用程度已经超过当地水资源承载能力和水资源问题突出的黄淮海地区，东北、西北腹地，沿海经济区，云贵高原平坝经济区等，建设必要的跨流域调水工程，统筹调配当地水和外来水、地表水和地下水以及其他水源，提高缺水地区的水资源承载能力，修复流域生态和保护水环境。统筹解决区域资源性缺水问题，保障城乡饮用水和工业用水，改善生态环境。(3) 实施好水源保护工程。重点加强江河源头水源地保护以及城镇饮用水水源地的保护，控制大型湖库水源地面源污染。通过建立健全水功能区水质水量监测网络，对城镇饮用水水源地实施隔离防护、标志与警告等设施进行保护，拆除非法建筑，关闭饮用水水源地所有排污口，整治入河排污口，实施保护区污染源治理等工程；对全国重要大型湖库岸边、周边及水域开展以清洁小流域为重点的生态修复与面源污染控制工程，解决城镇饮用水不安全问题。

四是实施科技引领，提高水资源的可用性。科技支撑和应用是应对水安全危机根本出路。切实推进自主创新能力建设，加大对水安全关键瓶颈技术的自主创新力度，做好先进清洁技术综合集成和推广应用工作，加大对传统企业和相关产业的绿色发展改造力度。支撑体系方面，建立水沙监测与预测预报体系，完善水资源监控体系，建立水安全预警系统等。

应加大采用先进技术提高水的使用能力。开源方面，积极发展海水淡化技术、雨水利用技术及替代性水源开发技术；节流方面，加强节水设备研发、规范产业节水管理技术，应用节水评价技术，特别是，农业用水中水资源的使用率通常较低，所以应致力于改变农业现有种植结构，调整农业用水布局，从根本上解决农业用水浪费的问题。再利用方面，提升污水处理技术、中水回用技术、生物技术水平。中国具有先进的建设经验和资金，在投资"一带一路"沿线国家建设的与水相关基础设施的过程中，应重视技术性因素在水利外交中的应用，注重帮助其提升水资源管理的能力，中国可以有意识地加强技术类投资，例如水文气象学、地理信息系统、监测控制和数据获取系统、远程感应等，帮助沿线国家政府更好地管理水资源和水卫生体系，通过这些系统的建设，更好地搜集数据，预测水资源使用战略可能带来的后果，提升水资源利用效率，协助水资源管理战略、合作管理战略和利用战略的调整和制定，从而可以更长远地影响沿线国的社会发展。

五是以项目推动国际合作，特别是加强对地区机制和规则的主导权建设。"一带一路"沿线国家的水资源安全危机，除了自然因素之外，很大程度上与基础设施的缺乏和保存系统的缺乏有很大关系。应建立清晰的国际合作框架与平台，借助具体项目，重点推动包括水资源的储存和供应系统，国家内部地区之间的水分配和调水网络及输水管道，饮用水、废水和雨水基础设施，洪水控制措施（包括堤坝、水坝、防洪堤和港口等）以及洪水准备措施（例如蓄水储存）在内的基础设施建设，推动多层化水资源合作机制的建立，影响国家（地区）地方层面的资源使用和开发规制、社会政策和经济发展规划的制定，影响国家内部的环境、经济及社会可持续发展。项目设计上重视沿线国家和地区社会治理层面的水基础设施类的投入，以增强水源储存和供应，控制水源污染、提升水利用效率，推动废水再循环利用。

六是以政府和社会资本合作（PPP）模式推动水资源治理。水资源合作问题的挑战是社会化与多层面的，水资源项目实施应推动主体"多元化"，推动PPP模式在水资源治理中的进一步应用。从国际经验看，最近几年，各国都纷纷出台相应政策，促进公众参与水资源管理。在欧美国家，近年来大幅增加私人供水及污水处理服务。参与方式有很多种，如公共部门保留供水和污水处理系统的所有权，而让私营部门参与一些服务经营管理。在日本近年来开始允许私营部门参与水务业的经营管理，保留服务承包、管理承包、租赁、特许经营等，服务承包是其中最普遍采用的形式。因此，我国借鉴国际经验，应进一步采用PPP模式，给民营企业相应政策，让其参与水公共产品的生产提供，这可以提高水资源的利用效率。

在"一带一路"建设过程中推动水资源安全的实施主体也应该是多元的。除了政府作为最主要的、最大的投资主体外，还应该充分发挥国企、商业机构、非营利性民间社会组织的作用，通过建立互惠互利、风险共担、自愿与合同制关系的多层次发展机制，构建起政府与社会资本的伙伴关系。对于政府而言，还应特别注重做好以下工作，包括协调政府不同部门的配套政策和政策建立，协调与沿线国家的整体关系与合作机制的建立，为"一带一路"项目的实施提供大的国际环境支持。同时政府也应协调亚洲基础设施投资银行等金融机构、企业和其他参与主体为项目提供融资支持，帮助其协调和解决参与"一带一路"建设中遇到的困难和问题。此外，政府应协助做好信息了解和项目参与渠道，为实施主体提供法律条文、信息咨询服务等辅助支持。

七是建立完善水管理体制机制。推进涉水事务一体化管理。完善流域一体化管理，按照乡村振兴、城乡融合的要求，积极推进城乡供水统筹管理。协调各部门，短期内推进建立水资源统一管理机构；长期则建立资源环境一体化管理机构，抓总统一进行水资源和环境管理，改善水安全的总体状况。

机制上，切实加强水资源有偿使用制度，进一步明晰水权，建立和完善水权交易市场，推广水源地生态补偿机制。建立水利产业补偿机制，实行价、费、税、补四位一体的财源模式，实现水工程的良性运营。建立以市场形成价格为主的水价形成机制，健全水商品价格调节机制。完善水市场管理制度和法规建设。进一步落实领导责任，尤其是地方政府责任，把水安全责任落实作为干部政绩考核、选拔任用的重要依据。建立健全节水社会动员参与机制，充分利用各类媒体，全面客观介绍水资源危机，提高公众对水安全问题的认识，通过小区内设置标语、电视上发布公益广告等，使节约用水的理念深入人心。

中国走向生态文明建设新时代[①]

（中国国际经济交流中心经济研究部副研究员）李娣

[摘　要] 生态文明建设是新时代中国特色社会主义思想的重要内容。中国共产党十八大以来，中国生态文明建设不断取得新突破、新进展，取得重大理论创新成果，中国共产党十九大报告中进一步提出，要建设人与自然和谐共生的现代化中国。认真学习总结中国共产党十八大以来尤其是习近平总书记关于生态文明建设重大理论与实践创新，全面贯彻落实中国共产党十九大报告，坚持人与自然和谐共生，扎实推进中国生态文明建设走向新时代。

[关键词] 生态文明　中国特色社会主义　现代化

中国共产党十八大以来，把生态文明建设提到一个前所未有的战略高度，要求把生态文明建设放在突出地位，融入经济建设、政治建设、文化建设、社会建设各方面和全过程，努力建设

---

① 本文是2017年中国国际经济交流中心重大基金项目《党的十八大以来理论创新研究》课题研究成果之一。

美丽中国,实现中华民族永续发展。中国共产党十九大召开,开启了生态文明建设的新征程。

一、中国生态文明建设的新思想

中国共产党十八大把生态文明建设纳入中国特色社会主义事业总体布局,并指出建设生态文明,是关系人民福祉、关乎民族未来的长远大计。同时,把加强生态文明建设写入党章,进一步明确生态文明建设的战略地位,以动员全党全国各族人民更好地全面推进建成富强民主文明和谐的社会主义现代化国家,实现中华民族伟大复兴的中国梦。5年来,以习近平同志为核心的中国共产党党中央创新性地提出了生态文明建设总体部署、正确处理经济发展与环境保护关系、新的生态环境保护方法、生态红线观念、完善生态文明建设制度体系、解决损害群众健康的突出环境问题等思想深邃、内涵丰富、系统全面、指向明确的指导思想和总体要求,深刻回答了生态文明建设的若干重大理论和实践问题,是近5年来生态文明建设领域最为重要的创新性进展与创新性成果。初步学习和研究认为,习近平总书记生态文明建设思想十分丰富,突出体现在以下8个方面:

(一)生态环境保护全球观

生态环境保护是习近平总书记构建"人类命运共同体"思想的重要内容。他强调:地球很大,也很脆弱。工业革命以来,自然生态系统发生巨大变化,出现森林消失、湿地退化、水土流失、干旱缺水、洪涝灾害频发、全球气候变暖等严重生态危机。地球上的物质资源必然越用越少,大量耗费物质资源的传统发展方式显然难以为继。面向未来，世界现代化人口将快速增长，如果大家依照现存资源消耗模式生活的话，那是不可想象的。习近平总书记向全球倡议，保护生态环境，应对气候变化，维护能源资源安全，是全球面临的共同挑战。中国将继续承担应尽的国际义务，同世界各国携手共建生态良好的地球美好家园。在十九大报告中指出，构建人类命运共同体，建设清洁美丽的世界。

（二）良好生态环境是最公平的公共品

"良好生态环境是最公平的公共品，是最普惠的民生福祉"是习近平总书记深厚的民生情怀和强烈的责任担当。他强调：环境就是民生，青山就是美丽，蓝天就是幸福。人民群众对清新空气、清澈水质、清洁环境等生态产品的需求越来越迫切，生态环境越来越珍贵。我们必须顺应人民群众对良好生态环境的期待，推动形成绿色低碳循环发展的新方式，并从中创造新的增长点。在中国共产党十九大报告中提出，要提供更多优质生态产品以满足人民日益增长的优美生态环境需要。

（三）"天蓝、地绿、水清"的中国梦

走向生态文明新时代，建设美丽中国，是实现中华民族伟大复兴的中国梦的重要内容。习近平总书记向全球系统阐述的中国梦是追求和平的梦；中国梦是追求幸福的梦；中国梦是奉献世界的梦。习近平总书记"天蓝、地绿、水清"的中国梦，就是要把生态文明建设融入经济建设、政治建设、文化建设、社会建设各方面和全过程，形成节约资源、保护环境的空间格局、产业结构、生产方式、生活方式，为子孙后代留下天蓝、地绿、水清的生产生活环境。"天蓝、地绿、水清"的中国梦中蕴含着习近平"生态兴则文明兴，生态衰则文明衰"的生态观，这既是对中国

传统文化中哲学思想的继承，又彰显了中国共产党人对人类文明发展规律、自然规律和经济社会发展规律的深刻认识，丰富发展了马克思主义生态观，是对人类文明与生态关系的全新认识。

（四）生态环境就是生产力

"生态环境就是生产力"是习近平总书记生态文明建设思想的核心内容。他强调：要正确处理好经济发展同生态环境保护的关系，牢固树立保护生态环境就是保护生产力、改善生态环境就是发展生产力的理念，更加自觉地推动绿色发展、循环发展、低碳发展，决不能以牺牲环境为代价去换取一时的经济增长。良好生态环境是人和社会持续发展的根本基础。生态环境就是生产力的理论判断不仅彰显了以习近平为核心的中国共产党高度的历史责任感和使命感，更是对马克思生产力理论的完善。

（五）绿水青山就是金山银山

习近平总书记关于"绿水青山"与"金山银山"的辩证统一关系的论述，是我们党积极探索经济规律、社会规律和自然规律的认识升华，推进了发展理念和方式、执政理念和方式的深刻转变。习近平总书记以实事求是的态度，把在实践中对绿水青山和金山银山这'两座山'之间关系的认识分为三个阶段，认为在不同的发展阶段，"绿水青山"与"金山银山"表现为不同的关系特征，要遵循"三个阶段"的特定规律运动变化，但"宁要绿水青山，不要金山银山，而且绿水青山就是金山银山"的根本性质是不会变化的，"绿水青山"与"金山银山"会产生矛盾，但始终是辩证统一关系。绿水青山和金山银山绝不是对立的，关键在人，关键在思路。"两山论"揭示了"绿水青山"与"金山银山"相互作用过程中固有的、本质的、必然的、稳定的联系，是生态文明建设必须遵循的客观规律。

（六）生态安全观

生态安全观是习近平总书记生态文明建设思想的重大创新。他指出：森林是陆地生态的主体，是国家、民族最大的生存资本，是人类生存的根基。他提出：要划定并严守生态红线，构建科学合理的城镇化推进格局、农业发展格局、生态安全格局，保障国家和区域生态安全，提高生态服务功能。生态遭到破坏，对国家全局会产生影响。面对新形势，习近平总书记强调构建集政治安全、国土安全、军事安全、经济安全、文化安全、社会安全、科技安全、信息安全、生态安全、资源安全、核安全等于一体的国家安全体系。把生态安全纳入国家安全体系中，构建有中国特色的国家安全体系，极大地丰富了国家安全的内涵和外延。对推进国家治理体系和治理能力现代化，实现国家长治久安的迫切要求，促进经济社会可持续发展，引导全国人民提升生态安全重要性认识，破解生态安全威胁，具有重要意义和深远影响。

（七）生态思维方法论

建设富强民主文明和谐美丽的中国，实现中华民族永续发展，是我们党与习近平总书记心中的梦想和力量之源。这力量，根植于生生不息的"仁者爱人、与人为善、天人合一、道法自然、自强不息"等传统思想文化。他引导全国人民随时随地要有"劝君莫打三春鸟，儿在巢中望母归"的自然观，"一粥一饭，当思来处不易；半丝半缕，恒念物力维艰"的生态思维。习近平总书记认为，人类追求发展的需求和地球资源的有限供给是一对永恒的矛盾。解决好"天育物有时，地生财有限，而人之欲无极"的矛盾，是一场关系到人与自然和谐相处的社会革命。因此，他坚持认为"杀鸡取卵、竭泽而渔式的发展是不会长久的。"要求以谋万世的眼光和责任感来建设"美丽中国"。习近平强调，要清醒认识保护生态环境、治理环境污染的紧迫性和艰巨性，清醒认识加强生态文明建设的重要性和必要性。我们必须通过制度建设、加强法制等行动来贯彻落实。在治气、净水、增绿、护蓝上下功夫，保得住青山绿水，留得住乡愁，努力走向社会主义生态文明新时代，建设美丽中国，实现中华民族永续发展。

（八）山水林田湖草是一个生命共同体

生命共同体的理念既是习近平对中国传统天人合一智慧新的理解与认识，是生态文明建设思想创新的显著标志。习近平总书记指出，山水、林田、湖草是一个生命共同体，人的命脉在田，田的命脉在水，水的命脉在山，山的命脉在土，土的命脉在草（树）。用途管制和生态修复必须遵循自然规律，由一个部门负责领土范围内所有国土空间用途管制职责，对山水林田湖草（树）进行统一保护、统一修复是十分必要的。他强调：一个良好的自然生态系统，是大自然亿万年间形成的，是一个复杂的系统。如果种树的只管种树、治水的只管治水、护田的单纯护田，很容易顾此失彼，最终造成生态的系统性破坏。建设生态文明要采取综合治理的方法，把生态文明建设融入到经济建设、政治建设、文化建设、社会建设的各方面与全过程。生命共同体的理念从系统论的角度补充完善了现代生态学中生物链理论，说明了田、水、山、土、草（树）在生物链中与生物处于同等地位，打破了现代生态学仅把田、水、山、土作为的外在条件对生态链形成影响理论模式。在加快推进生态文明建设过程中，要用生命共同体的思维指导生态文明建设实践。

二、中国生态文明建设实践创新

中国共产党十八大以来的 5 年里,在新时代中国特色社会主义思想的指引下,中国生态文明建设实践创新取得重大进展。从宏观到微观,从工业领域到生产生活的各领域,从生态脆弱区到全国陆海空各区域,全方位深入推进生态文明建设,取得了新突破、新进展、新成效。在此,从资源节约、环境保护简要阐述主要成效。

(一) 加强生态文明制度体系建设

中国共产党十八大以来,中国共产党不断加强生态文明制度体系建设与创新。中国共产党十八届三中全会提出加快建立系统完整的生态文明制度体系;十八届四中全会要求用严格的法律制度保护生态环境;十八届五中全会将"绿色发展"作为"十三五"乃至更长时期经济社会发展的一个重要发展理念。2015 年中共中央、国务院先后出台《关于加快推进生态文明建设的意见》《生态文明体制改革总体方案》,审议批准"十三五"规划纲要,将生态环境质量改善作为全面建成小康社会目标,提出加强生态文明建设的重大任务举措。在气候变化巴黎大会上,中国成为《联合国气候变化框架公约》196 个缔约方通过的《巴黎协定》履约国与重要的推动国。2016 年,中央全面深化改革领导小组审议通过《关于划定并严守生态保护红线的若干意见》,31 个省(区、市)均已启动生态保护红线划定工作。2016 年,在两部生态文明建设和改革文件的指导下,结合实际需要,中央深改组和中央有关机构审议通过了一系列改革文件,以问题为导向，配合以强有力手段推进措施落地，新气象由此而生。

（二）推进资源节约

1. 保障土地资源可持续发展。2015年末，中国农用地较2012年减少了100.88万公顷，减少幅度大大降低；随着工业化与城镇化的快速发展，为推进土地资源集约利用，2015年，全国建设用地供应较2012年减少了21.25万公顷。

2. 矿产查明资源储量保持稳定增长。与2012年底比较，2015年，煤炭资源储量增长1455.1亿吨，石油储量增长1.7亿吨，天然气增加0.8亿吨，发现丰富的页岩气储量，并取得突破性增长。铁、铜、铅、锌、钨、锡、钼等矿产资源储量都有较大增长。

3. 海洋生态环境状况基本稳定。2013年，中国第一次启动海洋经济调查，与2013年比较，2016年海洋资源产值增长了30%。符合第一类海水水质标准的海域面积占管辖海域面积的95%，保持在2013年的水平。截止到2016年底，中国已建立了各类海洋自然和特别保护区250多个，总面积约12.4万平方千米，开展10处"生态岛礁"工程，批准1处无居民岛开发利用项目，实施28个海洋可再生能源利用项目。

4. 水资源节约步步推进。与2012年比较，2016年，中国水资源总量偏多了1.04%，全国供水总量减少了0.31%，工业用水减少了51亿m^3，生活用水增加了75亿m^3，生态用水总量增加了17亿m^3，全国人均用水量减少了18m^3/人，万元国内生产总值（当年价）用水量减少了37m^3，万元工业增加值（当年价）用水量减少了16.2m^3。

（三）加强环境污染治理

1. 水质改善成效明显。与 2013 年比较，2016 年全国 Ⅰ-Ⅲ 类河流水河长占评价河长比重提升了 6.8 个百分点，水功能区水质满足水域功能目标占评价水功能区数量的比重提升了 9.3 个百分点。化学需用量排放量逐年减少。

2. 大气环境持续改善。2013 年以来，中国启动了城市 pm2.5 及城市空气质量优良率监测，不断提高人们对大气环境的关注；全面加强对涉气"散乱污"企业综合整治、燃煤小锅炉淘汰改造、挥发性有机物（VOCs）治理等，强化扬尘治理、工业烟尘整治与燃煤污染治理，与 2012 年比较，2015 年二氧化硫排放量减少了 259 万吨。2016 年，338 个地级及以上城市平均优良天数比例为 78.8%，较 2013 年提升了 8.3 个百分点。

3. 污染治理财政投入总量稳步加大。2012—2015 年，中国环境污染治理投资总额占国内生产总值比重分别为 1.53%、1.52%、1.49%、1.28%，2016 年，中央财政分别安排大气、水、土壤污染防治专项资金 112 亿元、140 亿元、91 亿元。

（四）持续推进生态系统保护

生态环境质量不断改善。2015 年生态环境质量以"优""良"和"一般"为主，约占国土面积的 67.1%，其中，生态环境质量为"优"的县域较 2012 年增加了 202 个，"良"的县域减少了 98 个。

生态环境保护平稳向好。2012~2016 年，中国森林面积保持在 20769 万公顷，森林覆盖率 21.63%，造林面积保持逐年增长。湿地面积保持在 5360 万公顷，湿地面积占国土面积的比重为 5.6%。2016 年，自然保护区数较 2012 年增加了 81 个，其中，国家级自然保护区增加了83个。

三、进一步全面贯彻落实中国共产党十八大以来生态文明建设思想

当前及今后一段时期，中国发展处于特别重要的历史阶段，是全面决胜小康社会的关键阶段，也是带领全国14亿人口开启全面建设社会主义现代化国家新征程的重要阶段，中国特色社会主义进入新时代，中国社会主要矛盾已经转化为人民日益增长的美好生活需要和不平衡不充分的发展之间的矛盾。既需要庞大的经济规模来支撑发展，又要着力解决发展中的不平衡、不协调、不充分、不可持续等问题。问题的解决，必须贯彻落实"五位一体"总体布局，推进"四化"同步发展，有效遏制"污染爬坡"，既要"金山银山"、也要"绿水青山"，既要发展、又要治污，既要"发展权"，又要"健康权"。坚持以"五大发展理念"推动"四化"同步发展，建议未来生态文明建设的任务可重点体现在以下几个方面。

第一，加快推动产业迈向中高端，提高生态效益。中国在逐步迈进工业化后期，正与全球新一轮产业革命形成历史性交汇，要把互联网为代表的信息化深度融入工业、农业，进一步以信息技术装备工业、农业，加快传统产业转型升级与向中高端迈进，在提高生产效率的同时，提高资源利用效率，减少环境污染。现代信息技术大幅度提升了工农业发展水平与现代服务业水平，催生了新资源、新业态、新产业，不仅创造了更为庞大的经济体量，也有效改善生态环境、减少资源消耗。人工智能、虚拟现实等新技术的加速兴起，为发展新产业发展提供了无限空间。分享

经济新的模式正广泛渗透到各类生活资源和生产资料资源利用中，要进一步通过提高生产环节中产品的循环利用率来减少产品生产，节省资源和能源；也要利用各类新技术来降低流通环节的生态消耗，进而推动生活方式向资源利用更为高效、更加节约转变。

第二，加快新型城镇化与农业现代化建设步伐，推进集约高效发展。要着力推进工业化与城镇化良性互动、城镇化与农业现代化相互协调。解决后工业化阶段，农村转移人口落户扎根城镇、城中村改造、以工业化带动中西部地区农村人口就地城镇化等问题。要健全和完善推进城镇化战略布局、形态、功能的体制机制，全面提升以人为本的城镇化发展质量与效益。推进农业现代化、促进产城融合，合理引导大中小城市协调发展，培育和发展城市群，建设特色乡镇和美丽乡村，形成要素自由流动、优势互补、互相繁荣的城乡发展新格局。加强国土空间开发管制，有效节约资源，促进城镇集约高效发展。尊重自然生态规律，坚持以人为本，统筹城乡生产生活，全面推行城乡全覆盖的绿色规划，促进清洁生产、低碳生活与循环发展。

第三，加快形成绿色生产生活方式，改善生态环境。要把绿色低碳理念贯彻在生产的每个环节，加快形成绿色生产方式。要加强对燃煤电厂、钢铁厂等高排放产业全面实施超低排放和节能改造，最大限度减轻这类产业的污染排放量，提高资源和能源利用效率。要进一步推动和发展好节能环保产业，培育再生清洁能源和可替代能源，逐步补充乃至取代污染排放大的传统能源行业。引导企业能源消费革命，建设消耗低、排放少、能循环的绿色生产体系，打造绿色工厂、绿色车间。健全和完善覆盖各领域的生态保护补偿制度，建立多元化的生态补偿机制，提高全社会资源节约意识和环卫意识。

在日益紧密的全球化和过度消费的工业化大潮中，必须推动全体公民从能源、食物供给、交通出行、住房等方面实践应对能源和环境危机的解决方案。引导个人最大化地发挥创造力，降低能源耗量，循环利用各种资源，自觉参与优美环境建设，打造富有生态理念的两型社区。倡导居民使用绿色产品，参与绿色志愿服务，树立良好公民环卫意识和绿色增长、共建共享的理念，把绿色消费、绿色出行、绿色居住转化为自觉行动，让人人既能充分享受绿色发展所带来的便利和舒适，又能自觉履行好应尽的可持续发展责任，推动全社会生活方式向自然、节俭、环保、健康方向转变。

第四，积极参与国际合作，提高生态环境国际话语权。绿色没有国界，但由于各国的国情不同，经济社会发展的阶段，生态文明建设所面临的挑战也不同。中国作为最大的发展中国家，发展是解决一切问题的关键，而发展所处的阶段决定了未来建设生态文明还将继续面临严峻的挑战。必须坚持开放发展，既要正视全球性生态环境挑战和危机，承担保护地球的共同责任和义务，又要认识到各国发展阶段、生态环境保护水平和能力不同的客观现实，继续坚持共同但有区别的责任原则，参与全球生态文明建设。要继续构建更加广泛的生态利益共同体与责任共同体，凝聚各方力量，形成生态文明建设国际新合力，搭建环境治理的国际合作平台，积极主动参与全球生态治理，共同维护和促进国际生态安全。积极参与生态技术国际合作研发，以促进国内绿色低碳技术、环保产业升级，来推动国内绿色工业体系建设；进一步拓展生态环保新技术、新产业，提升生态环境治理水平和治理能力。对国内先进生态环境保护要有技术自信与经验自信，积极参与国际竞争与合作，尤其要加强新能源、新材料、新资源开发等领域技术交流与合作，提高中国先进绿色低碳技术和产品的国际市场占有率与全球竞争力，宣扬中国特色社会主义生态文明新理念，传播中国传统生态文化，在国际舞台上展示绿色中国形象。要积极参与全球环境保护、气候变化、能源资源等领域国际规则制定，推动形成制度化合作机制，更为积极主动地参与国际生态环境制度建设和国际环境公约谈判，在全球生态环境治理议题上，提出有成效的新倡议、新理念和新行动方案，不断提高中国在全球生态环境治理中的话语权。

要紧紧围绕建设美丽中国深化生态文明体制改革，进一步筑牢生态文明建设的"四梁八柱"，健全国土空间开发，资源节约利用，生态环境保护体制机制，推动形成人与自然和谐共生的现代化建设新格局，还要进一步推动以下几项工作。

一是要进一步把生态文明建设贯穿在"四个全面"战略布局之中。中国共产党十八大提出，资源节约、环境友好社会建设取得重大进展是2020年实现全面建成小康社会宏伟战略目标时间表中的重要内容之一。全面深化改革、全面依法行政、全面从严治党是全面建成小康社会的动力源泉、法治保障和政治保证。

把生态文明建设贯穿在全面深化改革中，是全面深化改革的要求。新的时代背景下，解决错综复杂的矛盾和问题，推进中国特色社会主义建设、建设社会主义现代化强国乃至全面建成社会主义现代化强国，实现中华民族伟大复兴的中国梦，必须依靠于不断探索实现"四化"同步的发展路径，保持全面、系统、协同推进政治、经济、社会、文化、生态全方位发展。全面依法行政是适应时代变化，推动生态文明建设全面走上法制轨道，实现生态环境治理制度化、规范化、程序化，确保生态文明体制改革稳步推进，维护生态安全、防止生态红线被践踏的法治保障，更是彰显社会主义现代化国家基本内涵的基本要求。全面从严治党是坚持在党的领导下，全面推进生态文明建设的关键所在，是引导各级党组织在生态文明建设中主动思考、主动作为的基础，是确保生态文明建设的整个制度体系贯彻落实到位、推动生态文明建设及生态环境治理能力现代化的政治保证。生态文明建设涉及生产生活方方面面，只有把生态文明建设融合贯穿到经济、政治、文化、社会建设的各方面和全过程，贯穿在"四个全面"中，把推动生态文明建设与各领域改革、全面依法行政、全面从严治党紧紧融合在一起，才能筑牢生态文明建设的"四梁八柱"，才能把生态文明建设的决策部署落到实处，才能着力解决生态环境方面突出问题，从源头上扭转生态环境恶化趋势，为人民创造良好生产生活环境，为全球生态安全作出贡献，走向社会主义生态文明建设新时代。

二是要进一步凸显生态文明建设也是生产力。"绿水青山"也是"金山银山"。生态环境治理所投入的人力、物力、财力是其他物资生产的"机会成本"，减少环境污染与破坏，就是提高其他物质资料的生产能力；在生态环境治理中所积累的经验、各类发明创造、科技创新，可以转化为新的生产力；转变经济发展方式，合理利用资源，提高资源利用效率，就是提高生产效益；生态环境改善，提高了人民幸福感与健康指数，提高了人类改造自然的能力，也就提高了生产力水平。未来要进一步完善和贯彻落实好中国共产党十八大以来建立的关于生态文明建设"四梁八柱"的制度体系，凸显生态文明建设的生产力特征，解决人民群众最关心的大气污染治理、饮水安全、土壤污染等问题；着力全面完成中国共产党十九大报告提出的推进绿色发展、着力解决突出环境问题、加大生态系统保护力度、改革生态环境监管体制等四项战略任务；化解生态危机，确保生态安全，让人民群众逐渐感受到美丽中国带来的生产红利。凸显生态文明建设的生产力特征也是打消人们面临新的情况与挑战时,不可避免出现的要求重返经济社会粗放发展老路子的念头,是发动人民群众投入到生态文明建设中来,坚定建设美丽中国的信心,坚决抵制破坏环境、污染环境的行为,自觉养成良好消费习惯,转变不利于生态文明建设生产生活方式的最现实"引导力"。凸显生态文明建设的生产力特征,让人民群众在美丽中国建设中有更多的获得感,有利于树立全体人民坚定不移地推进生态文明建设的信心,坚定凝聚力量,攻坚克难,奋力前行的决心。

三是以山水林田湖草是生命共同体来指导生态文明建设实践。人山水林田湖草是一个生命共同体要求在建设生态文明实践中,要按照习近平总书记指出的"对山水林田湖草进行统一保护,统一修复",认真总结过去资源有效利用和环境保护等治理方面的方式方法,创新管理手段,优化管理资源配置,提高管理水平,按照"由一个部门负责领土范围内所有国土空间用途管制职责"方式理顺管理职责。山水林田湖草,各有各的管理特征,管理部门各有各的权益,行使各自的职责,但山水林田湖草,更是一个生命共同体。要总结河长制管理实践经验,不断打破条块分割的"博弈思维",割舍"部门利益",科学构建管理体制,形成更科学合理的协调机制,把各类生态资源纳入统一治理的框架之中,盘活山水林田湖草的生命共同体。

参考文献

[1] 习近平:《谈治国理政》,外文出版社,2014年10月第1版,2016年5月第1版第14次印刷。

[2] 新华网,领导人习近平总书记活动报道集。

[3] 魏礼群:《中国共产党十八大以来社会治理的新进展》,《光明日报》2017年8月7日第11版。

[4] 中华人民共和国国土资源部:《2012~2016年中国国土资源公报》,中华人民

共和国国土资源部网站。

［5］中华人民共和国水利部：《2012～2015年全国水利发展统计公报》、《2012—2016年中国水资源公报》，中华人民共和国水利部网站。

［6］中华人民共和国统计局：《2016年中国统计年鉴》，中国统计出版社。

我国工业绿色发展的现实困境及破解思路

(中国国际经济交流中心博士后,工业和信息化部国际经济技术合作中心副研究员)毛涛

[摘 要] 工业作为我国能源资源消耗和污染物排放的"主阵地",在其快速发展的过程中,带来了大量的资源能源消耗和污染物排放,日益严峻的资源环境问题已经成为制约我国工业可持续发展的主要瓶颈。通过加快技术创新、优化工业布局、调整产业结构、推动传统产业升级改造、加强引导规范等,将有助于落实《中国制造2025》的相关要求,全面提升我国工业绿色发展水平。

[关键词] 绿色制造 能源效率 资源消耗 污染排放 绿色转型

《中国制造2025》作为我国实施制造强国战略的第一个十年行动纲领。该战略把"绿色制造"摆在突出位置,将绿色发展作为建设制造强国的重要着力点,明确提出将"绿色制造工程"作为重点实施的五大工程之一。推进工业绿色转型已经成为我国工业发展的主攻方向。

一、工业发展对生态环境的影响

工业在创造社会财富的同时,也带来了不少生态环境问题。工业作为能源资源消耗和污染物排放的"主阵地",在其发展过程中,能源资源需求不断扩大,污染物排放也随之增多,资源环境的承载能力已经接近极限,区域性环境污染、生态破坏现象频发。可以说,资源环境约束已经成为制约工业绿色发展的主要瓶颈。

(一)能源使用情况

在我国工业快速发展的同时,能源消耗与日俱增。1978年全国能源消耗量为5.7亿吨标准煤,2016年为43.6亿吨标准煤,增长6倍多。[①] 工业作为能源消耗的重点领域,约占全社会总消耗量的70%。

从资源禀赋看,我国富煤、少油、贫气,逐渐形成了以煤炭为主的能源消费结构。2000年我国煤炭消费量为13.6亿吨,到2015年增长至39.65亿吨,约占世界煤炭消费量的一半。[②] 同期,煤炭在我国能源消费中的比重虽有所下降,但依旧居主导地位。2000年煤炭占一次能源消费比重的68.5%,到2016年虽然下降至62%,但依旧远高于原油的18.1%和水电、风电、核电、天然气等清洁能源的19.7%。[③]

[①] 参见《2016年国民经济和社会发展统计公报》。
[②] 参见《中国2015年煤炭消费量39.65亿吨,占世界一半》,《北京商报》,2016年5月25日。
[③] 参见《2016年国民经济和社会发展统计公报》。

从能源消费变化看，随着技术进步，清洁能源在整个能源消费构成中的占比逐步提高。天然气作为国家应用的清洁能源，近十年消费量明显提升。2005年我国天然气消费量为468亿立方米，[1] 2016产量达到1371亿立方米。[2] 此外，水电、风电、核电等新能源的使用量也越来越多。截止2015年，我国可再生能源装机容量占全球总量的24%，新增装机占全球增量的42%，已经成为世界节能和利用新能源、可再生能源第一大国。[3] 截止到2015年底，水电、风电、光伏发电装机分别达到3.2亿千瓦、1.2亿千瓦、4300万千瓦左右，可再生能源发电总装机达到4.8亿千瓦左右。[4]

（二）资源使用情况

工业发展需要以自然资源作为基本保障。近年来，我国矿产资源生产持续增长，煤炭、铁矿石、粗钢、十种有色金属、黄金等多种矿产品产量居世界首位。

"十二五"期间，原煤产量192亿吨，增长30.2%；原油产量10.5亿吨，增长9.7%；天然气产量5941亿立方米，增长52.7%。铁矿石产量68.0亿吨，增长67.0%；粗钢产量38.5亿吨，增长46.8%；十种有色金属产量2.1亿吨，增长69.5%；黄金产量2100吨，增长45.1%；水泥产量115.7亿吨，增长

---

[1] 参见《2016年中国天然气生产量、消费量、进口量情况分析》，2016年6月，中国产业信息网（http://www.chyxx.com/industry/201606/421509.html）。

[2] 参见《2016年全国天然气运行简况》，2017年2月，安徽省能源局（http://nyj.ahpc.gov.cn/info.jsp?xxnr_id=10087976）。

[3] 刘振民：《全球气候治理中的中国贡献》，2016年3月，求是网（http://www.qstheory.cn/dukan/qs/2016-03/31/c_1118463935.htm）。

[4] 参见《2016年全国能源工作会》，2015年12月，中国政府网（http://www.gov.cn/xinwen/2015-12/30/content_5029432.htm）。

53.3%。矿产品贸易总额4.99万亿美元，增长81.4%。进口煤炭13.3亿吨，增长195.7%；石油16.3亿吨，增长46.3%；铁矿石41.4亿吨，增长71.2%。①

除矿产资源外，工业发展也消耗大量的水资源。2015年全国水资源总量27962.6亿立方米，比多年平均偏多0.9%；全国平均降水量660.8毫米，比多年平均偏多2.8%，较上年增加3.7%。其中，全国总用工业用水1334.8亿立方米，占总用水量的21.9%。②以湖南省长沙市为例，2015年长沙市规模工业取水量10.12亿立方米，同比增长5.9%，用新水量为2.53亿立方米，同比增长8.0%，规模工业用水总体呈增长态势。③

（三）污染物排放情况

工业在消耗能源和资源的同时，也排放了大量的污染物。工业领域排放的主要污染物二氧化硫、氮氧化物排放量分别占全国的90%、70%，烟尘、粉尘排放量约占全国的85%以上；特别是对人民群众危害严重的非常规污染物如持久性有机污染物、重金属等几乎都来源于工业领域。④就特定区域而言，长江流域沿江分布着七大石化产业集群、五大钢铁基地，集聚着造纸、制革、电镀、印染、有色金属等行业，污染源相对集中，排放了大量的化学需氧量、氨氮、二氧化硫、氮氧化物以及铅、镉、砷等重金属。从长江流域污染来源看，工业是仅次于生活和农业的第

---

① 国土资源部：《中国矿产资源报告2016》，地质出版社，2016年版，第1页。
② 参见《2015年中国水资源公报》。
③ 参见《2015年长沙规模工业用水情况浅析》，2016年4月，长沙统计信息网，http://www.cstj.gov.cn/static/jcndbg/20160411/31164.html。
④ 高云虎：《全面推行绿色制造，加快建设生态文明》，载《中国制造2025解读材料》，电子工业出版社，2016年1月版。

三大水污染源，而在大气污染及重金属污染方面，工业则是首要污染源。

二、工业绿色发展存在的困境

（一）能源利用效率低

在能源利用领域，最大问题就是利用效率较低。当前，在我国能源构成中，化石能源消费占比过高，超过80%。在化石能源使用过程中，不仅排放了大量的二氧化碳，而且也是大气污染问题的主要诱因。

提升能源效率，可以降低单位工业增加值的能源消耗及相关污染物排放。在能效提升方面，我国开展了高效节能产品推广、重点行业能效对标达标等工作，规模以上企业单位工业增加值能耗明显下降。"十二五"期间，规模以上企业单位工业增加值能耗累计下降28%，实现节能量6.9亿吨标准煤，对全社会节能目标的贡献率达到80%以上。仅2015年，工业企业吨粗铜综合能耗下降0.79%，吨钢综合能耗下降0.56%，单位烧碱综合能耗下降1.41%，吨水泥综合能耗下降0.49%，每千瓦时火力发电标准煤耗下降0.95%。[①] 尽管如此，我国能耗水平依旧较高，不仅远高于发达国家，甚至高于很多发展中国家。其中，钢铁行业国内平均能效水平与国际先进水平相比落后6%至7%，建材落后10%左右，石化化工落后10%至20%。

---

① 参见《2015年国民经济和社会发展统计公报》。

（二）资源对外依存度大

近些年我国资源综合利用率进一步提高，但是与发达国家相比尚存在一些差距。由于我国资源消耗量过高，且利用效率较低，资源对外依存度较高。目前国家能源自给率约为84.5%。[①] 2015年国内石油进口量达到3.34亿吨，增长8.8%，对外依存度高达60.6%，逼近61%的红线。同年，天然气进口量为624亿立方米，增长4.7%，管道气和LNG进口量分别占56.7%和43.3%，对外依存度升至32.7%。此外，大量工业原材料依赖进口，铁矿石进口9.33亿吨，占国际贸易量的69%；天然橡胶、铜、镍、铝土矿、铅锌等对外依存度超过50%，有的高达85%。

（三）环境污染严重

在我国工业发展过程中，除消耗能源和资源外，还排放了大量的污染物。2013年以来，以PM10和PM2.5为特征的大气污染现象备受社会关注。2013年雾霾波及25个省份，100多个大中型城市，全国平均雾霾天数达29.9天，创52年来之最。[②] 2016年，全国338个地级及以上城市中，有84个城市环境空气质量达标，占全部城市数的24.9%；254个城市环境空气质量超标，占75.1%。338个地级及以上城市平均优良天数比例为78.8%，比2015年上升2.1个百分点；平均超标天数比例为21.2%。[③] 在水污染方面，全国地表水1940个评价、考核、排名断面中，Ⅰ类、Ⅱ类、Ⅲ类、Ⅳ类、Ⅴ类和劣Ⅴ类水质断面分别占2.4%、

[①] 参见《2015年资源报告》。
[②] 参见《全国今年平均雾霾天数达29.9天，创52年来之最》，《经济参考报》，2013年12月30日。
[③] 参见《2016中国环境状况公报》。

37.5%、27.9%、16.8%、6.9%和8.6%。① 在土壤污染方面，2015年在调查的690家重污染企业用地及周边土壤点位中，超标点位占36.3%，主要涉及黑色金属、有色金属、皮革制品、造纸、石油煤炭、化工医药、化纤橡塑、矿物制品、金属制品、电力等行业。②

三、工业绿色发展困境原因分析

（一）技术水平不高

1. 具体表现

我国制造业之所以没有摆脱粗放的发展模式，与我国技术水平不高存在着必然联系。近些年，我国科技创新能力不断增强，国内及国际专利申请量均位居世界前列。但值得注意的是，我国专利申请数量虽然众多，但是含金量却不高，在与制造过程密不可分的绿色工艺及节能环保技术装备等领域，严重缺乏核心技术。在一些领域，即使国内已发明出可替代产品，但由于质量、价格、可靠性或者运营成本等问题，很难与国外同类产品进行竞争。由此导致我国制造业发展过程中，一般物的要素投入依旧过高，而知识、技术等投入却过低，即使付出较大的资源环境成本，产出却很难尽如人意。产品寿命较短无疑是一种资源浪费现象。再者，作为工业绿色发展重要支撑的节能环保产业虽然发展迅速。但与发达国家相比，创新能力依旧不足，缺乏基础性、开拓性、颠覆性技术创新，部分关键设备和核心零部件受制于人，

---

① 参见《2015中国环境状况公报》。
② 参见《全国土壤污染状况调查公报》。

垃圾渗滤液处理、高盐工业废水处理、能量系统优化高端技术装备供给能力明显不强。[①]

2. 原因分析

一是基础研发投入不足。众所周知，在制造业产业链条中，关键及核心技术多集中于产业链上游，通常研发周期长、投入高、风险大。因此，很多企业不愿意从事产业链上游环节的基础研发工作，而更愿意将工作重点放在风险小、见效快的产业链中游和下游环节。例如，在电动汽车领域，企业很少愿意从事动力电池、先进变速器、智能控制等关键技术研发，而是倾向于国家政策支持较多的整车组装领域。尽管我国已经成为全球新能源汽车第一大市场，但与发达国家相比，电动机车技术差距依旧较大。在国际上，企业研发投入平均占销售收入2%－3%，一些国际巨头更是注重创新，研发投入远高于世界平均水平。2014年德国大众研发投入约117.4亿欧元，占销售额的6%；韩国三星电子研发投入约101.5亿欧元，占销售额的6.5%；微软研发投入82.5亿欧元，占销售额的13.1%。同年，我国研发投入进入全球排名前50的仅华为1家，为35.9亿欧元，占销售额的25.6%。[②] 我国大中型企业的研发投入不足销售额的1%，广大中小企业更是落后于此水平。

二是知识产权保护不完善。知识产权不仅具有财产权属性和人身属性，而且具有高附加值，好的知识产权可以为权利人带来丰厚的回报。由于我国知识产权法律制度不完善，企业违法成本较低，恶意侵权事件频发。2016年，专利行政执法办案总量

---

① 参见《"十三五"节能环保产业发展规划》。
② 参见欧盟委员会：《2014年全球企业研发投资排行榜》。

48916件，同比增长36.5%。[①]

三是科技成果转化率偏低。我国虽然科技人才数量、专利数量、科研论文数量等都位居全球前列，但是由于存在科研评价体系不健全、激励机制不足、法律保护滞后、产学研脱钩等诸多问题，科技成果转化率普遍较低，仅为10%左右，低于发达国家40%的平均水平，更低于美国80%的水平。[②]

（二）产业结构失衡

1. 具体表现

近年来，资源密集型产业发展迅速，在制造业中占比越来越高，但结构性失衡问题也最为明显。钢铁、电解铝、平板玻璃、水泥、造船等传统产业已出现严重产能过剩，平均产能利用率不足80%，低于世界平均水平。除传统产业外，作为新兴产业的新能源装备制造业也已出现产能过剩迹象。2014年，我国超过德国，成为全球新能源与可再生能源利用第一大国。新能源产业快速发展，将有助于实现《中美气候变化联合声明》确定的中国到2030年非化石能源占一次能源消费比重达到20%左右的目标。但是，在新能源产业快速发展的同时，部分领域已经释放出产能过剩的信号。目前，光伏利用率不到60%，风机产能利用率不到70%。

值得注意的是，在部分领域出现产能过剩问题的同时，一些领域却发展严重滞后。当前，航空航天、海洋工程、电力、新能源等领域依旧缺乏高端装备，严重制约着我国制造业转型升级。[③]

---

① 参见《去年专利行政执法办案增36.5% 专利纠纷案件首次突破2万件》，http://www.ccpit.org/Contents/Channel_3586/2017/0124/751361/content_751361.htm。
② 参见《"艰难"的转化》，《中国经营报》，2015年5月23日。
③ 参见《中国制造2025》，国务院2015年5月19日印发。

除高端装备制造业外，生产性服务业发展同样发展滞后，尚处于起步阶段，主要停留在批发零售、运输仓储等低端服务领域。

产业结构失衡，导致部分过剩产业盈利水平较低，不少企业面临破产风险，而一些亟需发展的产业，却迟迟发展不起来。其中，产能过剩问题不仅仅是产业发展问题，而且是生态环境问题，这些过剩的产品在其制造过程中带来了大量的资源能源和污染物排放，在一定程度上加剧了生态环境恶化。

2. 原因分析

一是产业集中度较低。当前，我国产能过剩问题主要出现在发展方式相对粗放，而规模经济效益显著的产业。由于这些产业集中度较低，企业数量虽多，但规模小、布局分散、缺乏龙头企业，未形成有效的行业自律，自我调节能力不强，重复建设问题严重。

二是企业非理性判断。改革开放以来，我国城乡居民收入水平快速增长，消费能力越来越强。随着国内外市场需求的增大，一些企业过于乐观，盲目扩大投资，频频增加产能。当然，在一定的时期内，新增产能会被消化掉，但随着市场饱和期的到来，新增产能很有可能转化成过剩产能。

三是同质化竞争严重。在现行地方官员政绩考核体系下，为促进本地经济发展，增加税收及就业，地方政府往往给予重大招商引资项目"亮绿灯"，提供廉价供地、税收减免、低价配置资源等优惠政策，甚至降低产业准入门槛。由于缺乏统筹协调，区域间同质化竞争问题严重，同样的项目在不同的地区纷纷落地，短时间内产能急剧增加。

（三）资源环境要素市场尚未形成

1. 具体表现

改革开放以来，依托廉价的自然资源和丰富的劳动力，我国制造业优势明显，规模迅速扩大，对我国经济发展起到重要的支撑作用。但从国际分工看，我国仍处于产业链和价值链的中低端。在经济增长贡献中，一般物的要素投入接近七成，知识、技术等只有三成左右，而发达经济体的比例刚好相反。[①]

一方面，在能源资源利用方面。我国的自然资源属于国家所有，即全民所有[②]。当前，主要由地方政府代表国家行使权力，然而由于管理体制尚未健全，严重束缚了自然资源的自由配置[③]。以市场为导向的自然资源定价机制尚未形成，自然资源价格偏低，既没有如实反映出资源的稀缺性，也没有反映出其环境损害及生态修复成本。在短期利益的驱使下，企业很难有节约资源及改进生产设备的意识，导致自然资源浪费现象严重。

另一方面，在环境容量利用方面。生产过程中，企业在消耗能源和资源的同时，会向生态环境中排放污染物。企业在排污的过程中，势必会利用环境容量，排放水污染物利用的是水环境容量；排放大气污染物利用的是大气环境容量。但是由于环境容量具有鲜明的公共产品属性，导致民法中等价有偿原则在此失去了适用空间，排污者无需支付任何对价或者仅支付少量费用，便可以利用水、大气等生态系统。

2. 原因分析

一是资源的价格未体现生态属性。森林、矿产、水等自然资源属于生态系统的重要组成部分。各个生态系统都向我们源源不断地提供服务，它不仅向经济社会系统输入有用物质和能量、接

[①] 曾培炎：《大陆经济总体处于产业链和价值链中低端》，2013年3月，新华网，http://financd.sina.com.cn/china/20130301/192714693524.shtml。

[②] 参见《宪法》第9条。

[③] 参见《加快自然资源及其产品价格改革及推进》，《中国环境报》2014年1月29日。

受和转化来自经济社会系统的废弃物，而且直接向人类社会成员提供服务，比如清洁空气。根据联合国《千年生态系统评估报告》，生态系统功能服务是生态系统对地球生命支持系统起到重要的作用，是人们从生态系统中获得的效益。[1] 生态功能主要有以下四类：调解功能：对大气化学成分、气候、水文、土壤及生物多样性等的调节；承载功能：提供各种空间与适宜的载体；生产功能：水、氧气、基因，以及各种生物与自然资源；信息功能：美学、历史、传统、文化、艺术以及科学与教育信息。[2] 在特定的生态系统内，随着主要自然资源的减少，都会对其提供的生态服务产生或多或少的影响。比如，大量森林被砍伐，在"碳汇"减少的同时，温室气体量会相对增加，气候变暖的趋势会加强。目前，在我国自然资源供给方面，其资源属性的价值体现的较多，但是其在整个生态系统内所具有的生态价值却无法在其销售价格中得以体现。

二是生态环境利用的外部性难以内化。根据产品归属差异，社会产品可以分为公共产品和私人产品两大类。[3] 与私人产品比较，公共产品将该产品的效用扩展于他人的成本为零，因而也无法排除他人共享[4]。萨缪尔森指出公共产品具有非竞争性和非排他性的特征。具体而言，非竞争性是指对于一个特定的产品而言，增加消费者数量，不会造成产品成本的增加；非排他性是指

---

[1] 参见"千年生态系统评估报告全文"。
[2] 张新时：《自然资产功能流与绿色税负》，载王金南，庄国泰：《生态补偿机制与政策设计（生态补偿国际研讨会论文集）》，中国环境科学出版社，2006年版，第115页。
[3] 沈满洪、杨天："生态补偿机制的三大理论基石"，载《中国环境报》，2004年3月2日第4版。
[4] 保罗·萨缪尔森、威廉·诺德豪斯著：《微观经济学》，萧琛译，华夏出版社，1999年版，第29页。

某一市场主体在消费特定产品时不能排除他人消费该产品。目前，由于相关监管措施缺失，生态环境利用的外部性问题突出。在生产活动中，作为理性经济人的生产者，仅会从自身角度去考虑成本和收益的选择，而将经济过程中源于负外部性的大于私人成本的那部分成本（环境成本）转嫁给他人、社会及未来。由此引导，环境污染者和生态破坏者几乎在无偿的利用大自然，而治理污染及修复生态的责任却转嫁给政府。

三是尚未形成绿色消费氛围。绿色发展虽然已经成为我国五大发展理念之一，但是我国尚未形成绿色消费氛围。目前我国经济发展已经进入新常态，下行压力增大，企业普遍经营困难。从产品全生命周期看，企业若优化生产工艺，购置先进的节能、节水、污染处理设施，或者开展绿色回收和再制造工作，其生产的产品会更加绿色，但也会增加额外开支。在市场上，当绿色消费尚未成为主流消费理念时，消费者关注的重点是产品价格，而非企业的环保投入，绿色产品很难获得竞争优势。基于商业利益考量，很多制造企业绿色转型意愿并不强。当然，此问题的出现与政府监管和正向激励不足也存在一定联系。国家工商总局数据显示，截至2015年年底，全国内外资企业的数量为2185.82万户。面对数量庞大、行业多样、分布广泛的各类企业，环境监管力量明显不足，企业违规建设、违法排污、超标排污现象时有发生。比如，在2015年环境保护大检查活动中，共检查企业177万家，其中各类违法企业数量就高达19.1万家。由于监管不严，"违法成本低、守法成本高"的问题突出，不少企业从环境违法行为中获利，而守法企业即使付出额外成本也难以获得竞争优势，这种"劣币驱逐良币"现象带来的结果只能是生态环境的持续恶化。为激励节能环保行为，国家出台了绿色债券、绿色信贷以及税收减免等财税金融支持政策。但是由于这些激励措施的设计较为复杂，再者一些机构过于强调投资回报率及资金安全问题，广大的中小企业很难享受到政策红利。即使一些企业从中受益，也很难补偿其相关环保投入。由此导致大多数企业以满足法定最低标准为目标，不愿意去承担更多的社会责任，企业绿色转型步伐缓慢。

四、推动工业绿色发展的相关建议

（一）加强技术创新

实施绿色制造，需要关注产品全生命周期的环境影响，在产品设计、生产、流通、采购、回收利用等各个环节，都尽可能减少对环境产生的不利影响。其中，与生产工艺及节能环保装备相关的技术最为重要。在生产工艺研发方面，建议重点研发智能、高效的清洁生产技术工艺，使生产的产品具备无害化、轻量化、低能耗、低水耗、低材耗、易回收的特性；在节能环保技术研发方面，要重视其对制造业绿色转型的支撑作用，加强节能、节水、节材、污染处理、再制造等先进技术装备的研发和利用。上述工作的顺利开展，需要相应的保障机制。首先，建议加强对知识产权拥有者、权利人合法利益的保护以及对违法犯罪行为进行严厉打击，同时完善科技创新考评机制，充分调动科研工作者创新的内生动力，确保广大的科技工作者愿意参与绿色制造技术研发工作。再者，在通过企业并购等方式获取国外先进绿色制造技术的同时，更要重视自主创新问题，对于具有全局性影响、带动性强的关键共性技术，不能急功近利，一定要进行可持续的研发投入。

（二）优化工业布局

进行产业布局优化，可以减少工业发展对生态环境产生的影响。通过完善工业布局规划、改造提升现有工业园区、规范工业集约集聚发展、引导跨区域产业转移、严控跨区域转移项目等工作，可以从工业发展的总体布局上减少相应的生态环境影响。一是要依据主体功能区规划的要求，按照区域资源环境承载能力，对产业发展进行分类指导，明确工业发展方向和开发强度，构建特色突出、错位发展、互补互进的工业发展新格局；要实施市场准入负面清单，明确禁止和限制发展的行业、生产工艺、产品目录；要严格控制石油加工、化学原料和化学制品制造、医药制造等项目的环境风险。二是严格工业园区项目环境准入；开展现有化工园区的清理整顿，对不符合规范要求的园区实施改造提升或依法退出；引导企业集约集聚发展。三是要推动城市建成区内污染较重的企业有序搬迁改造或依法关闭；推动位于城镇人口密集区内，安全、卫生防护距离不能满足相关要求和不符合规划的危险化学品生产企业实施搬迁改造或依法关闭。四是加强产业跨区域转移监督、指导和协调，着力推进统一市场建设，实现不同区域间的良性互动；对于国家明令淘汰的落后生产能力和不符合国家产业政策的项目禁止跨区域转移；对于高污染和高风险项目的跨区域转移活动要进行严格监督，对承接项目的备案或核准，实施最严格的环保、能耗、水耗、安全、用地等标准。①

---

① 参见《工业绿色发展规划（2016—2020年）》（工信部规〔2016〕225号）；《国务院关于进一步加强淘汰落后产能工作的通知》（国发〔2010〕7号）。

（三）调整产业结构

对产业结构进行调整，可以推动工业发展从中高速增长迈向产业价值链的中高端。为此，需要重点做好淘汰落后、化解过剩产能和发展新兴产业等方面的工作，以此促进新产业、新业态发展，降低不必要的能源资源消耗和污染物排放，推动产业迈向中高端。在淘汰落后方面，通过严格执行环境保护、节约能源、清洁生产、安全生产、产品质量、职业健康等方面的法律法规和技术标准，对于落后的工艺和装备进行淘汰。[①] 在化解产能过剩方面，对于钢铁、电解铝等产能过剩问题突出的行业，按照"消化一批、转移一批、整合一批、淘汰一批"的原则，通过兼并重组、"走出去"等方式，进行逐步化解；对于光伏等已经存在过剩迹象的行业，也应进行必要引导，避免出现严重的低端同质化竞争问题。在传统产业改造方面，建议紧紧围绕钢铁、有色、化工、建材等能源资源消耗和污染物排放量大的重点行业，加强生产工艺优化及先进节能环保技术的推广应用工作，全面提升传统制造业的绿色化水平。在新兴产业发展方面，建议重点发展新材料、生物医药等技术含量高、附加值大、环境污染小的产业。特别要发展工业绿色转型亟须的节能环保产业，降低先进节能、节水、污染治理等设施的销售价格及运行成本，提升其对传统产业发展的支撑作用。

（四）推动传统产业升级改造

在我国工业构成中，传统产业占比较高，传统产业绿色转型

[①] 参见《工业绿色发展规划（2016—2020 年）》（工信部规〔2016〕225 号）；《国务院关于进一步加强淘汰落后产能工作的通知》（国发〔2010〕7 号）。

速度在一定程度上决定着我国工业绿色发展的步伐。因此,需要从清洁生产、能效及水效提升、资源综合利用等方面发力,推动传统产业进行绿色化改造,提升资源能源利用效率。一是推进清洁生产。要重点引导和支持企业开展清洁生产审核和清洁化改造工作,全面提升企业清洁生产水平。对于钢铁、水泥、石化、化工、有色金属冶炼、有色、磷肥、氮肥、农药、印染、造纸、制革、食品发酵等重点行业,加大清洁生产技术推行方案实施力度,从源头减少水污染。二是实施能效提升计划。积极推动煤炭清洁高效利用工作,以焦化、煤化工、工业锅炉、工业炉窑等领域为重点,提升技术装备水平、优化产品结构、加强产业融合,综合提升区域煤炭高效清洁利用水平,实现减煤、控煤、防治大气污染。三是加强资源综合利用。推动工业固体废物综合利用,特别是磷石膏、冶炼渣、粉煤灰、酒糟等工业固体废物综合利用。加快再生资源高效利用和产业发展,严格废旧金属、废塑料、废轮胎等再生资源综合利用企业规范管理,搭建逆向物流体系信息平台。[①]

(五)加强引导规范

为加快绿色制造工程建设步伐,使更多的制造企业参与到节能环保工作中,需要加强必要的引导和规范。建议完善相关立法,通过征收绿色税收、生态补偿费等方式,将工业发展带来的生态环境外部不经济性进行内化,推动企业能源、资源消耗及污染物排放信息公开,对相关数据进行联网和实时监测。同时,加强执法力度,对于环境违法犯罪行为进行严厉处置,提高环境违

[①] 参见《关于加强长江经济带工业绿色发展的指导意见》(工信部联节〔2017〕178号)。

法成本，扭转"逆淘汰"现象，使环境守法成为常态。当然，在惩治环境违法行为的同时，也要加大对环境守法行为，特别是对于严于法律法规要求环保行为的支持，通过财税激励措施，补偿这些企业为环境保护工作所付出的额外花费。同时，还要从需求侧发力，倡导绿色消费理念，不断完善与绿色采购、绿色消费等相关激励性措施，逐步拓宽绿色产品的市场空间。

后记：感谢感恩

中国走入了新时代，研究使用了新方法。全书以习近平新时代中国特色社会主义思想指导下，对2017—2018年全球大事要事研究，使用了十八大以来中国国际经济交流中心（CCIEE）博士后探索研究小组创建的"太程序思维"理论和"活要素计算的数学原理"方法这一前沿原创性成果，系统遴选出全球十件大事为主线，凸显出中国特色社会主义走入了新时代这一时代主题。整个研究坚持以人民为研究中心，瞄准世界科技前沿，强化基础研究，致力实现前瞻性基础研究、引领性原创成果的重大突破。坚持创新、求实、睿智、兼容，历练把握和掌控全球大事要事的研判和预判能力。

"太程序思维"理论和"活要素计算的数学原理"方法，主要包括引入"太程序""活要素""要数"和"太"的基本概念，创建了"太程序三定律：活要素独立原理、活要素替代原理、活要素转换原理"与"活要素计算的数学原理"，及其应用于全球大事要事的研判和预判，是各位年轻作者独立思考形成的，文稿多为原创性的考虑。特别是总报告"新时代"是主编学习党的十九大报告的体会，在各个专题报告和历次"大事要事研讨会"的基础上形成的，是各位作者和专家集体智慧的汇集。

各个专题报告的观点，凸显了年轻的博士、博士后们，用中国视角、全球视野，对大事要事深入研判和预判的新思维新方法。若把各个报告连起来阅读，亲爱的读者们会聆听到新时代的"脚步声"，并对如何"下好先手棋"和怎样发挥好"临门一脚"功夫给予思考上的帮助。

全书研究的数据和文献，来自中国国家图书馆、美国国会图书馆、欧洲议会图书馆、中国社会科学院图书馆、中国科学院图书馆、清华大学图书馆、北京大学图书馆、中国人民大学文献中心、中国科学出版社、中国社科文献出版社、时事出版社、中国社科出版社、商务印书馆等，中国政府门户网站、新华网、人民网、央视网、中国网、环球网、FT中文网、美国中文网、联合早报网、中国国家统计局网、美国经济分析局网、欧盟统计网和百度、360、谷歌等200多家网站，衷心感谢这些数据和文献对《全球要事报告》的支撑、帮助和无私支持！

感谢感恩国家发改委、全国博管会和中国国际经济交流中心对第六部《全球要事报告》给予的支持和帮助；感谢感恩中国国际经济交流中心博士后站和国家信心中心博士后站的各位资深导师对第六部《全球大事要事报告》的指导、建议和意见；感谢感恩中国社科院、中国科学院、中国工程院、国务院发展研究中心、清华大学、北京大学、中国人民大学、上海交大、复旦大学等单位的领导、老师和专家为本报告的研究和出版给予的贡献和智力支持；感谢感恩时事出版社的领导和同志们，是您们辛勤劳动和无私奉献，使新时代第六部《全球要事报告》奉献在亲爱的读者面前，敬请批评指正。

主编　王宪磊敬

2017年11月于北京

图书在版编目（CIP）数据

全球要事报告.2017—2018/王宪磊主编.—北京：时事出版社，2018.2

ISBN 978-7-5195-0172-3

Ⅰ.①全… Ⅱ.①王… Ⅲ.①时事评论—世界—2017－2018 Ⅳ.①D5

中国版本图书馆 CIP 数据核字（2017）第 290802 号

出版发行：	时事出版社
地　　址：	北京市海淀区万寿寺甲 2 号
邮　　编：	100081
发行热线：	(010) 88547590　88547591
读者服务部：	(010) 88547595
传　　真：	(010) 88547592
电子邮箱：	shishichubanshe@sina.com
网　　址：	www.shishishe.com
印　　刷：	北京朝阳印刷厂有限责任公司

开本：787×1092　1/16　印张：38.75　字数：468 千字

2018 年 2 月第 1 版　2018 年 2 月第 1 次印刷

定价：198.00 元

（如有印装质量问题，请与本社发行部联系调换）